教育部哲学社会科学系列发展报告
MOE Serial Reports on Developments in Humanities and Social Sciences

中国现代物流发展报告2019

Report of China Logistics Development 2019

全国现代物流工作部际联席会议办公室　组织编写

国家发展和改革委员会经济运行调节局
南开大学现代物流研究中心
主编

中国经济出版社
CHINA ECONOMIC PUBLISHING HOUSE
北京

图书在版编目（CIP）数据

中国现代物流发展报告 . 2019 / 国家发展和改革委员会经济运行调节局，南开大学现代物流研究中心主编 .
—北京：中国经济出版社，2019. 9
ISBN 978-7-5136-5831-7
Ⅰ . ①中… Ⅱ . ①国…②南… Ⅲ . ①物流—经济发展—研究报告—中国—2019 Ⅳ . ①F259. 22
中国版本图书馆 CIP 数据核字（2019）第 173715 号

责任编辑　杨　莹　郑潇伟
责任印制　巢新强
封面设计　久品轩

出版发行　中国经济出版社
印 刷 者　北京力信诚印刷有限公司
经 销 者　各地新华书店
开　　本　710mm×1000mm　1/16
印　　张　22. 75
字　　数　344 千字
版　　次　2019 年 9 月第 1 版
印　　次　2019 年 9 月第 1 次
定　　价　78. 00 元
广告经营许可证　京西工商广字第 8179 号

中国经济出版社 **网址** www. economyph. com **社址** 北京市东城区安定门外大街 58 号 **邮编** 100011
本版图书如存在印装质量问题，请与本社销售中心联系调换（联系电话：010-57512564）

编　委　会

前　言

《中国现代物流发展报告》（以下简称《报告》）由国家发展和改革委员会经济运行调节局与南开大学现代物流研究中心共同组织编写，是反映我国物流业发展状况的年度报告。《报告》力图及时追踪我国现代物流业的发展过程，客观反映行业发展现状，准确把握我国现代物流市场的最新动态和发展规律，深入研究其发展过程中的热点与难点问题，为政府、企业和学术界研究、了解中国现代物流的发展提供参考。《报告》自2002年首次发行以来，至今已连续出版16部。

2018年，是我国改革开放40周年，也是全面贯彻党的十九大精神的开局之年、迈向高质量发展新征程的起步之年。改革开放40年来，中国物流业从无到有、由弱到强，从粗放到节约、由传统到现代，实现了跨越式发展。2018年，全球经济增长步伐放缓，贸易环境复杂严峻。我国各级政府坚持新发展理念，深入推进供给侧结构性改革，积极主动扩大对外开放，着力推动经济高质量发展，国民经济继续实现平稳较快增长。在此背景下，中国物流呈现稳中有进的发展态势，物流总体规模继续扩大，信息化与智慧化变革明显加速，市场整合与合作持续推进，企业国际化步伐加快，物流业整体服务质量与效率持续提升。本报告主要围绕以下内容展开：

一是从宏观角度分析我国物流业的发展历程、发展环境与发展特点。《报告》总结了改革开放40年来，中国物流业的发展成就、阶段特征与发展经验，分析了2018年我国物流市场、物流装备与技术、区域物流以及物流政策与规划的主要发展状况与发展特点。

二是突出分析行业物流的现状与特点。《报告》分别对我国制造业物流、商贸物流及农产品物流的发展环境和发展现状进行全面总结，同时针对其中的典型行业和重点领域进行深入的剖析。

三是及时追踪2018年物流业发展的最新热点问题。《报告》从供应链服务创新、新技术驱动下的中国智慧物流发展和中国自由贸易试验区物流发展新动态三个方面，聚焦中国物流与供应链领域的创新发展。这些专题研究充分把握了中国物流发展的时新要素，聚焦了受到业界和学界普遍关注的行业发展热点问题，在体现行业报告的权威性、系统性、史料性、连续性的同时兼顾了学术性、创新性和前瞻性。

需要说明的是，本书中涉及全国的数据除特别注明外，均不含港澳台地区。

《报告》在编写过程中得到了相关政府部门、科研院所、高校、行业协会、物流企业和工商企业的大力支持，在此一并表示感谢！

本报告实行分章主编制，具体分工如下：

第1章主编　王　玲　参编人员　陈华倩　何雨泽

第2章主编　蒋笑梅

第3章主编　秦　凡　参编人员　李雅梦

第4章主编　刘　勇　参编人员　李　敏

第5章主编　徐　亚　副主编　李克娜

第6章主编　李　响　参编人员　许　萌

第7章主编　肖建华　参编人员　李　悦

第8章主编　陈志卷

第9章主编　刘伟华　参编人员　王思宇　金　瑞

第10章主编　焦志伦　参编人员　吕学海　黄宇晴

第11章主编　杨静蕾　参编人员　周文科　李　颖

附录主编　李克娜　参编人员　常琦琦　张志文

目 录

综合篇

行业篇

专题篇

综合篇

导　言

本篇首先系统地回顾与梳理了改革开放40年来，中国物流业的发展成就、阶段特征与发展经验等方面；其次，从物流市场、物流设施设备与技术、区域物流及物流相关政策与规划四个方面，全面地总结了2018年中国物流发展的总体状况与特征。

第一章总结了改革开放40年来，中国物流业的发展成就、阶段特征与发展经验，并对未来中国物流业的发展进行了展望。改革开放40年来，中国物流业历经探索起步、初步成长、快速发展和转型升级，从无到有、由弱到强，从粗放到节约、由传统到现代，实现了跨越式发展。如今，中国物流市场规模位居世界前列，物流基础设施网络基本成型，物流企业实力显著增强。同时，我国专业化物流体系初步建立，物流与供应链模式得到创新发展，物流装备水平大幅提升。此外，我国物流政策体系不断完善，物流管理体制也逐步优化，为物流业的健康发展创造了良好环境。中国物流业发展之所以取得巨大成就，其原因在于，改革开放为中国物流发展提供了原动力，经济与社会发展为中国物流发展创造需求拉力，政策引导为中国物流发展提供助推力，不断地创新为中国物流发展提供了持续动力。在新发展理念的引领下，我国物流业将加快由高速发展向高质量发展转变，在更高水平上支撑中国经济发展，打造世界物流强国。

第二章回顾了2018年中国物流的总体发展环境、物流市场的总体规模状况，以及物流市场的主要发展特征。2018年，中国物流发展的国际环境复杂严峻，全球经济增长步伐再次放缓，全球贸易摩擦明显加剧。国内环境总体平稳，我国政府坚持新发展理念，着力推动经济高质量发展，国民经济继续保持平稳较快的增长。在此宏观背景下，2018年，中国物流总体呈稳中趋缓态势。社会物流总额规模继续扩大，社会物流总费用与GDP比率小幅上升。货运量、货运周转量、快递业务量等主要物流实物量指标均实现增长，但增速有所回落。2018 年，我国物流市场的发展特征主要表现为物流市场需求出现了诸多新变化，物流领域投融资继续保持活跃，物流领域的信息化与智慧化变革明显加速，物流市场的整合与合作持续推进，物流企业国际化步伐加快。

第三章阐述了 2018 年中国物流设施设备与技术发展的总体状况。2018 年是我国物流设施设备与技术加快转型升级的一年。西部及农村地区交通基础设施条件持续改善，煤炭铁路运输通道建设取得新进展，港口码头大型化水平和专业化水平不断提升，在民航机场数量继续增加的同时，一些物流企业加快航空物流枢纽建设。综合运输通道网络建设向纵深发展，在“五纵五横”综合运输大通道基本建成的基础上，快速推进我国“十纵十横”综合运输通道建设。物流园区总体数量继续增加，专业化物流园区发展迅速，智慧仓库应用得到快速推广。加快无人驾驶运输工具的研发与应用的步伐，物流装备的智慧化、绿色化水平继续提高，“无人港”相关技术与运营模式逐步得到应用。在国家交通运输物流公共信息平台建设逐步完善的基础上，全国多式联运公共信息平台建设工作启动，跨企业快递“物联网”初步形成。国家基础性物流标准及专业性物流标准编制工作继续有序推进。

第四章分析了 2018 年中国区域物流发展环境、区域物流发展现状和主要特征以及热点区域的物流发展特征。2018 年，我国出现了中、西部地区经济增速快于东部地区的态势，区域发展战略和绿色发展政策要求区域物流进一步提升服务保障能力，以及实现运输结构转型等绿色发展。受经济发展基础、发展阶段以及政策驱动的影响，各地区物流发展差异比较明显，主要表现为东部地区正在引领中国物流业的创新发展与转型升级；中、西部地区把握“一带一路”机遇，进一步完善内外连接功能；东北地区积极推进跨境电商物流的发展。热点区域方面，“京津冀协同发展”“长江经济带发展”“粤港澳大湾区建设”和“长三角一体化发展”等区域协调发展战略促进了区域物流一体化的发展，同时对物流业的服务保障能力提出了新要求。京津冀地区加速北京商贸物流功能向周边地区疏解，并大力推动绿色物流发展。长江经济带以立体化综合交通走廊的构建为抓手，推动港口物流一体化发展。粤港澳大湾区重点推动物流基础设施的互联互通，并着力布局国际贸易物流。长三角地区在推进物流一体化基础上，着力打造国际物流枢纽。

第五章梳理了2018年我国出台的物流发展相关政策与规划，并对2019年的物流相关政策进行了展望。2018年，我国政府从快递物流服务升级、交通运输领域改革、物流与供应链创新、绿色物流发展、农村物流发展、物流减费降税等方面出台了一系列政策措施，以贯彻落实国家供给侧结构性改革政策要求，促进物流业的健康快速发展；颁布了《国家物流枢纽布局和建设规划》《呼包鄂榆城市群发展规划》等国家和区域规划，促进国家物流网络完善和区域物流发展。2019年，预计我国政府将进一步出台相关政策，进一步深化交通运输领域改革，促进邮政业转型升级，持续推进物流业降本增效，加快智慧物流发展，大力发展农村物流，推动物流业高质量发展。

第一章　改革开放 40 年中国物流业的发展：成就、特征与展望①

2018 年是中国改革开放 40 周年。1978 年 12 月，中国共产党召开了十一届三中全会，实现了新中国成立以来党的历史上具有深远意义的伟大转折，开启了改革开放和社会主义现代化的伟大征程。伴随着改革开放，中国物流业的发展也迈入了新征程。历经 40 年的发展，中国物流业发展取得了巨大成就，成为支撑我国国民经济发展的基础性、战略性产业。未来，我国物流业将加快由高速发展向高质量发展转变，中国也将从物流大国向物流强国迈进。

第一节　中国物流业的发展成就

历经改革开放 40 年的发展，中国物流市场规模已位居世界前列，物流基础设施网络基本成型，物流企业实力显著增强。同时，我国专业化物流体系初步建立，物流与供应链模式得到创新发展，物流装备水平大幅提升。此外，我国物流政策体系不断完善，物流管理体制也逐步优化，为物流业的健康发展创造了良好环境。

一、物流市场规模位居世界前列

经过 40 年的发展，我国的物流市场规模显著扩大，社会物流总额大幅增长，社会物流总费用与 GDP 的比率稳步下降，快递市场规模连续五年位列世

① 本研究受教育部人文社会科学规划基金项目《全球价值链嵌入下中国物流业绿色增长的效率评估与转型路径》（项目编号：18YJA790080）资助。

界第一，第三方物流市场规模、货运量及货运周转量均居世界前列。

1991①—2018 年，我国社会物流总额和社会物流总费用分别从 3.02 万亿元和 0.52 万亿元，增长到 283.1 万亿元和 13.3 万亿元，年均增长率分别为 18.3%和 12.8%，分别增长了 92.7 倍和 24.6 倍。物流业增加值占国内生产总值的比重由 2005 年的 6.6%提高到 2013 年②的 6.8%，占服务业增加值的比重达到 14.8%③。1991—2018 年中国社会物流总额及社会物流总费用如图 1-1 所示。

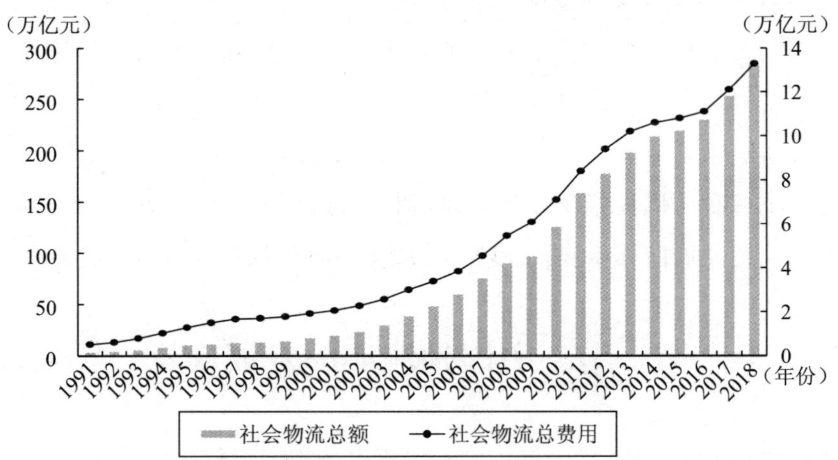

图 1-1　1991—2018 年中国社会物流总额及社会物流总费用

资料来源：根据国研网统计数据库、《全国物流运行情况通报》（2010—2018）相关数据整理。

1991—2018 年，我国社会物流总费用与 GDP 的比率从 23.6%下降到 14.8%，下降将近 9 个百分点；每万元 GDP 所消耗的社会物流总费用从 2360 元减少到 1480 元，下降了 880 元。1991—2018 年中国社会物流总费用与 GDP 的比率如图 1-2 所示。

---

① 中国社会物流总额和社会物流总费用的统计数据起始于 1991 年。

② 《全国物流运行情况通报》关于物流业增加值的统计只公布到 2013 年。

③ 中国物流信息中心 . 2013 年全国物流运行情况通报［EB/OL］.［2019 = 06 - 01］. http://www.clic.org.cn/wltjwlyx/226760.jhtml.

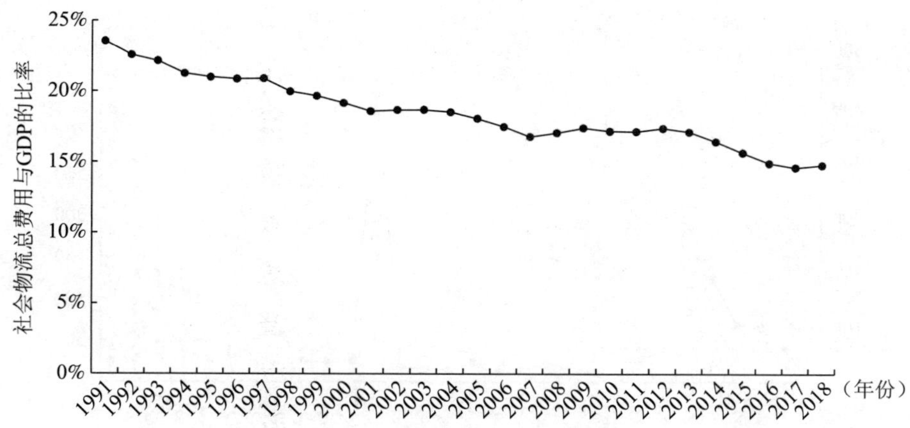

图 1-2 1991—2018 年中国社会物流总费用与 GDP 的比率

资料来源：根据国研网统计数据库、《全国物流运行情况通报》（2010—2018）、《中国统计年鉴》（2018）相关数据整理。

1989—2018 年，我国快递业务量①从 247.3 万件增加到 507.1 亿件，年均增长 40.8%，增长超过了 2 万倍。2014 年，中国快递市场以 139.6 亿件的业务量首次超越美国成为全球第一，此后稳居全球首位。1989—2018 年中国快递业务量及增长率如图 1-3 所示。

根据 Armstrong & Associates, Inc. ②公布的数据，我国在 2012 年超越美国成为全球第一大第三方物流市场。2017 年，我国第三方物流总收入为 1803 亿美元，居全球第二，占亚太地区第三方物流总收入的 54.8%，占全球总收入的 20.7%。

① 2006 年及以前为邮政特快专递，2007 年起为规模以上（年业务收入 200 万元以上）快递服务企业业务量。

② Armstrong & Associates, Inc.. Global Logistics Costs and Third-Party Logistics Revenues (US $ Billions) [EB/OL]. [2019-05-10]. https://www.3plogistics.com/3pl-market-info-resources/3pl-market-information/global-3pl-market-size-estimates/.

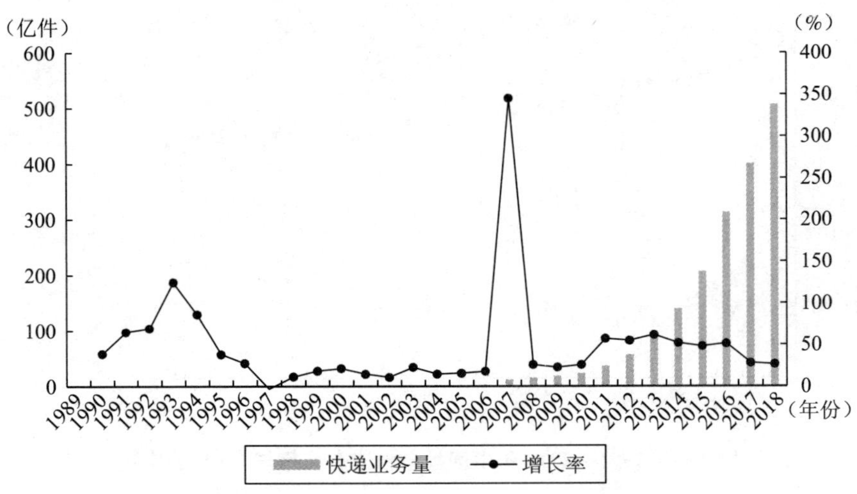

图 1-3　1989—2018 年中国快递业务量及增长率

资料来源：国家统计局 . http：//data. stats. gov. cn/easyquery. htm？ cn＝C01，2019-04-30.

1978—2018 年，我国的货运量和货运周转量分别从 24. 89 亿吨和 0. 98 万亿吨公里增长至 506. 29 亿吨和 19. 94 万亿吨公里，年均增长率均为 7. 8%，均增长了 19. 3 倍。2017 年，我国铁路货运量、公路货运量及周转量位居世界第一，民航货邮周转量和铁路货运周转量位居世界第二。港口货物和集装箱吞吐量连续 10 多年保持世界第一。1978 年与 2018 年中国货运量及货运周转量对比如表 1-1 所示。

表 1-1　1978 年与 2018 年中国货运量及货运周转量对比

指标	1978 年	2018 年	年均增长率
货运量（亿吨）	24. 89	506. 29	7. 8%
其中：铁路	11. 01	40. 26	3. 3%
公路	8. 52	395. 69	10. 1%
水运	4. 33	70. 27	7. 2%
港口货物吞吐量	2. 12①	143. 51	11. 4%

① 港口货物吞吐量的统计数据始于 1979 年。

续表

指标	1978年	2018年	年均增长率
民航（万吨）	6.4	738.5	12.9%
货运周转量（万亿吨公里）	0.98	19.94	7.8%
其中：铁路	0.53	2.88	4.3%
公路	0.03	7.12	14.7%
水运	0.38	9.91	8.5%
民航（亿吨公里）	0.97	262.42	15.0%

资料来源：根据《中国统计年鉴》（1981）、《2018年交通运输行业发展统计公报》相关数据整理。

综上，2017年中国物流业部分指标世界排名如表1-2所示。

表1-2　2017年中国物流业部分指标世界排名

指标	数值	世界排名
第三方物流收入	1803亿美元	2
快递业务量	400.6亿件	1
铁路货运量	36.89亿吨	1
铁路货运周转量	2.7万亿吨公里	2
公路货运量	368.69亿吨	1
公路货运周转量	6.67万亿吨公里	1
港口货物吞吐量	126亿吨	1
港口集装箱吞吐量	2.38亿TEU	1
民航货邮周转量	243.5亿吨公里	2

资料来源：根据国家统计局网站（http：//www.stats.gov.cn/ztjc/ztfx/ggkf40n/201809/t20180911_1622071.html，上网时间2019年3月）、《2017年交通运输行业发展统计公报》以及Armstrong & Associates, Inc. 相关数据整理。

二、物流基础设施网络基本成型

改革开放40年来，我国物流基础设施建设取得巨大成就。我国高速铁路及高速公路营业总里程、港口万吨级泊位数量均位居世界第一，机场数量居世界前列，“五纵五横”① 综合运输大通道基本贯通。仓储面积平稳增长，物流园区规模持续增长，全国性物流服务网络正加快构建。

铁路方面，1978—2018 年，我国铁路营业里程由 5.17 万公里增加到 13.1 万公里，增长了 1.5 倍；铁路密度由 53.3 公里/万平方公里增加到 136.0 公里/万平方公里。2018 年，我国高铁营业里程达 2.9 万公里以上，占世界高铁总里程的三分之二，位居世界第一；电气化铁路里程和复线铁路里程分别为 9.2 万公里和 7.6 万公里，电气化率和复线率分别达 70.0%和 58.0%②。2017 年我国电气化率和复线率分别是 68.2%和 56.5%，分别位居世界第一和第二。目前，京津冀至西北、长三角、珠三角、西北、西南，长三角至西北、成渝、云贵、珠三角，珠三角至西南，山东半岛至西北，西北至西南等区际快捷大能力通道，覆盖广泛、互联互通的货运铁路网正在形成③。

公路方面，1978—2018 年，我国公路里程从 89.02 万公里增加到 484.65 万公里，年均增长 4.3%，增长了 4.4 倍；公路密度从 9.27 公里/百平方公里增加到 50.48 公里/百平方公里，形成了四通八达的公路网；高速公路总里程从 1998 年的 147 公里快速增加到 2018 年的 14.26 万公里，年均增长 41.0%，高速公路总里程居世界第一，覆盖了全国 97%的 20 万以上人口城市及地级行政中心。目前，“五纵七横”④ 国道主干线全面贯通，“7918”⑤ 高速公路网正在推进建设。

---

① “五纵”指黑河至三亚、北京至上海、满洲里至港澳台、包头至广州、临河至防城港等五条南北向综合运输通道；“五横”指天津至喀什、青岛至拉萨、连云港至阿拉山口、上海至成都、上海至瑞丽等五条东西向综合运输通道。

② 中国铁路总公司．中国铁路总公司 2018 年统计公报［EB/OL］．［2019-04-10］．http：//wap.china-railway.com.cn/cpyfw/tjxx/201904/t20190410_ 93078.html.

③ 中国铁路总公司．中长期铁路网规划［EB/OL］．［2019-03-01］．http：//www.china-railway.com.cn/zgsgk/fzgh/201607/ t20160719 59145.html.

④ “五纵”由五条自北向南纵向高等级公路组成，包括同江—三亚、北京—福州、北京—珠海、二连浩特—河口、重庆—湛江；“七横”由七条自东向西横向高等级公路组成，包括绥芬河—满洲里、丹东—拉萨、青岛—银川、连云港—霍尔果斯、上海—成都、上海—瑞丽、衡阳—昆明。

⑤ 2004 年由国务院审议通过的，规划期为 30 年的《国家高速公路网规划》，采用放射线与纵横网络相结合的方案，形成由中心城市向外放射以及横贯东西、纵贯南北的大通道，由 7 条首都放射线、9 条南北纵向线和 18 条东西横向线组成，简称“7918 网”。

港口方面，1978—2018 年，我国生产用码头泊位数从 735 个增加到 23919 个，年均增长 9.1%，增长了 31.5 倍；万吨级泊位数从 133 个增加到 2444 个，年均增长 7.5%，增长了 17.4 倍。2018 年，上海、宁波舟山、深圳、广州、香港、青岛和天津共 7 个港口的货物集装箱吞吐量位居全球港口前十位①。长江干线、京杭运河等多个内河航道相继得到治理，“两横一纵两网十八线”②的内河航道体系初步建成，航道等级③逐步提高，长江成为世界运量最大、最繁忙的通航河流。

机场方面，1978—2018 年，我国机场数量从 70 个增加到的 235 个，增长了 2 倍以上，其中，上海浦东国际机场的货邮吞吐量近十年稳居世界前三；航线数量从 1979 年的 174 条增加到 2017 年的 4418 条，年均增长 8.9%，增长了 24.4 倍；航线里程从 1978 年的 14.89 万公里增加到 2017 年的 748.3 万公里，年均增长 10.6%，增长了 49 倍。我国初步形成了枢纽机场、干线机场、支线机场分工合作、合理布局的现代化国家综合机场网络，以及以北京、上海、广州为三大主要枢纽，成都、西安等区域枢纽和门户枢纽为核心节点的轴辐式航线网络。

仓库与物流园区方面，我国的仓库竣工面积稳步增加，截至 2017 年年底，全国营业性通用仓库面积超过 10 亿平方米④，2018 年冷库总量将达 5238

---

① 港口圈 .2018 年度全球港口集装箱吞吐量 TOP120 [EB/OL]. [2019-04-12]. https://mp.weixin.qq.com/s?__biz=MzA4Nzc1MTQyOQ==&mid=2650558991&idx=1&sn=a059b91943bc9a7fbc04f769630b887f&chksm=883c5c65bf4bd5737182ab0bbf598e054a0ebab8fc3e2606d37b3f2f3ef01775d5b02c5a23a4&scene=0&xtrack=1#rd.

② “两横”指长江干线、西江航运干线；“一纵”指京杭运河；“两网”指长江三角洲高等级航道网、珠江三角洲高等级航道网；“十八线”指岷江、嘉陵江、乌江等长江水系“十线”，右江、北盘江—红水河、柳江—黔江等珠江水系“三线”，淮河、沙颍河等京杭运河与淮河水系“二线”，黑龙江、松花江等黑龙江和松辽水系“二线”以及闽江。

③ 根据《内河通航标准》GB50139-2014，内河航道分为七个等级，其中一级航道可通航 3000 吨，七级航道可通航 50 吨。

④ 中华人民共和国国家发展和改革委员会. 国家发展改革委、交通运输部关于印发《国家物流枢纽布局和建设规划》的通知 [EB/OL]. [2019-03-02]. http://www.ndrc.gov.cn/zcfb/zcfbtz/201812/t20181224_923400.html.

万吨，折合 1. 3 亿立方米[①]。自 1998 年第一个物流园区建立以来，截至 2017 年年底，我国已拥有规模以上各类物流园区共计 1638 家[②]。除货运服务型、生产服务型、口岸服务型、商贸服务型、综合服务型等物流园区外，还出现了电商、快递、冷链、医药等专业物流园区。同时，智慧物流园区、多式联运物流园区、保税物流园区等新型物流园区加速推进建设并陆续投入使用。一批全国性物流园区加快模式复制和联盟合作，构建全国性物流服务网络。

国际物流网络方面，2008 年，我国第一条国际高速公路“昆曼公路”开通，此后我国陆续与俄罗斯、越南、哈萨克斯坦、缅甸等沿线国家建立了跨境公路，现已开通中吉乌和中哈俄国际道路货物运输线路，通往中亚、西亚的国际道路运输通道格局初步形成[③]。截至 2018 年年底，我国港口已与世界 200 多个国家、600 多个主要港口建立航线联系，中国企业在 34 个国家参与了 42 个港口的建设和经营，其主要集中在印度洋及南太平洋地区，即“海上丝绸之路”的西线和南线[④]。我国跨境电商企业和物流企业纷纷布局海外仓网络，仅京东物流就已在五大洲设立超过 110 多个海外仓[⑤]。“一带一路”倡议提出后，我国与沿线国家在港口、铁路、公路开展大力合作，国际货运通道迅速打通。目前，我国与俄罗斯、越南、蒙古国、哈萨克斯坦等国家建设了国际铁路，中欧班列开行数量从 2011 年的 17 列增长到 2018 年累计开行突破 120000 列，到达欧洲 15 个国家，49 个城市[⑥]。

---

① 崔忠付 . 2018 中国冷链物流回顾与 2019 展望［EB/OL］.［2018-12-03］. http：//www. chinawuliu. com. cn/lhhkx/201812/03/336799. shtml.

② 中国物流与采购网 .《第五次全国物流园区（基地）调查报告（2018）》发布［EB/OL］.［2019-03-01］. http：//www. chinawuliu. com. cn/wlyq/201807/30/333349. shtml.

③ 中国一带一路网 . 数说“一带一路”成绩单［EB/OL］.［2019-2-18］. https：//www. yidaiyilu. gov. cn/jcsj/dsjkydyl/79860. htm.

④ 财新网 . 报告：剖析中资海外港口投资案例 如何管控风险［EB/OL］. ［2019-4-27］. http：//international. caixin. com/2019-04-20/101406492. html.

⑤ 搜狐网 . 海外仓布局全球，京东物流让世界触手可及［EB/OL］. ［2019-4-27］. http：//www. sohu. com/a/234035833_ 99967243.

⑥ 中国一带一路网 . 数说“一带一路”成绩单［EB/OL］.［2019-2-18］. https：//www. yidaiyilu. gov. cn/jcsj/dsjkydyl/79860. htm.

三、物流企业实力显著增强

改革开放以来，我国传统运输业、仓储业加速向现代物流业转型，物流企业规模不断扩大，物流企业的服务能力明显提升，追赶或超越世界领先水平的标杆企业也在不断涌现。

物流企业数量与企业规模大幅增加。从改革开放初期第一家现代意义物流企业成立至今，全国物流相关法人单位数已近 40 万家[①]。2005—2018 年，我国 A 级物流企业从 26 家增长到 5680 家，年均增长 51.3%，增长了 217 倍[②]；代表国内最高水平的 5A 级企业从 9 家增加到 310 家。2005—2018 年，中国物流企业 50 强排名最低的企业的营业收入从 2.6 亿元提高到 29.6 亿元，增长了 10 倍以上；排名最高的企业的营业收入从 934.7 亿元提高到 1786.2 亿元，增加了 851.5 亿元；物流业务收入在 100 亿元以上的企业，从 3 个增加到 23 个。

物流企业的服务能力明显提升。例如，中远海运物流有限公司集成了原中远物流、中海物流、中海船务的优势资源，在中国境内 30 个省、市、自治区及海外 17 个国家和地区设立了分支机构，在全球范围内拥有 500 多个销售和服务网点，形成了遍及中国、辐射全球的服务网络系统，成为我国领先的国际化物流企业。作为中国首批 5A 级综合服务型物流企业，远成集团已形成多层次、广覆盖、独具特色的综合物流体系，旗下拥有远成物流、远成快运、远成供应链、远成物流城和远成冷链五大业务板块。我国第一家经国家市场监督管理总局批准以物流名称注册的企业集团——宝供物流企业集团有限公司，已在全国 130 多个城市建立了分支机构，在全国 20 个中心城市投资兴建了 25 个大型供应链一体化服务平台，形成了覆盖全国的业务运作网络和信息网络，与红牛、联合利华、宝洁、强生、三星等世界 500 强及国内大型制造

---

① 中国物流与采购联合会．何黎明：不忘初心，砥砺前行，为建设物流强国而努力奋斗［EB/OL］．［2019-03-06］．http：//www. chinawuliu. com. cn/lhhkx/201811/26/336601. shtml.

② 中国物流与采购联合会．关于发布第二十七批 A 级物流企业名单的通告［EB/OL］．［2019-02-21］．http：//www. chinawuliu. com. cn/pgb/201901/29/338285. shtml.

企业结成战略联盟，成为我国知名的物流企业。

涌现一批追赶或超越世界领先水平的标杆企业。在 2018 年世界 500 强排名中，经营邮政快递业务的中国邮政集团位列第 113 位，从事生产资料流通的天津物产集团位列第 132 位，从事大宗商品流通服务的物产中大集团位列第 270 位，从事远洋运输的中国远洋海运集团有限公司位列第 335 位[①]。在全球第三方物流企业 50 强排名中，2013 年，中国外运股份有限公司首次进入榜单前十，此后连续五年位列前十强[②]。在 2018 年全球货运企业 50 强排名中，中国国家铁路集团有限公司位列第三，中远海运控股股份有限公司位列第 14 位，顺丰速运位列第 20 位[③]。在 2018 年的全球海运货代企业 50 强排名中，中国有 15 家货代公司上榜，其中，中外运位列第二，嘉里物流位列第七[④]。在 2018 年全球班轮公司排名中，中国远洋海运集团有限公司位列第三[⑤]。

四、专业化物流体系初步建立

随着物流需求的高速增长和物流需求市场的逐渐细分，我国在农产品物流、制造业物流和商贸物流领域的专业化、社会化物流服务能力显著增强，物流服务水平不断提升，专业化物流服务体系初步建立。

农产品物流领域，建成了一批覆盖主要粮食生产和消费区域、具备一定辐射能力和示范作用的物流节点和粮食物流园区，节点的集散功能进一步完善，粮食现代物流体系初步建成。农产品冷链物流初具规模，农产品冷链物

---

① 财富中文网 . 2018 年财富世界 500 强排行榜［EB/OL］.［2018-07-19］. http：//www. fortunechina. com/fortune500/c/2018-07/19/content_ 311046. htm.

② Armstrong & Associates, Inc.. Global logistics costs and third-Party logistics revenues［EB/OL］.［2019-02-21］. https：//www. 3plogistics. com/3pl-market-info-resources/3pl-market-information/aas-top-50-global-third-party-logistics-providers-3pls-list.

③ Transport Topics. Top 50 Global Freight［EB/OL］.［2019-03-03］. https：//www. ttnews. com/top50/globalfreight/2018.

④ Transport Topics. Top Ocean Freight Forwarders［EB/OL］.［2019-04-27］. https：//www. ttnews. com/top50/oceanfreight/2019.

⑤ Alphaliner. Alphaliner TOP 100［EB/OL］.［2019-03-02］. https：//alphaliner. axsmarine. com/PublicTop100/.

流基础设施逐步完善，农产品冷链物流企业不断涌现，呈现出网络化、标准化、规模化、集团化发展态势。

制造业物流领域，物流企业积极融入制造供应链，开展供应商管理库存、物流仓配一体化、供应链金融等业务，与制造企业深化战略合作，建立与新型工业化发展相适应的制造业物流服务体系，在装备制造、钢铁、电子、化工、建材、汽车、家电、轻工、食品等领域，形成了一批知名的第三方专业物流企业和物流业与制造业联动的典型示范企业。

商贸物流领域，物流网络加快向中小城市延伸，向农村乡镇下沉，向居民社区拓展，商贸物流服务更加高效便捷，“及时送”“定时达”等个性化服务以及“门到门”等一站式服务更加普及，服务能力显著增强。同时，随着电子商务的快速发展，我国电商物流保持较快增长，电商物流企业主体从快递、邮政、运输、仓储等行业向生产、流通等行业扩展，与电子商务企业相互渗透和融合速度加快，第三方物流、供应链型、平台型、企业联盟等多种组织模式加快发展，涌现出一批知名电商物流企业，电子商务物流服务能力显著提升，已成为现代物流业的重要组成部分和推动国民经济发展的新动力。

五、物流与供应链模式创新发展

数字经济、平台经济和共享经济等经济模式发展，互联网、物联网、大数据、云计算、人工智能等新技术的深入应用，推动了物流行业在信息共享、运营组织、平台交易等方面的自动化、无人化和智慧化发展，传统的生产方式、商业流通和消费模式都发生了深刻变革，中国物流服务模式不断创新，涌现出一批基于“互联网+物流”“互联网+供应链服务”的平台运营与共享服务模式。

各类公路货运、共同配送平台不断涌现。形成了以中介服务为业务核心的干线“车货匹配”平台、以车辆服务为业务核心的干线“车队管理”平台、以线路合作为业务核心的干线“专线加盟”平台、以“枢纽+干线”为业务核心的干线“网络加盟”平台、以枢纽服务为业务核心的干线“园区服务”平台和以同城店配、宅配为业务核心的“城市配送”平台。依托各类平台，我国物流企业不断开拓共享物流资源服务创新模式，形成了共享货运信息资源、共享末端配送资源、共享仓储设施资源和共享仓储装备与单元化器具资源等共享物流新模式。

供应链一体化服务平台及供应链生态圈快速兴起。物流与供应链企业积极打造供应链一体化服务平台，为供应链上关联企业提供线上线下综合服务，如集中采购、分销执行、物流服务、平台交易、融资支付等，服务各类企业资源整合和功能提升的需要。一批供应链协同平台、供应链交易平台、供应链综合服务平台和供应链公共服务平台应运而生，一些专业化的供应链综合服务平台还不断升级，通过覆盖全产业链（生态链），构建跨界融合、共享共生的供应链商业生态圈。

六、物流装备水平大幅提升

2000 年以前，我国的物流装备主要是简单的机械工具，之后我国的物流技术装备全面发展，自动化、智能化水平不断提升，涌现了无人机、无人车、无人仓、物流机器人等物流装备。

运输工具数量大幅增长。1978—2018 年，我国载货汽车数量从 14. 8 万辆增加到 1355. 82 万辆，增长了 90. 6 倍；铁路货车从 25. 36 万辆增加到 83. 0 万辆，增长了 2. 3 倍；机动船舶从 2. 83 万艘增加到 12. 58 万艘，增长了 3. 4 倍。

运输工具向大型化和专业化方向发展。2018 年，我国营业性载货汽车平均吨位数达 9. 49 吨位，比 1986 年增长了 3. 62 吨位，其中大型载货汽车吨位数占总吨位数的 94. 2%；专业载货汽车从无到有，1978 年的 14. 8 万辆载货汽车均为普通载货汽车，2018 年的 1355. 82 万辆载货汽车中，专用货车为 52. 63 万辆，牵引车为 237. 67 万辆，挂车为 248. 76 万辆。水上运输船舶平均净载重量从 1978 年的 154.88 吨/艘，增加到 2018 年的 1833.23 吨/艘，增长了 10.84 倍[①]。

物流装备技术水平大幅提升。我国研发了具有自主知识产权的货运电力机车自动驾驶系统，技术水平世界领先；新能源汽车、智能挂车、无人车等绿色化、智能化的汽车逐步应用和推广；电动叉车、仓储叉车、新能源叉车的市场占有率逐渐提高，内燃叉车的占比开始降低，行业结构向绿色化、智能化方向调整[②]；大型专业化码头的装卸设备、特种船舶、集装箱成套设备等制造技术世界领先，上海洋山港区全自动化集装箱码头成为全球规模最大、自动化程度最高的集装箱码头；顺丰、菜鸟、京东等企业相继研发了无人机并取得明显成效，京东建成了全球首个全流程无人仓，阿里巴巴、苏宁、唯品会等大型电商陆续使用无人仓储和无人配送系统，我国无人仓技术的应用和发展领先世界。

七、物流政策体系不断完善

我国政府高度重视现代物流业的发展，陆续出台物流政策对物流业的发展进行引导，从各类指导意见到国家层面的战略规划，物流政策与标准化体系不断完善，不仅使我国物流业在国家产业战略中的地位进一步提升，而且也为物流行业的进一步发展提供了良好的政策环境。

出台了一系列引导物流业发展的中长期规划。2009 年，我国发布了《物流业调整和振兴规划》，这是我国首部全国物流发展规划，将发展物流业上升到国家战略层面，显著提升了物流业在国民经济中的地位。尤其是 2014 年国务院颁布的《物流业发展中长期规划（2014—2020 年）》，更成为我国物流

① 2018 年的统计数据主要源于《2018 年交通运输行业发展统计公报》，其中，铁路货车拥有量的数据源于国家铁路局发布的《2018 年铁道统计公报》，其余数据根据国家统计局网站相关数据计算而得，1978 年的数据源于国家统计局，http：//data. stats. gov. cn/easyquery. htm？cn=C01。营运载货汽车吨位数的统计数据始于 1986 年。

② 中国工程机械工业协会工业车辆分会 . 2018 年工业车辆市场概况［EB/OL］.［2019-03-06］. http：//www. chinaita. org. cn/news_ detail/newsId=2726. html.

业在经济发展新常态下的纲领性文件。同时，我国还陆续出台了《粮食现代物流发展规划》《农产品冷链物流发展规划》《煤炭物流发展规划》《全国物流园区发展规划》《粮食物流业“十三五”发展规划》《商贸物流发展专项规划》《全国电子商务物流发展专项规划（2016—2020 年）》《国家物流枢纽布局和建设规划》等一系列国家级专项规划，为我国物流细分行业的发展及物流园区、物流枢纽的建设指明了方向。

形成了引导物流业发展的政策体系。2001 年，原国家经贸委等六部门联合印发《关于加快我国现代物流发展的若干意见》，这是我国出台的第一份有关现代物流业发展的政策性文件。此后，陆续出台了《关于促进我国现代物流业发展的意见》《关于加快我国流通领域现代物流发展的指导意见》《关于推进物流信息化的指导意见》《国务院关于促进快递业发展的若干意见》《“互联网+”高效物流实施意见》《国务院办公厅关于转发国家发展改革委物流业降本增效专项行动方案（2016—2018 年）的通知》《关于推动物流服务质量提升工作的指导意见》《关于推动物流高质量发展促进形成强大国内市场的意见》等一系列政策文件，旨在推动我国物流产业的健康发展。尤其是 2017 年的《关于积极推进供应链创新与应用的指导意见》，是国务院颁发的首个供应链方面的纲领性文件，将供应链发展提升到国家层面，标志着我国进入供应链创新与应用发展的新时代。

物流标准化体系不断完善。2005 年，由国家标准委牵头，国家八部委联合印发了《全国物流标准 2005—2010 年发展规划》，初步建立了物流标准体系、物流通用类标准和专业类标准，对于解决我国物流业标准短缺和滞后问题发挥了重要作用。2010 年，国家标准委等十一部门出台《全国物流标准专项规划》，确立了以物流基础通用标准、公共类和专业类物流标准为主体结构的物流标准体系框架，物流标准体系进一步优化。2015 年，国家标准委等十五部门联合印发《物流标准化中长期发展规划（2015—2020 年）》，提出六项主要任务、八项重点工程，进一步加强基础类、通用类、专业类物流标准的修订，这对于适应我国物流市场的快速发展、物流技术不断创新具有重要意义。

八、物流管理体制逐步优化

形成了综合交通管理新体制。成立于 1949 年的交通部最初主要负责全国水路和公路交通的行业管理。2008 年，国务院机构改革方案，在原交通部的基础上组建交通运输部，国家民用航空局、国家邮政局等部门均划归交通运输部管理。2013 年的机构改革撤销了铁道部，组建国家铁路局，由交通运输部管理。至此，我国铁路、公路、水路、民航以及邮政行业全部纳入交通运输部管理，初步形成了中国的综合交通管理新体制。

创建了全国物流协调管理的新机制。为切实加强对全国现代物流工作的综合组织协调，充分发挥各部门的职能作用，促进现代物流全面快速协调健康发展，2005 年，国务院批准设立全国现代物流工作部际联席会议。联席会议成员单位包括国家发展改革委（牵头单位）、商务部、原铁道部、原交通部、信息产业部、原民航总局、公安部、财政部、海关总署、工商总局、税务总局、质检总局、国家标准委、中国物流与采购联合会、中国交通运输协会共 15 个部门和单位。此后，先后建立了办公室工作规则、重点企业联系制度、各地物流工作牵头部门联系制度，各部门协调配合、信息共享，基本形成了横向沟通顺畅、纵向联系方便的物流工作网络，改善了物流管理工作中长期存在的各部门分散管理和协调难的问题，对促进现代物流全面快速、协调健康发展具有重要意义。

第二节　中国物流业发展的阶段特征

40 年来，伴随着改革开放进程的不断推进，在我国政府、物流企业和物流科研工作者的共同努力下，历经探索起步、初步成长、快速发展和转型升级共四个阶段，中国物流业从无到有、由弱到强，从粗放到节约、由传统到现代，实现了跨越式发展。

一、探索起步阶段（1978—1991 年）：改革开放激发物流需求，促进物流理论与实践的探索与传播

1978 年，党的十一届三中全会做出了把全党工作重点转移到社会主义现代化建设上来的战略决策，开启了中国改革开放的历史新时期。1982 年，我国开始实行宽松的财政政策和货币政策，同时积极引进外资。1984 年，党的十二届三中全会首次提出社会主义经济是公有制基础上有计划的商品经济的思想。1987 年，党的十三大正式提出了“一个中心、两个基本点”的基本路线及三步走的经济发展目标，提出了“国家调节市场，市场引导企业”的经济运行机制模式。1990 年，我国明确将经济体制改革的基本原则确定为计划经济与市场调节相结合。在此背景下，中国经济开始复苏并不断发展，国有企业开始改革，沿海经济特区的建立促进了一批民营企业的发展，外资企业不断进入中国市场，从而大大地激发了对现代物流服务的需求。

在需求拉动下，我国从几乎空白开始不断探索，开启了物流产业发展的征程。为了学习国外先进的物流管理经验，我国陆续派出考察团访问日本，“物流”“配送”等概念和相关理论从发达国家引入中国。此后，大批教学、科研人员开始投入物流研究，部分高等院校陆续设立物流专业方向培养物流管理人才，致力于物流理论研究与推广。在这一阶段，科研人员开展了物流社会化、口岸物流、物流企业、国外物流经验借鉴等多方面研究，翻译并出版了多部物流专业书籍，物流相关理念在中国迅速传播[①][②]。

随着国外先进物流理念和先进技术逐渐传播，我国政府开始认识到发展物流的重要性。从 1979 年开始，我国对生产资料和生活资料的流通体制进行改革，逐步取消一级批发、二级批发、三级批发再到零售的计划流通分配体制，形成了多渠道、少环节、开放式的竞争局面[③]。商流渠道的随之拓宽对物流活动的顺畅进行起到基础性作用。另外，我国加快运输业改革，铁路实行

① 王之泰．中国“物流”的三十年［J］．中国流通经济，2014（12）：8-12.

② 何明珂．物流系统论［M］．北京：高等教育出版社，2004.

③ 侯云春，欧晓理，张广文．试论中国流通产业化道路［J］．中国物资，1993（02）：7-14.

经济承包责任制；公路领域出台了“贷款修路、收费还贷”等扶持发展政策；港口率先对外开放，海运业最早实现“走出去”；民航走上了企业化发展道路，航空运输市场开始形成；邮政管理体制实施改革，成立了中国速递服务公司。与此同时，我国加大交通运输建设投资力度，吸引社会资本参与基础设施建设①。交通运输业的稳定发展为我国物流产业的发展奠定了基础。

二、初步成长阶段（1992—2001年）：市场化改革进程加快，物流市场主体初步形成

1992年，邓小平南巡讲话以及党的十四大召开正式确立了我国社会主义市场经济体制的改革目标，并将进一步扩大开放、利用外资及加快发展基础工业、基础设施与第三产业列入关系全局的主要任务，从此，我国社会主义改革开放和现代化建设事业进入新的发展阶段。1997年，党的十五大进一步阐述了社会主义初级阶段理论，并指出我国进入实现现代化建设第二步战略目标、向第三步战略目标迈进的关键时期。在这个时期，建立比较完善的社会主义市场经济体制，保持国民经济持续快速健康发展，是必须解决好的两大课题。

随着社会主义市场经济体制的建立，中国经济快速发展，物流服务需求规模不断扩大，物流业作为国民经济基础性产业，受到政府的高度重视。1999年，时任副总理吴邦国在“现代物流发展国际研讨会”上提出：“现代物流作为一种先进的组织方式和管理技术，被广泛认为是企业在降低物资消耗、提高劳动生产率以外的重要利润源泉。”2000年发布的《中共中央关于制定国民经济和社会发展第十个五年计划的建议》提出，着重发展商贸流通、交通运输等行业，推行连锁经营、物流配送、多式联运、网上销售等组织形式和服务方式。物流业发展首次纳入国家规划层面。2001年，原国家经贸委等六部委联合发布《关于加快我国现代物流发展的若干意见》，首次对现代物

---

① 国务院.《中国交通运输发展》白皮书［EB/OL］.［2016-12-29］. http：//www.gov.cn/zhengce/2016-12/29/content_ 5154095. htm.

流的发展提出指导意见。

在此期间，我国加强流通和运输领域的管理体制和市场化改革。1993 年 3 月，中国撤销商业部、物资部，组建国内贸易部，打破了商业和物资的分割管理。1998 年，原国内贸易部改组成局，将物流配送作为工作重点。1995 年发布的《关于加快培育和发展道路运输市场的若干意见》提出，建立全国统一开放、竞争有序的道路运输体系。1996 年发布的《关于进一步加强我国水运市场管理的通知》提出，推进水运市场的培育和完善。1996 年发布的《关于进一步深化国有商业储运企业改革与发展的意见》提出，对商业储运企业的管理体制、组织形式进行改革，发展建设以商品代理和配送为主要特征的社会化物流配送中心。

在一系列改革措施的推动下，一批物流企业开始起步发展，物流市场规模逐渐扩大。在这一阶段，物流市场主体逐渐形成。一是制造业注重自身核心业务和提高核心竞争力，主动剥离物流功能，形成社会化的物流服务组织，如 1999 年海尔集团成立海尔物流，负责采购、原材料配送、成品配送等物流工作；华为开始构建供应链内部的计划、采购、订单、制造、物流等核心基础能力。二是部分跨国物流公司开始进入中国市场，如丹麦马士基在中国注册独资公司，由沿海向内陆迅速扩张网络，美国总统轮船公司在中国成立美集物流运输中国有限公司，向制造商和经营商提供全球化的供应链管理解决方案。三是国内大型物流企业开始扩大物流业务范围，如中远集团相继组建了集装箱运输、散货运输、杂货运输等方面的专业船公司及国际货运、工业、贸易等方面的陆上专业公司，逐步打造围绕航运、物流和修造船三个产业重点板块的“适度相关多元化经营”；宝供物流开始打造物流咨询、物流运作、增值服务、信息服务、资金服务等供应链一体化的综合物流服务。四是一批地方性中小型物流企业陆续成立，开展区域性物流服务。如，民营快递企业申通、圆通及韵达在这一阶段陆续成立，分别建立区域快递网点开展快递服务。

三、快速发展阶段（2002—2011年）：物流市场加速开放，物流企业快速发展、壮大

2001年12月，中国正式加入WTO，这是中国深度参与经济全球化的里程碑，标志着中国改革开放进入历史新阶段。中国全面履行入世承诺，大幅开放市场。在产品分销方面，我国向外国公司提供分销权，三年内取消大部分产品的分销服务限制，外国商人可以分销进口产品和本地制造的产品。在服务市场方面，广泛开放服务市场，持续减少限制措施，逐步降低服务领域外资准入门槛，在快递等54个服务分部门允许设立外商独资企业①，过渡期后服务业不限制国外供应商进入，仓储、运输等行业允许外商独资经营，3~4年内逐步取消包括租赁、速递、货物储运、货仓、包装服务等方面的限制②。

为应对经济全球化和加入WTO，我国政府大力推动现代物流业的发展。2004年，国家发展和改革委员会等九部委发布《关于促进我国现代物流业发展的意见》，现代物流业的产业地位正式确立。为加强对全国现代物流工作的统一组织协调，解决物流管理职能分散的问题，2005年，正式建立了全国现代物流工作部际联席会议制度，为推动现代物流业发展提供了加强沟通配合、统一协调的新平台。2006年3月通过的《国民经济和社会发展第十一个五年规划纲要》，第一次将物流业列入五年规划。2009年国务院发布了十大产业振兴规划中唯一的服务产业规划——《物流业调整和振兴规划》，将发展物流业上升到国家战略层面。为应对金融危机，我国于2009—2010年实施4万亿元投资计划。其中，交通基础设施投资的比重超过了三分之一，铁路、公路、机场等基础设施的建设速度大大加快，为我国经济和物流的发展打下基础。此外，为尽快与国际市场接轨，我国加强物流信息化与标准化建设，多个物

① 国务院.《中国与世界贸易组织》白皮书［EB/OL］.［2018-06-28］. http://www.gov.cn/xinwen/2018-06/28/content_5301884.htm.

② 丁俊发.加入WTO与中国物流市场［J］.中国流通经济，2002（01）：9-12.//国务院.《中国与世界贸易组织》白皮书［EB/OL］.［2018-06-28］. http://www.gov.cn/xinwen/2018-06/28/content_5301884.htm.

流信息平台投入运营，601 项多领域标准接连颁布，促进了物流市场信息化与标准化水平的提升。

这一阶段，我国物流企业由少到多、由小到大、由分散到集中，物流市场由无序逐步走向有序，物流服务水平日益提高，形成了国有、民营、外资三足鼎立的格局。一批国有物流企业，如中国对外贸易运输集团总公司、中国远洋运输（集团）总公司、中国物资储运总公司、中邮物流有限责任公司和招商局物流集团有限公司等，不仅在国内拥有强大的物流网络资源，而且逐渐开拓国际市场，成为跨国物流企业集团；一大批民营物流企业迅速成长壮大，如德邦物流股份有限公司、宝供物流企业集团有限公司等，成为中国物流市场的生力军；外资物流企业，如敦豪全球货运（中国）有限公司、UPS 供应链解决方案公司等，以及中外合资企业，如嘉里物流（中国）投资有限公司等，由于其先进的物流与供应链管理技术和服务水平，成为综合性物流服务和供应链管理领域的领导者。期间，我国物流专业化分工加速，钢材、汽车、煤炭、农产品、建材、危化品、快递、冷链、电商等物流细分市场得到快速发展。

四、转型升级阶段（2012 年至今）：全面深化改革与新技术创新驱动，物流业全面转型升级

2012 年以来，面对资源约束趋紧的严峻形势，把生态文明融入经济社会发展成为必然趋势，我国随之引导各产业逐渐加快了经济增长方式转变步伐。2012 年，十八大明确提出中国经济社会发展进入了一个新时期。2013 年通过的《中共中央关于全面深化改革若干重大问题的决定》，成为新形势下全面深化改革的纲领性文件，标志着中国改革开放从 1978 年开始进入到新阶段。党的十八大以来，以习近平同志为核心的党中央不断推进理论创新和实践创新，初步确立了适应经济发展新常态的经济政策框架，形成以新发展理念为指导、以供给侧结构性改革为主线的政策体系，贯彻稳中求进工作总基调。2017 年，党的十九大进一步谋划推动国民经济高质量发展，并指出中国经济已经从高速增长阶段转变到高质量增长阶段，我国正处在转变发展方式、优化经济结

构、转换增长动力的攻关期，必须坚持质量第一、效益优先，提高全要素生产率。物流产业作为高能耗的国民支撑性产业随之进入新发展阶段，在经济战略指导下开始逐步转型。

与此同时，一场新技术革命和新产业变革正加速进行。以物联网、互联网、大数据、云计算、人工智能、移动通信等为代表的新一代信息技术加速突破应用，新一轮科技革命和产业变革重塑全球经济结构。融合机器人、数字化、新材料的先进制造技术加速推进制造业向智能化、服务化、绿色化转型；电子商务与跨境电子商务、线上线下与物流深度融合的新零售等流通领域新兴业态快速发展；利用网络信息技术，通过互联网平台将分散资源进行优化配置，提高利用效率的新型经济形态——共享经济也应运而生。

现代物流业作为国民经济的基础性行业，主要矛盾随之演变为经济高质量高效率发展对物流的需求与物流发展不充分、不协调、不平衡、不可持续之间的矛盾[①]，转型升级势在必行。我国政府出台了一系列相关政策与规划，进一步促进物流业的健康发展。2014 年《物流业发展中长期规划（2014—2020 年）》出台，这是我国首部关于物流业中长期发展的纲领性文件。2016 年《“互联网+”高效物流实施意见》发布，要求大力推进“互联网+”高效物流发展，提高全社会物流质量、效率和安全水平。2017 年《关于进一步推进物流降本增效促进实体经济发展的意见》《关于积极推进供应链创新与应用的指导意见》相继发布，供应链被提升到国家层面，成为供给侧结构性改革的重要支撑，推动我国物流发展进入供应链时代。

在全面深化改革的大背景下以及新技术创新驱动下，我国物流业开始全面转型升级。物流企业加速兼并重组，如中远与中海重组、招商局集团与中外运长航重组、普洛斯股权重构等；一批新的领军企业不断涌现，如运满满、货车帮、物润船联、中储智运等，京东物流、顺丰速运、菜鸟网络等更成为快递物流的领导者；供应链平台企业异军突起，如海尔、华为、中兴、平安银行、京东商城、鲜易、创捷、上汽、国药、怡亚通、川山甲、九好等，形

① 丁俊发．不能忘记［N］．现代物流报，2018-11-21.

成了生产型供应链、商贸交易型供应链、服务型供应链、平台型供应链、生态型供应链等五种新模式。[①] 无人仓、无人港、无人机、无人驾驶、物流机器人等一批国际领先技术试验应用，互联网+高效运输、智能仓储、便捷配送等创新模式得到推广。

第三节　中国物流业的发展经验与展望

改革开放 40 年，中国物流业发展之所以取得巨大成就，其原因在于，改革开放为中国物流发展提供了原动力，经济与社会发展为中国物流发展创造需求拉力，政策引导为中国物流发展提供助推力，不断创新为中国物流发展提供了持续动力。党的十九大提出，2020 年全面建成小康社会后，我国将开启全面建设社会主义现代化国家新征程。在新发展理念的引领下，我国物流业将加快由高速发展向高质量发展转变，在更高水平上支撑中国经济发展，打造世界物流强国。

一、中国物流业的发展经验

（一）改革开放是中国物流发展的原动力

中国现代物流产业是在改革开放进程中不断发展壮大起来的，改革开放为物流业发展提供了根本动力。我国物流业从运输、仓储、流通等领域市场化改革出发，政府部门不断简政放权，推行政企分开，企业实行市场化运作，物流业治理逐步向“政府调节市场、市场引导企业”的市场机制转变，激发了物流市场活力，大大地提高了物流市场配置资源的效率。在改革开放进程中，物流业的治理体系不断完善，更大地发挥了市场配置资源的作用以及政府在物流业创新、协调、绿色、开放、共享发展，以及配合国家“一带一路”倡议实施中的宏观调控作用，促进了物流业的健康快速成长。

与此同时，中国物流市场向外资开放，外资物流企业深度嵌入全球化生

① 丁俊发．改革开放 40 年中国物流业发展与展望［J］．中国流通经济，2018，32（04）：3-17.

产、流通、消费的供应链体系中。我国物流业积极学习世界先进技术和经验，通过开放引进、吸收再创新，中国的物流业发展直接与国外接轨，一些技术和装备处于世界领跑水平①。

（二）经济与社会发展为中国物流发展创造需求拉力

改革开放以来，中国经济实现了快速增长，创造了人类经济史上不曾有过的奇迹。1978—2018 年，国内生产总值由 3678.7 亿元增加到 900309 亿元，年均增长 14.7%，中国已成为世界第二大经济体；货物进出口总额从 355.0 亿元增加到 305050 亿元，年均增长 18.4%，中国已成为世界第一贸易大国；工业增加值由 1622 亿元增加到 305160 亿元，年均增长 14.0%，中国已成为世界制造大国。2008—2018 年，我国电子商务交易总额从 3.14 万亿元增加到 31.63 万亿元，年均增长 26.0%，网上零售规模从 0.13 万亿元猛增到 9 万亿元，年均增长 52.8%，中国已成为全球第一大网络零售大国。我国国民经济的快速发展和经济总量的持续增长，为我国物流的发展提供了广阔的需求空间。1991—2018 年，我国社会物流总额从 3.02 万亿元增长到 283.1 万亿元，增长了 92.7 倍。

与此同时，中国制造业加快转型升级，制造业产业价值链的重心由生产端向研发设计、营销服务等方向转移，制造业物流的专业化程度高、运作非常复杂，对专业化的物流服务产生了迫切需求，促进了我国家电、装备制造、化工、服装等专业化物流服务体系的建立。此外，随着消费水平的不断提高，消费物流需求在物流时限、物流质量以及物流安全等方面的专业化要求更高，促进了快消品物流、冷链物流、跨境电商物流的快速发展。

（三）政策引导为中国物流发展提供助推力

改革开放以来，我国政府一直高度重视物流业的发展，在不同发展阶段和关键发展时期，不断出台相关政策指导物流业的发展，基本形成了以物流宏观政策为导向，以物流行业政策和行业物流政策为骨架，以物流基础设施

---

① 王文举，何明珂．改革开放以来中国物流业发展轨迹、阶段特征及未来展望［J］．改革，2017，285（11）：23-34.

政策和物流配套环境政策为支撑的物流政策体系①，有效地促进了中国物流业持续健康发展。自 2001 年我国出台第一份有关现代物流业发展的政策性文件以来，我国物流业的战略地位不断提升，一系列政策的出台，有效解决了物流业发展中存在的诸多问题。

此外，一系列总体规划和专业物流规划的出台，明确了我国物流业长期发展的战略和发展方向，描绘出中国物流业发展的宏伟蓝图。尤其是我国第一部物流业专项规划——《物流业调整和振兴规划》的出台，更是帮助我国物流业顺利度过了国际金融危机。

（四）不断创新为中国物流发展提供持续动力

创新是我国物流业发展的关键。自改革开放以来，中国物流业在以下三个方面的创新成效显著，为物流发展提供了持续动力。

首先，管理体制创新。我国综合 15 个部门和单位创造性地建立了全国现代物流工作部际联席会议制度，改善了物流管理工作中长期存在的高度集权、条块分割、难以协调的问题，在很大程度上促进了现代物流全面快速、协调健康发展。其次，技术创新。我国始终坚持高新技术的吸收引进与自主研发，物联网、大数据、云计算、人工智能等新技术快速应用于物流产业，无人机、无人车、无人仓等一批高科技物流装备投入使用，成为我国物流业从传统向现代发展的重要依托。最后，模式创新。供应链思维不断深入，借助数字经济、平台经济和共享经济等经济模式，基于“互联网+物流”“互联网+供应链服务”的平台运营与共享服务模式不断涌现，对中国物流实现转型升级具有重要意义。

二、中国物流业的未来展望

（一）新发展理念将统领中国物流业的发展

2015 年，习近平在党的十八届五中全会上的讲话提出了创新、协调、绿

---

① 王玲，蒋笑梅，贾凯杰．两岸物流政策比较研究［M］．天津：南开大学出版社，2015.

色、开放、共享的发展理念。新发展理念符合我国国情，顺应时代要求，对破解发展难题、增强发展动力、厚植发展优势具有重大指导意义。新时期中国物流业也将在贯彻这一新发展理念的基础上继续向前推进转型升级。

一是创新，是新时期中国物流业发展的基本动力。未来，我国物流业将从战略创新角度夯实我国全球供应链战略，从技术创新角度推动物流进入数字供应链时代，从模式创新角度进一步提升资源整合度、产业融合度、企业集中度，从制度创新角度加强市场监管，从文化创新角度创新物流企业人本文化。

二是协调，是新时期推动我国物流业发展的基本手段。未来，我国将注重协调城乡物流、区域物流、国内外物流、实体物流与虚拟物流、生产性物流与生活性物流之间的关系，以及商流、物流、资金流、信息流之间的关系等。

三是绿色，是新时期物流业发展的基本要求。绿色物流和绿色供应链是未来物流发展必然要求，包装回收、污染处理等将成为关注重点。

四是开放，是新时期我国物流业发展的基本途径。未来，我国将继续推动物流企业“走出去”，积极响应“一带一路”倡议，依靠自由贸易区、自由贸易港等开放战略，互联互通、取长补短，创建全球物流命运共同体。

五是共享，是新时期我国物流业发展的主要目标。未来，我国物流将通过共享方式，发展物流平台经济、供应链金融、无车承运、共同配送等，实现从外向扩张向内涵提升的转变①。

（二）中国物流将由高速发展向高质量发展转变

当前，中国特色社会主义进入了新时代，我国经济发展也进入了新时代，已由高速增长阶段转向高质量发展阶段。物流高质量发展是经济高质量发展的重要组成部分，也是推动经济高质量发展不可或缺的重要力量。加快解决物流发展不平衡、不充分的问题，推动物流高质量发展是推进物流业发展方式转变、结构优化和动力转换，实现物流业自身转型升级的必由之路；是降

① 丁俊发．改革开放40年中国物流业发展与展望［J］．中国流通经济，2018，32（04）：3-17.

低实体经济特别是制造企业物流成本水平，增强实体经济活力的必然选择；是深化供给侧结构性改革，增强经济发展内生动力，提升社会经济运行效率的迫切需要；是促进形成强大国内市场，构建现代化经济体系，实现国民经济高质量发展的内在要求。

未来一段时期，我国将从以下六大方面，共 25 个领域推动物流高质量发展，以促进形成强大国内市场。一是构建高质量物流基础设施网络体系，包括推动国家物流枢纽网络建设、加强联运转运衔接设施短板建设、完善城乡消费物流体系和建立资源共享的物流公共信息平台。二是提升高质量物流服务实体经济能力，包括促进现代物流业与制造业深度融合、积极推动物流装备制造业发展、提升制造业供应链智慧化水平以及发挥物流对农业的支撑带动作用。三是增强物流高质量发展的内生动力，包括发展物流新服务模式、实施物流智能化改造行动、推进多式联运发展、促进物流供应链创新发展、加快国际物流发展、加快绿色物流发展以及促进标准化单元化物流设施设备应用。四是完善促进物流高质量发展的营商环境，包括深化物流领域“放管服”改革、推进铁路货运服务提质增效、降低车辆通行和港口物流成本和提升城市物流管理水平。五是建立物流高质量发展的配套支撑体系，包括完善现代物流业统计制度、健全物流标准规范体系、构建物流高质量发展评价体系以及健全完善物流行业信用体系。六是健全物流高质量发展的政策保障体系，包括创新用地支持政策和加强投融资支持方式创新。

（三）物流业将在更高水平上支撑中国经济发展

我国经济已由高速增长阶段转向高质量发展阶段。目前，正处在转变发展方式、优化经济结构、转换增长动力的攻关期。在建设现代化经济体系过程中，物流产业将呈现出新的特点，未来将从以下四个方面以更高水平支撑中国经济高质量发展，进一步提升物流业的基础性、战略性、先导性、引领性地位。

一是物流发展将促进我国制造强国建设。未来，我国制造业将面对全球化的原料采购、全球化的生产力布局、全球化的产品营销要求。未来，物流企业将在关键物流节点布局和物流资源掌控，与制造业共同实施供应链一体化管理，有助于中国建立全球化的供应链体系，高效配置全球化资源，提高全球竞争力，促进我国从制造大国向制造强国的转变。二是物流将保障民生服务质量的提升。经济高质量发展要求不断提供更新、更好的商品和服务，满足人民群众日益增长的个性化需求，未来物流业将通过进一步完善基础设施规划布局，促进多种运输方式无缝对接，推动农产品、食品、医药、社区、城市配送等民生物流实现高效精准，提高民生服务质量。三是物流发展将推动形成我国全面开放新格局。未来，我国将在“一带一路”倡议下，加快国际物流发展，加快物流企业“走出去”的步伐，加快国际物流网络的战略性布局，加快两个市场资源集聚整合与国际间互联互通，促进高水平的对外贸易发展，推进贸易强国建设。四是物流升级助力经济活动降本增效。要实现经济高质量发展，就要坚持去产能、去库存、去杠杆、降成本、补短板。未来，我国将加快推动国家、区域、城市群、城市、城乡等多维尺度上物流服务网络的构建，利用互联网、物联网、大数据、云计算等技术构建发达的服务组织和要素聚集平台，为经济要素的高质量、低成本、跨国界流动提供服务支持和聚集、辐射引领作用。

第二章　中国物流市场发展状况

2018 年是我国全面贯彻党的十九大精神的开局之年、迈向高质量发展新征程的起步之年以及改革开放 40 周年。这一年，我国物流发展的国际环境复杂严峻，不稳定、不确定因素明显增加。国内环境总体平稳，我国政府坚持新发展理念，着力推动经济高质量发展，国民经济继续实现平稳较快增长。在此基础上，我国物流总体呈现稳中有进发展态势，物流市场规模继续扩大，物流领域投融资保持活跃，高质量物流体系建设取得新突破，物流业的服务质量与效率持续提升，为我国经济社会发展提供了有力支撑。

第一节　中国物流的发展环境

2018 年，全球经济增长步伐再次放缓，不同经济体增速分化明显，全球贸易摩擦明显加剧，为我国物流发展带来了风险和挑战。我国政府着力推动经济高质量发展，深入推进供给侧结构性改革，积极主动扩大对外开放，国民经济总量再上新台阶，经济结构不断优化，为我国物流高质量发展提供了坚实基础，同时也对物流业加快提质增效提出了新要求。

一、全球经济增长出现分化，全球贸易摩擦明显加剧

（一）全球经济增长分化明显

2018 年，全球经济总体实现温和增长，但未能延续 2017 年的同步强劲回升态势，而是出现了较为明显的分化，且大多数国家增速有所回落。根据国

际货币基金组织公布的数据，2018 年世界经济增速为 3.7%，与 2017 年持平①。主要发达经济体中，只有美国受国内积极财政政策的刺激，经济增速略有上升，欧元区和日本等其他经济体均出现增速回落现象。新兴市场和发展中经济体中，除印度、巴西等少数国家外，其他主要新兴经济体增速也均有不同程度的回落。2014—2018 年世界及主要经济体经济增长情况如表 2-1 所示。

表 2-1　2014—2018 年世界及主要经济体经济增长情况　　单位：%

	2014 年	2015 年	2016 年	2017 年	2018 年
世界	3.4	3.1	3.2	3.7	3.7
发达经济体	1.8	1.9	1.7	2.3	2.3
美国	2.4	2.5	1.5	2.3	2.9
欧元区	0.9	1.5	1.8	2.4	1.8
日本	0.0	0.6	0.9	1.8	0.9
新兴市场和发展中经济体	4.6	4.0	4.4	4.7	4.6
中国	7.4	6.9	6.7	6.8	6.6
俄罗斯	0.6	-3.7	-0.2	1.8	1.7
印度	7.3	7.3	7.1	6.7	7.3
巴西	0.1	-3.8	-3.5	1.1	1.3
南非	1.5	1.3	0.3	0.9	0.8

资料来源：根据国际货币基金组织《世界经济展望》（2015 年 1 月、2016 年 1 月、2017 年 1 月、2018 年 1 月）相关数据整理。

（二）全球贸易摩擦集中爆发

2018 年，全球贸易保护主义迅速升温，特别是美国推行单边主义和贸易保护政策，在全球范围内挑起贸易摩擦，先后单方面宣布对包括欧盟、墨西哥、加拿大、土耳其、中国等在内的多个经济体加征关税，各国也纷纷对美国发起大规模反制措施。2018 年 1—9 月，世界范围内生效的加征关税行为约

① IMF. A Weakening Global Expansion [EB/OL]. [2019-01-11]. https://www.imf.org/zh/Publications/WEO/Issues/2019/01/11/weo-update-january-2019.

为14个，其中，美国主动发起的加征关税行为6个，其余为其他国家对美国进行的反制措施，加征关税行为涉及总金额约4395亿美元①。贸易摩擦的加剧对全球贸易造成明显损害，2018年全球贸易增速放缓至3.0%，远低于2017年的4.6%②。2015—2018年世界贸易增长情况如表2-2所示。

表2-2　2015—2018年世界贸易增长情况　　单位：%

	2015年	2016年	2017年	2018年
世界商品贸易额	2.3	1.6	4.6	3.0
出口：发达国家	2.4	1.0	3.6	2.1
发展中国家	1.7	2.3	5.6	3.5
进口：发达国家	4.2	2.0	3.3	2.5
发展中国家	0.6	1.3	6.8	4.1

资料来源：WTO. Global trade growth loses momentum as trade tensions persist [EB/OL]. [2019-04-02]. https://www.wto.org/english/news_e/pres19_e/pr837_e.htm. 相关数据整理。

二、国民经济总量再上新台阶，消费成为经济增长主动力

（一）经济总量再上新台阶

2018年，我国政府有效应对国内外环境变化，积极稳妥推进国内经济发展，国民经济实现平稳增长。全年国内生产总值首次突破90万亿元，达到90.03万亿元，稳居世界第二位。按可比价格计算，同比增长6.6%，比上年放缓0.3个百分点。截至2018年年底，国民经济增速已连续16个季度保持在6.4%~7.0%区间，显示出我国经济运行的稳定性和韧性明显增强。2006—2018年国内生产总值及增速如图2-1所示。

① 苏庆义．国际贸易形势回顾与展望：形势尚可，风险犹存 [EB/OL]. [2019-01-14]. http://iwep.cssn.cn/xscg/xscg_sp/201901/W020190121500990380887.pdf.

② WTO. Global trade growth loses momentum as trade tensions persist [EB/OL]. [2019-04-02]. https://www.wto.org/english/news_e/pres19_e/pr837_e.htm.

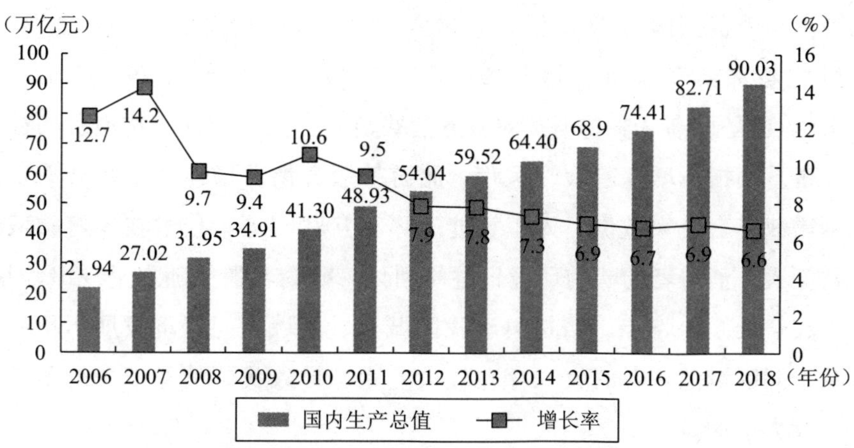

图 2-1　2006—2018 年中国国内生产总值及增速情况

注：国内生产总值按现价计算，增长速度按不变价格计算。

资料来源：根据国家统计局《中国统计年鉴》（2018）、《中华人民共和国 2018 年国民经济和社会发展统计公报》相关数据整理。

（二）消费对经济增长的拉动作用日益突出

2018 年，我国居民收入进一步增加，中等收入群体持续扩大，居民消费支出不断增加，消费对经济增长的拉动作用日益突出。2018 年，我国人均 GDP 为 64644 元，接近 1 万美元，北京、上海、广州和深圳四个一线城市人均 GDP 已全部超过 2 万美元，中等收入群体超过 4 亿人。全国居民人均消费支出 19853 元，比上年实际增长 6.5%，增速比上年提高 1.3 个百分点。2018 年，我国最终消费对经济增长的贡献率高达 76.2%，比上年提高 18.6 个百分点。全年社会消费品零售总额 38.1 万亿元，比上年增长 9.0%。全年实物商品网上零售额达到 7.02 万亿元，比上年增长 25.4%。

2018 年我国居民消费主要表现为以下四大特点：一是消费升级态势明显，生活必需品消费占比下降，高档商品和进口商品的消费明显增加。2018 年，全国居民恩格尔系数为 28.4%，较上年下降 0.9 个百分点；我国居民在境内外的奢侈品消费额达到7700亿元，占全球奢侈品消费总额的三分之一[①]。全年进口化妆品657亿元，增长67.5%；进口水、海产品794亿元，增长39.9%[②]。二是逐渐从实物消费向服务消费转变，主要统计实物消费的社会消费品零售总额指标增速趋缓，医疗、旅游等服务消费增速高于社会消费品零售总额增速。三是大数据、人工智能、移动互联网等新技术在零售领域的应用日益深入，消费者的购物环境日益便利化，购物习惯也随之呈现出碎片化、全渠道、全天候等特点。四是由于我国城乡、区域之间经济发展不均衡，城乡以及不同区域消费者的收入存在较大差距，导致我国消费市场的多样性和复杂性大大增加。

三、供给侧结构性改革持续深化，推动国民经济高质量发展

（一）三大攻坚战开局良好

为深入贯彻落实十九大新发展理念，持续推进供给侧结构性改革，实现经济高质量发展，2017年，底召开的中央经济会议提出针对我国经济发展中的突出问题，于2018—2020年期间开展防范化解重大风险、精准脱贫、污染防治三大攻坚战。

2018年，我国通过实施一系列有力措施，实现了三大攻坚战的良好开局。一是稳妥处置金融领域风险，防控地方政府债务风险，2018年，宏观杠杆率趋稳，全国地方政府债务余额控制在全国人大批准的限额之内。二是深入推进精准脱贫，脱贫攻坚成效显著。通过深入实施乡村振兴战略，大力开展电商扶贫、产销对接扶贫、劳务扶贫等，有效地促进了农产品的生产、销售以及农民收入的增加，总计减少全国农村贫困人口1000万人以上。三是全面开展蓝天、碧水、净土保卫战，通过大力优化能源和运输结构、淘汰落后产能等途径，2018年我国能耗强度继续下降，清洁能源消费量比重上升，全国

① 麦肯锡．中国奢侈品消费报告2019［EB/OL］．［2019-04］．https：//www.mckinsey.com.cn/wp-content/uploads/2019/04/McKinsey-China-Luxury-Report-2019-Chinese.pdf.

② 海关总署．2018年部分降税商品进口快速增长［EB/OL］．［2019-01-14］．http：//finance.china.com.cn/news/20190114/4869506.shtml.

338 个地级及以上城市空气质量平均优良天数持续提高。

（二）经济发展新动能持续增强

2018 年，我国继续加速构建国家创新体系，培育发展战略性新兴产业，深入推进全面创新改革试验，着力打造“双创”升级版，经济发展新动能持续增强。全国研究与试验发展（R&D）经费支出比上年增长 11.6%，高技术制造业和装备制造业投资继续保持两位数增长，分别为 16.1%和 11.1%。高技术产业和战略性新兴产业增加值增速为 11.7%和 8.9%，分别高于规模以上工业 2.7 个百分点和 5.5 个百分点。以互联网及其相关服务为代表的现代新兴服务业增速快于全部规模以上服务业 3.2 个百分点。

（三）营商环境明显改善

降低实体经济企业成本、优化营商环境是 2018 年供给侧结构性改革的重点之一。我国通过实施大规模减税降费，深入推进“放管服”改革等措施，使企业营商环境得到了明显改善。

减税降费方面，我国降低了制造业等行业的增值税税率，实施了小微企业普惠性税收减免政策，降低或停征一批行政事业性收费和政府性基金，清理规范经营服务性收费，大力推动降低用电、用网、物流等成本，全年为各类市场主体减负约 1.3 万亿元，有效地降低了营商成本。

“放管服”改革方面，2018 年 12 月，国家发展改革委、商务部发布了《市场准入负面清单（2018 年版）》，标志着我国全面实施市场准入负面清单制度，负面清单以外的行业、领域、业务等，各类市场主体皆可依法平等进入。此外，“证照分离”改革在全国推开，企业开办时间大幅压缩。“互联网+政务服务”不断深化，政府行政管理效率明显提升。

2018 年 11 月，世界银行发布营商环境报告，中国总体排名比上年上升 32 位，位列全球第 46 名，为世界银行营商环境报告发布以来所获最好名次。同时，中国也是东亚及太平洋地区唯一进入 2019 世界银行营商环境报告十大最佳改革者名单的经济体。

四、积极主动扩大对外开放，开放水平显著提升

（一）以“一带一路”建设为重点，积极主动扩大高水平开放

2018年是“一带一路”倡议提出5周年，全年我国与60余个国家签署了共建“一带一路”合作文件。亚投行新纳入9名成员，新批准10个国家的11个项目；项目贷款额总计33亿多美元，覆盖了交通、能源、电信、城市发展等多个领域。全国多个省市自治区充分发挥比较优势，出台优化、调整、对接策略，积极参与“一带一路”建设。如，山西、北京出台了推进“一带一路”建设三年行动计划，江苏、江西、陕西、广西、天津等省市印发了2018年参与“一带一路”建设工作要点，辽宁发布了“一带一路”综合试验区建设方案等。

2018年，我国与“一带一路”沿线国家的贸易额达到1.3万亿美元，同比增长16.3%，高于外贸整体增速3.7个百分点。中欧班列全年开行6363列，同比增长73%，运送货物54万标箱；国内开行城市增加13个，目的地新增2个欧洲国家的8个城市。此外，还有一大批我国企业参与投资、承建和运营的“一带一路”基础设施互联互通项目新开工、完成建设或开通运营。如，阿联酋阿布扎比码头、马来西亚关丹深水港码头正式开港，尼日利亚莱基深水港开工建设，巴基斯坦瓜达尔港具备完全作业能力，斯里兰卡汉班托塔港二期工程主体完工，连接非洲东部埃塞俄比亚和吉布提两国首都的跨国电气化铁路亚吉铁路开通运营，马尔代夫中马友谊大桥竣工，沙特麦麦高铁投入运营，蒙古国首座互通立交桥主桥通车。

（二）大幅扩大外资市场准入，激发新一轮外商投资热潮

2018年6月，国家发展改革委、商务部发布了新修订的《外商投资准入特别管理措施（负面清单）（2018年版）》，推出22项重大开放措施，一二三产业全面放宽市场准入，涉及金融、交通运输、商贸流通、专业服务、制造、基础设施、能源、资源、农业等多个重点领域。此次负面清单修订的总原则是以更大力度推进对外开放，不仅清单长度缩短，更重要的是推动重点

领域开放。

大力度对外开放政策的实施，激发了新一轮外资投资热潮。2018 年，在全球跨国投资大幅下降的背景下，我国利用外资逆势增长。全年新设外资企业 6 万余家，同比增长 69.8%；实际使用外资 1350 亿美元，同比增长 3%。沈阳华晨宝马、上海特斯拉、惠州巴斯夫、惠州中海壳牌、西安三星闪存芯片、嘉善沃克斯锂电池等一批几十亿美元甚至上百亿美元的重大外资项目落地，首家外资控股证券公司和首家外资保险控股公司诞生。

（三）加大自贸试验区建设力度，积极探索对外开放制度创新

自由贸易试验区作为我国新时代改革开放的新高地，是我国积极参与国际经贸规则制定、争取全球经济治理制度性权利的平台。2018 年，我国着眼于高标准贸易、投资规则，继续加大自贸试验区建设力度，积极探索对外开放制度创新。

2018 年 4 月，我国第 12 个自贸试验区海南自贸试验区获批成立。该自贸区是我国迄今面积最大、第一个全域性的自贸试验区，其主要任务是以制度创新为核心，深化“放管服”改革，加快形成法治化、国际化、便利化的营商环境和公平开放统一高效的市场环境，将生态文明理念贯穿海南自贸试验区建设全过程，积极探索自贸试验区生态绿色发展新模式，加强改革系统集成，力争取得更多制度创新成果。

2018 年 5 月，我国广东、天津、福建三家第二批获批的自贸试验区迎来三年窗口期。国务院统一印发了进一步深化三家自贸区改革开放的方案，要求三家自贸区到 2020 年，率先对标国际投资和贸易通行规则，建立与国际航运枢纽、国际贸易中心和金融业对外开放试验示范窗口相适应的制度体系。

此外，首个获批的上海自贸试验区在 2018 年推出服务贸易首张“负面清单”。第三批获批的 7 个自贸试验区（辽宁、浙江、河南、湖北、重庆、四川、陕西）虽然设立时间只有一年，也已形成了一批可复制推广的经验。

（四）积极主动扩大进口，促进贸易平衡发展

扩大进口对于更好实现进出口平衡发展、降低贸易顺差、优化我国贸易结构，补齐高品质货物进口不足的短板等具有重要意义。自 2015 年以来，我国一直持续扩大进口，进口已成为拉动我国外贸增长的主动力。2018 年，我国又采取多项举措鼓励进口发展，如连续四次主动下调关税水平，举办全球首届进口博览会，培育进口促进平台，优化进口通关流程，降低进口环节的制度性成本，加快改善国内的营商环境等，主动扩大进口取得明显实效。全年进口 14.09 万亿元，同比增长 12.9%，远高于 7.1%的出口增速；贸易顺差 2.33 万亿元，减少 18.3%。2013—2018 年中国进出口总额情况如图 2-2 所示。

图 2-2　2013—2018 年中国进出口总额情况

资料来源：根据国家统计局《中国统计年鉴》（2018）、《中华人民共和国 2018 年国民经济和社会发展统计公报》相关数据整理。

五、重大区域发展战略深入推进，区域协同发展水平不断提高

（一）京津冀协同发展取得明显进展

雄安新区建设是疏解北京非首都功能、推动京津冀协同发展的历史性工程，其建设进展顺利。2018 年，党中央和国务院先后批复《河北雄安新区规划纲要》和《河北雄安新区总体规划（2018—2035 年）》，为高起点、高标准建设雄安新区奠定了基础。此外，京津冀三省市还在疏解非首都核心功能、

产业协同对接等方面取得一批标志性成果。如，2018 年，北京全年退出一般制造业企业 656 家，疏解提升市场和物流中心 204 个；天津经济技术开发区引进投资方来自北京的企业 453 家，占该区全年招商项目的 40%；河北省接纳北京迁出企业 170 户，高碑店新发地农副产品物流园、沧州明珠商贸城等累计签约引进北京商户 4 万余户；北京大兴国际机场临空经济区、曹妃甸协同发展示范区等园区共建工作有序推进。

（二）长江经济带沿岸省市共同打造高质量发展带

2018 年，长江经济带沿岸各省市牢牢把握“共抓大保护、不搞大开发”的战略导向，坚定不移走“生态优先、绿色发展”之路，共同打造高质量发展经济带。一是沿岸各省市统筹推进水污染治理、水生态修复、水资源保护。如，长三角地区建立了生态环境污染联防联控机制以及长三角航道、码头及船舶污染动态数据共享平台，共同开展长江口相关开发规划修编，共同建设长江口信息化管理平台。二是沿岸各省市共同打造长江黄金水道。黄金水道建设全面提速。如，交通运输部出台了《深入推进长江经济带多式联运发展三年行动计划》，江苏省印发了《长江经济带综合立体交通运输走廊规划（2018—2035 年）》；长江南京以下 12. 5 米深水航道实现贯通并投入试运行，武汉至安庆段 6 米水深航道整治工程全面开工，长江口南槽航道整治一期工程提前半年开工。

（三）粤港澳大湾区建设迈出实质性步伐

建设粤港澳大湾区①是我国新时代形成全面开放新格局的新举措，也是推动“一国两制”事业发展的新实践。2017 年党的十九大报告明确指出，要支持香港、澳门融入国家发展大局，以粤港澳大湾区建设、粤港澳合作、泛珠三角区域合作等为重点，全面推进内地同香港、澳门互利合作，制定完善便利香港、澳门居民在内地发展的政策措施。

2018 年，粤港澳大湾区建设得到各方积极推动，迈出实质性步伐。首先，

① 粤港澳大湾区是指由香港、澳门两个特别行政区和广东省的广州、深圳、珠海、佛山、中山、东莞、肇庆、江门、惠州九市组成的城市群。

中央成立了高层统筹决策和实施的“粤港澳大湾区建设领导小组”，湾区内珠三角九市也分别建立了推进大湾区建设工作机制，为大湾区建设提供了有力的组织保障。其次，基础设施互联互通率先推进，广深港高铁香港段和港珠澳大桥先后开通。广深港高铁香港段连通了香港与内地 44 个城市，将有力推动香港融入国家发展大局。港珠澳大桥是在“一国两制”条件下粤港澳三地首次合作共建的超大型基础设施项目，大桥的建成，首次实现了珠海、澳门与香港的陆路连接，极大地缩短了三地间的距离，对提升珠江三角洲地区的综合竞争力，保持港澳的长期繁荣稳定，打造粤港澳大湾区具有十分重要的战略意义。

（四）长三角一体化上升为国家战略

2018 年 11 月，为着力落实新发展理念，构建现代化经济体系，推进更高起点的深化改革和更高层次的对外开放，政府决定将支持长江三角洲区域一体化发展上升为国家战略。长三角地区包括上海、江苏、浙江、安徽三省一市，处于“一带一路”和长江经济带的交汇地带。目前，长三角在转型发展、对外开放、科技创新策源地打造等方面都是国内先行示范区。将长三角区域一体化发展上升为国家战略，一方面能够进一步发挥长三角地区在长江经济带国家战略中的龙头与核心作用；另一方面通过对长三角一体化发展的战略升级，与京津冀协同发展、粤港澳大湾区共同形成三大区域经济发展的整体格局，带动我国经济稳定发展。

第二节　中国物流市场的总体规模

2018 年，我国物流市场总体发展呈稳中趋缓态势。社会物流总额规模继续扩大，增速与国民经济增速基本持平。社会物流总费用与 GDP 比率小幅上升，社会物流总费用的构成出现较大变化。货运量、货运周转量、快递业务量等主要物流实物量指标均实现增长，但增速有所回落。

一、社会物流总额

2018 年，全社会物流总额为 283. 1 万亿元，按可比价格计算，同比增长 6. 4%，增速比上年同期有小幅下降。2006—2018 年中国社会物流总额及增速情况如图 2-3 所示。

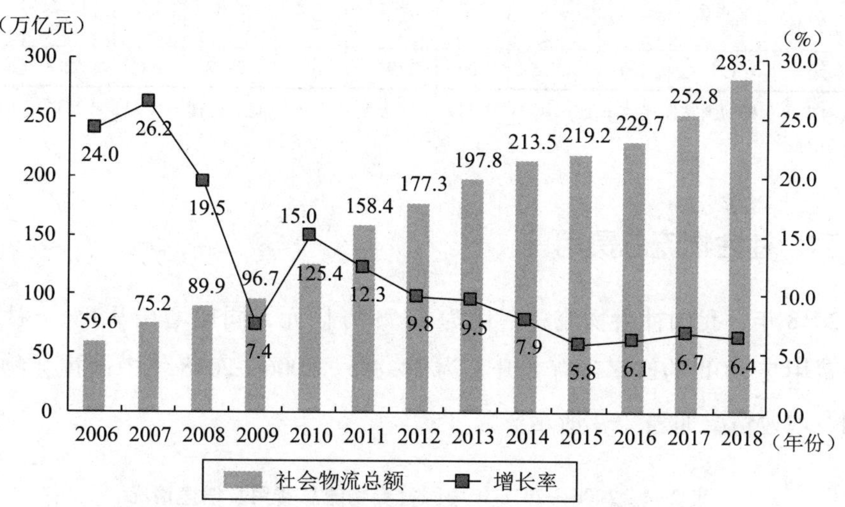

图 2-3　2006—2018 年中国社会物流总额及增速情况

注：2006—2009 年的社会物流总额增速为名义增速，2010—2018 年为实际增速。

资料来源：根据国家发展改革委、中国物流与采购联合会《全国物流运行情况通报》（2006—2018）相关数据整理。

从构成看，2018 年工业品物流总额为 256. 8 万亿元，所占比重较上年下降 2. 1 个百分点；进口货物物流总额为 14. 1 万亿元，所占比重略有上升。农产品物流总额为 3. 9 万亿元，再生资源物流总额为 1. 3 万亿元，单位与居民物品物流总额为 7. 0 万亿元。2014—2018 年中国社会物流总额构成情况如表 2-3 所示。

表 2-3　2014—2018 年中国社会物流总额构成情况

指标	2014 年		2015 年		2016 年		2017 年		2018 年	
	绝对值（万亿元）	比重（%）	绝对值（万亿元）	比重（%）	绝对值（万亿元）	比重（%）	绝对值（万亿元）	比重（%）	绝对值（万亿元）	比重（%）
工业品物流	196. 9	92. 2	204. 0	93. 1	214. 0	93. 2	234. 5	92. 8	256. 8	90. 7
进口货物物流	12. 0	5. 6	10. 4	4. 7	10. 5	4. 6	12. 5	4. 9	14. 1	5. 0
农产品物流等①	4. 6	2. 2	4. 8	2. 2	5. 2	2. 2	5. 8	2. 3	12. 2	4. 3
合计	197. 8	100	213. 5	100	219. 2	100	229. 7	100	252. 8	100

资料来源：根据国家发展改革委、中国物流与采购联合会《全国物流运行情况通报》（2014—2018）相关数据整理。

二、社会物流总费用

2018 年，我国社会物流总费用为 13. 3 万亿元，同比增长 9. 8%。社会物流总费用与 GDP 的比率略有上升，为 14. 8%。2006—2018 年中国社会物流总费用及增速情况如表 2-4 所示。

表 2-4　2006—2018 年中国社会物流总费用及增速情况

年份	社会物流总费用（万亿元）	比上年增长（%）	与 GDP 的比率（%）
2006	3. 8	13. 5	18. 3
2007	4. 5	18. 2	18. 4
2008	5. 5	16. 2	18. 1
2009	6. 1	7. 2	18. 1
2010	7. 1	16. 7	17. 8
2011	8. 4	18. 5	17. 8
2012	9. 4	11. 4	18. 0
2013②	10. 2	9. 3	16. 9

---

① 此项数据为农产品物流总额、再生资源物流总额以及单位与居民物品物流总额三项的合计值。

② 2013 年交通运输部调整了货运量、货物周转量的统计口径，国家统计局按照新的货运量、货物周转量统计口径，对 2013 年的社会物流总费用及其与 GDP 比率的数值进行了调整。表中是调整后的数据。

续表

年份	社会物流总费用（万亿元）	比上年增长（%）	与 GDP 的比率（%）
2014	10.6	6.9	16.6
2015	10.8	2.8	16.0
2016	11.1	2.9	14.9
2017	12.1	9.2	14.6
2018	13.3	9.8	14.8

资料来源：根据国家发展改革委、中国物流与采购联合会《全国物流运行情况通报》（2006—2018）相关数据整理。

从构成看，2018 年运输费用为 6.9 万亿元，同比增长 6.5%，增速同比下降 4.4 个百分点，增速下滑的主要原因是货源增速放缓和运输结构调整。受存货资金周转率下降、仓库租金上涨以及人力成本上涨等因素的影响，2018 年保管与管理费用快速增加。其中，保管费用为 3.9 万亿元，同比增长 13.8%，增速比上年高 7.1 个百分点；管理费用为 1.8 万亿元，同比增长 13.5%，增速比上年高 5.2 个百分点；占比 13.5%，比上年高 0.3 个百分点。2018 年中国社会物流总费用构成情况如表 2-5 所示。

表 2-5　2018 年中国社会物流总费用构成情况

指标	绝对值（万亿元）	比上年增长（%）	比重（%）
社会物流总费用	13.3	9.8	100
其中：运输费用	6.9	6.5	51.9
保管费用	4.6	13.8	34.6
管理费用	1.8	13.5	13.5

资料来源：根据国家发展改革委、中国物流与采购联合会《2018 年全国物流运行情况通报》相关数据整理。

三、货运量与货运周转量

2018 年，我国货运量和货运周转量增长较为平稳，增速同比有所放缓。全社会完成货运量 514.6 亿吨，同比增长 7.1%；完成货运周转量 20.55 万亿吨公里，同比增长 4.1%。2006—2018 年中国货运量、货运周转量及增速情况如表 2-6 所示。

表 2-6　2006—2018 年中国货运量、货运周转量及增速情况

年份	货运量		货运周转量	
	绝对值（亿吨）	增速（%）	绝对值（万亿吨公里）	增速（%）
2006	203.7	9.4	8.88	10.7
2007	227.6	11.7	10.14	14.2
2008	258.6	13.6	11.03	8.8
2009	282.5	9.2	12.21	10.7
2010	324.2	14.7	14.18	16.1
2011	369.7	14.1	15.93	12.3
2012	410.0	10.9	17.38	9.1
2013	409.9	—	16.80	—
2014	416.7	1.7	18.17	8.2
2015	417.6	0.2	17.84	-1.8
2016	438.7	5.1	18.66	4.6
2017	480.5	9.5	19.74	5.8
2018	514.6	7.1	20.55	4.1

注：2013 年交通运输部对公路、水路运输量统计口径进行了调整，2015 年交通运输部对公路货运量、货物运输周转量的核算方法和统计口径进行了调整。

资料来源：2006—2017 年数据来自国家统计局《中国统计年鉴》（2018），2018 年数据来自国家统计局《中华人民共和国 2018 年国民经济和社会发展统计公报》。

各运输方式中，受益于我国运输结构调整政策以及中国铁路总公司货运增量行动的实施，铁路货运量和货运周转量增速出现较快增长，其他几种运输方式增速较为平稳。2018 年各运输方式货运量、货运周转量及增速情况如表 2-7 所示。

表 2-7　2018 年各运输方式货运量、货运周转量及增速情况

指标	绝对数	增速（%）
货物运输总量（亿吨）	514.6	7.1
其中：铁路	40.3	9.2
公路	395.9	7.4
水运	69.9	4.7

续表

指标	绝对数	增速（%）
民航（万吨）	738.5	4.6
管道	8.5	5.4
货物运输周转量（万亿吨公里）	20.55	4.1
其中：铁路	2.882	6.9
公路	7.120	6.6
水运	9.930	0.7
民航（亿吨公里）	262.4	7.7
管道	0.586	22.5

资料来源：根据国家统计局《中华人民共和国2018年国民经济和社会发展统计公报》相关数据整理。

四、港口货物吞吐量与集装箱吞吐量

2018年，在国内外经济增长压力加大的背景下，我国港口生产活动实现增长，但增速有所放缓。全国港口完成货物吞吐量143.51亿吨，同比增长2.5%。其中，外贸货物吞吐量为41.89亿吨，同比增长2.4%。2006—2018年全国港口完成货物吞吐量及增速情况如表2-8所示。

表2-8　2006—2018年全国港口完成货物吞吐量及增速情况

年份	全国港口货物吞吐量		其中：外贸货物吞吐量	
	绝对值（亿吨）	增速（%）	绝对值（亿吨）	增速（%）
2006	55.70	14.8	16.14	18.1
2007	64.10	15.1	18.49	14.6
2008	70.22	9.6	19.86	7.4
2009	76.57	9.0	21.80	9.8
2010	89.32	16.7	25.01	14.7
2011	100.41	12.4	27.86	11.4
2012	107.76	7.3	30.56	9.7
2013	117.67	9.2	33.60	9.9

续表

年份	全国港口货物吞吐量		其中：外贸货物吞吐量	
	绝对值（亿吨）	增速（%）	绝对值（亿吨）	增速（%）
2014	124.52	5.8	35.90	6.9
2015	127.50	2.4	36.64	2.0
2016	132.01	3.5	38.51	5.1
2017	140.07	6.1	40.93	6.3
2018	143.51	2.5	41.89	2.4

资料来源：根据交通运输部《公路水路交通运输行业发展统计公报》（2006—2012）和《交通运输行业发展统计公报》（2013—2018）相关数据整理。

2018 年，全国港口完成集装箱吞吐量 2.51 亿标准箱，同比增长 5.3%，增速较上年下降 3 个百分点。2006—2018 年全国港口集装箱吞吐量及增速情况如图 2-4 所示。

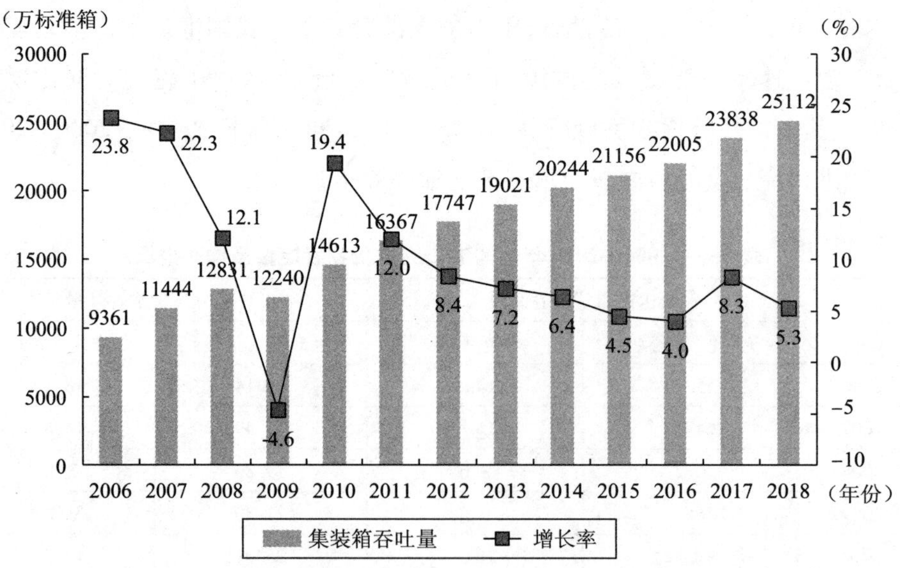

图 2-4　2006—2018 年全国港口集装箱吞吐量及增速情况

资料来源：根据交通运输部《公路水路交通运输行业发展统计公报》（2006—2012）、《交通运输行业发展统计公报》（2013—2018）相关数据整理。

五、机场货邮吞吐量

2018 年，全国机场货物运输保持平稳增长。全年共完成货邮吞吐量 1674. 0 万吨，同比增长 3. 5%。其中，国内航线完成 1030. 8 万吨，同比增长 3. 1%；国际航线完成 643. 2 万吨，同比增长 4. 1%。全国共有 10 个省份货邮吞吐量增速超过 10%，其中 9 个来自中西部省份。全国有 53 个机场的年货邮吞吐量在 1 万吨以上，完成货邮吞吐量占全部境内机场货邮吞吐量的 98. 4%，较上年下降 0. 1 个百分点。北京市、上海市和广州市三大城市机场货邮吞吐量占全部境内机场货邮吞吐量的 48. 8%，较上年下降 1. 1 个百分点。2006—2018 年全国民航机场货邮吞吐量及增速情况如图 2-5 所示。

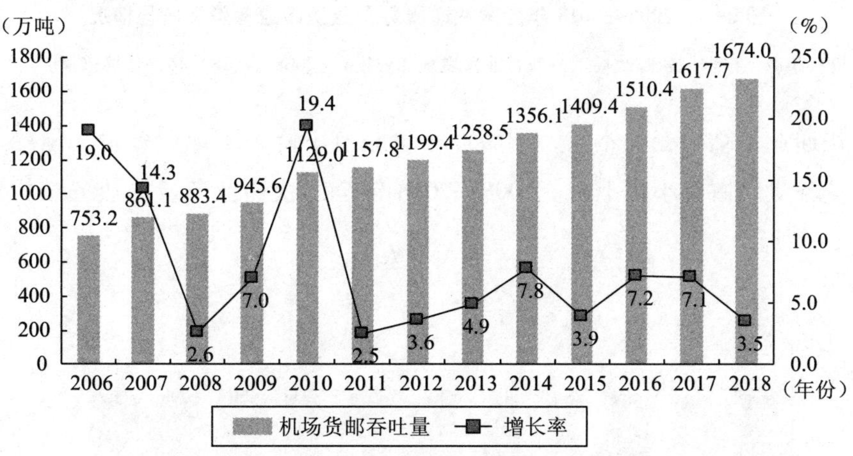

图 2-5　2006—2018 年全国民航机场货邮吞吐量及增速情况

资料来源：根据中国民用航空局《民航机场生产统计公报》（2006—2018）相关数据整理。

六、快递业务量

2018 年，我国快递业务量突破 500 亿件，全年快递服务企业共完成业务量 507. 1 亿件，同比增长 26. 6%。随着快件基数越来越大，近两年来，我国快递业务量的增速已明显放缓，2017 年比 2016 年下降 23. 3 个百分点，2018

年比 2017 年下降 1.5 个百分点。2008—2018 年全国快递服务企业快递业务量及增长情况如图 2-6 所示。

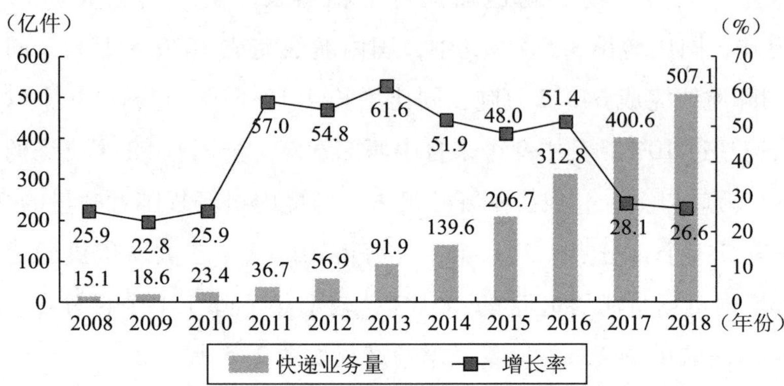

图 2-6　2008—2018 年全国快递服务企业快递业务量及增长情况

资料来源：根据国家邮政局《邮政行业发展统计公报》（2008—2018）相关数据整理。

快递业务结构变化不大，同城业务量略有下降，异地业务量、国际及港澳台业务量的占比小幅上升。2008—2018 年全国快递业务量的业务结构情况如图 2-7 所示。

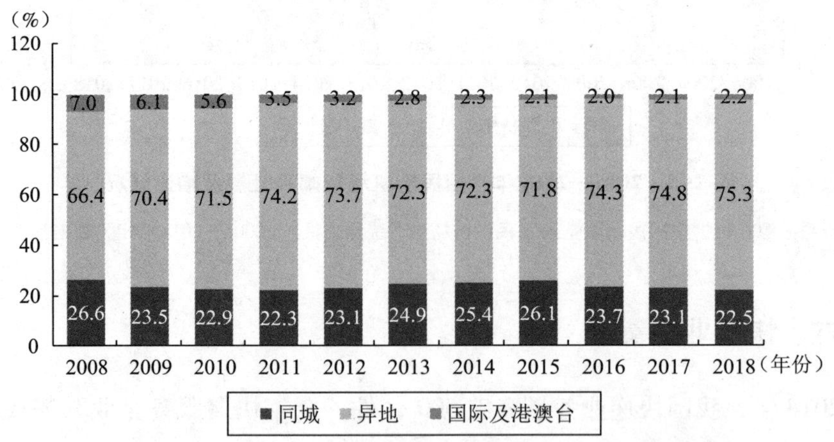

图 2-7　2008—2018 年全国快递业务量的业务结构情况

资料来源：根据国家邮政局《邮政行业运行情况》（2008—2018）相关数据整理。

第三节 中国物流市场的主要特征

2018 年，在国内外发展环境出现深刻变化及我国经济全面迈向高质量发展的背景下，我国物流市场需求出现诸多新变化。在良好发展前景的吸引下，资本继续大规模流入物流领域。在市场、资本、新一代信息技术等因素的驱动下，物流领域的信息化与智慧化变革明显加速，物流市场的整合与合作持续推进，物流企业国际化步伐加快，共同推动我国物流业加快向高质量发展方向转型升级。

一、物流市场需求呈现新变化

（一）农村物流需求增长明显加快

2018 年，我国政府高度重视城乡发展不平衡问题，进一步提高脱贫攻坚工作力度，大力实施乡村振兴策略，努力增加农民收入，积极推动农村物流设施建设，鼓励和支持各大物流企业完善农村物流网络布局，农村物流需求开始进入快速释放阶段。例如，2018 年，电商平台拼多多上的农产品及农副产品订单总额达到 653 亿元，较 2017 年的 196 亿元增长 233%。截至 2018 年年底，拼多多平台注册地址为国家级贫困县的商户数量超过 14 万家，年订单总额达 162 亿元①。菜鸟乡村物流 2018 年月均送到乡村的农资农具近 200 万件②。邮政快递业全年农村地区累计收投快件 120 亿件，支撑工业品下乡和农产品进城超 7000 亿元③。

（二）城市消费升级型物流需求旺盛

2018 年，我国一二线城市已步入消费升级快速发展阶段，消费升级类产

① 新华网．拼多多发布 2018 扶贫助农年报，农产品销售额达 653 亿，同比增长 233% ［EB/OL］．［2019-03-06］．http：//www. xinhuanet. com/tech/2019-03/06/c_ 1124200141. htm.

② 新华网．菜鸟 2018 农村物流报告：骨干网助农业增收 月送百万农资农具下乡 ［EB/OL］．［2018-12-26］．http：//www. xinhuanet. com/tech/2018-12/26/c_ 1123908328. htm.

③ 国家邮政局．2018 年中国快递发展指数报告［EB/OL］．［2019-04-17］．http：//www. spb. gov. cn/xw/dtxx_ 15079/201904/t20190417_ 1814716. html.

品的物流需求呈现出高速增长态势。例如，2018 年，我国冷链物流需求总量达到 1.8 亿吨，比上年增长 3300 万吨，同比增长 22.1%。冷链物流市场规模达到 3035 亿元，比上年增长 485 亿元，同比增长 19.0%①。2018 年，通过海关跨境电子商务管理平台的零售进口商品总额 785.8 亿元，增长 39.8%②。与此同时，城市消费者的物流需求呈现出碎片化、即时化等特点，带动了快递、同城即时配送物流需求快速增长。2018 年，我国快件达 507.1 亿件，同比增长 26.6%。同城即时配送③年订单量 124 亿单，年增速 39%；即时配送用户超过 3.6 亿人④。

（三）“一带一路”国际物流需求发展空间巨大

我国自 2013 年提出“一带一路”倡议以来，已得到世界 127 个国家与 29 个国际组织的支持，政策沟通、设施联通、贸易畅通、资金融通、民心相通“五通”建设取得了明显进展，“一带一路”倡议已经成为全球规模最大、最受关注的公共产品。“一带一路”倡议在激发我国国际物流需求方面蕴藏重大机遇，一方面基础设施互联互通建设的推进，可以产生大量国际工程物流需求；另一方面，我国与“一带一路”沿线国家贸易额的不断增长，会产生大量国际贸易物流需求。

例如，2013—2018 年，我国企业在“一带一路”沿线国家累计对外承包工程已达 6000 亿美元，其中，2018 年新签对外承包工程项目合同 7721 份，新签合同额 1257.8 亿美元，占同期我国对外承包工程新签合同额的 52%。对外承包工程带动货物出口 155.3 亿美元，同比增长 13%。2013—2018 年，我国对“一带一路”沿线国家的进出口总额超过 6 万亿美元，其中，2018 年为 83657 亿元，比上年增长 13.3%。

中欧班列的迅猛发展以及顺丰、圆通等快递企业国际业务收入的高速增

① 崔忠付.2018 中国冷链物流回顾与 2019 展望［EB/OL］.［2018-12-03］. http：//www.chinawuliu.com.cn/lhhkx/201812/03/336799.shtml.

② 国新办.2018 年进出口情况新闻发布会［EB/OL］.［2019-01-14］. http：//www.scio.gov.cn/xwfbh/xwbfbh/wqfbh/39595/39645/index.htm.

③ 即时配送服务的主要场景有外卖、B2C 零售、商超便利、生鲜宅配、快递及落地配末端配送、C2C 配送需求等。

④ 美团等.2018 即时配送发展报告.http：//www.199it.com/archives/797956.html，2018-11-20.

长，已初步显示出“一带一路”物流需求的巨大发展潜力。目前，中欧班列已成为我国“一带一路”国际贸易物流的主要载体，开行数量已从 2013 年的 80 列猛增到 2018 年的 6300 列，五年来累计开行数量 1.2 万列。国内已有 59 个城市开行中欧班列，到达欧洲 15 个国家 49 个城市①。2018 年，顺丰国际业务营业收入 26.3 亿元，同比增长 28.6%；圆通国际实现业务收入 44.63 亿港元，同比增长 21.6%②。

二、资本助推物流业高质量发展

作为社会经济运行的基础性与战略性产业，我国物流产业发展潜力大，商业模式与技术创新应用场景丰富，一直是近几年来资本关注热点。2018 年，在资本市场整体收缩的背景下，我国物流领域的良好发展前景依然吸引了大规模的资本注入，对我国物流业加快高质量发展起到了积极的促进作用。

（一）多支物流产业基金成立

2018 年 5 月，普洛斯公司联合中邮资本等国内知名的大型金融及保险机构、物流及相关行业的领军企业，设立了总目标为 100 亿元人民币的隐山基金。该基金将专注于股权投资，投资方向集中于现代物流集成运力体系、食品供应链等领域。9 月，普洛斯还与新加坡政府投资公司在中国联合设立新基金。基金总额为 20 亿美元，用于在中国收购有稳定收益的物流资产。

6 月，中国物流与采购联合会和相关大学、金融机构共同发起成立扬帆新物流产业基金，基金总规模为 100 亿元人民币，一期规模 30 亿元人民币。将重点支持符合新物流功能定位、产业发展方向和区域战略布局规划的项目，重点选择智慧物流园区、智慧物流设备、云计算与大数据、智能追溯、自主可控信息系统等国家重点发展的战略领域。

8 月，天地汇公司与欧洲工业地产开发商维龙集团（Vailog Group）（上海）投资管理有限公司共同设立 50 亿元的物流产业基金。该基金主要用于在

---

① 中国铁路总公司 . 2018 年中欧班列共开行 6300 列［EB/OL］.［2019-01-10］. http：//www.mofcom.gov.cn/article/i/jyjl/e/201901/20190102825444.shtml.

② 圆通速递 2018 年度报告 . https：//www.95579.com/main/a/20190418/16213211.html，2019-04-18.

核心物流节点城市建设新的现代化仓储服务中心，以及收购一部分已运营的仓储服务中心，并对其进行现代化的改建升级。

（二）物流领域投融资活跃

2018 年，我国物流领域全年投融资事件发生 100 余起，投融资细分领域日益多元化，投融资总额接近 750 亿元，并涌现出一大批融资 10 亿元乃至百亿元的大项目，为我国物流业快速发展提供了有力的资金支持。2018 年中国物流领域融资额 10 亿元及以上的项目情况如表 2-9 所示。

表 2-9　2018 年中国物流领域融资额 10 亿元及以上的项目

序号	融资时间	融资公司	所处细分领域	融资金额
1	1月	丰巢科技	智能快递柜	20.7 亿元人民币
2	2月	京东物流	电商物流	约 25 亿美元
3	2月和8月	找油网	物流市场后服务	共 3 亿美元
4	4月	中铁物流	零担快运	10 亿元人民币
5	4月	满帮	车货匹配平台	19 亿美元
6	5月	易商红木	物流地产	3.06 亿美元
7	5月	浙江驿栈	电商末端配送	31.67 亿元人民币
8	5月	中通快递	快递	13.8 亿美元
9	7月	狮桥物流	物流金融	10 亿元人民币
10	7月	快狗速运	城市配送	2.5 亿美元
11	8月	达达—京东到家	即时配送	5 亿美元
12	9月	新宜中国	仓储	8 亿美元
13	10月	联易融	物流金融	2.2 亿美元
14	10月	跨越速运	快运	12 亿元人民币
15	11月	Geek+	物流机器人	1.5 亿美元
16	11月	驹马物流	城市配送	15 亿元人民币
17	12月	凯京	物流金融	10 亿元人民币
18	12月	G7	智慧物联网	3.2 亿美元
19	12月	福佑卡车	车货匹配平台	1.7 亿美元

资料来源：贾艺超 . 2018 年物流行业融资盘点：104 家获融资，总金额近 750 亿元［EB/OL］. https：//www.iyiou.com/p/88995.html，2019-01-01.

（三）物流企业加大证券市场融资力度

2018 年，多家物流地产企业获批发行以物流地产租金收入为基础资产的物流资产证券化产品，盘活了存量资产，拓宽了融资渠道。4 月，富力地产发行全国首单物流园区 CMBS“富力国际空港综合物流园资产支持专项计划”，产品总规模 13.61 亿元。8 月，普洛斯投资（上海）有限公司作为原始权益人的“中信证券—普洛斯仓储物流 1—X 期资产支持专项计划”在上海证券交易所成功获批，产品规模 50 亿元。11 月，由宝湾物流控股有限公司作为发行人的“长江楚越—宝湾物流第 1—X 期资产支持专项计划”获深交所审议通过，拟发行金额共 100 亿元。12 月，顺丰控股下属全资子公司深圳市丰泰电商产业园资产管理有限公司以持有的物流产业园为标的，正式成立“华泰佳越—顺丰产业园一期第 1 号资产支持专项计划”，认购资金为 18.46 亿元。

2018 年，长久物流和圆通速递通过公开发行可转换公司债券进行了融资。圆通速递向社会公开发行了面值总额 36.5 亿元的可转换公司债券，长久物流公开发行了 7 亿元可转换公司债券。

三、物流领域信息化与智慧化变革加速

2018 年是我国物流领域加速信息化与智慧化变革的一年。传统制造企业通过积极打造供应链物流信息平台，实现物流降本增效以及供应链协同能力的提升，电商物流继续引领我国智慧物流发展，公路货运信息平台企业着力提升智慧供应链服务。

（一）传统制造业积极打造供应链物流信息平台

金隅冀东水泥公司搭建了一个将客户、托运方、承运商、司机联系在一起的供应链物流信息平台，平台具备大宗货物资源发布、招标询比价、物流交易、便捷运输管理、在途过程管理及运输对账功能，可实现联网架构下的物流协同与物流可视化管理。2018 年，该物流平台完成在线派车逾 23.8 万次，有效提高了公司物流全供应链协同运行效率和效益。

2018 年 10 月，中化能源科技公司上线壹油网，旨在以国内炼厂为核心，

打造从原油到成品油的全产业链一站式服务平台，为国际、国内的原油及成品油供应商、炼厂、贸易商、物流服务商等提供实时在线的国际贸易、物流监控、供应链金融等服务。与此同时，为了协同发展，打通供应链的各个环节，中化能源科技还上线了66快车、船运帮、仓海帮等系列供应链物流平台。

（二）电商物流业继续引领我国智慧物流发展

大数据应用方面，2018年，顺丰加强大数据预测应用，将快件量的预测提升至城市、行政区甚至每一个派送网点、每一条流向，快件量预测精准度得到进一步提升。同时，顺丰还根据预测数据在北京市、上海市等地的城市微仓中提前存储货物，缩短物流流程，减少客户等待时间。中通快递自主研发了动态业务看板，通过大数据分析，可实时掌握订单流向、线路压力和末端消化效率等情况，并能根据包裹流转节奏，对订单、揽收、运输、配送等业务环节实现实时监控与追踪。

物联网（IoT）、增强现实（AR）、人工智能（AI）技术应用方面，2018年，菜鸟联合德邦、中通等快递企业上线视频云监控系统，可以自动计算货物堆积和进出情况，并实时反馈到调度系统。德邦快递2018年率先引入AR量方技术，最快10秒完成货物体积测量；其还通过AI技术来监控快递分拣的场地和场景，抓取对货物搬运不规范的情况，防止暴力分拣。

无人机、无人车、无人仓方面，2018年，顺丰和京东先后获得无人机物流经营许可证，可在民航局批准的区域内使用无人机开展物流配送；饿了么送餐无人机正式投入商业运营。苏宁物流完成集装箱重卡测试，京东发布首款自主研发的无人重卡，菜鸟完成开放道路上的无人车测试。京东2018年大力推进无人仓布局，截至2018年11月，其不同层级的无人仓数量已达到50个，分布在北京市、上海市、武汉市、深圳市、广州市等全国多地。此外，京东物流全球首个由机器人完成配送任务的智能配送站在长沙正式投入使用。

（三）公路货运信息平台着力打造智慧供应链服务

北京中交兴路信息科技有限公司融合物联网、移动互联、智能交通、云计算等技术，构建了目前全球最大的商用车车联网平台，截至2018年年底，该公司已拥有550万辆重载货车大数据，为超过1000家物流企业、互联网平台、货主企业、金融租赁平台提供找车、找货、车辆实时位置监管、历史轨迹回放等大数据服务。

传化物流以全国化城市物流中心、金融服务、智能化系统为基础，结合共享理念、平台模式和数字化技术，正在逐步建设一个覆盖全国、互联互通的中国物流供应链服务平台。该平台运用智能系统把货、车、人、物流中心、物流企业等供应链条上各主体连接起来，形成供需匹配与组织协同。依托大数据和算法，通过智能排线、智能派单实现货与车的自动匹配，减少卡车无效行使和空载；通过智能云仓实现汇仓的分布式调度，提升仓储资源协同效率；通过智能金融，大大地提升资金的周转效率和使用效率。截至2018年6月，传化物流平台已覆盖超过30个省市自治区的300多个城市，累计为461.2万个司机及车辆、17.7万物流商提供了服务。

2018年，国内领先的城际整车运输互联网交易平台福佑卡车基于“AI+大数据”，运用机器学习、数据挖掘等技术，实现智能化产品迭代升级。其新推出的智能报价产品通过线路价格收集、价格因素匹配、价格纠错等实现整车运输智能报价，大幅度提高询价和报价的效率，以及平台报价与市场实际运价的精准吻合；其智能调度产品基于订单预测、运力画像、客户画像等，可实现货源与运力的精准与智能匹配，极大地提高车辆运用效率；其智能服务产品根据阈值的设定来预测异常，可降低异常发生率，提高异常处理效率。

四、物流市场的整合与合作持续推进

2018年，在市场以及资本等因素的推动下，我国零担快运、综合物流、电商物流等细分市场融资、并购与合作活跃，市场整合速度加快，龙头物流企业实力快速提高，服务领域快速拓展，市场布局加速完善。

（一）零担快运市场整合加速

近几年，消费升级不断驱动我国零担快运物流市场需求加速释放，但目前我国零担快运市场还处于高度分散状态，龙头企业市场占有率偏低。2018年，零担快运领域出现多起融资、并购、合作事件，推动行业加速整合。

融资方面，德邦在上海证交所A股上市，德坤供应链获A轮数亿元人民币融资，壹米滴答获C轮5亿元人民币融资，中通快运获A轮1亿美元融资，商桥物流获A+轮2.5亿元人民币融资，聚盟货Pre-A轮5亿元人民币融资。

并购方面，2018年3月，顺丰控股17亿元收购广东新邦物流有限公司71%的股份，建立快运业务独立品牌，扩展快运业务布局；5月，满帮集团收购了志鸿物流；8月，上汽集团并购了天地华宇公司。

合作方面，2018年8月，中铁快运与顺丰控股共同组建了中铁顺丰国际快运有限公司，主营高铁快运、快速货物班列等特色物流服务产品；传化智联通过聚合全国18个核心城市专线，组建传化物流联盟，通过网络共建、标准重塑、品牌打造、金融扶持等手段赋能一批优质专线企业。

（二）综合物流企业通过并购与合作快速拓展服务领域

顺丰控股公司2018年实施了多起并购与合资行动，快速打造多元化物流服务能力，加快向大型综合物流企业转型。除收购广东新邦公司以及与中铁成立合资公司进入零担快运市场外，4月，顺丰控股联合怡亚通、东方嘉盛等供应链公司成立超级大数据合资公司，构建国内供应链大数据平台，打造创新的智慧供应链，提升综合物流服务效率。8月，顺丰控股与夏晖成立合资公司，合资公司将负责经营夏晖在中国内地、香港和澳门的供应链及物流业务（包括国内货运管理），充分发挥双方在冷链物流领域的优势，全力为客户提供一体化的供应链及综合物流解决方案。10月，顺丰控股出资55亿元收购了全球合同物流巨头——DPDHL（德国邮政敦豪集团）旗下的敦豪供应链（香港）有限公司和敦豪物流（北京）有限公司100%股权，以提升自身在汽车、医疗、消费电子以及半导体等高附加值综合物流业务领域的能力。

2018年10月，中外运空运发展股份有限公司与百世物流科技（中国）有限公司签订合作框架协议。百世将承接外运发展国内段综合运输业务，包括北京、上海、广州、成都、郑州五大港口运输业务。在仓储、物流、智能运力调度等方面服务于外运发展，实现从仓库到海关、从陆运到空运的无缝接驳与运输。同时，还在智慧供应链及整车运力等方面提供服务。

（三）电商企业通过并购与合作完善物流服务体系

2018 年 2 月，阿里巴巴集团联合蚂蚁金服以 95 亿美元完成了对饿了么的全资收购。收购完成后，饿了么的本地即时配送物流会作为阿里巴巴的基础性配送网络，协同阿里新零售“三公里理想生活圈”。3 月，菜鸟网络收购万象、昇邦、东骏、芝麻开门和黄马甲五家落地配送公司，成立直营宅配公司，打造新零售背后全新的城市配送物流体系。此外，阿里、菜鸟等还投资中通快递 13.8 亿美元，以推进双方在新零售领域的合作。

2018 年 8 月，沃尔玛投资本地即时物流和生鲜商超 O2O 平台达达—京东到家 3.2 亿美元，以完善其在中国的全渠道物流服务。

2018 年 12 月，网易考拉与万科物流签订战略合作协议，双方宣布将成立合资公司携手推进跨境电商仓储布局，推动跨境电商在各个城市的落地和发展，未来双方还将进一步在仓储运营、物流配送以及新消费领域展开合作。

（四）供应链上下游企业加强物流合作

2018 年 6 月，德邦快递与华为达成战略合作，在物流云、智慧园区、IT 服务治理三大领域进行深入合作，全面升级德邦快递服务体验，探索人工智能在快递业全产业链中的应用。

11 月，中国移动公司旗下的物流公司——中移物流正式发布“中移物流合作伙伴计划”，旨在和合作伙伴共建物流行业生态，为客户提供更多服务选择，顺丰、神州数码、中国邮政、鸿讯物流、敦豪供应链、中通快递、品骏控股、京东等成为首批加入中移物流合作伙伴计划（CMLP）的企业。12 月，中国移动公司还与中国邮政达成战略合作，双方共同积极探索通信及信息化服务、金融业务、渠道网点、寄递物流、客户服务与宣传等方面的合作。

12 月，高德地图与满帮集团达成合作，将其货车导航能力全面接入货车帮、运满满 APP，为满帮集团 520 万名货车司机提供更加专业实用的货车导航服务。高德为满帮集团提供的能力包含货车路径规划、专业货车导航、猎鹰轨迹服务、自定义地图和禁限行区域查询五个模块。

五、物流企业国际化步伐加快

2018年，我国物流企业抓住“一带一路”与跨境电商带来的良好发展机遇，加快走出去步伐，在海外港口建设、海外物流业务拓展、跨境电商网络布局等方面取得积极进展。

（一）港航企业海外港口建设取得明显进展

2018年，中远海运、招商局集团、中国港湾、上海港、北部湾港务局等国有港航企业在世界各地投资建设的港口及港口贸易园区陆续投入运营，部分港口完成收购。这些海外港口已成为“一带一路”倡议实施的重要载体和我国国际产能合作的重要平台。

2018年，中远海运完成对新加坡高昇控股有限公司（Cogent Holdings）的要约收购，拓展堆场、仓储等物流业务。中远海运集装箱公司开辟了巴基斯坦瓜达尔中东快航线路，同时开通港口后方的瓜达尔自由区，吸引30多家中巴企业入驻，直接投资额超过30亿元人民币。中远海运港口与阿布扎比港务局合资的中远海运港口阿布扎比码头开港，该码头位于波斯湾地区的核心位置，直接服务中东，辐射北非、南亚等地区。中远海运集团控股的西班牙Noatum港口公司与西班牙国家铁路公司合作成立专门从事多式联运业务的铁路服务公司，加快发展海铁联运业务。

2018年2月，招商局集团正式完成对巴西第二大港——巴拉那瓜港口的收购，以72.28亿港元获得港口运营90%股权。该项目是招商局集团在拉丁美洲地区首个港口投资项目。6月，招商局集团以6.075亿澳元收购了澳大利亚纽卡斯尔港50%的总权益。该港是澳大利亚第二大港口，承担着澳大利亚40%的煤炭出口。7月，招商局集团等参与合作开发的吉布提国际自由贸易区一期工程起步区开园，该项目是推广中非合作的示范性项目，吸引了物流、贸易、汽车、机械、海产加工、食品加工等20余家中国企业入驻，目前园区已为招商局保税物流公司和埃塞俄比亚东非控股以及一家酒店提供仓库服务。

此外，2018 年，中国港湾负责建设和参与运营的喀麦隆克里比深水港集装箱泊位开港运营，上港集团的首个海外港口项目——以色列海法新港正式开工建设，北部湾港务集团第一个海外码头——马来西亚关丹深水港码头 1A 泊位开始试运营。

（二）物流企业抢抓“一带一路”发展机遇

2018 年，中远海运工程物流公司先后中标多项“一带一路”跨境大件物流项目，如南京汽轮电力工程设计院有限公司斯里兰卡 KALAWA ARAGAM 10MW 生物质电站项目物流服务，中国路桥肯尼亚蒙内铁路项目 220 辆棚车、敞车等运输服务，大唐集团印尼米拉务 2×225MW 燃煤电站项目全程物流服务，南通中集安瑞科食品装备有限公司越南喜力头顿项目 DAP 全程运输项目等。中远海运集团还与中国铁路总公司、天津港集团三方合作，共同开辟了华北地区“中蒙俄”海铁联运过境运输大通道。

2018 年，嘉里物流开通每周两班由兰州开往中亚哈萨克斯坦及乌兹别克斯坦的班列服务，以及每周从银川往哈萨克斯坦及乌兹别克斯坦的铁路货运服务。另外，该公司 2018 年还收购两家物流公司，其中，对南非约翰内斯堡的货运及物流公司 Shipping and Airfreight Services 的收购，可以强化公司在非洲的货运能力；对总部位于米兰的 Saga Italia 物流公司的收购，为公司全球网络增加了刚果共和国、乌干达和埃及三个国家，以及在哈萨克斯坦、土库曼斯坦、阿联酋、俄罗斯和美国增加新的办事处，同时增强了公司的项目物流服务能力。

2018 年 3 月，跨境综合物流企业嘉友国际开始为中国有色和云南铜业位于刚果（金）的 Lualaba 铜冶炼厂建设提供物流服务。6 月，又中标成为刚果 Aktogay 第二选矿厂工程扩建项目的国际物流运输承包商，合同金额为 1700 万美元。

（三）电商物流企业加速海外布局

菜鸟网络加快打造全球智能物流骨干网。2018 年 5 月，菜鸟网络宣布在中国的杭州和香港，以及吉隆坡、迪拜、莫斯科、列日（比利时）建设首批六大全球 eHub（数字贸易中枢），为东南亚、西欧、俄罗斯等地带来物流大提速。截至 2018 年年底，吉隆坡 eHub 前期项目已投入运行，中国香港 eHub 启动建设，迪拜、列日 eHub 完成协议签署。另外，2018 年菜鸟还开通了“杭州—莫斯科”“杭州—列日”等多条电商专用的洲际航线。

京东加快东南亚物流网络布局，并升级了海外仓。2018 年，京东提升印尼配送服务，目前其配送网络已经覆盖印尼 7 大岛屿、483 个城市和 6500 个区县，85%的订单可以在 1 天内送达。京东在东南亚地区最先进、最完整的智能仓储物流中心同期在泰国落地。京东还对海外仓进行了全面升级，即采用京东物流自主研发的“智慧”大脑 WMS5. 0 海外版系统，对入库、在库、库存、出库、资料等进行管理。

顺丰通过投资当地物流公司，大力开拓东南亚市场。2018 年，在东南亚频繁布局，先是出资 400 万美元战略投资了一家缅甸综合物流服务公司，后又陆续在印尼、越南成立合资公司，合力开拓东南亚物流速运市场。

龙头快递企业也在加快全球化步伐。2018 年，中通快递与土耳其航空、太平洋航空签约成立合资公司，整合协同各自的优势资源，布局开拓全球航空运输服务市场。在柬埔寨建设了当地最大的快递分拨中心，占地面积 10 亩，日均快件中转能力可达 5 万票。圆通速递开通长沙—胡志明国际航线，业务以东南亚特色海鲜类产品为主。百世集团采用“自建快递分拨+末端网络加盟”的方式在泰国曼谷正式起网，宣布快递业务在泰国实现全覆盖。

第三章　中国物流设施设备与技术发展状况

2018 年是我国物流设施设备与技术加快转型升级的一年。中西部地区交通基础设施建设有序推进，综合运输通道网络布局逐步完善。物流园区总体数量继续增加，专业化物流园区发展迅速，智慧仓库应用得到快速推广。无人驾驶运输工具研发与应用步伐加快，物流装备的智慧化、绿色化水平继续提高。全国多式联运公共信息平台建设工作启动，跨企业快递“物联网”初步形成，国家基础性物流标准及专业性物流标准编制工作继续有序推进。

第一节　中国交通基础设施建设状况

2018 年，中国交通基础设施建设继续快速有序推进。西部及农村地区公路交通基础设施条件继续改善；铁路能源通道建设取得新进展，高铁建设成果显著；港口码头泊位的大型化与专业化水平均有所提高，珠江水系通航里程持续增加；中西部地区通航城市数量继续增加，企业航空物流枢纽建设加快；“十纵十横”综合运输通道建设快速推进。

一、公路基础设施建设状况

（一）路网规模扩大，路网结构继续优化

2018 年，我国路网规模继续扩大。2018 年年底，全国公路总里程达到 484. 65 万公里，比上年增加 7. 31 万公里。公路密度 50. 48 公里/百平方公里，

比上年增加 0. 76 公里/百平方公里①，如图 3-1 所示。

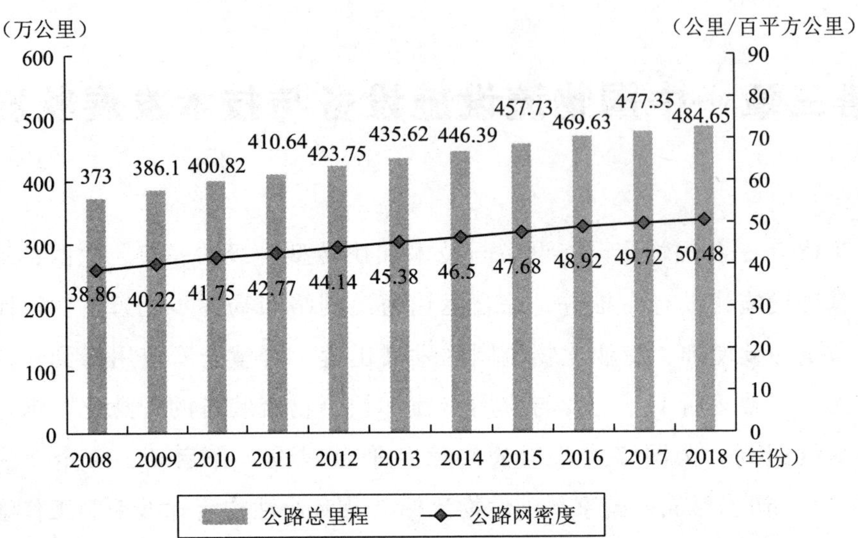

图 3-1　2008—2018 年中国公路总里程和公路网密度情况

资料来源：根据国家统计局《中国统计年鉴》（2011—2018）、交通运输部《公路水路交通运输行业发展统计公报》（2008—2012）和《交通运输行业发展统计公报》（2013—2018）相关数据整理。

2018 年，我国四级及以上等级公路占全国公路总里程比重继续提高，达到 92. 1%，比上年提高 1. 3 个百分点。其中，二级及以上等级公路里程 64. 78 万公里，比上年增加 2. 56 万公里，占公路总里程 13. 4%，比上年提高 0. 3 个百分点。高速公路里程 14. 26 万公里，比上年增加 0. 61 万公里；高速公路车道里程 63. 33 万公里，比上年增加 2. 90 万公里。

（二）多条西部高速公路相继通车，农村公路条件持续改善

2018 年，贵州省、广西壮族自治区、陕西省等西部省份均有多条高速公路通车。其中，重庆江津至贵州习水高速公路、云南镇雄至贵州毕节高速公路、巴中至川陕界高速等多条跨省高速公路通车，改善了我国西部地区跨省

① 注：本节涉及的 2018 年各类交通基础设施的投资、里程、路网密度等数字，如不做特殊说明，均来自：交通运输部 . 2018 年交通运输行业发展统计公报［EB/OL］.［2019-04-12］. http://xxgk. mot. gov. cn/jigou/zhghs/201904/t20190412_ 3186720. html.

物流的通达条件。贵州省共有 12 个高速公路项目建成通车，总里程超过 600 公里，全省高速公路通车总里程达到 6400 公里①。西藏公路通车总里程突破 9 万公里，川藏公路矮拉山、米拉山、珠角拉山隧道顺利贯通②。重庆高速公路通车里程达到 3096 公里，比上年增加 73 公里，省际通道达到 20 个③。

2018 年，我国农村公路建设继续推进，公路里程继续增加，公路通达条件进一步改善。农村公路建设完成投资 4986 亿元，同比增长 5.4%。农村公路里程增加 3.04 万公里，达到 403.97 万公里，其中县道 54.97 万公里，乡道 117.38 万公里，村道 231.62 万公里。

二、铁路基础设施建设状况

（一）路网规模继续扩大，路网结构得到优化

2018 年，我国铁路路网规模持续扩大。截至 2018 年年底，全国铁路营业里程达到 13.1 万公里，同比增长 3.1%，其中，高铁营业里程 2.9 万公里以上。全国铁路路网密度 136.0 公里/万平方公里，比上年增加 3.7 公里/万平方公里。

2018 年，我国铁路路网结构继续优化，复线率和电化率进一步提高。截至 2018 年年底，全国复线里程 7.6 万公里，复线率 58.0%，比上年提高 1.5 个百分点；电气化里程 9.2 万公里，电化率 70.0%，比上年提高 3.4 个百分点。西部地区铁路营业里程达到 5.3 万公里④。2008—2018 年中国西部地区铁路营业里程及增长情况如图 3-2 所示。

---

① 中华人民共和国交通运输部．贵州立体交通畅达八方“高速平原”渐行渐近［EB/OL］．［2019-01-07］．http：//www.mot.gov.cn/difangxinwen/xxlb_fabu/fbpd_guizhou/201901/t20190107_3154556.html.

② 中华人民共和国交通运输部．西藏公路通车总里程突破 9 万公里［EB/OL］．［2019-01-18］．http：//www.mot.gov.cn/difangxinwen/xxlb_fabu/fbpd_xizang/201901/t20190118_3158450.html.

③ 中华人民共和国交通运输部．重庆高速公路通车里程已达 3096 公里［EB/OL］．［2019-01-14］．http：//www.mot.gov.cn/difangxinwen/xxlb_fabu/fbpd_chongqing/201901/t20190114_3156571.html.

④ 中国铁路总公司．中国铁路总公司 2018 年统计公报［EB/OL］．［2019-4-10］．http：//wap.china-railway.com.cn/cpyfw/tjxx/201904/t20190410_93078.html.

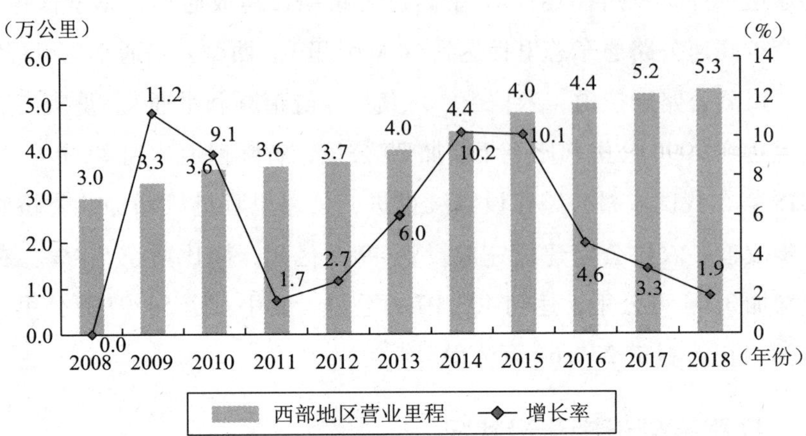

图 3-2　2008—2018 年中国西部地区铁路营业里程及增长情况

资料来源：根据国家统计局相关数据、中国铁路总公司《中国铁路总公司 2018 年统计公报》相关数据整理。

（二）多条煤炭铁路运输通道贯通，能源物流运输能力不断提升

2018 年，多条煤炭铁路运输通道贯通，进一步提升了我国西煤东运和北煤南运的能源物流运输能力。1 月，山西临县北煤炭铁路专用线开通运营，大幅提高了吕梁区域的煤炭外运能力①。10 月，“疆煤东运”的主要通道——新疆吐鲁番市“中直能源鄯善铁路专用线”通车。该铁路专用线的通车将大幅度降低“疆煤东运”的物流成本，提升新疆及周边地区大宗物资、能源物资的运输能力②。同月，我国新建的“北煤南运”运输大通道——蒙华铁路湖北汉江特大桥主桥顺利合龙，为全线按期建成通车奠定坚实基础。11 月，陕西省北煤南运行北联络线开通，将有效缓解西安的煤炭运输压力，有助于提高陕西省煤炭入川的物流效率。

（三）高铁营运里程再创新高，铁路货运能力进一步释放

2018 年，我国多条高铁密集通车，高铁营业里程达 2.9 万公里。京哈高

---

① 人民铁道网．山西临县北煤炭铁路专用线开通运营［EB/OL］．［2018-01-03］．http：//www.peoplerail.com/rail/show-474-364105-1.html.

② 新华网．畅通“疆煤东运”通道新疆企业开通铁路专用线［EB/OL］．［2018-10-31］．http：//www.xj.xinhuanet.com/2018-10/31/c_1123641789.htm.

铁承德至沈阳段、辽宁新民至内蒙古通辽高铁、哈尔滨至牡丹江高铁、山东济南至青岛高铁、山东青岛至江苏盐城铁路、杭昌高铁浙江杭州至安徽黄山段、福建南平至龙岩铁路、湖南怀化至衡阳铁路、贵州铜仁至玉屏铁路、四川成都至雅安铁路 10 条新线于年底开通运营①。

高铁通达能力的快速提升，进一步释放了既有铁路运力，有利于促进我国大宗货物“公转铁”运输的发展；同时也对我国高铁物流的发展起到积极的推动作用。2018 年 7 月，京东物流与中铁快运合作的“高铁生鲜递”项目正式上线；截至 2018 年 8 月，顺丰的“高铁极速达”产品已扩展到 44 个城市，使用了 161 条线路、254 列车次，产品共计收件量 150. 8 万票②。

三、水路基础设施建设状况

（一）内河航道通航里程增加，等级航道占比提升

2018 年，我国内河航道通航里程略有增加。截至 2018 年年底，全国内河航道通航里程 12. 71 万公里，比上年增加 108 公里。其中，珠江水系航道通航里程增加 14 公里。

等级航道比重有所提高，高等级航道比重增长。截至 2018 年年底，等级航道里程 6. 64 万公里，占总里程 52. 3%，提高 0. 2 个百分点。其中，三级及以上航道 1. 35 万公里，占总里程 10. 6%，提高 0. 8 个百分点；五级及以上航道 3. 18 万公里，占总里程 25. 0%，提高 0. 8 个百分点。2008—2018 年我国内河等级航道通航里程及占总里程比例如图 3-3 所示。

① 中华人民共和国交通运输部 . 2018 交通运输十大新闻［EB/OL］.［2019-01-01］. http：//www. mot. gov. cn/jiaotongyaowen/201901/t20190101_ 3152778. html.

② 中国流通网 . 高铁货运来袭［EB/OL］.［2019-01-22］. http：//www. chinawutong. com/baike/120613. html.

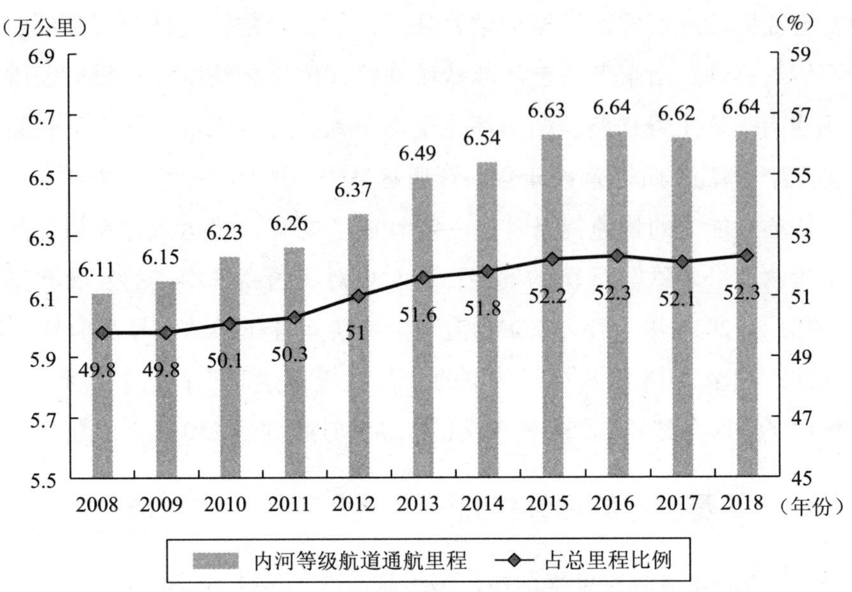

图 3-3　2008—2018 年中国内河等级航道通航里程及占总里程比例

资料来源：根据交通运输部《公路水路交通运输行业发展统计公报》(2008—2012) 和《交通运输行业发展统计公报》(2013—2018) 相关数据整理。

(二) 港口码头泊位继续向大型化、专业化方向发展

2018 年，我国港口码头泊位继续向大型化方向发展。截至 2018 年年底，全国港口拥有万吨级及以上泊位 2444 个，比上年增加 78 个。其中，沿海港口万吨级及以上泊位 2007 个，增加 59 个；内河港口万吨级及以上泊位 437 个，增加 19 个。2008—2018 年中国港口万吨级及以上泊位情况如图 3-4 所示。

2018 年，我国港口码头泊位的专业化水平进一步提升。在全国万吨级及以上泊位中，专业化泊位 1297 个，比上年增加 43 个，占万吨级及以上泊位的 53.1%，比上年增长了 0.1 个百分点。

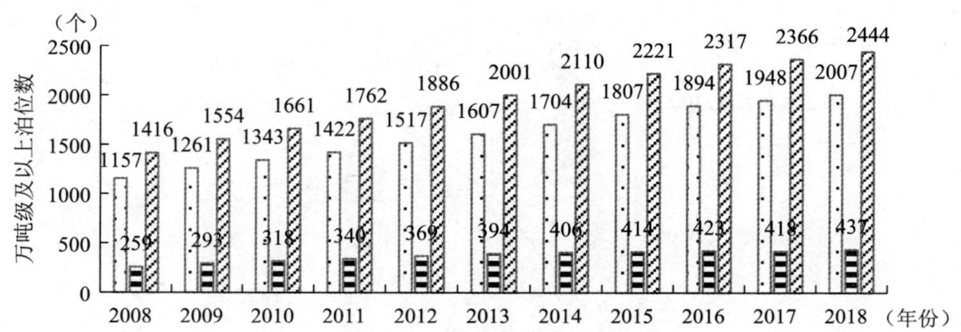

图 3-4　2008—2018 年中国港口万吨级及以上泊位情况

资料来源：根据交通运输部《公路水路交通运输行业发展统计公报》（2008—2012）和《交通运输行业发展统计公报》（2013—2018）相关数据整理。

四、民航基础设施建设进展状况

（一）民航机场数量继续增加

2018 年，我国境内民用航空（颁证）机场共有 235 个（不含香港、澳门和台湾地区，下同），比上年增加 6 个。其中，定期航班通航机场 233 个，定期航班通航城市 230 个。定期航班新通航的城市有甘肃陇南、新疆若羌、青海海北、河南信阳、湖南岳阳、新疆图木舒克。陕西安康机场和广西梧州西江（原梧州长洲岛）机场停航①。2018 年中国民用航空机场区域分布情况如图 3-5 所示。

① 中国民用航空局 . 2018 年民航机场生产统计公报［EB/OL］.［2019-03-05］. http：//www.caac.gov.cn/XXGK/XXGK/TJSJ/201903/t20190305_ 194972.html.

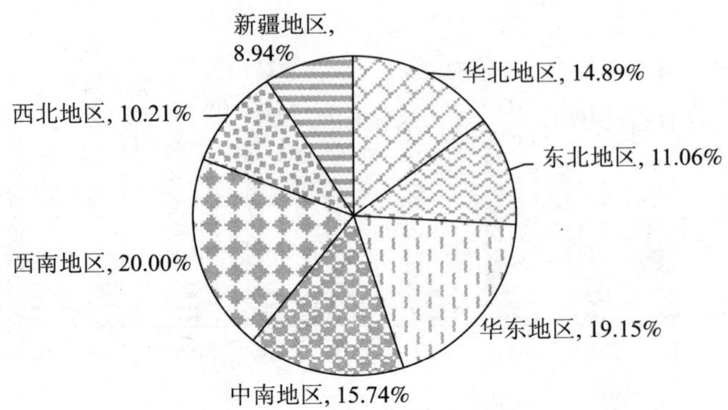

图 3-5　2018 年中国民用航空机场区域分布情况

资料来源：根据中国民用航空局《2018 年民航机场生产统计公报》相关数据整理。

（二）物流企业加快航空物流枢纽建设

2018 年，我国一些物流企业开始加快布局航空物流枢纽。例如，2 月，国务院、中共中央军委发布批复文件，正式同意顺丰快递新建湖北鄂州民用机场，这意味着顺丰机场完成了正式审批，顺丰将成为中国国内第一个拥有自己机场的快递公司①。《湖北鄂州民用机场工程节地评价报告》和《湖北鄂州民用机场工程用地踏勘论证报告》也已于 7 月顺利通过评审②。菜鸟联合中国航空、圆通速递于 6 月在香港国际机场启动建设国家智能物流骨干网枢纽。7 月，圆通集团宣布将在嘉兴机场建设全球航空物流枢纽，并依托该枢纽建设立足长三角、连通全国、辐射全世界的超级共享联运中心和商贸集散中心③。

---

① 联合早报．人民币 372.6 亿湖北鄂州建“顺丰机场”获批 顺丰今早一度涨停［EB/OL］．［2018-02-26］．http：//www.zaobao.com/realtime/china/story20180226-838150.

② 鄂州政府网．湖北鄂州民用机场工程项目通过节地评审论证［EB/OL］．［2018-08-01］．http：//www.ezhou.gov.cn/info/2018/C080196921.htm.

③ 中国民航网．我国物流市场 2018 年回顾与 2019 年展望：在创新与融合中蝶变［EB/OL］．［2019-01-07］．http：//www.caacnews.com.cn/1/wl/201901/t20190107_1264386.html.

五、综合交通运输通道建设进展状况

2018年，在“五纵五横”综合运输大通道[①]基本建成的基础上，我国“十纵十横”综合运输通道[②]建设快速推进，综合交通运输网络结构不断完善，跨区域物流能力进一步提升。

（一）“十纵”综合运输通道多段高速通道开通

2018年，“十纵”综合运输通道上多段高速通道开通。沿海运输通道上，9月，海南琼乐高速建成通车；10月，浙江慈（溪）余（姚）高速公路正式通车，该高速公路为余姚地区车辆前往杭州湾跨海大桥带来便利；12月，辽宁铁岭至本溪高速公路正式建成通车。北京至上海运输通道上，9月，京秦高速天津至北京方向通车；12月，安徽滁淮高速滁州至定远段、定远至长丰段正式开通运营。北京至港澳台运输通道上，10月，港珠澳大桥开通运营。黑河至港澳运输通道上，9月，广深港高铁全线开通运营；12月，河北太行山高速公路通车、京哈高铁承德至沈阳段正式开通运营、辽宁新民至内蒙古通辽高铁开通。二连浩特至湛江运输通道上，9月，山西大西高铁原平西至太原南段通车。包头至防城港运输通道上，11月，广西吴大高速通车，南宁吴圩机场的集疏运系统得到改善。临河至磨憨运输通道上，11月，巴陕高速公路全线正式通车。

---

① “五纵五横”综合运输大通道是我国2007年发布的《综合交通网中长期发展规划》中提出的到2020年基本建成的综合交通网骨架的重要组成部分，包括：“五纵”综合运输大通道——南北沿海运输大通道、京沪运输大通道、满洲里至港澳台运输大通道、包头至广州运输大通道、临河至防城港运输大通道；“五横”综合运输大通道——西北北部出海运输大通道、青岛至拉萨运输大通道、陆桥运输大通道、沿江运输大通道、上海至瑞丽运输大通道。

② “十纵十横”综合运输大通道是我国2017年发布的《“十三五”现代综合交通运输体系发展规划》中提出的基础设施网络化布局规划的重要组成部分，包括：“十纵”综合运输通道——沿海运输通道、北京至上海运输通道、北京至港澳台运输通道、黑河至港澳运输通道、二连浩特至湛江运输通道、包头至防城港运输通道、临河至磨憨运输通道、北京至昆明运输通道、额济纳至广州运输通道、烟台至重庆运输通道；“十横”综合运输通道——绥芬河至满洲里运输通道、珲春至二连浩特运输通道、西北北部运输通道、青岛至拉萨运输通道、陆桥运输通道、沿江运输通道、上海至瑞丽运输通道、汕头至昆明运输通道、福州至银川运输通道、厦门至喀什运输通道。

（二）"十横"综合运输通道多段中西部地区重要通道建成

2018 年，我国"十横"综合运输通道上多段中西部地区重要通道建成通车。青岛至拉萨运输通道上，12 月，青海大通经湟中至平安段公路、347 国道都兰至德令哈段公路、315 国道乌兰至德令哈段公路建成通车。沿江运输通道上，川藏公路矮拉山、米拉山、珠角拉山隧道于 2018 年顺利贯通；上海至瑞丽运输通道上，4 月，云南大理至永胜高速公路一期工程建成通车，广大铁路全线铺通；12 月，杭（州）黄（山）高铁、贵州铜仁至玉屏铁路正式开通运营。汕头至昆明运输通道上，11 月，广西河（池）百（色）高速公路正式通车运营。福州至银川运输通道上，陕西吴（起）定（边）高速公路于 9 月建成通车；12 月，陕西柞水至山阳高速公路顺利建成通车。厦门至喀什运输通道上，10 月，青海大武经达日至班玛公路主体工程顺利通过交工验收；12 月，湖南莲（花冲）株（洲）高速公路顺利建成通车。

（三）东南亚国际运输通道多段高速通道贯通

我国东南亚国际运输通道建设也取得新进展。4 月，中缅国际通道广大铁路全线铺通；11 月，中老铁路国内段首个隧道群——云南玉（溪）磨（憨）铁路黄竹林隧道群全部贯通；12 月，广西靖西至龙邦高速公路建成通车，为我国西南地区通往东南亚各国再添一条新的陆路通道。

第二节　中国物流园区（中心）及仓储设施发展状况

2018 年，我国物流园区（中心）及仓储设施总体数量继续增加，专业化物流园区建设继续推进，物流园区空间布局逐步优化。尽管我国物流园区（中心）已具有一定的网络化运作能力，但信息化、智能化水平仍有提升空间。此外，我国仓储面积继续平稳增加，随着人工智能相关产业的发展，智慧仓库应用得到快速推广。

一、物流园区（中心）发展状况

（一）物流园区总体数量继续增加

2018 年，我国物流园区总体数量继续增加。根据中国物流与采购联合会、中国物流学会编制的《第五次全国物流园区（基地）调查报告（2018）》（以下简称《报告》），截至 2017 年年底，我国符合 3 个条件的规划、在建及运营的物流园区[①]共计 1638 家，比 2015 年第四次调查数据的 1210 家增长 35.37%。在列入报告的 1638 家园区中，处于运营状态的 1113 家，占 67.9%；处于在建状态的 325 家，占 19.8%；处于规划状态的 200 家，占 12.2%[②]。2018 年，我国又有一批新的物流园区（中心）开工建设，如西藏领峰国际智慧物流园、香港国际机场国家智能物流骨干网枢纽分别于 2018 年 3 月和 6 月启动建设。

（二）物流园区空间布局逐步优化

我国物流园区的空间布局呈现“东多西少”的特征。截至 2017 年年底，东部地区已有 75.7%的园区进入运营状态；西部地区随着近年来经济增速加快，也开始进入物流园区规划建设快速发展期，规划和在建园区占比分别为 15.9%和 22.8%，高于其他地区。分省区来看，物流园区总数最多的三个省分别为山东省（117 个）、江苏省（102 个）和河南省（97 个）；运营园区数量最多的三个省分别为江苏省（91 个）、山东省（86 个）和浙江省（70 个）。海南省、西藏自治区、青海省等省区的物流园区总数较少，均少于 10 个[③]。

在国家相关规划的引导下，我国物流园区逐步向物流节点城市集聚，物流园区空间布局不断优化。2013 年 9 月，国家发展改革委等 12 部门联合印发

---

① 调研样本园区三个筛选条件为：（1）署名为物流园区、物流基地、物流中心、公路港、铁路港、物流港、无水港等的单位或企业；（2）园区占地面积在 150 亩（0.1 平方公里、即 10 万平方米）及以上，并具有政府部门核发的用地手续；（3）园区有多家企业入驻，能够提供社会化物流服务。

② 中国物流与采购网．《第五次全国物流园区（基地）调查报告（2018）》发布［EB/OL］.［2018-07-30］. http：//www. chinawuliu. com. cn/wlyq/201807/30/333349. shtml.

③ 中国物流与采购网．《第五次全国物流园区（基地）调查报告（2018）》发布［EB/OL］.［2018-07-30］. http：//www. chinawuliu. com. cn/wlyq/201807/30/333349. shtml.

《全国物流园区发展规划》，提出按照物流需求规模大小以及在国家战略和产业布局中的重要程度，将物流园区布局城市分为三级，确定一级物流园区布局城市 29 个，二级物流园区布局城市 70 个。《第五次全国物流园区（基地）调查报告（2018）》调查结果显示，全国 1113 个已运营的物流园区中有 652 个分布在一级、二级物流园区布局节点城市，占比 58.6%；两级节点城市平均运营园区个数为 6.6 个，远高于非节点城市的 1.9 个。

（三）物流园区信息化、智能化水平有待提升

目前，我国物流园区的信息化、智能化水平仍有待进一步提升。根据《第五次全国物流园区（基地）调查报告（2018）》，我国园区信息化及设备投资占园区投资总额的比例的平均值仅为 8.2%，其中，51%的园区信息化及设备投资占园区投资总额在 5%以下。

在园区公共信息平台建设方面，根据《第五次全国物流园区（基地）调查报告（2018）》数据显示，约 70.4%的园区建立了公共信息平台。其中，东部和中部地区建立公共信息平台的园区占比高于西部和东北地区。但是，我国物流园区信息平台的服务功能仍有提升空间。我国物流园区的信息平台功能仍主要集中在信息发布、货物跟踪、数据交换、物业管理等方面，支付结算、融资保险、ISP 服务、企业建站服务等增值服务功能实现较少。50%的信息平台服务功能数量不超过 4 项，仅有 11.6%的信息平台服务功能数量在 10 项以上。

（四）专业化物流园区（中心）建设继续推进

2018 年，我国专业化物流园区建设继续推进。农产品物流园区（中心）和保税物流园区（中心）发展迅速。

多个农产品物流园区（中心）投入使用，一些地区的农产品物流网络结构不断完善。例如，2018 年 3 月，黑龙江省最大公铁两用冷链物流基地——夏家冷链物流基地投入使用；10 月，京津冀地区，《环首都鲜活农产品一小时流通圈规划》重点园区之一——河北保定“汇通公路港”物流园启动运营；11 月，作为安徽马鞍山市重点民生工程和菜篮子工程的“中国供销·华东农

产品物流园”开市交易，对拉动地方经济和服务三农起到积极的作用。

一批新的保税物流中心相继通过验收或封关运作，进一步提升了我国相关经济带或区域的国际物流运作能力。丝绸之路经济带沿线，2018 年 5 月，云南昆明晋宁腾俊国际陆港保税物流中心封关运作；9 月，黑龙江牡丹江保税物流中心（B 型）通过验收。21 世纪海上丝绸之路经济带沿线，5 月，广东汕头保税物流中心正式封关运营；11 月，福建翔福保税物流中心（B 型）顺利通过验收。京津冀地区，11 月，河北辛集保税物流中心（B 型）通过联合验收。长江经济带沿线，湖北仙桃保税物流中心（B 型）、江苏海安保税物流中心（B 型）、安徽合肥空港保税物流中心（B 型）相继封关运营；11 月，徐州新沂保税物流中心（B 型）通过验收。

（五）智慧物流园区（中心）快速发展

在人工智能相关发展规划与政策的支持下，2018 年，我国一些地区、企业，尤其是西部地区，加快推进物流园区智能化转型，一批新的智慧物流园区（中心）开始筹建或启用，为我国物流园区向网络化、智慧化运作转型升级提供了重要的基础设施与信息技术支撑。例如，1 月，京东亚洲一号青岛智慧物流园启用；菜鸟网络与西安方面签署战略合作协议，在西安打造智慧物流中心；3 月，西藏领峰国际智慧物流园开工建设。

二、仓储设施发展状况

（一）仓储面积平稳增加

2018 年，我国仓储总面积继续平稳增加，仓库竣工面积为 3109. 07 万平方米，新竣工仓库面积比上年增加 0. 14%。2013—2018 年中国仓库竣工面积及增长率如图 3-6 所示。

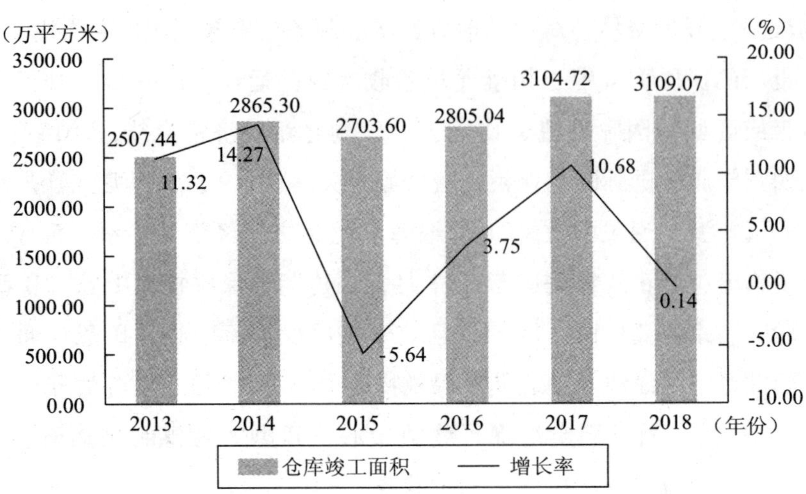

图 3-6　2013—2018 年中国仓库竣工面积及增长率

资料来源：根据国家统计局网站（http：//data. stats. gov. cn/）相关数据整理。

（二）冷库建设持续推进

随着居民生活水平的提高和生鲜电商的发展，我国对冷库的需求快速增加，冷库建设持续快速推进。根据物联云仓仓库数据，2018 年我国冷库总面积超 696 万平方米，较 2017 年增长约 410 万平方米，冷库面积占 2018 年仓库总面积的 2. 73%。按冷库资源的区域分布来看，我国冷库资源主要集中在华东、华中、华南地区，东北地区以及西部地区冷库资源相对较少[①]。

（三）智慧仓库在多地得到应用

2018 年，随着电子商务和大数据技术的发展，人工智能在仓库建设中的应用日益广泛。尤其是在经济发展水平较高的东部地区，许多企业新建或将原有仓库升级为“无人仓”，我国仓库的智慧化水平快速提升，仓储物流效率得到极大改善。如 1 月，全国首个跨境电商智能机器人仓库——北京跨境电

---

① 中国物流与采购网．“数”说冷库——2018 年全国冷库市场总结分析［EB/OL］．［2019-01-10］．http：//www. chinawuliu. com. cn/zixun/201901/10/337802. shtml.

商智能一号机器人库（简称智能一号）在北京亦庄保税物流中心建成①。8月，国美在广州与天津两地同时开始运营使用机器人“无人仓”，机器人拣货效率平均比人工提升近270%，作业时间整体缩短近30%②。11月，日日顺物流山东青岛黄岛智能仓完成升级。

第三节　中国物流装备发展状况

2018年，随着自动化技术、新能源、新材料在物流装备研发与生产中的应用，我国物流装备的绿色化、智慧化水平迅速提高。新能源运输工具逐步得到推广应用，环保型仓储装卸搬运工具的应用范围迅速扩大；无人驾驶运输工具、新型自动分拣系统、物流机器人等智慧化物流装备的研发与应用取得新进展；港口集装箱码头全自动装卸搬运设备进入集成应用阶段。

一、运输工具发展状况

（一）运输工具大型化发展趋势明显

2018年，我国各类运输工具载重能力快速提高，运输工具大型化发展趋势明显。截至2018年年底，全国拥有载货汽车1355.82万辆，比上年下降0.9%；载货汽车总载重量达12872.97万吨位，同比增长9.30%，平均吨位达到9.49吨/辆，比上年增加0.89吨/辆，为近十年来平均吨位增量最多的一年。其中，普通货车平均吨位达到5.87吨/辆，比上年增加0.47吨/辆，其增量为近八年来最多的一年。水上运输船舶数量继续减少，全国拥有水上运输船舶13.70万艘，同比减少5.5%③；水上运输船舶平均净载重量达到

---

① 搜狐网．全国首个跨境电商智能机器人仓库落户北京亦庄［EB/OL］．［2018-01-18］．http：//www.sohu.com/a/217538423_123753.

② 中国物流与采购网．国美“无人仓”首发 开启智慧物流新时代［EB/OL］．［2018-08-21］．http：//www.chinawuliu.com.cn/information/201808/21/334081.shtml.

③ 交通运输部．2018年交通运输行业发展统计公报［EB/OL］．［2019-04-12］．http：//xxgk.mot.gov.cn/jigou/zhghs/201904/t20190412_3186720.html.

1833.23 吨/艘，同比增长 3.55%[①]。铁路货车保有量继续增加，达到 83.0 万辆[②]，比上年增加约 3.1 万辆，同比增加 3.88%[③]。

（二）新能源运输工具应用不断推进

2018 年，我国继续推动新能源物流车在城市配送中的应用。2 月，财政部、工业和信息化部、科技部和发展改革委联合发布《关于进一步完善新能源汽车推广应用财政补贴政策的通知》，调整了新能源汽车的补贴范围、补贴标准等[④]。10 月，国务院印发《推进运输结构调整三年行动计划》，要求推进城市绿色货运配送示范工程，并加大新能源城市配送车辆推广应用力度[⑤]。京东物流新能源车辆已经覆盖华北、华南、华东、西南、西北、华中、东北七大区；菜鸟网络正在执行其 2017 年发布的“ACE”未来绿色智慧物流汽车计划；苏宁计划未来三年投放 10000 辆新能源车[⑥]。截至 2018 年年底，全国累计推广新能源物流车约 36.7 万辆，但其在物流车市场保有总量中的占比仍然很低[⑦]。

此外，我国开始推进新能源船舶研发与应用。例如，4 月，武汉理工大学、中国船舶重工集团公司第七一一研究所、湖州市航运实业总公司等单位共同研发的“48TEU 智能新能源集装箱船”项目在浙江省湖州市正式启动，

---

① 交通运输部．2018 年交通运输行业发展统计公报［EB/OL］．［2019-04-12］．http：//xxgk.mot.gov.cn/jigou/zhghs/201904/t20190412_3186720.html.

② 中国铁路总公司．中国铁路总公司 2018 年统计公报［EB/OL］．［2019-4-10］．http：//wap.china-railway.com.cn/cpyfw/tjxx/201904/t20190410_93078.html.

③ 交通运输部．2018 年交通运输行业发展统计公报［EB/OL］．［2019-04-12］．http：//xxgk.mot.gov.cn/jigou/zhghs/201904/t20190412_3186720.html.

④ 中华人民共和国财政部．关于进一步完善新能源汽车推广应用财政补贴政策的通知［EB/OL］．［2019-03-26］．http：//jjs.mof.gov.cn/zhengwuxinxi/zhengcefagui/201903/t20190326_3204190.html.

⑤ 中华人民共和国中央人民政府．国务院办公厅关于印发推进运输结构调整三年行动计划（2018—2020 年）的通知［EB/OL］．［2018-10-09］．http：//www.gov.cn/zhengce/content/2018-10/09/content_5328817.htm.

⑥ 电车资源．苏宁共享快递盒，推广新能源物流车：做两会和祖国的“绿能量”［EB/OL］．［2019-03-07］．http：//www.evpartner.com/news/88/detail-43103.html.

⑦ 人民网．推广新能源物流车 助力蓝天保卫战［EB/OL］．［2019-03-06］．http：//energy.people.com.cn/n1/2019/0306/c71661-30959646.html.

该船舶是全国首艘48标箱标准化智能新能源集装箱船，建成后将在湖州安吉上港码头至上海共青码头的航线上运行，促进我国内河绿色航运的发展①。同时，智能新能源船舶技术创新产业联盟在全国首个“内河水运转型发展示范区”——浙江省湖州市宣告成立，该联盟由众多来自船舶、配套、航运、新能源、融资租赁等涵盖智能新能源船舶技术产业链上下游的高校、科研院所、企事业单位组成②，将推动我国智能新能源船舶的开发与应用。

（三）无人驾驶运输工具应用初步推广

近年来，一些大型电商物流企业不断加大无人机的研发与应用，这些无人机被布局在其支线与末端物流环节，具有大幅提升企业物流效率的潜力。例如，3月，顺丰子公司江西丰羽顺途科技有限公司荣获中国民用航空华东地区管理局颁发国内首张无人机航空运营（试点）许可，中国无人机物流配送进入合法运营阶段③；菜鸟ET物流实验室联合天猫，首次将无人机技术运用到传统的茶叶运输环节④。5月，中国邮政EMS水陆两栖无人机在湖北荆门试飞成功⑤。7月，圆通速递有限公司采用无人机在重庆武隆区完成首次无人机山区乡镇快递配送创新应用，为山区快递“最后一公里”派送问题提供了一个有效的解决方案⑥。10月，中通快递无人机在陕西成功完成了首次载货飞行，西安临潼网点正式启动无人机配送常态化运行⑦；顺丰控股参与研发的大

---

① 中国水运网．国内首艘48TEU纯电动内河集装箱船启动［EB/OL］．［2018-05-14］．http：//www.zgsyb.com/html/content/2018-05/14/content_ 870757.shtml.

② 中国水运网．抢占智能船舶产业高地［EB/OL］．［2018-04-23］．http：//epaper.zgsyb.com/html/2018-04/23/content_ 22918.htm.

③ 民航资源网．重磅！顺丰获国内首张无人机航空运营许可证［EB/OL］．［2018-03-28］．http：//news.carnoc.com/list/441/441099.html.

④ 沈积慧．龙井茶园用上了无人机［EB/OL］．［2018-03-27］．http：//zjnews.zjol.com.cn/zjnews/hznews/201803/t20180327_ 6889590.shtml.

⑤ 韩婉洁．中国邮政EMS水陆两栖无人机成功试飞［EB/OL］．［2018-05-22］．http：//www.cannews.com.cn/2018/0522/176419.shtml.

⑥ 腾讯网．圆通快递无人机飞跃“最后一公里”［EB/OL］．［2018-07-17］．https：//xw.qq.com/amphtml/20180717F1HXJZ00.

⑦ 张永宁．中通无人机在陕西完成首次载货飞行［EB/OL］．［2018-10-15］．http：//epaper.sanqin.com/html/2018-10/15/content_ 67614_ 419542.htm.

型货运无人机 AT200 完成了异地转场飞行试验[①]。11 月，由京东自主研发的首款原生支线无人货运飞机——京鸿无人货运大飞机正式完成首飞，该飞机起飞重量超过吨级，能够承载干线与末端无人机网络的转接，未来能够与京东物流仓储设施实现无缝对接[②]。

同时，一些企业继续进行物流无人车的研制与应用，对“最后一公里”公路物流智能化展开积极的探索和尝试。如，苏宁物流于 4 月在南京试点投放了社区无人快递车“卧龙一号”[③]，5 月完成对达到 L4 级别无人驾驶能力的重型卡车“行龙一号”的路测[④]，6 月完成无人快递车“卧龙一号”的上岗测试，并进入常态化运营[⑤]；9 月，菜鸟 ET 物流实验室在云栖大会现场发布两款搭载了刷脸取件柜、零售货架等设备的新零售物流无人车[⑥]。11 月，由飞步科技自主研发的 L4 级别无人驾驶货车，在浙江地区上线，开展真实环境下的日常电商物流运营[⑦]。

（四）物流企业航空货运机队规模扩大

截至 2018 年，我国已有多家物流企业成立航空公司，独立完成航空货运业务，机队规模不断扩大。顺丰控股、中国邮政和圆通速递都成立了自己的航空公司，具有独立的航空运输能力。截至 2018 年年底，我国国内在营全货

① 中国民航网．我国物流市场 2018 年回顾与 2019 年展望：在创新与融合中蝶变［EB/OL］．［2019-01-07］．http：//www.caacnews.com.cn/1/wl/201901/t20190107_ 1264386.html.

② 孟环．京东京鸿无人货运大飞机完成首飞［EB/OL］．［2018-11-19］．http：//news.carnoc.com/list/470/470225.html.

③ 搜狐网．苏宁物流社区无人快递车“卧龙一号”上路［EB/OL］．［2018-04-16］．http：//www.sohu.com/a/228429163_ 115035.

④ 新华网．首辆物流无人重卡在上海测试［EB/OL］．［2018-05-25］．http：//www.xinhuanet.com/auto/2018-05/25/c_ 1122885116.htm.

⑤ 搜狐网．苏宁无人车完成测试，明日进入常态化运营［EB/OL］．［2018-06-17］．http：//www.sohu.com/a/236289195_ 99991224.

⑥ 中国物流与采购网．2018 杭州·云栖大会开幕 菜鸟新零售物流无人车亮相［EB/OL］．［2018-09-21］．http：//www.chinawuliu.com.cn/information/201809/20/335112.shtml.

⑦ 中国物流产业网．中国首批无人驾驶货运车上线 3 个月运送快递超 6 万件［EB/OL］．［2019-02-26］．http：//www.xd56b.com/zhuzhan/wlzx/20190226/61916.html.

机共计 158 架，主要集中在中国邮政、顺丰速运等快递公司[①]。作为国内机队规模最大的货运航空公司，顺丰航空机队规模在 2018 年年底增加到 50 架，正式进入中型航空公司之列[②]。同时，截至 2018 年年底，中国邮政航空机队规模达 18 架，圆通速递机队规模已达 12 架。

二、仓储与装卸搬运设备发展状况

（一）仓储设备绿色化水平快速提升

受环保政策与成本控制等多重因素的影响，我国电动叉车的使用量迅速增加。2018 年，我国电动叉车销量达到 281096 台，电动叉车销量占叉车总销量比例迅速增加，由 2017 年的 41.0%增加到 47.1%，增加了 6.1 个百分点，为近十年来电动叉车销量占比增加最多的一年。2008—2018 年中国内燃叉车与电动叉车的销量情况如图 3-7 所示。

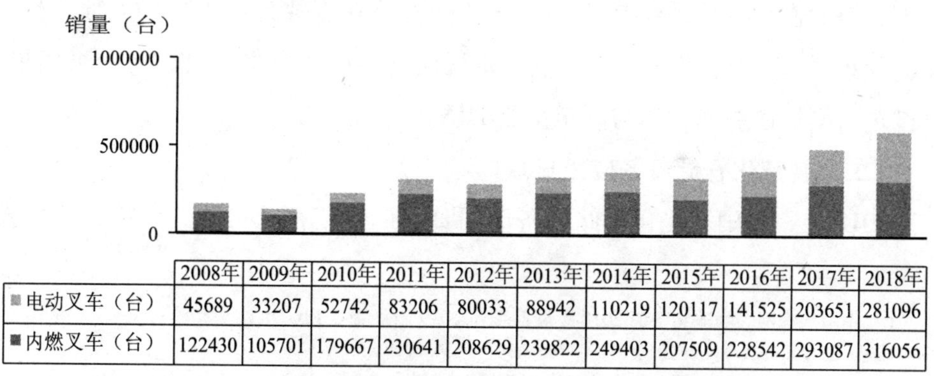

	2008年	2009年	2010年	2011年	2012年	2013年	2014年	2015年	2016年	2017年	2018年
■电动叉车（台）	45689	33207	52742	83206	80033	88942	110219	120117	141525	203651	281096
■内燃叉车（台）	122430	105701	179667	230641	208629	239822	249403	207509	228542	293087	316056

图 3-7　2008—2018 年中国内燃叉车与电动叉车销量

资料来源：根据《中国工程机械工业年鉴》和万得资讯相关数据整理。

在电动叉车中，随着国内人工成本的增加和电商物流的高速发展，2018

① 中国水运报．中国多式联运正进入全面发展时期［EB/OL］．［2019-05-27］．http：//www.zgsyb.com/news.html？aid=489703.

② 中国民航网．我国物流市场 2018 年回顾与 2019 年展望：在创新与融合中蝶变［EB/OL］．［2019-01-7］．http：//www.caacnews.com.cn/1/wl/201901/t20190107_ 1264386.html.

年，我国电动步行式仓储叉车销售量达到 205954 台，同比增长 46.63%①。

近年来，随着托盘的主要原材料如木材、塑料等价格的持续上升，国内对新材料的研发也越来越深入，有力推动托盘向绿色化、轻量化的方向发展。例如，内蒙古佳运通智能环保新材料有限公司开发出绿色环保、低成本、高标准、可循环利用的新型环保材料，并已在物流托盘行业投产与应用②。

另外，绿色包装物的应用是提升物流绿色水平的重要举措。2018 年，我国多家大型电子商务企业和物流企业开始在上海市、宁波市、海口市等城市率先推广物流循环箱的应用，起到了良好示范作用，带动了我国物流循环箱使用范围迅速扩大。例如，2018 年 4 月，苏宁物流发布了国内第一款冷链循环箱用于生鲜产品配送③；8 月，唯品会品骏快递绿色循环箱率先在上海市投入使用④；9 月，上海邮政作为全国首批试点省市，在指定的 6 个网点率先推广使用可循环包装箱⑤；9 月，菜鸟网络在宁波投产其打造的全品类“绿仓”，通过全新的作业模式，使其循环箱配送已覆盖仓内数万 SKU⑥；11 月，苏宁物流发布“青城计划”，在海口市开始规模化应用共享快递盒、无中纸面单，并推进共享快递盒回收站与苏宁小店的整合⑦。

（二）智慧化仓储设备应用日益广泛

2018 年，我国智能化仓储设备应用日益广泛，移动机器人、拆码垛机器

① 中国水运网．物流装备的 2018 发展回顾与 2019 新展望［EB/OL］．［2019-04-04］．http：//www.zgsyb.com/html/content/2019-04/04/content_ 956632.shtml.

② 搜狐网．托盘行业篇丨物流装备市场回顾与展望（上）［EB/OL］．［2019-03-16］．http：//www.sohu.com/a/301651026_ 649545.

③ 凤凰网．苏宁共享快递盒生鲜版上线 密封保鲜可循环使用［EB/OL］．［2018-04-26］．http：//js.ifeng.com/a/20180426/6533176_ 0.shtml.

④ 凤凰网．启用环保循环箱 唯品会品骏快递全面打造绿色供应链［EB/OL］．［2018-09-17］．http：//finance.ifeng.com/a/20180917/16512169_ 0.shtml.

⑤ 上海市邮政管理局．绿色包装工程打造“绿色邮局”——上海邮政推广使用“轻装箱”+“环邮箱”［EB/OL］．［2018-09-27］．http：//sh.spb.gov.cn/xydt/201809/t20180927_ 1664168.html.

⑥ 中国产业经济信息网．菜鸟公布全品类“绿仓”循环箱覆盖物流全流程［EB/OL］．［2018-09-11］．http：//www.cinic.org.cn/zgzz/cx/449202.html.

⑦ 中国物流与采购网．苏宁物流发布“青城计划”备战双 11［EB/OL］．［2018-11-02］．http：//www.chinawuliu.com.cn/zixun/201811/02/336005.shtml.

人、分拣机器人等仓储机器人的应用逐步增多。菜鸟网络、京东等企业于2018年相继在一些地区启用了机器人分拨中心（配送站）。2018年，机器人技术在智能导航领域的应用取得重大进展，新型导航技术得到应用；新型拣选机器人、重载型搬运机器人、自动抓取机器人、仓库盘点机器人等新型机器人不断涌现；机器人视觉、环境感知、传感器、芯片、通信等技术全面发展，机器人不仅能和服务器通信，还能实现机器人之间、机器人与其他设备等之间的通信，并朝着更加自动化、低功耗等方向发展①。

此外，随着我国物流网络各级节点的智慧化转型升级，中小型物流企业及大型物流企业的二三级物流节点对自动输送分拣设备的需求高速增长。滚珠模组带分拣系统通过伺服驱动使万向滚珠带动货物产生方向位移，从而实现货物落入计划格口②。为满足中小型零担物流节点日益增长的应用自动化输送分拣设备进行精准高效的多品类多目的地分拣作业的需求，滚珠模组带分拣系统逐步在一些地区的物流中心或配送中心得到应用。

（三）全自动化集装箱码头设备开始得到全面集成应用

2018年，我国港口集装箱码头全自动装卸搬运作业设备开始得到集成应用。全自动化集装箱码头在降低码头人力成本、提高港口通过能力、降低装卸作业能耗、提升港口品牌形象等方面能够发挥重要作用，是未来港口发展的必然趋势③。2017年12月，全球规模最大的自动化码头——上海洋山深水港四期码头正式开港投入试生产，标志着中国港口行业的运营模式和技术应用迎来里程碑式的跨越升级与重大变革，将实现码头集装箱装卸、水平运输、堆场装卸环节的全过程智能化的操作④；试生产期间，该码头的16台桥吊、

① 中国水运网．物流装备的2018发展回顾与2019新展望［EB/OL］．［2019-04-04］．http：//www.zgsyb.com/html/content/2019-04/04/content_956632.shtml.

② 搜狐网．路辉滚珠模组带分拣系统如何实现高效运作［EB/OL］．［2018-07-13］．http：//www.sohu.com/a/240991139_100199245.

③ 朱连义，安国利，董席亮．世界自动化集装箱码头发展现状及启示［J］．集装箱化，2015，26（1）：7-10.

④ 中国日报网．上海洋山港四期码头今开港系全球最大自动化码头［EB/OL］．［2017-12-10］．http：//baijiahao.baidu.com/s?id=1586406831471442356&wfr=spider&for=pc.

88台轨道吊、80台自动导引车已全部投产。2018年12月，上海洋山深水港四期工程竣工验收，标志着该码头步入正式生产阶段①，对进一步提高我国国际物流和港口物流效率具有重要意义。

第四节 中国物流信息化与标准化发展状况

2018年，我国公共物流信息平台建设向纵深推进，物流信息平台的综合化、网格化水平得到提升，信息共享范围不断扩大、共享内容日益丰富。在国家交通运输物流公共信息平台基本建成的基础上，我国又开始规划建设多式联运公共信息平台；西部地区省级物流云平台建设加快；专业化物流信息平台建设继续推进，服务功能不断拓展。在物流标准化方面，在相关规划政策的指导下，我国国家基础性和专业性物流标准编制工作有序推进。

一、物流信息化发展状况

（一）国家级综合物流公共信息平台进一步完善

国家级综合物流公共信息平台信息共享范围继续扩大。2018年上半年，国家交通运输物流公共信息平台（以下简称“国家物流信息平台”）新增接入5个公路物流软件系统、1个铁路互联应用（北京局与4家业务单位的信息互联）、10家水运企业物流信息互联、1个水运互联应用（集装箱预约提箱系统）和3个航空互联应用；国际合作方面，实现新增2个国际港口物流信息的互联共享，并与3个国际港口信息互联合作单位签订合作协议②。

我国多式联运公共信息平台建设开始推进。2018年10月，国务院办公厅印发了《推进运输结构调整三年行动计划（2018—2020年）》（国办发

---

① 中国新闻网．上海洋山深水港四期通过竣工验收［EB/OL］．［2018-12-02］．https：//baijiahao. baidu. com/s？id=1620833184061890398&wfr=spider&for=pc.

② 国家交通运输物流公共信息平台．国家物流信息平台召开半年度工作会议，全力加速平台建设，加快升级出成效［EB/OL］．［2018-07-13］．http：//www. logink. org/art/2018/7/13/art_ 715_ 50125. html.

〔2018〕91 号），提出要加强多式联运公共信息交换共享，到 2019 年年底，沿海及长江干线主要港口实现铁水联运信息交换共享；到 2020 年年底，基本建成全国多式联运公共信息平台①。在此行动计划的指导下，在我国已有的国家交通运输物流公共信息平台（以下简称“国家物流信息平台”）建设的基础上，全国多式联运公共信息平台建设逐步推进。11 月，交通运输部联合国家铁路局、中国民用航空局、国家邮政局、中国铁路总公司在湖北省武汉市召开全国多式联运现场推进会，共同商议平台的顶层设计，并形成了《全国多式联运公共信息平台建设初步思路》。

此外，《中国—东盟信息港建设总体规划》于 2018 年年初获国家正式批复，中国—东盟信息港建设全面启动。该信息港由中国和东盟各国共同建设，未来将逐步成为以广西为支点的中国和东盟信息枢纽②。

（二）西部地区物流云平台加快建设

西部地区物流云平台建设继续快速推进，多个省级物流云平台上线。如，2018 年 6 月，以大数据为支撑的贵州省物流公共信息服务平台——贵州“物流云”初步建成；8 月，云南首个“物流共享生态云”平台正式上线运行。11 月，四川省泸州市长江物流公共信息平台升级版正式上线运行，新平台增加了“多式联运物流交易系统”和“港口物流发展政策扶持系统”。该平台将整合集成长江物流信息资源及平台资源，推动长江经济带物流信息化水平的提升。

（三）专业化物流信息平台建设继续推进

2018 年，我国在口岸物流、冷链物流、物流信息安全服务、跨企业快递场站智能管理等领域上线一批专业化物流信息平台，提升了我国专业物流的信息化水平。例如，口岸物流领域，1 月，河南郑州自贸片区“一带一路”

---

① 中华人民共和国中央人民政府．国务院办公厅关于印发推进运输结构调整三年行动计划（2018—2020 年）的通知［EB/OL］．［2018-10-09］．http：//www.gov.cn/zhengce/content/2018-10/09/content_5328817.htm.

② 南宁新闻网．中国携手东盟加速拥抱数字经济［EB/OL］．［2019-03-30］．http：//nn186.com/caijing/225979.html.

物流综合服务平台上线；10 月，山东省口岸物流协同平台开通。冷链物流领域，4 月，搜冷网冷链物流智慧平台于北京市正式发布，该平台为全国中小冷链企业提供了一个一站式资源共享的互联网平台，目前已在北京市、上海市、广州市、武汉市、沈阳市、郑州市、成都市等城市开通上线业务。物流信息安全服务领域，3 月，智慧物流平台菜鸟网络联合上海青浦公安分局网安支队、多家物流企业共同发布物流安全服务平台，以保障物流行业全链路的信息安全①。同时，随着我国快递物流企业信息化水平的不断提高，2018 年，我国基于物流监控数据的跨企业快递"物联网"初步形成。9 月，菜鸟宣布与快递合作伙伴一起正式上线视频云监控系统，该系统实现了将全国各类快递物流场站内的摄像头从简单的监控回溯设施升级为智能感知设备，开启"物流天眼"，实现对场站的智能管理②。

二、物流标准化发展状况

（一）托盘生产、包装、货架等国家基础性物流标准编制工作快速推进

2018 年，我国制定、颁布或实施了多项国家基础性物流标准，内容涵盖了物流服务、物流运作和物流信息化等多个方面。尤其是在托盘标准化方面，《联运通用平托盘 钢质平托盘》《木质箱式托盘》《钢质箱式托盘》三项物流行业标准于 2018 年 7 月正式发布，填补了我国在托盘生产方面标准欠缺的空白，对规范我国的托盘生产具有积极意义。截至 2018 年年底，我国托盘相关现行标准已初具规模，共有 21 项国家标准、14 项行业标准。2018 年我国正式制定、颁布或实施的国家基础性物流标准如表 3-1 所示。

---

① 新华网．联防联控 物流安全服务平台在沪上线［EB/OL］．［2018-03-23］．http：//www. xinhuanet. com//2018-03/23/c_ 1122582727. htm.

② 中国民航网．我国物流市场 2018 年回顾与 2019 年展望：在创新与融合中蝶变［EB/OL］．［2019-1-7］．http：//www. caacnews. com. cn/1/wl/201901/t20190107_ 1264386. html.

表 3-1　2018 年中国正式制定、颁布或实施的国家基础性物流标准

类别	标准名称	状态
物流服务类国家标准	《物流园区分类与规划基本要求》等	实施
	《物流园区绩效指标体系》《物流公共信息平台应用开发指南 信息编码规则》等	颁布
仓储、装卸、搬运、运输、包装类国家标准	《道路甩挂运输车辆技术条件》等； 《系列 2 集装箱 分类、尺寸和额定质量》《港口集装箱箱区安全作业规程》等； 《托盘共用系统塑料平托盘》《木质箱式托盘》《联运通用平托盘 钢质平托盘》《钢质箱式托盘》等； 《包装与环境 第 1 部分：通则》《包装与环境 第 3 部分：重复使用》《包装与环境 第 4 部分：材料循环再生》《包装材料 气相防锈塑料薄膜》《包装用聚酯捆扎带》等； 《库架合一式货架》《重力式货架》《悬臂式货架》《搁板式货架》《液压高度调节板》《数控升降柜技术条件》等	实施
	《包装与环境 第 2 部分：包装系统优化》《托盘单元化物流系统 托盘设计准则》《运输包装指南》等	颁布
	《物流周转箱标识与管理要求》《物流设施设备的选用参数要求》等	制定
物流信息化相关国家标准	《供应链安全管理系统 电子口岸通关（EPC）第 1 部分：消息结构》《供应链安全管理系统 电子口岸通关（EPC）第 2 部分：核心数据元》《条码技术在农产品冷链物流过程中的应用规范》等	实施
	《物流信息资源核心元数据》《物流信息交换核心构件库》《跨境电子商务物流信息交换规范》等	制定

资料来源：根据国家标准化管理委员会《关于下达 2018 年第 1—3 批国家标准制修订计划的通知》《2018 年第 1—17 号中国国家标准公告》和中国物流与采购联合会《物流标准化动态》（2018 年 1—11 月刊）、《物流标准目录手册（2018 年版）》整理。

（二）冷链、医药等多个物流领域的物流技术标准得到细化规范

2018 年，我国冷链、医药、化工等多个物流领域的标准化工作继续推进，尤其是在冷链物流和医药物流领域，《冷链物流信息管理要求》和《医药物流配送条码应用规范》的实施，提升了我国冷链物流和医药物流的信息化水平。2018 年我国正式制定、修订、颁布或实施的主要国家专业性物流标准如

表3-2所示。

表3-2　2018年中国正式制定、修订、颁布或实施的国家专业性物流标准

类别	标准名称	状态
冷链物流	《冷藏集装箱堆场技术管理要求》《冷链物流信息管理要求》《冷库用货架》《活体海产品冷链物流作业规范》等	实施
	《果蔬类周转箱尺寸系列及技术要求》《果蔬类周转箱循环共用管理规范》《电子商务冷链物流配送服务管理规范》等	制定
医药物流	《医药物流配送条码应用规范》《药品冷链保温箱通用规范》《医药产品冷链物流温控设施设备验证性能确认技术规范》等	实施
化工物流	《非危液态化工产品逆向物流服务方案设计要求》《非危液态化工产品逆向物流服务质量评价指标》《非危液态化工产品逆向物流作业规范》等	实施
	《输送液化石油气和液化天然气用热塑性塑料多层（非硫化）软管及软管组合件规范》等	制定
国际物流	《国际货运代理系列单证 基于ebXML货运委托书报文》等	颁布
汽车物流	《汽车物流统计指标体系》《乘用车仓储服务规范》等	实施
快递物流	《快递汽车技术条件》《快递封装用品 第1部分：封套》《快递封装用品 第2部分：包装箱》《快递封装用品 第3部分：包装袋》等	实施
家电物流	《家电物流配送服务要求》《家电物流配送中心管理规范》《家电物流干线运输规范》等	实施
家具物流	《家具物流服务规范》等	实施
钢铁物流	《钢铁物流统计指标体系》《钢铁物流作业规范》《钢铁物流包装、标识规范》《钢铁物流验货操作规范》等	实施
危险品物流	《港口危险货物集装箱堆场安全作业规程》等	颁布
	《道路运输危险货物车辆标志》等	修定
煤炭物流	《煤炭仓储服务规范》《煤炭仓储设施设备配置及管理要求》等	实施

续表

类别	标准名称	状态
铁矿石物流	《铁矿石仓储服务规范》等	实施
棉花物流	《棉花仓储服务规范》《棉花运输服务规范》	实施
应急物流	《应急物资仓储设施设备配置规范》《应急物流服务成本构成与核算》等	实施
	《应急物流公共标识代码编制规则》等	制定
绿色物流	《绿色物流指标构成与核算方法》等	颁布

资料来源：根据国家标准化管理委员会《关于下达 2018 年第 1—3 批国家标准制修订计划的通知》《2018 年第 1—17 号中国国家标准公告》和中国物流与采购联合会《物流标准化动态》（2018 年 1—11 月刊）、《物流标准目录手册（2018 年版）》整理。

第四章　中国区域物流市场发展状况

2018 年，在区域协调发展战略推动下，我国区域经济发展出现了中、西部地区增速快于东部地区的新态势。但是，受经济发展基础、发展阶段以及政策驱动的影响，我国地区间物流需求的差异仍比较明显，各地区物流发展特征和重点仍有较大差异：东部地区正在引领中国物流业的创新发展与转型升级；中、西部地区把握“一带一路”机遇，进一步完善内外连接功能；东北地区积极推进跨境电商物流的发展。在建立更加有效的区域协调发展新机制背景下，物流成为京津冀区域协同发展、长江经济带发展、粤港澳大湾区建设、长三角地区一体化发展的重要服务保障和支撑。

第一节　中国区域物流发展环境

我国区域物流的发展条件和环境正在发生深刻变化。从经济环境看，2018 年，我国出现了中、西部地区增速快于东部地区的态势。我国东部地区靠创新驱动经济增长，出口增速下降拖累了经济增长；中、西部地区经济对投资的依赖程度比较大，同时，中、西部地区消费增速较快；东北地区经济长期低迷则主要源于结构性失衡和营商环境尚需进一步改善。从政策环境看，中央提出了建立区域协调发展新机制的区域发展战略，区域发展战略要求进一步提升物流保障服务能力；绿色发展政策对区域物流提出了运输结构转型等绿色发展要求；为了有效地支撑区域发展战略，我国还出台了完善区域物流基础设施建设的政策。

一、中国区域物流发展的经济环境

（一）中、西部地区经济增速领跑

2018 年，我国经济运行稳中向好，高质量发展取得积极进展，呈现中、西部地区发展较快，东部地区平稳发展，东北地区经济企稳的局面。

2018 年，东部地区生产总值为 48.10 万亿元，占全国总量 52.53%，同比下降了 0.03 个百分点。中部地区生产总值为 19.27 万亿元，占全国总量 21.04%，同比上升 0.07 个百分点。西部地区生产总值为 18.40 万亿元，占全国总量 19.98%，同比上升了 0.12 个百分点。东北地区生产总值为 5.80 万亿元，占全国总量 6.48%，同比下降了 0.15 个百分点，如表 4-1 所示。

表 4-1　2013—2018 年我国四大区域的地区生产总值状况

地区	地区生产总值（万亿元）						地区生产总值占全国比重（%）					
	2013 年	2014 年	2015 年	2016 年	2017 年	2018 年	2013 年	2014 年	2015 年	2016 年	2017 年	2018 年
东部	32.48	35.01	37.30	40.37	44.97	48.10	51.20	51.15	51.60	52.32	52.56	52.53
中部	12.79	13.87	14.70	15.91	17.94	19.27	20.16	20.27	20.34	20.62	20.97	21.04
西部	12.70	13.81	14.50	15.65	17.10	18.40	20.02	20.18	20.06	20.28	19.98	20.10
东北	5.47	5.75	5.78	5.23	5.54	5.80	8.62	8.40	8.00	6.78	6.48	6.33

资料来源：根据中国国家统计局《中国统计年鉴》（2014—2018），以及全国 31 个省（市、区）的 2018 年国民经济和社会发展统计公报相关数据整理。

东部地区经济增速从 2017 年的 7.2%下滑至 2018 年的 6.7%①，其中海南省、山东省下滑超过 1 个百分点，天津持续低迷。2018 年，中部地区生产总值增长 7.8%，位居四大地区之首，除山西外，中部五省 2018 年均保持 7.5%以上的高增长。2018 年，西部地区生产总值增长 7.4%，地区生产总值增速排在前三位的西藏自治区、贵州省、云南省均位于西部地区，但是，内蒙古自治区、新疆维吾尔自治区、重庆市、甘肃省四省（市）经济增速低于全国平

① 四大地区生产总值增速去除了价格因素的影响，是由四大地区中各省（市）地区生产总值增速加权平均计算得到，其权数为上一年度各省（市）地区生产总值与四大地区生产总值之和的比例。

均水平。东北三省的经济增速依然落后，2018 年东北地区生产总值同比增长 5.5%，除辽宁省增速有所回升外，吉林、黑龙江的增速均较 2017 年回落。四大地区生产总值增速如图 4-1 所示。

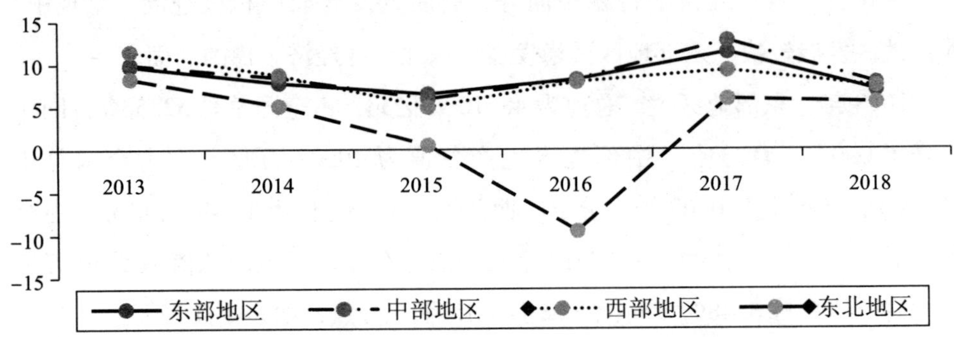

图 4-1　2013—2018 年我国四大地区生产总值增速情况（%）

资料来源：根据中国国家统计局《中国统计年鉴（2018）》，以及全国 31 个省（市、区）的 2018 年国民经济和社会发展统计公报相关数据整理。

（二）东部地区创新驱动转型升级

东部地区创新驱动经济转型升级，引领经济高质量发展。东部地区是中国经济创新发展的主体，仅北京市、上海市、江苏省、广东省、山东省和浙江省东部六省市在 2017 年的研发投入就占全国的 59.1%[①]，发明专利授权量占比达 63.4%[②]，高新技术企业数量占比达到 66.0%[③]。东部地区在汽车、装备制造、集成电路等资金和技术密集型产业继续保持乃至扩大领先优势，产量或产值份额占全国比重进一步上升。

（三）中、西部地区经济对投资依赖程度较大，消费高速增长

2018 年，东部、中部、西部、东北地区固定资产投资与 GDP 的比例分别为 58%、93%、94%、52%，表明中、西部地区的经济对投资的依赖程度比较

① 国家统计局. 2017 年全国科技经费投入统计公报［EB/OL］.［2018-10-19］. http://www.stats.gov.cn/tjsj./tjgb/rdpcgb/qgkjjftrtjgb/201810/t20181012_1627451.html.

② 国家统计局. 中国统计年鉴（2018）[J]. 北京：中国统计出版社，2018.

③ 网易. 政策与鼓励共同发力，我国高新技术企业数量突破 18 万家［EB/OL］.［2019-02-01］. http://dy.163.com/v2/article/detail/E6UIRHPO053718WS.html.

大。但是，中部地区和西部地区对投资的依赖性表现出不同特征。2018 年，中部地区投资主要由制造业投资和基建投资拉动，增速达到 10%，明显高于东部的 5.7%、西部的 4.7% 和东北的 0.3%。西部地区投资增长 4.7%，较 2017 年的 8.5%下滑 3.8 个百分点。但是，西部地区房地产投资增速从 2017 年的 3.5%升至 2018 年的 8.9%，表明西部地区对房地产投资的依赖性较大。

2018 年，中部和西部地区社会消费品零售总额同比分别增长 10.4% 和 9.3%，明显高于东部地区的 8.2%、东北地区的 6.1%。中、西部地区消费快速增长与经济高增长带动的居民消费密不可分，与东部相比也存在基数小的影响。

（四）东北地区经济增速相对偏低

东北地区经济增长速度长期低于全国平均增速，地区生产总值占全国国内生产总值的比重由 2013 年的 8.6%下降到 2018 年的 6.3%。从投资方面看，东北地区固定资产投资增速从 2017 年的 2.8%下滑至 2018 年的 0.3%，其中，房地产投资增速从 2017 年的 1%增长至 2018 年的 17.5%，而制造业投资和基建投资在 2018 年均为负增长。

二、中国区域物流发展的政策环境

（一）区域发展战略要求提升物流服务保障能力

2018 年 11 月，中共中央、国务院发布了《中共中央国务院关于建立更加有效的区域协调发展新机制的意见》，提出以“一带一路”建设、京津冀协同发展、长江经济带发展、粤港澳大湾区建设等重大战略为引领，以西部、东北、中部、东部四大板块为基础，促进区域间相互融通补充。物流是国家实施重大战略的支撑和服务保障体系，国家区域发展战略要求进一步优化区域物流布局，建设一批具有多式联运功能、支撑区域经济发展的综合物流枢纽，打造布局合理、衔接一体、功能齐全、绿色高效的物流基础设施网络体系；同时要求构建符合“一带一路”建设需要的物流服务网络，积极融入全球供应链体系。

（二）绿色发展政策提出区域物流绿色发展要求

2018 年 6 月，国务院发布《打赢蓝天保卫战三年行动计划》。交通领域污染减排是《三年行动计划》提出的重点治理领域之一。《三年行动计划》着重提出要重视交通运输结构调整，并部署了以柴油货车为重点的攻坚战等。三年行动计划还对区域老旧车淘汰提出了目标要求，“2020 年年底前，京津冀及周边地区、汾渭平原淘汰国三及以下排放标准营运中型和重型柴油货车 100 万辆以上。2019 年 7 月 1 日起，重点区域、珠三角地区、成渝地区提前实施国六排放标准。推广使用达到国六排放标准的燃气车辆。”

2018 年 9 月，国务院办公厅印发了《推进运输结构调整三年行动计划（2018—2020 年）》，提出“到 2020 年，全国货物运输结构明显优化，港口铁路集疏运量和集装箱多式联运量大幅增长，重点区域运输结构调整取得突破性进展，铁路、水路承担的大宗货物运输量显著提高，将京津冀及周边地区打造成为全国运输结构调整示范区”的行动目标。

2015 年以来，推动长江经济带发展领导小组办公室会同沿江省市和有关部门，持续大力推进沿江非法码头、非法采砂整治专项工作。截至 2018 年 5 月底，长江干线 1361 座非法码头全部完成整改，其中，拆除 1254 座并全部复绿，规范提升 107 座。2018 年 9 月，推动长江经济带发展领导小组办公室印发《关于巩固长江经济带非法码头整治成果建立监督管理长效机制的指导意见》，进一步巩固长江干线非法码头、非法采砂整治成果，构建监督管理长效机制。

（三）区域物流发展政策重点完善区域物流基础设施建设

2018 年 10 月，国务院办公厅出台《国务院办公厅关于保持基础设施领域补短板力度的指导意见》，提出了加快规划建设对“一带一路”建设、京津冀协同发展、长江经济带发展、粤港澳大湾区建设等重大战略有重要支撑作用的交通基础设施；以中西部地区为重点，进一步完善铁路骨干网络；扩大中西部地区航空运输覆盖范围。

2018 年 12 月，继全国物流园区规划之后，国家发展改革委、交通运输部联合出台《国家物流枢纽布局和建设规划》，要求规划建设一批国家级物流枢纽。国家级物流枢纽的建设将充分发挥其在全国物流网络中的关键节点、重要平台和骨干枢纽作用，实现区域物流格局重塑，有效支撑“一带一路”“京津冀协同发展”“长江经济带”等国家战略落地，促进区域协调发展，培育新的经济增长极。

第二节　中国区域物流现状及特征

近年来，我国物流业持续快速发展，区域物流市场需求规模呈现增长态势，但区域物流市场需求之间的差距仍然十分显著。为了促进物流发展，各地区持续推进物流基础设施建设。此外，2018 年我国各地区物流发展还呈现出不同特点，东部地区利用其率先发展所形成的经济、技术、人才优势，引领中国物流业的技术创新和转型发展；中西部地区把握“一带一路”机遇，加快物流基础设施建设，进一步完善互联互通功能；东北地区则以跨境电商物流为重点推进国际物流发展。

一、中国区域物流市场需求规模

（一）货运量和货物周转量增速放缓

从规模看，东部地区货运量和货物周转量领先其他地区，2017 年，东部货运量占全国总量比重为 36. 73%，略有下降，中部地区和西部地区货运量占全国总重的比重略有上升。2017 年，东部地区货物周转量在全国总量的占比达到了 55. 82%，而中部、西部和东北地区的占比均有不同程度下降，如表 4-2所示。

表 4-2　2013—2017 年我国四大地区货运量与货物周转量占全国总量的比重

地区	货运量（%）					货物周转量（%）				
	2013 年	2014 年	2015 年	2016 年	2017 年	2013 年	2014 年	2015 年	2016 年	2017 年
东部	36. 13	35. 14	36. 55	36. 81	36. 73	48. 53	51. 67	52. 98	53. 95	55. 82
中部	29. 58	30. 39	29. 01	28. 96	29. 46	24. 20	23. 09	21. 77	21. 41	20. 39
西部	26. 49	26. 76	27. 09	27. 11	29. 99	16. 61	15. 69	15. 88	15. 58	15. 33
东北	7. 79	7. 70	7. 35	7. 11	6. 82	10. 65	9. 55	9. 37	9. 06	8. 46

资料来源：根据中国国家统计局《中国统计年鉴》（2014—2018）相关数据整理。

从增速上看，2017 年，我国四大区域的货运量和货物周转量增速普遍较高，如表 4-3 所示；2018 年，四大区域的货运量与货物周转量增速放缓。2018 年，四大区域的货运量与货物周转量增长表现如下：

东部地区省市货运量与货物周转量增速普遍大幅回落，低于全国增速。例如，2018 年，江苏省货物运输量同比增长 5.7%，货物周转量同比下降 0.4%，广东省货运量同比增长 6.0%，货物运输周转量同比增长 1.5%。中部地区总体货运量与货物周转量增速大于全国增速，但分布不均衡，其中，安徽省和湖南省的货运量、货物运输周转量增速均低于全国增速。2018 年，安徽省货运量、货物周转量比 2017 年分别增长 0.8%和 3.2%，湖南货运量与货物周转量均比 2017 年增长 2%。西部地区货运量与货物运输周转量增长较快，各省的货运量与货物周转量普遍高于全国增速。例如，2018 年，四川省货物周转量增长 9.2%，新疆货物运输量、货物运输周转量分别比 2017 年增长 15.4%、13.7%。东北地区货运量与货物周转量平稳增长。2018 年，黑龙江省货物周转量比上年增长 9.2%，吉林省货运量、货物运输周转量分别比 2017 年增长 6.2%、6.0%，辽宁省货运量比 2017 年增长 3.3%。

表 4-3　2013—2017 年我国四大区域货运量与货物周转量的增长率

地区	货运量增速（%）						货物周转量增速（%）					
	2013 年	2014 年	2015 年	2016 年	2017 年	2013—2017 年年均增速	2013 年	2014 年	2015 年	2016 年	2017 年	2013—2017 年年均增速
东部	-3.2	4.1	-1.2	6.0	9.6	3.1	-14.4	20.0	-2.6	8.5	17.7	5.8
中部	1.5	9.9	-9.3	5.2	11.7	3.8	2.6	7.5	-10.4	4.7	8.4	2.6
西部	3.2	8.1	-3.8	5.3	9.4	4.4	-6.4	6.5	-3.9	4.5	11.9	2.5
东北	-4.3	5.7	-9.3	2.0	5.2	-0.1	2.8	1.1	-6.8	3.0	6.1	1.2

资料来源：根据中国国家统计局《中国统计年鉴》（2014—2018）相关数据整理。

（二）港口吞吐量增速回升

1. 东部沿海港口货物吞吐量增速持续回升

2015—2018 年，我国东部沿海规模以上港口货物吞吐量增速持续回升，如图 4-2 所示。2018 年，东部地区大部分港口表现良好。其中，宁波舟山港作为世界著名的港口，货物吞吐量连续 10 年居全球第一，2018 年 1—11 月货物吞吐量为 10.0 亿吨；福州港 2018 年 1—11 月，货物吞吐量达 1.7 亿吨，为 2017 年同期的 122.9%；烟台港货物吞吐量达 4.2 亿吨，为 2017 年同期的 115.2%；而上海港吞吐量为 6.3 亿吨，较 2017 年的 6.5 亿吨略有下降。

2. 中西部地区港口货物吞吐量保持稳定增长态势

中西部地区的港口以内河港口为主，如在长江、西江、嘉陵江、红水河等河流中分布了众多内河港口。2017 年中西部地区港口货物吞吐量虽同比稍有下降，总体来看，2013—2017 年期间，中西部地区港口货物吞吐量保持稳定增长的态势，由 2013 年的 16.85 亿吨增长为 2017 年 19.84 亿吨，如表 4-4 所示。

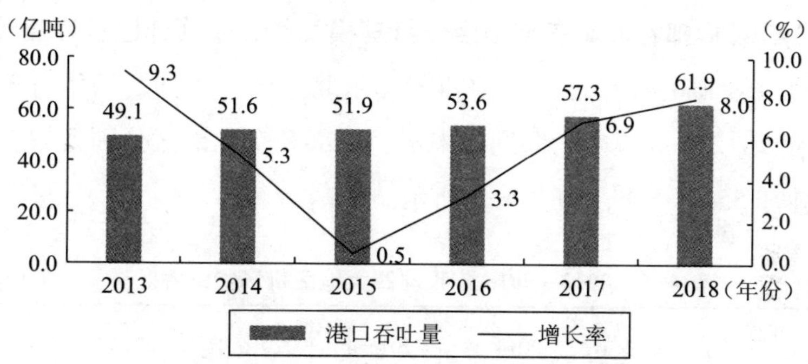

图 4-2 2013—2018 年 1—11 月东部地区规模以上港口货物吞吐量及增长率

资料来源：根据交通运输部“2013—2018 年 11 月规模以上港口货物、旅客吞吐量”整理。

表 4-4 2013—2017 年中西部地区港口货物吞吐量 单位：万吨

省份 \ 年份	2013 年	2014 年	2015 年	2016 年	2017 年
山西	24	16	17	16	19
河南	202	209	221	222	178
湖北	26220	38962	32950	35192	36903
湖南	23144	25322	29053	31678	29197

续表

省份\年份	2013 年	2014 年	2015 年	2016 年	2017 年
安徽	39618	43838	48044	51917	51249
江西	26243	30975	32675	31075	28114
广西	29336	31079	31493	32076	21862
重庆	13676	14665	15750	17372	19722
四川	8195	9159	9564	9477	8730
贵州	984	1014	1317	966	1083
云南	495	546	719	816	1039
陕西	375	374	299	315	286
总计	168512	196159	202102	211122	198382

资料来源：根据《中国港口统计年鉴》（2014—2018）全国港口货物吞吐量相关数据整理。

（三）机场货邮吞吐量东部地区保持规模优势，中西部地区增速优势凸显

东部机场货邮吞吐量远高于中西部和东北地区。例如，2018 年东部机场货邮吞吐量为 1246. 3 万吨，同期的中部、西部和东北地区分别为 113. 4 万吨、259. 5 万吨和 55. 0 万吨，如表 4-5 所示。

表 4-5　2013—2018 年我国四大地区机场货邮吞吐量　　单位：万吨

地区\年份	2013 年	2014 年	2015 年	2016 年	2017 年	2018 年
东部	962. 94	1028. 6	1062. 88	1131. 37	1215. 89	1246. 3
中部	65. 52	80. 77	85. 89	95. 45	102. 61	113. 4
西部	185. 72	200. 01	211. 76	230. 49	244. 49	259. 5
东北	44. 34	46. 7	48. 87	53. 1	54. 74	55. 0

资料来源：根据中国民用航空局 2013—2018 年《民航机场生产统计公报》相关数据整理。

近年来，中西部地区航空运输的增速优势逐渐凸显。2013—2018 年，中部地区、西部地区货邮吞吐量平均增速分别达到 11. 6%和 6. 9%，明显高于东部地区和东北地区 5. 3%和 4. 4%的平均增速，如表 4-6 所示。

表 4-6 2013—2018 年我国四大地区机场货邮吞吐量增长率 单位:%

地区 \ 年份	2013 年	2014 年	2015 年	2016 年	2017 年	2018 年	2013—2018 年年平均增速
东部	3.9	6.8	3.3	6.4	7.5	2.5	5.3
中部	21.5	23.3	6.3	11..1	7.5	10.5	11.6
西部	5.7	7.7	5.9	8.8	6.1	6.1	6.9
东北	2	5.3	4.7	6.1	3.1	0.5	4.4

资料来源：根据中国民用航空局 2013—2018 年《民航机场生产统计公报》相关数据整理。

二、中国区域物流基础设施发展状况

（一）交通基础设施建设

1. 铁路建设状况

2018 年，我国持续加大中西部地区铁路建设力度，中西部地区全年完成铁路基建投资 3714 亿元，占全国铁路基建投资的 66.7%。东部地区新开通广深港高铁（香港段）、江湛铁路、济青高铁、南（平）龙（岩）铁路、青盐（高铁）；中部地区新开通怀（化）衡（阳）铁路；西部地区新开通渝贵铁路、广（通）大（理）、铜（仁）玉（屏）铁路、川藏铁路成雅段；东北地区新开通哈（尔滨）佳（木斯）高铁、哈牡高铁、京哈高铁承沈段、新（民）通（辽）高铁；新开通连通东中部地区的杭黄高铁。

我国铁路建设的地区间差异较为明显。从营业里程看，截至 2017 年年底，东部地区铁路营业里程达 2.96 万公里，中部地区达 2.82 万公里，西部地区铁路营业里程以 3.3%的增速达到 5.19 万公里，东北地区则仅为 1.72 万公里，如表 4-7 所示。

表 4-7 2013—2017 年我国四大地区铁路营业里程及增速

年份	东部		中部		西部		东北	
	总量（公里）	增速（%）	总量（公里）	增速（%）	总量（公里）	增速（%）	总量（公里）	增速（%）
2013	24806	10.5	23230	3.7	39585	6	15523	0.6

续表

年份	东部		中部		西部		东北	
	总量（公里）	增速（%）	总量（公里）	增速（%）	总量（公里）	增速（%）	总量（公里）	增速（%）
2014	26507	6.9	26040	12.1	43605	10.2	15669	0.9
2015	28743	8.4	27162	4.3	48005	10.1	17060	8.9
2016	28935	0.7	27975	3	50236	4.6	16845	-1.3
2017	29633	2.4	28247	1	51900	3.3	17191	2.1

资料来源：根据中国国家统计局《中国统计年鉴》（2014—2018）相关数据整理。

从路网密度看，2017 年东部地区铁路路网密度高达 317.6 公里/万平方公里，中部和东北地区分别为 274.8 公里/万平方公里和 201.2 公里/万平方公里，西部地区仅为 75.5 公里/万平方公里，如表 4-8 所示。

表 4-8　2013—2017 年我国四大地区铁路路网密度

单位：公里/万平方公里

年份	东部	中部	西部	东北
2013	265.8	226	57.6	192
2014	284.1	253.4	63.5	193.8
2015	308	264.3	69.9	211
2016	310.1	272.2	73.1	208.4
2017	317.6	274.8	75.5	201.2

资料来源：根据中国国家统计局《中国统计年鉴》（2014—2018）相关数据整理。

2. 公路建设状况

2018 年 1—11 月，我国西部地区公路建设完成投资 9361 亿元，同比下降 9.4%；中部地区完成投资 3706 亿元，同比增长 8.6%；东部地区完成投资 6255 亿元，同比增长 14.6%；东北地区完成投资 545 亿元，同比下降 12.9%。

从各地区发展差异来看，我国公路建设呈现如下两个特点：第一，中部地区公路网密度后来居上。中部地区公路路网密度从 2016 年开始赶超东部地区，居于首位，2017 年中部地区和东部地区的公路路网密度分别为 12480 公里/万平方公里和 12378.7 公里/万平方公里；西部地区路网密度仍然较低，同期西部地区公路和高速公路路网密度分别仅为 2830.8 公里/万平方公里和 74.3 公里/万平方公里，如表 4-9 所示。

表 4-9　2013—2017 年我国四大地区公路路网密度与高速公路路网密度

单位：公里/万平方公里

年份	指标	全国平均	东部地区	中部地区	西部地区	东北地区
2013	公路路网密度	4537.1	11741.9	11458.7	2529.1	4636.9
	高速公路路网密度	108.8	350.0	273.5	49.3	132.1
2014	公路路网密度	4649.3	12032.9	11614.1	2611.3	4745.6
	高速公路路网密度	116.6	364.0	289.0	55.7	134.6
2015	公路路网密度	4746.0	12147.0	11909.7	2682.7	4737.9
	高速公路路网密度	128.1	386.0	315.9	64.1	138.9
2016	公路路网密度	4873.2	12170.7	12332.9	2774.6	4794.6
	高速公路路网密度	135.9	399.6	335.1	69.3	144.2
2017	公路路网密度	4972.4	12378.7	12480	2830.8	4846.8
	高速公路路网密度	142.1	413.6	341	74.3	146.2

资料来源：根据中国国家统计局《中国统计年鉴》（2014—2018）相关数据整理。

第二，西部地区公路和高速公路里程居全国首位。2017 年，西部地区公路和高速公路里程分别达到了 1944223.8 万公里和 51024.2 公里，分别占全国 40.7%和 37.4%，较 2016 年分别提高 0.1 个百分点和 0.9 个百分点，如表 4-10所示。

表 4-10　2013—2017 年我国四大地区的公路里程与高速公路里程状况

年份	指标	全国	东部	中部	西部	东北
2013	公路里程（公里）	4356218	1076124	1177399	1737328	365370
	高速公路（公里）	104438	32079	28107	33843	10406
	高速公路比重	2.4%	3.0%	2.4%	1.9%	2.8%

续表

年份	指标	全国	东部	中部	西部	东北
2014	公路里程（公里）	4463913	1102793	1193364	1793824	373935
	高速公路（公里）	111936	33364	29695	38272	10604
	高速公路比重	2.5%	3.0%	2.5%	2.1%	2.8%
2015	公路里程（公里）	4577296	1123918	1224975	1847479	380924
	高速公路（公里）	123521	35711	32497	44142	11171
	高速公路比重	2.7%	3.2%	2.7%	2.4%	2.9%
2016	公路里程（公里）	4696263	1135649	1267456	1905561	387599
	高速公路（公里）	130973	37286	34434	47592	11658
	高速公路比重	2.8%	3.3%	2.7%	2.5%	3.0%
2017	公路里程（公里）	4773469	1151215.9	1285438.8	1944223.8	392590.3
	高速公路（公里）	136449	38464.7	35116.5	51024.2	11843.2
	高速公路比重	2.9%	3.3%	2.7%	2.6%	3.0%

资料来源：根据中国国家统计局《中国统计年鉴》（2014—2018）相关数据整理。

3. 水运建设状况

2018 年 1—11 月，东部地区水运建设完成投资 700 亿元，同比下降 4.8%；中部地区完成水运建设投资 216 亿元，同比增长 17.7%；西部地区完成水运建设投资 124 亿元，同比下降 15.1%；东北地区完成水运建设投资 21 亿元，同比下降 55.6%。

2016—2017 年，东部沿海规模以上港口码头长度和泊位数大多数呈现不同程度的增长态势，其中威海港口的码头长度和泊位数分别以 302.25%和 560%的增长率，由 2016 年的 3992 米和 15 个增至 2017 年的 16058 米和 99 个，如表 4-11 所示。

表 4-11　2016—2017 年东部沿海规模以上港口码头长度和泊位数

港口	码头长度（米）		增长率（%）	港口泊位数（个）		增长率（%）
	2016 年	2017 年		2016 年	2017 年	
秦皇岛	17161	17161	0.00	92	92	0.00
天津	39389	37634	-4.46	176	160	-9.09

续表

港口	码头长度（米）		增长率（%）	港口泊位数（个）		增长率（%）
	2016 年	2017 年		2016 年	2017 年	
烟台	20624	33680	63. 30	104	205	97. 12
威海	3992	16058	302. 25	15	99	560. 00
青岛	26762	29939	11. 87	100	127	27. 00
日照	15440	18785	21. 66	59	74	25. 42
上海	109222	106079	−2. 88	1152	1078	−6. 42
连云港	15817	15867	0. 32	66	67	1. 52
宁波舟山	91029	94452	3. 76	697	701	0. 57
台州	13118	13224	0. 81	181	182	0. 55
温州	17257	17010	−1. 43	214	207	−3. 27
福州	25551	26916	5. 34	185	193	4. 32
厦门	30260	30682	1. 39	183	184	0. 55
汕头	9898	9898	0. 00	92	92	0. 00
深圳	31922	32800	2. 75	152	155	1. 97
广州	54508	54508	0. 00	553	553	0. 00
湛江	18494	17388	−5. 98	175	132	−24. 57
海口	8408	9576	13. 89	61	69	13. 11
八所	2488	2488	0. 00	12	12	0. 00
东部沿海合计	551340	584145	5. 95	4269	4382	2. 65

资料来源：根据中国国家统计局《中国统计年鉴》（2017—2018）相关数据整理。

中西部和东北地区主要以内河航运为主。2017 年，中部地区九大内河港口码头长度和泊位数总体分别上升 8. 12%和 4. 13%，西部地区内河通航里程与 2016 年相同，为 33784 公里，如表 4−12 和表 4−13 所示。

表 4−12　2016—2017 年中部地区九大内河港口码头长度及泊位数

港口	码头长度（米）		增长率（%）	港口泊位数（个）		增长率（%）
	2016 年	2017 年		2016 年	2017 年	
宜昌	7412	24300	227. 85	47	245	421. 28
武汉	22188	22188	0. 00	231	231	0. 00
黄石	7662	7892	3. 00	87	89	2. 30

续表

港口	码头长度（米）		增长率（%）	港口泊位数（个）		增长率（%）
	2016 年	2017 年		2016 年	2017 年	
九江	18311	16671	-8.96	189	167	-11.64
安庆	10534	7775	-26.19	134	94	-29.85
池州	9226	8395	-9.01	105	90	-14.29
铜陵	8313	7934	-4.56	102	83	-18.63
芜湖	14808	14186	-4.20	148	138	-6.76
马鞍山	11389	9426	-17.24	167	123	-26.35
中部地区合计	109843	118767	8.12	1210	1260	4.13

资料来源：根据中国国家统计局《中国统计年鉴》（2017—2018）相关数据整理。

表 4-13　2017 年西部地区各省市内河通航里程状况

省份	内河通航里程（公里）	省份	内河通航里程（公里）
内蒙古	2403	陕西	1146
广西	5707	甘肃	911
重庆	4352	宁夏	130
四川	10818	青海	674
贵州	3664	新疆	—
云南	3979	西部地区合计	33784
西藏	—		

资料来源：根据《中国港口年鉴》（2018）相关数据整理。

4. 航空建设状况

从民用航空机场的区域分布来看，东部地区民航业基础设施相对发达。2018 年，东部地区共有 54 个民航机场，分布密度为 5.8 个/十万平方公里，约为中部地区的 1.7 倍和东北地区的 1.7 倍、西部地区的 3.5 倍。中西部和东北地区共有 181 个民航机场，但是机场密度和机场发展水平仍与东部地区存在明显差距，如表 4-14 所示。

表 4-14　2013—2018 年我国民用航空机场的区域分布状况　　单位：个

地区	2013 年	2014 年	2015 年	2016 年	2017 年	2018 年
东部	48	48	50	53	54	54
中部	27	30	31	32	34	36
西部	98	102	105	110	114	118
东北	20	22	22	23	27	27
合计	193	202	208	218	229	235

资料来源：根据中国民航总局 2013—2018 年民航机场生产统计公报相关数据整理。

（二）物流园区建设

近年来，我国物流园区数量显著提高，从地域分布来看，与地区经济的发展水平、产业的布局发展相一致，空间分布不平衡特征仍较为突出。根据 2018 年 7 月发布的第五次《全国物流园区（基地）调查报告（2018）》，截至 2017 年年底，我国符合 3 个条件的规划、在建及运营的物流园区总数量为 1638 家，物流园区总数最多的前三名分别为山东省（117 个）、江苏省（102 个）和河南省（97 个）；运营园区数量最多的前三名分别为江苏省（91 个）、山东省（86 个）和浙江省（70 个）。而海南省、西藏自治区、青海省等省区的物流园区总数少于 10 个。从园区投资规模看，在建和运营的物流园区平均每个实际投资总额为 14. 5 亿元，46. 9%的园区投资总额在 1 亿~5 亿元之间，投资在 5 亿~10 亿元的园区占 20. 5%。东部地区的物流园区投资规模相对较大，东北地区物流园区投资规模相对较小，投资规模在 5 亿元以下的占比为 72%，10 亿元以下占比达 93. 7%。

1638 家园区中，处于运营状态的 1113 家，占 67. 9%；处于在建状态的 325 家，占 19. 8%；处于规划状态的 200 家，占 12. 2%。其中，西部地区随着近年来经济增速加快，物流园区进入规划建设快速发展期，规划和在建园区占比分别为 15. 9%和 22. 8%，高于其他地区。

三、中国区域物流市场的主要特征

（一）东部地区引领中国物流的创新与转型升级

作为率先发展的区域，东部地区在经济发达程度、人才集聚以及技术领先等方面具有较大的优势。大数据、人工智能、物联网等引导物流业转型升级的关键性技术率先在东部地区实现广泛应用。2018 年，菜鸟物流在无锡率先推出全球首个基于 IoT（物联网）、人工智能等技术的未来园区，实现了园区管理智能化，仓储生产自动化，重新定义了物流园区。菜鸟率先研发了整套柔性自动化解决方案，并在无锡市部署了全国最大规模的柔性化仓库，近 700 台机器人可同时作业，快速为消费者完成包裹的拣选等①。2018 年 10 月，京东物流、南开大学等九家单位发起设立城市智能物流研究院（雄安），该研究院对空间物流、智能物流、逆向物流等前沿性研究成果进行科研创新转化，服务雄安新区和更多城市的智能化升级，为全球城市智能物流和现代物流体系建设提供示范②。

2017 年 10 月，国务院办公厅就供应链创新发展出台指导性文件《关于积极推进供应链创新与应用的指导意见》，提出培育 100 家左右全球供应链领先企业的具体目标。此举标志着供应链创新已上升为国家战略，为物流业转型升级明确了发展方向。东部地区部分领先物流企业凭借技术优势、客户优势和资源优势，加快布局供应链服务，力图打造成为拥有“网络+系统+平台”的一体化供应链资源掌控者。

例如，2018 年 4 月，深圳市顺丰投资有限公司与怡亚通等八家供应链公司合资成立大数据运营平台。该平台将通过大数据和人工智能等科技创新，推动建立高效协同的现代供应链体系，打造创新型智慧供应链。江苏苏汽物流针对快销品行业中小商贸企业设计了商贸供应链服务产品，为客户进行上

---

① 中证网．菜鸟发布 2018 年度物流科技盘点，五大智能技术引领行业智能升级［EB/OL］.［2018-12-20］. http://www. cs. com. cn/cj/hyzx/201812/t20181220_ 5907030. html.

② 新京报网．城市智能物流研究院成立，助力雄安成为全球智能物流样板城市［EB/OL］.［2018-10-18］. http://www. bjnews. com. cn/opinion/2018/10/18/512057. html.

游采购、商品在库管理、配送到下游的批发商、连锁商超卖场以及私人门店，帮助客户高效采购、高密度覆盖苏锡常等苏南地区终端网点[①]。深圳腾邦物流集团在国内物流、保税物流、国际物流三大物流服务布局基础上，整合供应链金融资源，提供金融服务；整合客户数据、产品数据、消费数据、供应链数据等，提供数据服务；整合葡萄酒防伪溯源、智能酒柜/酒窖、IT 系统服务、云服务等技术，提供技术服务。

（二）中西部地区物流进一步完善互联互通功能

中西部地区在“一带一路”建设中具有重要的和独特的区位优势。中西部地区加强基础设施建设，大力发展航空、铁路、公路等，建立对外连接的大通道，发挥地缘优势，密切与向西的国家以及我国东南沿海地区的经济联系，进而实现双向互动。

进一步加强中、西部地区与东部地区以及周边国家互联互通基础设施的建设。2018 年 4 月，重庆市、广西壮族自治区、贵州省、甘肃省等 10 个西部省份共同提出合作共建中新互联互通项目南向通道的“重庆倡议”。该通道利用铁路、公路、海运等多种运输方式，由重庆向南经贵州等省份，通过广西北部湾等沿海沿边口岸，通达新加坡及东盟主要物流节点；向北利用兰渝铁路及甘肃的主要物流节点，连通中亚、南亚、欧洲等地区。2018 年，中老铁路中国段第一长桥主体工程完工，老挝段一标贯通了首座隧道。新疆格尔木至库尔勒铁路、阿勒泰至富蕴至准东铁路、克塔铁路、乌鲁木齐站等铁路项目加紧建设，新疆东联内地、西出中亚的铁路运输主骨架正在形成[②]。2018 年 4 月，包括乌鲁木齐、喀什、霍尔果斯、阿拉山口在内的新疆八座重要节点城市联手成立了丝绸之路国际陆港联盟，共建新疆陆港体系，打造“一带一路”上的“大陆港”。2018 年 8 月，中新互联互通项目南向通道（贵州段）建设初成，标志着世界物流海铁环线在贵州省成功实现闭合。

---

① 江苏省发展改革委员会网．2018 年上半年全省物流业发展情况［EB/OL］．［2018-09-06］. http：//fzggw. jiangsu. gov. cn/art/2018/9/6/art_ 64288_ 7807753. html.

② 新疆新闻在线网．新疆加快打造“一带一路”交通枢纽中心［EB/OL］．［2018-09-06］. http：//www. xjbs. com. cn/zt/2018-09/06/cms2101229article. shtml.

加大中、西部地区与中欧间班列的开行规模。经新疆边境口岸过境的中欧班列 2018 年开行达到 1002 列，超过了 2016 年和 2017 年的总和，开行线路覆盖中欧、中亚 24 个地区。2018 年，郑州新增郑州—阿拉木图（塔什干）中亚班列和郑州—东盟（越南河内）中越班列，中欧班列（郑州）现已实现“一体两翼”国际网络线路布局，进一步畅通了内陆河南省联通世界的桥梁，中欧班列（郑州）全年开行 752 班，是 2016 年和 2017 年开行数量的总和。2018 年，成都不断拓展中欧班列（成都）国内外站点，新增至维也纳、杜伊斯堡、布达佩斯、不来梅哈芬、汉堡、布列斯特直达班列，并组织汉堡经里加到成都的国际海铁联运通道，在国内南、北、东三个方向扩大运输范围，目前境外站点数拓展至 24 个，国内“蓉欧+”互联互通直达班列覆盖沿海、沿边城市 14 个，打造 7 条国际铁路通道和 5 条国际铁海联运通道，构建以成都为枢纽、联系太平洋和大西洋的新亚欧大陆桥。

加大中、西部地区的国际航线建设。2018 年，西安开通了直飞英国伦敦、西班牙马德里、美国洛杉矶等航线，国际（地区）航线达到 64 条，连通全球 29 个国家，53 个枢纽和著名旅游城市。陕西全省开通、加密全货运航线 17 条，其中，国际航线 6 条，连接阿姆斯特丹、芝加哥、首尔、河内等国际航空枢纽节点，初步搭建起了面向“一带一路”的国际航空物流网络①。截至 2018 年年底，郑州机场已经开通洲际货运航线 34 条，通航城市 40 个，郑州—卢森堡客运航线也在积极筹备中。郑州航空港经济综合实验区正在积极探索以郑州为亚太物流中心、以卢森堡为欧美物流中心的“郑州—卢森堡”双交通枢纽合作模式。

（三）东北地区积极推进跨境电商物流发展

东北地区是我国向北开放的重要窗口和东北亚地区合作的中心枢纽，国际物流是东北地区物流发展的重要方向。2018 年 8 月，沈阳市、长春市、哈尔滨市被列入第三批《跨境电商综合试验区》。2018 年，东北地区国际物流

---

① 西部头条网 . 陕西“三个经济”发展成效凸显，64 条国际航线连通 29 个国家［EB/OL］. http：//xbtoutiao. com/jingji/2019/0116/68384. html。

发展的重点是推进跨境电商物流的发展。

第一，积极出台政策支持跨境电商物流的发展。2018 年 5 月，沈阳市出台《沈阳市鼓励扩大出口若干政策措施》扶持跨境电商、货物贸易、服务外包等领域重点企业扩大出口。2018 年 8 月，大连市出台《大连市人民政府办公厅关于印发进一步推进物流降本增效促进实体经济发展实施方案的通知》，提出到 2018 年年底，建成和运营跨境电商空港快件监管中心，并推动跨境电商空港快件业务发展；建成跨境电商海运直购监管场所并推动海运直购特色业务的有效开展。2018 年 12 月，吉林省政府发布《中国（长春）跨境电子商务综合试验区建设实施方案》，根据该方案，长春综试区将建立智能物流体系，发挥长白通（丹）大通道、长吉珲大通道独特优势，立足长春—欧洲中欧班列、包机航班、卡车航班、国际邮政等国际物流运输线路，扩大跨境电商陆空联运货运包机航线，开通对东北亚各国的直封邮路，打造全国性多式联运高效物流枢纽中心。2018 年 12 月，黑龙江省政府出台《中国（哈尔滨）跨境电子商务综合试验区实施方案》，根据该方案，黑龙江省将在哈尔滨建设东北地区最大的国际邮件处理中心，开通哈尔滨—洛杉矶跨境电商货运航线，将哈尔滨市打造成以俄罗斯市场为主、辐射东北亚及北美地区的跨境电商进出口物流集散中心。

第二，积极推进跨境电商物流基础设施建设。沈阳跨境电商国际物流产业基地、沈阳综保区跨境电商产业园、沈阳机场空港物流公司快件监管中心等一批跨境电商产业园区建设在 2018 年启动，并于 2019 年上半年开始运营。2018 年 4 月，珲春出口加工区升级为综合保税区。2018 年 6 月，黑龙江（哈尔滨）跨境贸易电子商务综合服务平台在绥芬河综合保税区、北方跨境电商物流中心、太平机场巨丰快件监管场所落地①。2018 年 7 月，吉林市跨境电子商务运营中心项目在吉林保税物流中心 3 号库开工建设②。2018 年 9 月，大

① 东北网黑龙江频道．携手共谋跨境电商新未来［EB/OL］．［2018-06-17］．https：//heilongjiang. dbw. cn/system/2018/06/17/058013464. shtml.

② 商务部．吉林市跨境电子商务运营中心项目在吉林保税物流中心开工建设［EB/OL］．［2018-07-02］．http：//www. mofcom. gov. cn/article/difang/201807/20180702771394. shtml.

连港湾跨境电商海运直邮监管中心投入运营，标志着大连市跨境电商海运直邮呈规模化和常态化运营[①]。

第三，积极开展跨境电商物流业务。长春兴隆综合保税区在2018年1月完成首单跨境电商直购进口业务，2018年4月完成东北地区1239监管模式下首单跨境电商进口海运保税备货业务。2018年5月，洛杉矶至哈尔滨直航货运包机开通。2018年6月，哈尔滨综合保税区备货跨境电商业务正式开展，为跨境电商产业发展提供了有效支撑。同时，哈尔滨稳步拓展海外仓和边境仓网络，截至2018年6月，累计设立了20个海外仓、6个边境仓，海外仓仓储面积达到17.8万平方米。2018年8月，珲春—扎鲁比诺港—宁波舟山港内贸货物跨境运输航线正式启动，这标志着吉林省和浙江省共同携手，开创了中俄跨境运输合作的新模式。

第三节　中国热点区域物流发展

"京津冀协同发展""长江经济带发展""粤港澳大湾区建设"和"长三角一体化发展"等区域协调发展战略促进了区域物流一体化的发展，同时也要求物流业为国家重大战略提供服务保障和支撑。京津冀地区加速北京商贸物流功能向周边地区疏解，并大力推动绿色物流发展。长江经济带以立体化综合交通走廊的构建为抓手，推动港口物流一体化发展。粤港澳大湾区重点推动物流基础设施的互联互通，并着力布局国际贸易物流。长三角地区在推进物流一体化基础上，着力打造国际物流枢纽。

一、京津冀地区物流发展

伴随着京津冀协同发展战略的深入实施，京津冀物流产业发展的区域协作稳步推进，三省市根据各自的发展定位采取了不同的举措促进物流一体化

① 金融界．大连跨境电商业务增势迅猛［EB/OL］．［2018-09-03］．http：//finance.jrj.com.cn/2018/09/03072025037760.shtml.

发展，疏解提升商贸物流功能、转移承接商贸物流项目、建设商贸物流产业带等工作陆续展开。

（一）北京加速商贸物流功能疏解

近年来，北京根据城市功能定位，持续推动四环内区域性物流功能疏解，据统计，2015—2017 年，北京累计疏解提升市场 1032 个、物流中心 106 个[①]。2018 年，北京疏解提升市场和物流中心 204 个[②]，基本完成了动物园地区批发市场、天意小商品市场（阜外店）疏解转移；疏解升级大红门地区 16 家批发市场；推进官园、万通、百荣世贸、永外城、红桥天雅、雅宝路等批发市场调整疏解和业态升级。

河北省积极利用石家庄市、廊坊市、保定市、沧州市等地现有商贸物流产业基础和交通优势，积极承接北京区域性批发市场转移。河北省商务厅会同北京市商务委研究制定了《河北省承接地批发市场建设工作方案》，涉及河北省八个城市的 20 多个批发市场项目。例如，保定高碑店市的河北新发地农副产品物流园，自 2015 年建成运营一期项目以来，已直接疏解北京商户 4000 多户，不但具备了连续保证首都 10 天以上农产品供应的能力，而且每天可减少进京车辆 2000 余辆[③]。天津市则以武清区为重点承接北京市电商物流转移，重点推进苏宁云商物流园项目建设。以中心渔港为重点，承接北京市集散型冷链物流转移，与北京市冷链物流节点和城区内冷链配送网点实现有序对接[④]。此外，天津注重“点对点”承接模式，推进卓尔商城、温州商贸城等 11 个市场，主动对接承接北京动物批发市场、大红门等一批交易市场功能疏解，已经承接北京商户 3000 个以上。

---

① 中央人民广播电台．北京三年疏解提升上千个市场，上百个物流中心［EB/OL］．［2018-01-16］．http：//news. cnr. cn/native/gd/20180116/t20180116_ 524101222. shtml.

② 中华网．北京高质量发展的着力点在这［EB/OL］．［2019-03-26］．https：//news. china. com/zw/news/13000776/20190326/35517322. html.

③ 新华网．河北省承接京津产业：从“拉企业转移”到“引产业集聚”［EB/OL］．［2019-04-08］．http：//www. xinhuanet. com//local/2019-04/08/c_ 1124340291. html.

④ 商务部．天津着力推动京津冀商贸物流协同发展［EB/OL］．［2018-01-02］．http：//www. mofcom. gov. cn/article/resume/n/201801/20180102702539. shtml.

（二）积极推动绿色物流发展

1. 积极推进货物运输结构转型

政府积极推动货物运输结构转型。为提升铁路、水路运输的比重，京津冀三地政府在 2018 年均出台了相关政策，对货物运输结构转型的目标、重点工作做出部署。例如，2018 年 12 月，天津市政府办公厅出台了《天津市推进运输结构调整工作实施方案》。方案以推进大宗货物运输“公转铁、公转水”为重点，从八个方面作出部署，构建铁路、水路为主的大宗货物运输新格局。

加快构建铁路集疏港系统。天津港已于 2017 年 4 月起全面停止接收公路运输煤炭。2018 年，天津港加快推进内蒙古乌兰察布有色矿分拨基地和河北武安铁矿石分拨基地建设与功能完善，着力打造三条铁路钟摆式运输线路。2018 年 2 月，唐山市政府与中国铁路北京局集团有限公司签订《关于加强唐山地区铁路集疏港运输战略合作的框架协议》，根据协议，中国铁路北京局集团有限公司负责曹南线运输管理，构建高效顺畅的曹妃甸港区铁路集疏港系统。

加快推进钢铁企业专用线建设。唐山市加快推进钢铁企业铁路专用线建设，2018 年完成现有五家钢铁企业专用线改造，并新建六家钢铁企业专用线。

2. 积极推广新能源车的使用

2018 年 5 月，京东集团在“2018 年中国 · 廊坊国际经济贸易洽谈会”上宣布，将在一年之内把河北所有的货车替换成电动货车。2018 年 6 月，京东物流将首批 50 辆太阳能智慧配送车投入北京部分地区的日常配送使用。

2018 年 9 月，生态环境部、北京市人民政府等中央 12 部门、6 省市政府联合发布《京津冀及周边地区 2018—2019 年秋冬季大气污染综合治理攻坚行动方案》，提出自 2018 年 10 月 1 日起，京津冀及周边地区城市建成区新增和更新的邮政车辆等基本采用新能源或清洁能源汽车，港口、机场、铁路货场等新增或更换作业车辆主要采用新能源或清洁能源汽车。到 2020 年，城市建成区邮政、轻型物流配送车辆中新能源和国六排放标准清洁能源汽车的比例达到 80%。

（三）持续推进京津冀交通物流一体化

一是积极推进交通一体化。交通一体化是京津冀协同发展的三大率先突破领域之一。2018 年，京津冀在推进交通一体化方面主要有以下进展：（1）继续打通断头路。2018 年，河北省与京津联手打通京秦高速京冀、冀津连接段等高速公路和松兰公路、京蒋公路等普通干线公路“对接路”200 多公里。截至 2018 年，京津冀累计打通 1600 公里“断头路”[①]。（2）推进标准规范的统一。2018 年 6 月，京津冀高速公路服务区服务规范、高速公路收费站服务规范、京津冀高速公路智能管理与服务系统技术规范开始实施。三项标准规范对京津冀区域高速公路服务区、收费站的服务规范进行了统一，并对高速公路智能管理与服务系统的融合提出技术标准。（3）加强交通一体化立法执法协作。2018 年 3 月，京津冀交通一体化法制与执法协作第三次联席会议审议通过了《京津冀省际通道公路养护工程施工作业沟通管理办法》《京津冀普通公路建设项目计划协调机制》和《京津冀交通运输行政执法人员学习交流工作方案》。京津冀三地将推进交通运输执法协作，组建公路工程质量监督执法的协同与联动机制，完善交通运输行政执法综合管理信息系统建设，尽快实现三地信息互联、资源共享。

二是继续推进物流标准的区域一体化。2016 年 12 月，为了提高区域物流运作效率，打通供应链上下游，北京市、天津市、河北省三地商务主管部门合力组织，共同推动成立了京津冀物流标准化联盟[②]。2018 年 4 月，京津冀三地共同发布八项京津冀冷链物流区域协同地方标准。八项区域协同标准的制定，将有助于推动京津冀区域冷链物流政策协同发展，打造环首都一小时冷链流通圈，提高区域物流运作效率。

---

① 新华网．孙杰、张涛等．京津冀断头路打通记［EB/OL］．［2019-03-30］．http：//www. xinhuanet. com/mrdx/2019-03/30/c_ 137935796. htm.

② 凤凰网．京津冀物流标准化联盟成立 区域物流运作提速［EB/OL］．［2016-12-06］．http：//hebei. ifeng. com/a/20161206/5207334_ 0. shtml.

二、长江经济带物流发展

长江经济带[①]建设有利于促进我国经济增长空间从沿海向沿江内陆拓展，形成沿海、江、边全方位对外开放空间格局，是实现我国区域经济协调和高质量发展的重要抓手。长江经济带近年来在综合交通走廊建设、港口物流发展等方面取得了系列进展，有力地促进了长江经济带经济一体化发展。

（一）构建立体化综合交通走廊

首先，大力提升长江通航能力。长江干线航道得到有效治理，长江口深水航道全面建成，南京以下 12.5 米深水航道实现贯通，荆江“瓶颈”被初步打通，“645 工程”全面开工[②]，上游航道整治稳步推进，干支联通成网取得积极进展，长江干线全面建成高等级航道，并实现昼夜通航，通航能力大幅提升。目前，5 万吨级海轮可满载直达南京港；南京至武汉可通航 5000 吨级海轮；武汉至重庆中洪水期可通航 5000 吨级单船和万吨级船队；重庆以上可通航 1000 吨级船舶。

其次，铁路建设方面，持续完善以水铁联运为主的多式联运网络。2018 年，武汉阳逻港一期、黄石新港等疏港铁路陆续投产，宜昌港紫云铁路全线铺通。从 2017 年底开始，中国铁路总公司加快推进长江多式联运开行沿江班列的部署，加强了对四川、重庆两地出发驶往武汉、宁波、上海等沿江城市港口的班列运输组织领导。2018 年 1—4 月，铁路共开行沿江班列 575 列，同比增加 102%，发送货物 63.6 万吨[③]。

其次，进一步完善区域高速公路网络。2017 年，长江经济带区域高速公路网主通道中四条主骨架（沪蓉、沪渝、沪昆、杭瑞高速公路）已基本建成。

---

① 长江经济带通过长江黄金水道串联起长三角地区、长江中游地区、成渝经济区。长江经济带涵盖我国 11 个省市，面积超过我国国土面积的 1/5，人口超过我国总人口的 2/5。

② 长江宜昌至安庆段航道整治工程又称“645”工程，即 6 米水深从安庆上延至武汉，4.5 米水深由武汉上延至宜昌。“645”工程是国家“十三五”规划纲要和长江经济带发展规划纲要重点项目，纳入交通运输部《水运“十三五”发展规划》。

③ 东方新闻网．发挥铁路绿色骨干作用 推动长江经济带发展［EB/OL］．［2018-05-04］．http：//mini.eastday.com/a/180504113234157-2.html.

最后，加快完善长江经济带综合枢纽场站建设。交通运输部组织实施了《“十三五”综合客运枢纽和货运枢纽（物流园区）建设方案》，对区域43个客货运枢纽进行了重点推进。

未来，长江经济带将重点推进多式联运基础设施体系建设。2018年8月，交通部发布《深入推进长江经济带多式联运发展三年行动计划》，提出到2020年，构建有机衔接、具备竞争力的铁水联运系统，基本形成长江干线、长三角地区至宁波舟山港、上海洋山江海直达运输系统，进一步完善干支直达、通江达海、区域成网的水运基础设施体系，初步形成布局合理、结构优化、功能完善、互联互通的长江经济带多式联运服务体系。长江经济带主要港口铁路进港率达到80%以上，大宗散货铁路、水运集疏港比例力争达到90%以上，重点集装箱港口铁水联运量年均增长15%以上，力争上海洋山集装箱江海直达比例达到20%。

（二）形成了具有等级差异的港口物流体系

长江港口初步形成了具有等级差异的港口物流体系，形成了上海港兼顾国内、着眼海外的国际航运中心，重庆港、武汉港以及南京港立足本地、服务全国的区域性航运中心以及其他港口相互补充的沿江港口物流体系。沿江港口在一定程度上形成了长江上游地区、长江中游地区以及长三角地区三大区域港口群，沿江港口物流体系的完善极大地促进了其腹地经济的发展。

长江港口在货物运输方面逐渐形成了相互配合、互为补充的专业化运输体系。除了传统的资源型产品之外，在集装箱、散装水泥以及滚装运输等方面都取得了长足的进步。具体而言，沿江港口为沿江钢铁企业形成了以长江下游港口为中转港的铁矿石运输系统；为沿江能源依赖型企业提供了煤炭以及石油制品的运输系统；形成了武汉、南京、上海等为龙头港，其他干线港口为补充的集装箱运输系统。

（三）积极推进长江沿线港口物流资源整合

为了加强资源整合，促进区域港口物流一体化运营，长江沿线各省着力推动成立省级港口企业集团，推动港口整合。本轮港口物流整合的一个显著特点是，推动港口资源整合的行政主体上升至省级政府，传统的“一城一港”正在调整为“一省一港”。

江苏省港口资源整合加快推进。2017 年 5 月，江苏省港口集团成立。2018 年 8 月，南京市国有资产监督管理委员会将其持有的南京港集团 55%的股权划转至江苏省港口集团。2018 年 12 月，江苏省港口集团收购国投交通控股公司所持镇江港务集团 65.2%股权，苏州港集团收购北京国投交通控股公司所持张家港港务集团 37%股权。

2018 年 11 月，四川省交投集团和泸州市、宜宾市两市签署泸州港—宜宾港整合发展协议，在投资、开发、运营等方面实现一体化规划、发展。

2018 年 12 月，安徽省港航集团有限公司揭牌，将整合安徽省内 10 家港航企业。根据规划，安徽省将打造全省对外开放的统一平台，将安徽港口群打造成为联通东西部和长江中下游的河、江、海联运枢纽。

三、粤港澳大湾区物流发展

粤港澳大湾区[①]面积不到全国 1%，人口不到 5%，经济总量超过全国经济总量的 10%，拥有香港、澳门、广州、深圳四个重量级城市，是我国开放程度最高、经济活力最强的区域之一。粤港澳大湾区拥有世界上最大的海港群、空港群以及高速、轨道系统等快速交通网络，又有香港的国际金融、贸易和航运三大中心作为支撑，更有泛珠三角区域作为粤港澳大湾区的重要腹地，粤港澳大湾区发展物流具有巨大的优势。

（一）基础设施互联互通格局初步形成

大湾区内凭借城际轨道交通、高铁和高速公路网络的贯通，珠三角基础设施密度达到国际领先水平，“1 小时经济圈”基本形成。大湾区拥有香港、广州和深圳三个国际化机场，配套澳门机场、惠州机场和莲溪机场以缓解航运压力，形成了“三核三辅”的空港群，再加上以广州港、深圳港、香港港

① 粤港澳大湾区是由香港、澳门两个特别行政区和广东省广州市、深圳市、珠海市、佛山市、惠州市、东莞市、中山市、江门市、肇庆市九市组成的城市群。

为龙头，珠海港、惠州港为支撑，形成世界级港口群，拓展了粤港澳大湾区对外合作空间。随着港珠澳大桥、虎门二桥和深中通道的建成通车，跨海交通群将更加促进形成粤港澳大湾区大整合的核心动脉系统，强力推动区域经济的联动发展。粤港澳大湾区交通基础设施的互联互通为将其建成国际物流枢纽奠定了坚实基础，并极大地推动了区域内要素自由流动。

（二）智慧物流发展具有较好基础

京东物流早在 2014 年就在东莞市建设了建筑规模大、自动化程度高的现代化智能物流项目，该物流项目是全国第一个拥有全自动机器人设备的分拣中心。目前，京东物流通过多层级的仓网布局、供应链全链条服务、集约化管控、大数据管理分析等，减少家电搬运、周转次数，精准预测需求提前备货，从而降低湾区家电企业物流成本，提高行业运营效率、服务水平，带动企业销售的提升，甚至有效帮助厂家进行生产和备货决策。

苏宁物流在广州地区加快了智慧化仓储、配送网络的升级和建设，以及前置仓、小店中心仓的布局，并计划到 2020 年全面实现由点到面、多点多极，进一步提升服务周边区域和全国战略的集聚辐射能力。

2018 年 11 月，粤港澳大湾区首个智慧物流平台——运易通对外发布。运易通涵盖了以粤港澳大湾区为中心并辐射全国的公共物流服务、可视化全程物流服务、数字化服务和在线科技服务四大类别共计 11 款产品，满足客户多样化的订舱、陆运、报关、保险、物流金融需求。运易通推出了湾区独有的出口运输模式，可使出口报关等待时间减少一天以上，进口报关等待时间减少 7 天以上。

（三）企业纷纷布局跨境贸易物流

粤港澳大湾区是对接“一带一路”建设的重要平台和门户枢纽，是国际贸易的重要窗口。2015—2017 年大湾区跨境进口商品占全国 40%以上，跨境商品金额也占全国 40%以上。以京东物流为例，其南沙保税仓 2015—2017 年订单年均增速 183%，订单金额年均增速 224%。香港仓 2017 年订单同比 2016

年增长 168%，订单金额同比增长 180%[①]。对于各大品牌来说，将香港仓作为主要集散地，不仅可以将商品送往内地，还可将欧美来的商品通过香港仓转运发送至东南亚等地，形成国际供应链网络。

为了抓住跨境贸易中的物流发展机会，众多物流企业纷纷进行了布局。例如，2017 年 5 月，顺丰控股与 UPS 在香港成立合资公司，共同开发和提供国际物流产品。2018 年 6 月，中通快递与土耳其航空、太平洋航空成立合资公司，布局开拓全球空运服务。2018 年 6 月，菜鸟联合中国航空、圆通速递宣布，将在香港国际机场投资约 120 亿港元，启动建设世界级的物流枢纽，为全球 72 小时必达的物流网络提供支撑。2018 年 10 月，京东物流宣布将在珠海设立国际快件监管中心、航运陆运分拣转运中心等配套设施，布局一个集跨境、海外直采、国际快递的综合性智能口岸。2018 年 11 月，中外运—敦豪国际航空快件有限公司珠海口岸正式落成并投入使用，成为落户珠海口岸国际快递监管中心的首家国际快递公司。

四、长三角地区物流发展

长三角地区是我国经济最具活力、开放程度最高、创新能力最强的区域之一，是我国区域一体化起步最早、基础最好、程度最高的地区之一，汇聚了两个全球“第一”大港——集装箱吞吐量第一大港上海港和货物吞吐量第一大港宁波舟山港，也是“一带一路”和长江经济带的重要交汇点，承担着长江经济带发展“龙头”的重任。为了推进更高起点的深化改革和更高层次的对外开放，同“一带一路”建设、京津冀协同发展、长江经济带发展、粤港澳大湾区建设相互配合，完善中国改革开放空间布局，2018 年，国家将长三角区域一体化发展上升为国家战略。

（一）积极打造国际物流平台

利用交通枢纽地位打造国际物流枢纽。上海港已成为中国大陆集装箱航

---

① 亿邦动力网．粤港澳物流发展重点：保税仓、时效、科技［EB/OL］．［2018-06-12］．http：//www.ebrun.com/20180612/281797.shtml.

线最多、航班最密、覆盖面最广的港口，集装箱吞吐量连续多年保持世界首位。宁波舟山港已经成为“21世纪海上丝绸之路”主要物流枢纽，货物吞吐量连续多年全球港口首位。浦东国际机场持续优化的营商环境，不断提升的通关速度，吸引了FedEx、DHL、UPS快递“三巨头”落户，使之成为全球首个同时吸引三大国际物流集成商入驻并建立转运中心的机场。国内主要航空公司也已经将80%以上的全货机集中在浦东机场，目前有39家国内外航空公司在浦东机场发展全货机业务。2018年，圆通集团与嘉兴市签订战略投资协议，将投资122亿元在嘉兴机场建设全球航空物流枢纽。

上海自贸区在“一带一路”供应链中的物流枢纽节点地位不断凸显。上海自贸试验区吸引了国内外众多物流产业链上下游企业入驻。一批跨国公司将上海作为全球和区域物流业务整合运作基地，上海自贸试验区叠加应用“先进区后报关”“批次进出、集中申报”“集中汇总征税”等海关监管创新制度，满足了国际物流分拨灵活配送、频繁进出、多元流向等需求，吸引跨国企业在区内设立服装、精密仪器、电子元件、大宗商品等多种产品的亚太乃至全球分拨中心，企业对“一带一路”贸易规模持续增长，上海自贸试验区在“一带一路”供应链中的枢纽节点作用不断凸显。

（二）与“一带一路”沿线国家互联互通取得新进展

2017年7月，上海航交所正式发布“一带一路”航贸指数，经过一年多的运行，已经成为反映“一带一路”沿线国家和地区经贸往来的“晴雨表”和运输合同的运费结算工具。

中欧班列规模不断扩大，辐射范围加大。江苏省内中欧中亚班列开行了4个城市、7条线路，“连新欧”“连新亚”“宁新亚”“苏满欧”等国际货运班列实现常态化运营，连云港国际班列2018年突破800列，其中，东行班列同比增长57%。浙江“义新欧”班列始发开通了9条线路，辐射至中亚、西班牙、伊朗、阿富汗、俄罗斯、拉脱维亚、白俄罗斯、英国、捷克9个方向。

2018 年，“义新欧”中欧班列实现进出口货物总值 77.7 亿元，比上年增长 71.9%①。“合新欧”国际货运班列 2018 年共计发运 180 余列，增长超过两倍②。

（三）加快推进交通物流一体化

2018 年 6 月，长三角三省一市发布《长三角地区一体化发展三年行动计划（2018—2020 年）》。该计划提出，依托港口航运、机场航空与铁路网络立体交通优势，未来 3 年将鼓励应用无人仓、AGV 等先进物流技术，建成技术和通达率全球领先的长三角智慧物流体系，将长三角物流网络从“天”级推进到“小时”级，打造新零售“三公里理想生活圈”。

2018 年 6 月，长三角三省一市签署的《长三角地区打通省际断头路合作框架协议》，明确将按照“规划明确、需求对接、就近接入、先易后难”的总体原则，根据地区经济发展、交通需求、路网规划和前期方案成熟度，共同全面推进省际对接道路各项工作。优先确保高速公路、国道骨干路网建设项目的全面连通，重点实施在省界处未连通的断头道路以及现已连通但省界处存在瓶颈的道路。

2018 年 12 月，交通部与三省一市发布《关于协同推进长三角港航一体化发展六大行动方案》，以内河航道网络化、区域港口一体化、运输船舶标准化、绿色发展协同化、信息资源共享化、航运中心建设联动化六大行动为抓手，协同推进港航一体化发展、绿色发展、率先发展，完善上海国际航运中心“一体两翼”格局，推动形成上海国际航运中心、舟山江海联运服务中心和南京长江区域性航运物流中心联动发展格局。

---

① 浙江一带一路网．“义新欧”载回更多“洋特产”去年进口货物货值逾 15 亿元［EB/OL］．［2019-03-02］．http：//www. zjydyl. gov. cn/text/ghwl/zobl/201901/302099. html.

② 凤凰网．“合新欧”国际货运班列 2018 发运 180 余列，达两倍增长［EB/OL］．［2018-12-31］．http：//ah. ifeng. com/a/20181231/7134602_ 0. shtml.

第五章 中国物流发展相关政策与规划

2018 年是我国推进物流高质量发展取得积极进展的一年。我国政府围绕快递物流服务升级、交通运输领域改革、物流与供应链创新、绿色物流发展、农村物流发展、物流减费降税等，出台了一系列政策、措施和规划。2019 年，预计我国政府将围绕深化交通运输领域改革、加快邮政业服务升级、继续推进物流业减费降税、加快物流智能化建设、完善城乡配送物流等，进一步出台相关政策规划，以应对新形势下物流业发展的新要求。

第一节 中国物流发展相关政策出台情况

2018 年，我国政府从推进快递物流服务升级、交通运输领域改革、物流与供应链创新、农村物流发展、绿色物流发展、物流减费降税等方面出台了一系列政策措施，以贯彻落实国家供给侧结构性改革政策要求，促进物流业的健康快速发展。

一、快递物流服务升级相关政策

（一）发布快递暂行条例

快递业是服务业的重要组成部分，连接供给侧和消费侧，是推动流通方式转型、促进消费升级的先导产业，在稳增长、调结构、惠民生等方面发挥着重要作用。近年来，我国快递业迅猛发展，快件业务量连续五年位居世界第一。为促进快递业健康发展，保障快递安全，保护快递用户合法权益，加强对快递业的监督管理，2018 年 3 月，国务院公布了《快递暂行条例》（国令第 697 号）。

《条例》规定了一系列保障行业发展的制度措施，包括经营快递业务的企业及其分支机构开办快递末端网点，统筹考虑快件大型集散、分拣等基础设施用地的需要；县级以上地方人民政府公安、交通运输等部门和邮政管理部门建立健全快递运输保障机制，依法保障快递服务车辆通行和临时停靠的权利；企业事业单位、住宅小区管理单位采取多种方式为开展快递服务提供必要的便利；支持在大型车站、码头、机场等交通枢纽配套建设快件运输通道和接驳场所；鼓励经营快递业务的企业依法开展进出境快递业务，支持在重点口岸建设进出境快件处理中心、在境外依法开办快递服务机构并设置快件处理场所；海关、出入境检验检疫、邮政管理等部门应当建立协作机制，完善进出境快件管理，推动实现便捷通关等。

《条例》的出台从国务院行政法规的高度宣告邮政业全面转向高质量发展阶段，给快递行业改革发展带来了历史性机遇，将为我国快递物流领域带来重大而深远的影响。

（二）印发关于推进电子商务与快递物流协同发展的意见

近年来，我国电子商务与快递物流协同发展不断加深，但仍面临政策法规体系不完善、发展不协调、衔接不顺畅等问题。为深入实施“互联网+流通”行动计划，提高电子商务与快递物流协同发展水平。2018 年 1 月，国务院办公厅印发《关于推进电子商务与快递物流协同发展的意见》（国办发〔2018〕1 号）。

《意见》提出了六个方面的政策措施。一是强化制度创新，优化协同发展政策法规环境；二是强化规划引领，完善电子商务快递物流基础设施；三是强化规范运营，优化电子商务配送通行管理；四是强化服务创新，提升快递末端服务能力；五是强化标准化智能化，提高协同运行效率；加强大数据、云计算、机器人等现代信息技术和装备在电子商务与快递物流领域应用；加强快递物流标准体系建设，鼓励信息互联互通；优化资源配置，提升供应链协同效率。六是强化绿色理念，发展绿色生态链。

《意见》从优化政策法规环境、完善快递物流基础设施、优化配送通行管理、提升末端服务能力、提高协同运行效率等方面进行了总体部署，将“规范化”与“便利化”有机结合，明确了具体措施与引导方向，有利于推动快递企业与电商的协同发展。

（三）修订快递业务经营许可管理办法

现行的《快递业务经营许可管理办法》于 2009 年首次颁布，2013 年和 2015 年做过两次局部修改，对规范快递业务经营许可活动发挥了重要作用。为贯彻《中华人民共和国邮政法》《快递暂行条例》等法律法规，规范快递业务经营许可管理，促进快递行业健康发展，2018 年 10 月，交通运输部公布了修订后的《快递业务经营许可管理办法》（交通运输部令 2018 年第 23 号），自 2019 年 1 月起施行。

修订后的《办法》细化了快递业务经营许可条件，对《中华人民共和国邮政法》关于申请快递业务经营许可应当具备的服务能力、服务质量管理制度和业务操作规范、安全保障制度和措施等进行了细化。优化了快递业务经营许可程序，更加便利申请人取得许可。《办法》规范了事中事后监督管理行为。明确了快递业务经营许可退出机制。对不诚信行为，还规定了记入快递业信用记录、实施联合惩戒等措施。

修订后的《办法》有利于更好发挥快递业在稳增长、促改革、调结构、惠民生、防风险等方面的作用，进一步释放快递市场活力，使快递业务经营许可管理工作能够更好地适应新形势和新业态发展。

（四）印发快递业信用体系建设工作方案

为贯彻落实《快递暂行条例》《社会信用体系建设规划纲要（2014—2020 年）》和《快递业信用管理暂行办法》，扎实有效推动快递业信用体系建设，2018 年 4 月，国家邮政局印发《快递业信用体系建设工作方案》（国邮发〔2018〕32 号），在全国范围内开展快递业信用体系建设。

《方案》提出，力争到 2019 年年底，快递业信用基础性制度和标准体系基本建立，行业信用信息采集机制基本建成，信用监管体制基本健全，守信激励和失信惩戒机制初步发挥作用，规范运行、科学高效的快递业信用管理工作体系基本建成。

《方案》明确提出八个方面的工作任务：一是完善快递业信用管理规章制度；二是建设快递业信用管理信息系统；三是建立完善信用档案；四是组建快递业信用评定委员会；五是编制快递业年度信用评定方案；六是全面采集信用信息；七是信用评定和结果应用；八是推进诚信文化建设。

二、交通运输领域改革与发展相关政策

（一）印发推进运输结构调整三年行动计划

2018 年 9 月，为贯彻落实党中央、国务院关于推进运输结构调整的决策部署，打赢蓝天保卫战、打好污染防治攻坚战，提高综合运输效率、降低物流成本，国务院印发了《推进运输结构调整三年行动计划（2018—2020 年）》（国办发〔2018〕91 号）。

《行动计划》要求，以深化交通运输供给侧结构性改革为主线，以京津冀及周边地区、长三角地区、汾渭平原等区域为主战场，以推进大宗货物运输“公转铁、公转水”为主攻方向，通过三年集中攻坚，实现全国铁路货运量较 2017 年增加 11 亿吨、水路货运量较 2017 年增加 5 亿吨、沿海港口大宗货物公路运输量减少 4. 4 亿吨的目标。到 2020 年，全国货物运输结构明显优化，铁路、水路承担的大宗货物运输量显著提高，将京津冀及周边地区打造成为全国运输结构调整示范区。

《行动计划》提出实施六大行动。一是铁路运能提升行动。提升既有铁路综合利用效率，加快铁路专用线建设；建立健全灵活的运价调整机制，完善短距离大宗货物运价浮动机制。二是水运系统升级行动。完善内河水运网络，推进集疏港铁路建设。三是公路货运治理行动。强化公路货运车辆超限超载治理；大力推进货运车型标准化，推动道路货运行业集约高效发展。四是多式联运提速行动。推进具有多式联运功能的物流园区建设，加强不同运输方式间的有效衔接；支持各地开展集装箱运输、商品车滚装运输、全程冷链运

输、电商快递班列等多式联运试点示范创建。五是城市绿色配送行动。推进城市绿色货运配送示范工程建设；制定新能源城市配送车辆便利通行等政策，并加大推广应用力度；推进城市生产生活物资公铁联运，打造“轨道+仓储配送”的铁路城市物流配送新模式。六是信息资源整合行动。加快建设多式联运公共信息平台，提升物流信息服务水平；建立运输结构调整信息运行监测和报送机制。

三年行动计划是贯彻落实党中央、国务院关于调整运输结构决策部署的一项重大举措，对降低全社会物流成本、提高我国综合运输效率以及防治污染具有重要意义，必将对推动经济高质量发展产生重大而深远的影响。

（二）印发深化交通运输供给侧结构性改革工作要点

为不断深化交通运输供给侧结构性改革，交通运输部先后印发了《关于推进供给侧结构性改革 促进物流业“降本增效”的若干意见》《2017 年交通运输供给侧结构性改革工作要点》等文件。2018 年 1 月，交通运输部印发了《2018 年深化交通运输供给侧结构性改革工作要点》，以提高交通运输供给体系质量为主攻方向，从降成本、补短板、强服务、优环境、增动能等方面提出具体措施。

《工作要点》指出，将通过加快发展多式联运，推进无车承运人试点，严格执行鲜活农产品“绿色通道”政策，鼓励地方实施货车通行费优惠，进一步规范港口经营服务性收费，推动落实取消营业性货运车辆二级维护强制检测，推进货运车辆年审年检合并等工作，持续降低物流成本。提升冷链物流、城市配送等重点物流领域服务水平。开展绿色货运配送示范工程。将深化区域港口一体化发展改革，推动港口资源整合，加快港口一体化发展。

（三）发布关于进一步放开港口部分收费等有关事项的通知

目前，部分港口利用自身优势地位，收取高额费用，影响了公平竞争的市场环境和协同发展的港口生态。为进一步规范港口收费，促进港口行业高质量发展，2018 年 7 月，交通运输部和国家发展改革委联合发布了《关于进一步放开港口部分收费等有关事项的通知》，决定放开沿海、长江干线主要港口及其他所有对外开放港口部分收费，实行市场调节。

《通知》提出，放开驳船取送费、特殊平舱费等部分收费，实行市场调节，纳入港口作业包干费，由提供服务的港口经营人与船方、货方或其代理人协商确定收费标准。同时，《通知》还规范了船舶护航和监护使用拖轮收费。

放开部分港口收费，使从事港口服务以及港口经营的企业有更多的发展空间，有利于使港口内的服务竞争和价格竞争更加公平和公开，对港口及航运业的健康稳定发展起到了推动作用，将促进港口在市场化调节机制下更加成熟的发展。

（四）发布关于进一步优化跨省大件运输并联许可服务工作的通知

为进一步提升大件运输许可效率，助力“中国制造”和重大工程建设，2018 年 9 月，交通运输部发布《关于进一步优化跨省大件运输并联许可服务工作的通知》（交办公路明电〔2018〕65 号）。

《通知》要求，明确大件运输主要通道，积极与相邻省份对接，结合公路改扩建等工程建设，实施针对性维修改造，并增设收费站超宽车道，增强大件运输车辆通过能力，满足大件运输需求。省级交通运输主管部门要明确一个专门机构统一负责本省（区、市）大件运输申请和协调审批工作，实现一个单位负责、一套机制运行、一个窗口管理。起运地省份受理大件运输申请后，全程为大件运输申请人服务。加强对重点大件运输企业的培训，帮助大件运输企业熟悉网上许可系统和跨省大件运输并联许可系统，切实提高系统使用率和许可工作效率。加快系统升级改造，全面推行“一网通办”，解决大件运输企业反映强烈的办事系统繁杂、业务协同不足等问题。

（五）发布关于促进航空物流业发展的指导意见

近年来，我国航空物流业取得了长足发展，但发展不平衡不充分的问题仍较突出，服务能力不强、运行效率不高、信息化和标准化建设相对滞后，与经济社会发展和人民消费需求仍有较大差距。随着电商、快递、冷链等现代物流市场的高速发展，航空货源结构性变化愈发凸显，对航空物流服务的要求不断升级，迫切需要完善航空物流业发展政策，促进航空物流业发展。2018 年 5 月，民用航空局发布《关于促进航空物流业发展的指导意见》（民航发〔2018〕48 号）。

《指导意见》围绕深化对航空物流发展规律的认识、提升航空物流效率、大力推进融合发展、完善行业管理和优化实施路径等提出了九项主要任务。一是不断深化对航空物流发展规律的研究把握；二是着力优化航空资源配置；三是全面提高航空物流信息化水平；四是切实提高地面服务质量和效率；五是持续完善货运安保链条管理；六是大力推进标准化建设和绿色发展；七是创新推进融合发展；八是加快完善统计评价管理体系；九是扎实开展综合工程示范。其中，在“着力优化航空资源配置”方面，将放开对货运航空的时刻限制、优化货运基础设施建设、推进以货运功能为主的机场建设、促进航空物流企业转型发展等措施，将给予航空物流企业发展以更大的活力和有效的支撑。

《指导意见》是抢抓航空物流业发展新机遇、补齐民航行业货运发展短板的具体举措，对加快推进民航强国建设、推动经济结构转型升级、实现国家经济高质量发展具有重要意义。

三、物流与供应链创新相关政策

（一）出台多项供应链创新与应用试点相关政策

党的十九大提出，要在现代供应链等领域培育新增长点、形成新动能。2017 年 10 月，国务院办公厅印发《关于积极推进供应链创新与应用的指导意见》（国办发〔2017〕84 号），对我国供应链创新发展作出全面部署。2018 年 4 月，为落实国务院关于推进供应链创新与应用的决策部署，完善产业供应链体系，提高企业、产业和区域间的协同发展能力，商务部、工业和信息化部等八部门联合发布了《关于开展供应链创新与应用试点的通知》（商建函〔2018〕142 号）。

此次试点包括城市试点和企业试点。其中，城市试点有六大重点任务，分别是推动完善重点产业供应链体系、规范发展供应链金融服务实体经济、融入全球供应链打造“走出去”战略升级版、发展全过程全环节的绿色供应链体系、构建优质高效的供应链质量促进体系、探索供应链政府公共服务和治理新模式。企业试点有五大重点任务，分别是提高供应链管理和协同水平、加强供应链技术和模式创新、建设和完善各类供应链平台、规范开展供应链金融业务、积极倡导供应链全程绿色化。

《试点》着重打造“五个一批”和强化“三大作用”。其中，“五个一批”是指创新一批适合我国国情的供应链技术和模式；构建一批整合能力强、协同效率高的供应链平台；培育一批行业带动能力强的供应链领先企业；形成一批供应链体系完整、国际竞争力强的产业集群；总结一批可复制推广的供应链创新发展和政府治理经验模式。“三大作用”是指通过试点，使现代供应链成为培育新增长点、形成新动能的重要领域；成为供给侧结构性改革的重要抓手；成为“一带一路”建设和形成全面开放新格局的重要载体。

此次试点是落实党的十九大精神和国办《意见》的重要举措，也是完善产业供应链体系，激发实体经济活力，在现代供应链领域培育新增长点、形成新动能，推动经济高质量发展的重要探索。

2018年10月，商务部等八部门下发《关于公布全国供应链创新与应用试点城市和试点企业名单的通知》（商建函〔2018〕654号），确定北京等55个城市为试点城市和TCL集团股份有限公司等266家企业为试点企业。

（二）发布关于开展流通领域现代供应链体系建设的通知

为贯彻党的十九大关于深化供给侧结构性改革、发展现代供应链的指示精神，加快推动现代供应链体系建设，促进经济发展提质增效降本，实现高质量发展，2018年5月，财政部、商务部联合发布了《关于开展2018年流通领域现代供应链体系建设的通知》（财办建〔2018〕101号）。

《通知》要求按照“市场主导、政策引导、聚焦链条、协同推进”原则，以城市为载体，聚焦民生消费行业领域，开展现代供应链体系建设。重点围绕供应链“四化”（标准化、智能化、协同化、绿色化），以“五统一”（统一标准体系、统一物流服务、统一采购管理、统一信息采集、统一系统平台）为主要手段，充分发挥“链主”企业的引导辐射作用，供应链服务商的一体化管理作用，加快推动供应链各主体各环节设施设备衔接、数据交互顺畅、资源协同共享，促进资源要素跨区域流动和合理配置，加快发展大市场、大物流、大流通，实现供应链提质增效降本。

《通知》指出，要通过推广现代供应链新理念、新技术、新模式，培育一批有影响的供应链重点企业，探索一批成熟可复制的经验模式，形成一批行之有效的重要标准，提高我国供应链的核心竞争力，促进产业转型优化升级，促进流通领域供给侧结构性改革。

《通知》要求有关城市结合自身实际情况，重点围绕农产品、快消品、药品、日用电子产品、汽车零部件、家电家具、纺织服装，以及餐饮、冷链、物流快递、电子商务等行业领域，加快推进现代供应链体系建设。重点任务包括强化物流基础设施建设，打造跨区域全国性物流枢纽，引导区域性物流配送中心转型升级，加强商业物流基础设施建设改造；发展单元化流通，提高供应链标准化水平；加强信息化建设，发展智慧供应链；聚焦重点行业领域，提高供应链协同化水平；推广绿色技术模式，提高供应链绿色化水平。

（三）印发关于深入推进无车承运人试点工作的通知

为进一步健全无车承运人试点企业监测评估机制，优化无车承运人发展环境，促进无车承运人新业态健康规范发展，2018 年 4 月，交通运输部印发了《关于深入推进无车承运人试点工作的通知》，明确从加强试点运行监测评估、优化试点企业发展的外部环境、推动完善相关税收保险政策、强化运输安全管理、加强技术创新和经验推广五个方面，推动无车承运人健康规范发展，确保试点工作取得实效。

《通知》明确提出，在无车承运人税收政策方面，各省级交通运输主管部门要加强与省级国税部门的沟通协调，充分考虑货车司机分散独立经营的特点，优化创新税收征管理念和模式，推动落实无车承运人增值税进项抵扣范围、个体运输业户异地代开增值税专用发票、无车承运试点企业代个体运输业户开具增值税专用发票等税收政策。

在技术创新方面，支持试点企业在城市配送、农村物流、冷链物流等领域推广无车承运物流模式，鼓励探索无车承运模式与多式联运、甩挂运输等运输方式融合应用；在货源组织、线路整合、网络覆盖等方面，鼓励试点企业间加强合作、资源共享、共赢发展。

（四）印发深入推进长江经济带多式联运发展三年行动计划

为落实《长江经济带发展规划纲要》和《交通运输部等十八个部门关于进一步鼓励开展多式联运工作的通知》等要求，加快推进长江经济带多式联运发展，2018 年 8 月，交通运输部印发《深入推进长江经济带多式联运发展三年行动计划》（交办水〔2018〕104 号）。《计划》提出以江海直达、江海联运、铁水联运等为重点，加快推进长江经济带多式联运发展，构建高质量综合立体交通走廊，更好地服务长江经济带发展战略。

《计划》提出，到 2020 年，构建有机衔接、具备竞争力的铁水联运系统，基本形成长江干线、长三角地区至宁波舟山港、上海洋山江海直达运输系统，进一步完善干支直达、通江达海、区域成网的水运基础设施体系，初步形成布局合理、结构优化、功能完善、互联互通的长江经济带多式联运服务体系。长江经济带主要港口铁路进港率达到 80%以上，大宗散货铁路、水运集疏港比例力争达到 90%以上，重点集装箱港口铁水联运量年均增长 15%以上，力争上海洋山集装箱江海直达比例达到 20%。

《计划》提出五项主要任务。一是着力补齐联运基础设施短板。加快畅通重要航段和重要运输通道，完善联运配套港口设施，加快解决铁路进港“最后一公里”。二是着力强化联运服务模式创新。推动形成铁水联运枢纽；加强港口与钢铁、电力等大型企业的铁路衔接。三是着力提升多式联运装备水平。加快提升关键设备的技术水平，提高港口多式联运作业效率和节能环保水平。四是着力增强联运发展新动能。大力推进航运、港口、铁路企业之间的业务单证电子化；积极建立以市场为导向的多式联运价格机制。五是着力优化联运市场营商环境。充分发挥长江经济带航运联盟、长江港航物流联盟、长江中游航运中心港航联盟作用，鼓励大型港航企业采用商业模式整合沿江港航资源。

加快长江经济带多式联运发展，有利于充分发挥长江区域水运优势，提升不同运输方式的衔接能力和多式联运的组合效率，为长江经济带提供更加顺畅、绿色、高效的运输保障。同时，对深化运输供给侧结构性改革、加快运输结构调整具有重要作用。

四、绿色物流发展相关政策

（一）公布城市绿色货运配送示范工程创建城市

为贯彻落实《关于组织开展城市绿色货运配送示范工程的通知》要求，2018 年 6 月，交通运输部、公安部、商务部联合发布《关于公布城市绿色货运配送示范工程创建城市的通知》（交办运〔2018〕75 号），确定天津市、石家庄市、厦门市、广州市、兰州市、太原市等 22 个城市为绿色货运配送示范工程创建城市，全面提升城市绿色货运配送服务质量和服务水平。

《通知》指出，有关省级交通运输、公安、商务主管部门要切实加强城市绿色货运配送示范工程的组织领导，督促创建城市加快建立完善推动城市绿色货运配送发展的体制机制和保障措施，确保示范工程建设取得实效。要指导和督促创建城市政府落实示范工程建设主体，围绕完善城市配送物流基础设施、推广新能源物流配送车辆普及应用、优化配送车辆便利通行政策、推广先进运输组织模式等重点任务，积极探索城市绿色货运配送发展新举措、新经验，按期保质完成各项工作任务。

《通知》指出，交通运输部将对创建城市中符合要求的货运枢纽（物流园区）项目，按照《“十三五”交通运输专项建设规划中期评估调整方案》和相关管理规定，给予重点考虑。有关省级交通运输、公安、商务主管部门要对创建城市给予必要的政策扶持，指导创建城市人民政府积极完善配套政策，从配送节点建设、新能源物流配送车辆购置及运营、配送车辆通行便利政策等方面对示范工程相关项目给予扶持，全面提升城市绿色货运配送的服务质量和服务水平。

开展城市绿色货运配送示范工程建设，是防治大气污染和缓解城市交通拥堵的客观要求，是促进物流降本增效、破解城市配送“三难”（即通行难、停靠难、装卸难）问题的有效途径，对提升城市流通效率，促进行业节能减排具有重要作用。

（二）印发快递业绿色包装指南

为打好邮政业污染防治攻坚战，指导经营快递业务的企业做好绿色包装工作，2018 年 12 月，国家邮政局制定发布了《快递业绿色包装指南（试行）》，规定了行业绿色包装工作的目标，即快递业绿色包装坚持标准化、减量化和可循环的工作目标，加强与上下游协同，逐步实现包装材料的减量化和再利用。

《指南》指出，行业绿色包装工作的总体要求是经营快递业务的企业应当按照规定使用环保包装材料。在不影响快件寄递安全的前提下，逐步选择低克重高强度的包装材料，设计和使用规格统一的包装或缓冲物；坚持规范作业生产，避免违规分拣操作；探索开发使用循环包装信息系统和回收装备。

《指南》提出，企业在采购和使用塑料包装时，可加入全生物降解塑料考察因素，逐步提高符合标准的塑料包装袋的采购比例，建立绿色包装应用的推动机制，主动为用户提供绿色包装选项，并建立相应的激励机制以推动绿色包装应用。鼓励企业积极探索使用循环快递箱、共享快递盒等新型快递容器，逐步减少包装耗材用量，并对使用缓冲填充物、包装物品印刷提出要求。

（三）印发柴油货车污染治理攻坚战行动计划

为深入贯彻中共中央、国务院《关于全面加强生态环境保护坚决打好污染防治攻坚战的意见》和国务院印发的《打赢蓝天保卫战三年行动计划》的要求，加强柴油货车超标排放治理，加快降低机动车污染物排放量，2018 年 12 月，生态环境部印发了《柴油货车污染治理攻坚战行动计划》（环大气〔2018〕179 号）。

《行动计划》要求，以京津冀及周边地区、长三角地区、汾渭平原相关省

（市）及内蒙古中西部等区域为重点，以货物运输结构调整为导向，以柴油车（机）达标排放为主线，建立健全严格的机动车全防全控环境监管制度，大力实施清洁柴油车、清洁柴油机、清洁运输、清洁油品行动，全链条治理柴油车（机）超标排放，明显降低污染物排放总量，促进区域空气质量明显改善。《行动计划》提出，到 2020 年，柴油货车排放达标率明显提高，柴油和车用尿素质量明显改善，柴油货车氮氧化物和颗粒物排放总量明显下降，重点区域城市空气二氧化氮浓度逐步降低，机动车排放监管能力和水平大幅提升，绿色低碳、清洁高效的交通运输体系初步形成。

《行动计划》在新生产车辆环保达标监管、在用车监督执法、排放检验与维修、老旧车辆淘汰以及监控和集约化发展方面提出了具体的实施办法。提出到 2020 年年底前，京津冀及周边地区、汾渭平原加快淘汰国三及以下排放标准营运柴油货车 100 万辆以上。

五、农村物流发展相关政策

（一）发布关于加快完善农村物流网络节点体系的意见

为贯彻落实党中央、国务院关于推进“四好农村路”建设的决策部署，加快完善县、乡、村三级农村物流网络节点体系，2018 年 12 月，交通运输部发布了《关于推进乡镇运输服务站建设加快完善农村物流网络节点体系的意见》（交办运〔2018〕181 号）。

《意见》要求，以改进和提升农村物流服务供给为主线，以提高农村物流服务覆盖率和服务品质为目标，加快建设县、乡、村三级农村物流网络节点体系、培育龙头骨干物流企业、推广先进运营模式和信息技术，构建资源共享、服务同网、信息互通、便利高效的农村物流发展新格局，为实施乡村振兴战略、打赢脱贫攻坚战、决胜全面建成小康社会提供更加坚实的运输服务保障。

《意见》明确提出了五大任务，一是要提高农村物流网络节点覆盖率，优化服务功能，增强基本公共服务能力；二是创新农村物流运营模式，整合农产品供应链资源，增强扶贫攻坚支撑保障能力。三是加强农村物流信息化建设，促进资源整合与合理配置，提高运营效率；四是推广应用先进的物流装备，提高运输装载效率，增强专业化服务能力；五是培育龙头骨干企业，健全服务标准规范，提升服务品质。

（二）发布多项城乡配送物流相关政策

为进一步加快城乡配送体系建设，推动配送技术与模式创新，实现城乡配送高效发展，按照《城乡高效配送专项行动计划（2017—2020 年）》要求，2018 年 3 月，商务部、公安部、国家邮政局、供销合作总社联合发布《关于组织实施城乡高效配送重点工程的通知》（商办流通函〔2018〕115 号）。

《通知》要求，各地按照《行动计划》任务要求，组织开展专项行动，确定一批工作基础好、有发展潜力的城市，选择一批骨干企业，围绕《行动计划》三大工程中的城乡配送网络建设工程和技术与模式创新工程，通过设施规划保障、政策引导支持、体制机制创新、重点项目推动，促进城乡配送资源整合与协同共享，推广现代物流技术应用和标准实施，推进城乡配送组织方式创新和集约化发展。到 2020 年，依托全国城乡高效配送城市、全国城乡配送骨干企业，初步建立高效集约、协同共享、融合开放、绿色环保的城乡高效配送体系。高效配送城市社会物流总成本占 GDP 的比例下降 2 个百分点，仓库利用率达到 90%以上，共同配送率达到 50%以上，绿色仓库与新能源车辆比例达到 30%以上；形成一批可复制可推广的城乡高效配送经验模式。

《通知》确定，加快构建以综合物流中心（各类物流园区）、公共配送（分拨）中心、末端配送网点为支撑的城市配送网络；推动网络共享共用，重点发展共享共用的配送中心；推广物联网感知技术，推进大数据、云计算和人工智能技术应用；推动配送模式创新。

为进一步落实《城乡高效配送专项行动计划（2017—2020 年）》有关要求，2018 年 11 月，商务部、公安部、交通部、国家邮政局、供销合作总社联合发布《城乡配送绩效评价指标体系》（商办流通函〔2018〕389 号）。针对城市和企业，分别设定绩效评价指标。针对城市绩效评价，着重对试点城市在推进城乡高效配送发展中采取的措施和取得的成效进行综合评估，围绕基础设施、运行效率、技术应用、发展环境四个方面设置了13项指标。针对企业绩效评价，结合企业经营管理与创新发展实际，围绕网点布局、运作效率、技术应用、绿色发展、模式创新五个方面设置了16项指标。该指标体系是检验城乡高效配送专项行动成果的重要依据，对构建城乡高效配送网络，引导相关企业转型升级具有重要作用。

六、物流减费降税相关政策

（一）发布关于进一步落实道路货运车辆检验检测改革政策有关工作的通知

按照国务院关于推进物流降本增效促进实体经济发展的部署要求，2017年12月，交通运输部、公安部、质检总局联合印发了《关于加快推进道路货运车辆检验检测改革工作的通知》（交运发〔2017〕207号），部署开展道路货运车辆年检和年审依法合并工作。各地货运车辆年检和年审合并改革政策落地实施取得初步成效，但仍存在部分地区贯彻改革政策缓慢、落实不到位，部分货运车辆检验检测机构落实政策不积极、不彻底等问题。为确保“两检合一”政策落实到位，2018年9月，交通运输部、公安部、市场监督管理总局发布了《关于进一步落实道路货运车辆检验检测改革政策有关工作的通知》（交办运〔2018〕125号）。

《通知》要求，加快推进道路货运车辆“两检合一”改革，确保“两检合一”目标如期实现。实现“一次上线、一次检测、一次收费”，减少检验检测排队等候时间，切实减轻经营负担。2018年12月底前，确保实现15个以上省份实现省内综检联网和异地年审。2019年12月底前，全面实现货运车辆综检全国联网和通检。

（二）发布关于扩大高速公路差异化收费试点工作的指导意见

为有效提高路网运行效率，服务实体企业发展，2018年4月，交通运输部印发了《关于扩大高速公路差异化收费试点工作的指导意见》（交办公路〔2018〕47 号）。《意见》提出，鼓励针对往返港口和重点货物集散地的国际标准集装箱运输车和合法运输货车，加大优惠力度，支持运输企业转型升级，促进实体经济发展。

为贯彻落实《指导意见》，很多地方也出台了高速公路差异化收费的措施。例如，2018 年 11 月，福建省发布《关于扩大高速公路差异化收费试点工作的通知》，决定对年度缴纳省内高速公路通行费 800 万元以上的本省物流企业减征通行费，鼓励物流企业做大做强，通过规模化经营提高物流服务水平。天津拟定了《天津市高速公路差异化收费政策实施方案》，通过降低集疏港国际标准集装箱车辆高速公路通行费，降低天津港口岸综合成本，加快推进天津港集装箱业务发展和港口产业转型升级。

第二节　中国物流发展相关规划出台情况

2018 年，我国政府颁布了《国家物流枢纽布局和建设规划》，对国家物流基础设施网络建设、物流枢纽布局和建设提供指导。同时，国家出台了《呼包鄂榆城市群发展规划》《汉江生态经济带发展规划》和《淮河生态经济带发展规划》等多项区域经济发展规划，进一步促进区域综合交通网络完善和区域物流发展。此外，国家还出台了《北斗卫星导航系统交通运输行业应用专项规划》，推动提高交通运输和物流效率，提升行业管理和服务水平。

一、国家物流枢纽布局和建设规划

为贯彻落实党中央、国务院关于加强物流等基础设施网络建设的决策部署，科学推进国家物流枢纽布局和建设，2018 年 12 月，国家发展改革委、交通运输部发布了《国家物流枢纽布局和建设规划》（发改经贸〔2018〕1886 号）。

《规划》提出，到 2020 年，通过优化整合、功能提升，布局建设 30 个左右辐射带动能力较强、现代化运作水平较高、互联衔接紧密的国家物流枢纽，初步建立符合我国国情的枢纽建设运行模式，形成国家物流枢纽网络基本框架。到 2025 年，布局建设 150 个左右国家物流枢纽，基本形成以国家物流枢纽为核心的现代化物流运行体系，推动全社会物流总费用与 GDP 的比率下降至 12%左右。到 2035 年，基本形成与现代化经济体系相适应的国家物流枢纽网络，物流运行效率和效益达到国际先进水平。

《规划》结合“十纵十横”交通运输通道和国内物流大通道基本格局，选择 127 个具备一定基础条件的城市作为国家物流枢纽承载城市，规划建设 212 个国家物流枢纽，包括石家庄市、保定市等 41 个陆港型，天津市、唐山市等 30 个港口型，北京市、天津市等 23 个空港型，杭州市、宁波市等 47 个生产服务型，上海市、南京市等 55 个商贸服务型和黑河市、丹东市等 16 个陆上边境口岸型国家物流枢纽。

《规划》要求，各承载城市要遵循市场规律，以市场自发形成的物流枢纽设施和运行体系为基础，选择基础条件成熟、市场需求旺盛、发展潜力较大的物流枢纽进行重点培育，并可根据市场和产业布局变化情况以及交通基础设施发展情况等进行必要的调整。同时，通过规划引导和政策支持，加强公共服务产品供给，补齐设施短板，规范市场秩序，促进公平竞争。要加强国家物流枢纽与其他物流枢纽的分工协作和有效衔接，通过国家物流枢纽的发展带动其他物流枢纽做大做强，打造以国家物流枢纽为骨干，以其他物流枢纽为补充，多层次、立体化、广覆盖的物流枢纽设施体系。

该《规划》是首次在国家层面提出的物流枢纽专项规划，是为实现物流资源优化配置和物流活动系统化组织所采取的重大举措，必将对打造“通道+枢纽+网络”物流运行体系，推进物流业高质量发展，建设物流强国产生重大而深远的影响。

二、与物流相关的区域发展规划

（一）呼包鄂榆城市群发展规划

2018 年 3 月，国家发展改革委印发了《呼包鄂榆城市群发展规划》（发改地区〔2018〕358 号)。《规划》提出，加快呼和浩特、包头物流节点城市和呼和浩特、包头、榆林物流园区布局城市建设，推进物流基础设施互联互通，打造辐射西北、连接蒙俄的现代物流平台和区域性商贸中心。完善货运服务网络，合理布局城市配送中心、冷链物流中心，搭建农牧区双向流通综合物流平台，大力培育第三方物流、连锁配送企业。积极发展国际物流，深化呼和浩特沙良公铁物流港和出口加工区、包头公铁海铁物流港、鄂尔多斯综合保税区和空港物流园区、满都拉口岸物流中心等建设。提高物流信息化水平，支持运输配载、跟踪追溯、库存监控等专业化、特色化物流信息平台发展，推动物流信息平台互联互通。统筹推进大宗商品、建材、快递等专业物流交易中心和综合型物流园区建设。积极推进内陆港和配套物流园区建设，大力发展铁海联运国际集装箱运输，打造辐射、服务整个区域的综合性港区。

《规划》还提出，推进交通物流协同管理。促进交通运输联动共享，推进货物多式联运。探索物流管理体制改革，打破现有的物流业务条块分割和地区封锁，推进综合交通运输信息资源互通共享，研究在有条件的地区建设一批公路港。

(二) 汉江生态经济带发展规划

2018 年 11 月，国家发展改革委印发了《汉江生态经济带发展规划》(发改地区〔2018〕1605 号)。《规划》提出，统筹航运、铁路、公路、航空建设，着力打造内外通畅、网络完善、绿色高效的现代化综合交通运输体系，不断增强汉江生态经济带发展的战略支撑力。

《规划》提出，提升汉江水运功能，加快汉江航道整治，统筹港口规划建设，优化港口功能布局，推进港口资源整合与联合经营。推进港口集疏运通道建设，加快铁水、公水多式联运发展。加快铁路和公路建设，建设体系完善的物流网。

《规划》提出，要发挥武汉全国性物流节点城市带动作用，提升东西湖保税物流中心、铁路集装箱中心站以及中欧班列（武汉）辐射带动功能。推进军民融合物流网络建设，做大做强南阳市、襄阳市、汉中市、安康市等物流节点城市，建设一批组织化程度高、辐射力强、特色鲜明的物流园区。发挥汉中市、安康市、商洛市、十堰市、荆门市、孝感市、邓州市等交通枢纽优势，引导物流资源、物流企业跨区域整合，建立物流联盟。大力发展冷链物流，积极发展公共仓储、城际物流、邮政服务、快递服务、共同配送和第三方物流，完善城市物流中转分拨场站、社区集散网点的配置。实施龙头企业培育工程，培育发展一批物流龙头企业。

（三）淮河生态经济带发展规划

2018 年 11 月，国家发展改革委印发了《淮河生态经济带发展规划》（发改地区〔2018〕1588 号）。《规划》提出，打造畅通高效淮河水道，建设通江达海的航道网络，促进港口合理布局，建成现代内河集装箱运输体系；健全立体交通网络，推进沿淮铁路建设，优化公路运输网络，完善航空运输网络，合理布局管道运输网络，完善交通集疏运系统；着力发展生产性服务业，重点推进现代物流等服务业发展，着力提升专业化、集成化水平，规划建设一批特色现代服务业基地或集聚区。统筹沿淮物流园区、物流中心和物流信息平台等重点物流基础设施布局，积极发展多式联运，构建沿淮现代物流服务体系等。

三、北斗卫星导航系统交通运输行业应用专项规划

为落实《“十三五”现代综合交通运输体系发展规划》《关于经济建设和国防建设融合发展的意见》等重要文件，推动北斗卫星导航系统在交通运输行业的应用，充分发挥北斗系统在提高行业管理和服务水平方面的作用，2018 年 1 月，交通运输部、中央军委装备发展部印发了《北斗卫星导航系统交通运输行业应用专项规划（公开版）》。

《规划》确定，到 2020 年，在铁路、公路、水路、民航、邮政等交通运输全领域实现北斗系统应用。到 2025 年，建成服务于综合交通的定位、导航和授时体系，形成完备、规范、精准、安全的北斗系统交通运输行业应用格局。

《规划》提出，结合智慧港口建设，推动各港口在货物搬运、甩挂运输、场站管理、港区调度、车船货匹配、货物跟踪、多式联运等方面应用北斗系统，提高港区运输调度和运营效率。鼓励通过使用北斗系统促进各类运输方式有机衔接，发挥综合效益，推动在重要的综合运输枢纽和节点使用北斗系统。《规划》提出，结合行业北斗系统应用重点方向，开展一批应用示范工程建设。

交通运输和物流行业是北斗系统重要的民用应用行业，做好北斗系统在交通运输和物流领域的应用工作，是落实国家战略和促进经济社会发展的重要举措，同时也是新时期推进交通运输和物流行业发展的迫切需要。

第三节　中国物流政策与规划展望

2019 年，预计我国政府将进一步出台相关政策，深化交通运输领域改革，促进邮政业转型升级，持续推进物流业降本增效，加快智慧物流发展，大力发展农村物流，推动物流业高质量发展。

一、交通运输领域改革将进一步深化

综合运输体系结构不合理一直是我国交通运输业面临的问题之一。2019 年，预计交通运输部将继续出台相关政策，进一步深化交通运输供给侧结构性改革。一是进一步降低物流成本，加快优化营商环境，深化“放管服”改革；二是加快培育交通运输新动能。大力支持“互联网+”运输服务新业态，鼓励农村客运和物流综合服务信息平台建设；完善无车承运人制度，培育提升无车承运骨干企业发展能力。三是提升冷链物流、城市配送等服务，推动快递和电商物流等新模式发展。四是强化各种运输方式融合发展，提高综合交通运输网络效率。五是加快推进物流大通道和货运枢纽建设。

二、邮政业服务升级将加快

当前我国邮政业保持高位运行，要素资源持续活跃，服务国家战略取得

积极成果，高质量发展进程加快，社会经济效益日益突显。2019 年，预计我国将进一步出台相关政策，加快推进邮政业服务升级。一是制定邮政综合服务平台建设指导意见，推广各地邮政、快递、交通、电商合作经验模式，促进融合发展。二是鼓励企业在强化核心业务基础上，拓展服务领域，大力发展快运、冷链等业务，加速向综合快递物流运营商转型。加快发展跨境寄递业务，推动提高快件通关速度，打造更多跨境快递服务通道平台。不断优化运输结构，加快发展高铁快递，鼓励引导电商快递班列拓围发展，加强与民航等部门合作，推进“快递+交通”发展。三是拓展科技创新应用范围，引导企业应用物联网、大数据、北斗导航等技术。

三、物流业减费降税将继续推进

减税降费是减轻企业负担、激发市场活力的重大举措，也是宏观政策支持稳增长、保就业、调结构的重大举措，具有一举多得的效果。近年来，我国政府不断出台政策措施，解决阻碍物流企业发展的劳动力成本高、税负较高、用地成本高等问题。2019 年的政府工作任务有望更加明确、更加细化，以确保主要行业税负明显降低。预计将出台的政策措施包括：针对邮政业，促进小微企业发展，以及普遍适用的增值税减免税、企业所得税减税、车辆购置税免税等方面的政策措施；在交通运输领域，继续深化收费公路制度改革，降低过路过桥费用等。

四、物流智能化建设将加快

智慧物流已成为我国物流业供给侧结构性改革的重要发展方向，我国政府为推动智慧物流的发展积极营造有利的政策环境。2019 年，我国政府将大力发展智慧物流，推动物流基础设施智能化建设。有望出台的政策包括：推动物联网、云计算、人工智能等新技术在物流行业应用方面的政策措施；鼓励现有物流设施进行智慧化改造方面的政策措施；为智慧物流设施建设提供便利的政策措施等。

五、城乡配送物流将进一步完善

农村物流作为联系城市和农村、连接生产和消费的纽带，已经成为我国农村经济和物流业发展的一个新的增长点。2019 年，预计我国将进一步发展农村物流，推动完善城乡高效配送网络，鼓励企业在城乡和具备条件的村建立物流配送网点，加强公用型城市配送节点和社区配送设施建设，加快构建城乡双向畅通的物流配送网络。同时，将完善县乡村三级邮政农村物流配送体系建设；加快农村物流快递公共取送点建设，提升乡镇快递网点覆盖率；深入开展电子商务进农村综合示范，提升农村物流服务质量和效率。

行业篇

导 言

本篇继续遵循追踪中国行业物流发展热点的选题原则，选取制造业物流、商贸物流和农产品物流三个领域进行深入研究。

制造业是国民经济的主体，大力发展制造业物流，对制造企业降低成本、提高效益乃至全社会提升经济运行效率具有重要意义。第六章分析了中国制造业物流的发展环境和发展现状，并对汽车物流、石化物流和烟草物流等典型制造业物流行业的发展状况进行了介绍。报告认为，中国制造业总体规模稳定增长，工业经济新旧动能转换加快，政府也出台了多项制造业物流领域的政策与规划，为制造业物流平稳发展提供了有力支撑。同时，在持续向好的发展环境下，中国制造业物流规模保持增长，专业化物流服务能力不断提高，智能物流赋能提升企业管理水平，物流组织与运作模式持续优化，供应链新动能进一步推动制造业物流创新升级。此外，汽车物流、石化物流、烟草物流等典型制造业物流也取得了长足发展。

商贸物流是国民经济的基础性、先导性产业，在促进生产、引导消费、推动经济结构调整和经济增长方式转变等方面发挥着重要作用。第七章分析了中国商贸物流的发展环境和发展现状，剖析了中国商贸物流重点领域发展。报告认为，我国商贸物流整体发展呈现稳中有进的基本格局，商贸物流规模保持较快增长，商贸物流园区建设步伐加快，商贸物流标准化试点成效显著，商贸物流的专业化、信息化、标准化和绿色化水平得到大幅提升。同时，受消费升级驱动和政府政策推动，与民生相关的电商、医药、餐饮、冷链物流等商贸物流重点领域发展态势良好，成为我国商贸物流发展的突出亮点。

农产品物流关系国计民生，是我国城镇化建设、乡村振兴及农业供给侧结构性改革的重要支撑和保障。第八章介绍了农产品物流的发展环境，梳理了农产品物流的发展现状，并分析了农产品物流重点领域发展状况。报告认为，我国农产品物流规模持续平稳增长，农产品物流网络建设快速推进，冷链物流发展提质升级，农产品物流信息化水平不断提升。同时，我国粮食、生鲜电商等农产品细分行业发展迅速。未来，随着乡村振兴战略的贯彻实施和脱贫攻坚的稳步推进，我国农产品物流发展将迎来新的机遇。

第六章　中国制造业物流发展状况

制造业是国民经济的主体，是立国之本、强国之基。发展制造业物流，对制造企业降低成本、提高效益乃至全社会提升经济运行效率具有重要意义。在外部环境面临挑战、内部面临转型调整的背景下，中国制造业发展坚持稳中求进，工业经济增长动能转换加速，制造业物流政策环境持续优化。制造业物流总体规模持续增加，专业化物流服务能力持续提升。同时，人工智能等新技术为制造业物流赋能，物流服务与供应链创新深度融合，一些重点细分行业领域也呈良好的发展态势。

第一节　中国制造业物流发展环境

中国制造业总体规模稳定增长，工业经济新旧动能转换加快，向高质量发展迈出了坚实的步伐，为中国制造业物流平稳发展提供了有力支撑。与此同时，中国政府密集出台了多项关于制造业物流领域的政策与规划，为制造业物流发展创造了良好的政策环境。

一、中国制造业总体保持稳步发展势头

（一）全球制造业大国地位不断巩固

改革开放40年来，我国已跃升为世界第一制造大国，制造业总产值稳居世界第一，工业[①]总量不断跃升。2018年，我国工业增加值首次突破30万亿

---

① 按照我国国民经济行业分类，工业主要包括采掘工业、制造业以及自来水、电力、热水、煤气等。

元，达到 30.51 万亿元，比上年增长 6.1%；规模以上工业增加值增长 6.2%，其中，制造业增长 6.5%，主要包括化学原料和化学制品制造业增长 3.6%，通用设备制造业增长 7.2%，专用设备制造业增长 10.9%，汽车制造业增长 4.9%，电气机械和器材制造业增长 7.3%，计算机、通信和其他电子设备制造业增长 13.1%。此外，钢铁、水泥、汽车等 220 多种主要工业品产量继续保持世界领先地位①。全年规模以上工业企业利润为 66351 亿元，比上年增长 10.3%。其中，制造业企业利润为 56964 亿元，同比增长 8.7%。2014—2018 年中国工业增加值及其增长率如图 6-1 所示。

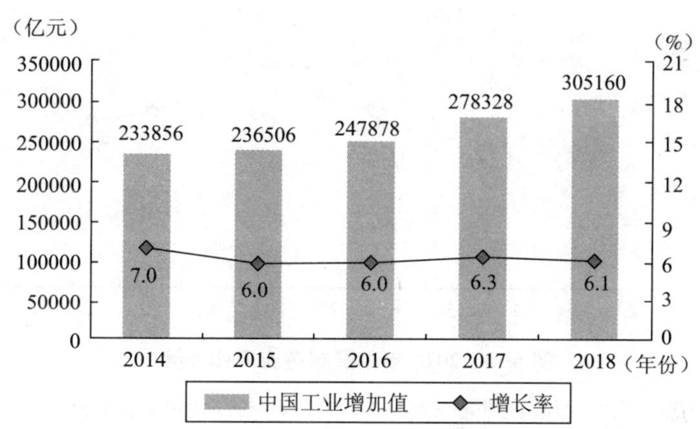

图 6-1　2014—2018 年中国工业增加值及其增长率

资料来源：根据国家统计局《中华人民共和国 2018 年国民经济和社会发展统计公报》相关数据整理。

（二）制造业 PMI 保持平稳水平

在全球经济复苏有所放缓的形势下，中国制造业运行依然保持基本平稳格局。2018 年，中国制造业 PMI 均值为 50.9%，处于扩张区间，表明全年制造业总体保持增长。从各月来看，虽然四季度内制造业 PMI 连续下降，但 1—11 月制造业 PMI 均在 50%以上运行，显示经济平稳发展的根本趋势不变，

① 央广网．工信部：2018 年我国工业增速保持在合理区间，工业增加值有望达 30 万亿元［EB/OL］.［2019-01-16］. http://news.cnr.cn/dj/20190116/t20190116_524484424.shtml.

如图 6-2 所示。

此外，在供给侧结构性改革的持续推进下，2018 年我国工业经济运行质量持续提升，对制造业的拉动作用进一步扩大[①]。高耗能行业 PMI 均值为 49.8%，低于制造业 PMI 均值 1.1 个百分点；而装备制造业、高新技术产业的全年 PMI 均值分别为 51.2%和 52.9%，保持在相对较好水平，且分别高于制造业 PMI 均值 0.3 和 1 个百分点。

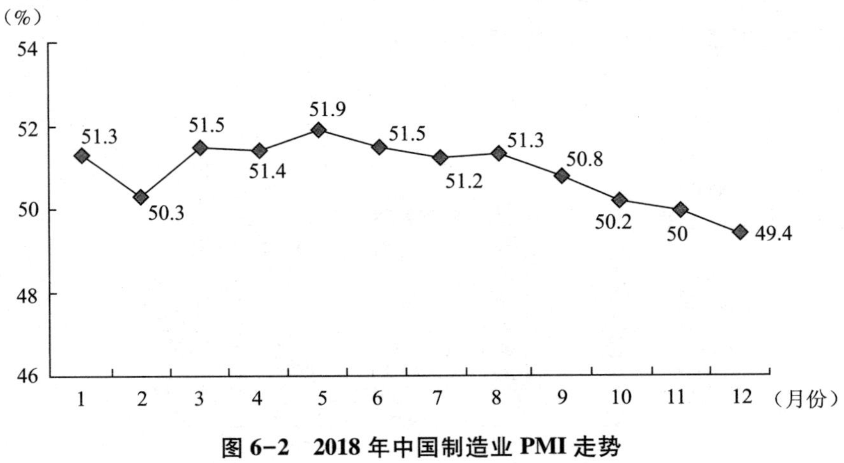

图 6-2　2018 年中国制造业 PMI 走势

资料来源：根据中国物流信息中心发布的 2018 年中国制造业 PMI 数据整理。

（三）制造业减税降费持续推进

我国制造业增值税改革继续推进，企业税负进一步降低。2018 年 5 月以来，我国制造业等行业增值税税率从 17%降至 16%。同时，实施小微企业普惠性税收减免政策，降低、停征一批行政事业性收费和政府性基金，清理规范经营服务性收费，大力推动降低用能、物流等成本的举措产生切实效果，为我国实体经济增长创造了良好的机遇。例如，将企业研发费用加计扣除比例提高到 75%的政策由科技型中小企业扩大到所有企业，支持了制造企业的

---

① 中国物流信息中心 . 12 月份 PMI 显示经济运行：短期下行压力依然较大，2019 年趋稳仍有基础［EB/OL］.［2018. 12. 30］. http：//www. chinawuliu. com. cn/zhuanti/201812/31/337589. shtml.

科技研发创新；又如，全国一般工商业电价平均降低 10%以上，降低了制造业的生产成本。2019 年 4 月 1 日起，制造业等行业增值税税率从 16%进一步降至 13%。我国制造业的发展环境持续向好。

二、制造业新动能推动物流服务转型升级

（一）高端制造业崛起要求专业化物流体系与之配套

我国制造业正处在新旧动能的接续转换期，新动能持续发展壮大，带动作用不断增强。2016 年以来，我国扎实推进重点领域化解过剩产能工作，累计压减粗钢产能 1.5 亿吨以上，退出煤炭落后产能 8.1 亿吨，淘汰关停落后煤电机组 2000 万千瓦以上，均提前两年完成“十三五”去产能目标任务①。在高质量增长方面，2018 年规模以上工业中，高技术制造业增加值增长 11.7%，明显快于工业整体增速，占规模以上工业增加值的比重为 13.9%。装备制造业增加值增长 8.1%，占规模以上工业增加值的比重为 32.9%。全年高技术产业投资比上年增长 14.9%，工业技术改造投资增长 12.8%。高新技术制造业规模增长势头良好，全年新能源汽车产量 115 万辆，比上年增长 66.2%；智能电视产量 11376 万台，同比增长 17.7%②。随着新动能发展带来生产组织方式的变革，高端制造业与物流业的联动、协同成为推进产业持续提升竞争力的源泉。例如，作为推动工业转型升级的战略性新兴产业，高端装备制造业具有供应链构成复杂性、产品系统复杂性、资本和技术密集性较高等特征，亟能够与其生产体系实现无缝对接的专业化、高质量物流服务。

（二）智能制造与智能物流高度融合

在新一代科技革命浪潮的推动下，智能制造已成为我国制造业创新升级的突破口和主攻方向，以新型传感器、智能控制系统、工业机器人、制动化成套设备为代表的智能制造产业得到了高速发展的机遇。2015—2018 年，工

---

① 中国日报网．我国去产能成效显著 2019 年还有这些大动作［EB/OL］．［2019-05-10］．http：//caijing.chinadaily.com.cn/a/201905/10/WS5cd537d2a310e7f8b157bf23.html.

② 国家统计局．2018 年国民经济和社会发展统计公报［EB/OL］．［2019-02-28］．http：//www.stats.gov.cn/tjsj/zxfb/201902/t20190228_ 1651265.html.

信部先后评选出了四批（分别为 46 个、63 个、98 个、99 个）智能制造试点示范项目，涵盖了除传统汽车、食品饮料、化工等行业之外的电网、机床、轨道、航空等行业的高端装备智能制造领域。在此环境下，物流发展不再局限于存储、搬运、分拣等单一作业环节的自动化，而大量应用互联网、物联网、自动物流设施装备和智慧决策支持系统等技术，在整个物流流程实现系统感知、全面分析、及时处理、自动调整、优化决策等功能，并将生产工艺与智能物流高度衔接，实现整个智能工厂的物流与生产高度融合。以新一代信息技术和人工智能为核心的智能物流将进一步创新服务链、打通信息链、改造实物链，助推制造业步入智能化发展时代。

（三）制造业生产方式转变推动物流服务功能拓展

目前，全球范围内制造企业的生产方式正在加快变革，制造业中传统的大规模生产模式正逐步被打破，C2B 定制化生产、制造产能共享、异地协同制造等新型生产模式在众多制造企业中创新发展，价值创造方式正从线性的价值链提升向网状的价值网络构建方向转变，这对制造业物流提出了更高要求。例如，青岛红领集团通过自主开发的大型服装“版型”数据库，集成应用 CAD、CAM、ERP 等多个服装制造信息系统，实现了 C2B 服装定制化快速设计、快速制造与快速营销，满足了不同消费者的个性化需求。同时，该集团构建了支持其 C2B 订单模式的采购物流平台和智能化的仓储管理系统，实现了数字化、智能化的物料采购，以及对快速变化的物料实施智能识别、定位、分拣、配送，帮助企业减少库存，降低运营成本。又如，2017 年，海尔推出了全球首个面向用户的智能制造 Cosmoplat 平台，可完成从用户下单、产品设计、生产制造到物流配送的所有环节，即用户、设备与整个供应链服务直接互联互通，从而实现了以用户为中心的大规模定制化生产生态系统。这迫切要求制造业物流向生产加工活动两端延伸，不断拓展创新物流服务功能，构建更具精益化和柔性化的物流运作方式，并依托开放的工业互联网平台，实现制造企业与物流企业间的资源协同和供需对接。

三、制造业物流政策环境持续优化

中国政府高度重视制造业物流的发展。近年来，有关部门密集出台了多项关于制造业物流发展的支持政策与规划，如表 6-1 所示。这些政策与规划主要涉及推进“互联网+”物流及智能物流、贯彻落实制造业物流降本增效、推动制造业物流与供应链创新、营造物流发展市场环境等方面，对制造业物流的发展起到了重要的推动作用。

表 6-1　近年来中国政府有关制造业物流发展的部分政策

发文时间	发文部门	政策文件名称	主要观点
2016 年 2 月	国家发展改革委等十部门	关于加强物流短板建设，促进有效投资和居民消费的若干意见	推进快递服务制造业的示范工程，积极融入智能制造、个性化定制等制造业新领域
2016 年 5 月	工业和信息化部	关于开展 2016 年智能制造综合标准化与新模式应用工作的通知	首次将“智能物流与仓储系统”作为五大核心智能制造装备之一
2016 年 6 月	国家发展改革委	营造良好市场环境推动交通物流融合发展实施方案	促进企业线上线下多点互动运行，支持制造业物流服务平台与供应链上下游企业间信息标准统一和系统对接
2016 年 7 月	工业和信息化部、国家发展改革委、中国工程院	发展服务型制造专项行动指南	发展供应链管理专业化服务，支持制造业企业整合内部物流资源，提高供应链管理水平，推广智能化物流装备和仓储设施
2016 年 9 月	国家发展改革委	物流业降本增效专项行动方案（2016—2018 年）	结合“中国制造 2025”战略部署，鼓励物流企业面向制造业转型升级需求，拓展提升综合服务能力，为生产企业提供采购物流、入厂物流、交付物流、回收物流等精细物流服务

续表

发文时间	发文部门	政策文件名称	主要观点
2017年5月	国家邮政局	关于加快推进邮政业供给侧结构性改革的意见	服务“中国制造2025”战略，推进邮政业与现代制造业协同合作，发展“入厂物流”“区域性供应链”等服务模式
2017年6月	国家发展改革委等	关于做好2017年降成本重点工作的通知	推进发展物流新业态和集装箱运输，推动物流业和制造业深度融合发展，降低制造企业物流成本
2017年8月	国务院办公厅	关于进一步推进物流降本增效 促进实体经济发展的意见	推动物流业与制造业联动发展，加强物流核心技术和装备研发，提升制造业物流管理水平
2017年10月	国务院办公厅	关于积极推进供应链创新与应用的指导意见	推动供应链上下游企业实现协同采购、协同制造、协同物流，促进大中小企业专业化分工协作
2018年8月	工业和信息化部、国家标准化管理委员会	国家智能制造标准体系建设指南（2018年版）	指出智能物流是智能制造的重要组成和关键之一，提出智能工厂标准主要包括智能物流等六个部分，并给出智能物流标准
2018年12月	国家发展改革委、交通运输部	关于深化“互联网+先进制造业”发展工业互联网的指导意见	提出依托国家物流枢纽加强物流与交通、制造、商贸等产业联动融合，培育行业发展新动能，探索枢纽经济新范式

资料来源：根据公开发布的制造业物流发展相关政策整理。

第二节 中国制造业物流发展现状

在国际环境复杂多变的大背景下，我国制造业物流运行呈现总体平稳、稳中有进的基本态势。制造业物流总体规模保持稳步增长，工业品物流结构继续优化；专业化物流服务能力不断提升，服务水平日益提高；智能物流赋能提升企业管理水平；物流组织与运作模式持续优化；供应链新动能进一步推动制造业物流创新升级。

一、制造业物流总体规模持续增长

2018 年，我国制造业物流总体规模继续保持稳定态势。全国社会物流总额 283.1 万亿元，同比增长 6.4%。其中，工业品物流总额 256.8 万亿元，占社会物流总额的 90.7%，按可比价格计算，同比增长 6.2%，增速与上年同期持平。作为社会物流规模增长的主要动力，近年来工业品物流总额占全社会物流总额的比重一直保持在 90%以上，如图 6-3 所示。

具体来看，工业品物流结构持续优化，高新技术和装备制造业等新兴动力不断增强。2018 年，交通运输制造业、电器机械制造和电子通信技术制造物流需求分别增长 13.8%、10.1%和 10.5%。2018 年 1—8 月，医药工业物流和计算机工业物流总额增长超过 10%，发展动力在持续转换①。

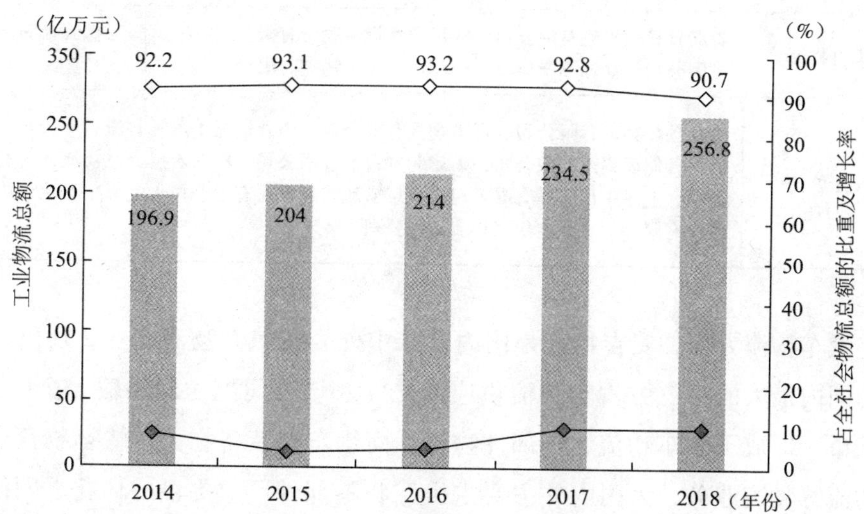

图 6-3　2014—2018 年中国工业品物流总额、占全社会物流总额的比重及其增速

资料来源：中国产业信息网 . 2018 年中国物流行业数据盘点［EB/OL］. https：//www.chyxx.com/industry/201904/726814.html. 2019-04-03.

① 中商产业研究院 . 2018 年 1—8 月物流行业经济运行情况分析［EB/OL］.［2018-09-26］. http：//www.askci.com/news/chanye/20180926/1626241132905.shtml.

二、专业化物流服务能力不断提升

随着制造业和物流业两业融合的深化，我国制造业物流专业化服务能力不断增强，尤其在汽车物流、家电物流、化工物流等领域，形成了一批专业化服务能力突出、具有一定品牌影响力的制造业物流企业，部分代表性企业如表 6-2 所示。

表 6-2　我国部分代表性制造业物流企业

专业化领域	代表性企业
汽车物流	上汽安吉物流股份有限公司、北京长久物流股份有限公司、一汽物流有限公司、同方环球（天津）物流有限公司、重庆长安民生物流股份有限公司、北京宝供福田物流有限公司、广州风神物流有限公司、深圳长航滚装物流有限公司、中铁特货运输有限责任公司、捷富凯国际物流（中国）有限公司
家电物流	青岛日日顺物流有限公司、杭州华商物流股份有限公司、中远海运物流仓储配送有限公司、江苏苏宁物流有限公司、安迅物流有限公司
化工物流	中化国际物流有限公司、正本物流有限公司、中外运化工国际物流有限公司、上海北芳储运集团有限公司、天津北方石油有限公司、广东宏川智慧物流股份有限公司、上海中化船务有限公司、南京盛航海运股份有限公司、上海中石化工物流股份有限公司、上港集团物流有限公司

汽车物流方面，安吉物流是国内首家中外合资汽车物流企业，现已发展成为国内最大的第三方汽车物流供应商之一。该公司配送网络覆盖全国 562 个城市，形成了整车物流、零部件物流、商用车及装备物流、快运物流、国际物流等物流业务，为国内外主要主机厂和零部件厂家提供一体化、网络化的汽车物流供应链服务。

家电物流方面，青岛日日顺依托国内家电制造企业巨头海尔集团四网（即仓储网、配送网、服务网、信息网）融合的核心竞争力，搭建起开放的专业化、标准化、智能化物流服务平台，结合大件物流最后一公里平台，为家电、电器及相关行业客户提供全品类、全渠道、全流程、一体化物流服务。

化工物流方面，2018 年 9 月中国物流与采购联合会危化品物流分会评选出了“2017—2018 年度中国化工物流行业百强”。其中，综合服务企业 20 家，包括中化国际物流、正本物流、中外运化工国际物流等，提供仓储保税、运输配送、进出口和转口贸易、物流信息等综合服务；仓储服务企业 18 家，其中，上海北芳储运等企业以包装货物仓储服务业务为主，天津北方石油等企业以散装货物存储业务为主，广东宏川智慧物流等企业则提供综合仓储服务；水运服务企业 12 家，包括以海船为主的上海中化船务等企业和以江船为主的南京盛航海运等企业；道路运输服务企业 50 家，包括上海中石化工物流、上港集团物流等。

三、智能物流赋能提升制造企业管理水平

目前，自动化、智能化物流技术在制造业领域的高层次应用不断推进，物流业与制造业的联动融合向智能化方向深入发展。这有助于促进传统生产模式向网络化、可视化、柔性化先进制造转型升级，从而进一步提升精益生产管理水平，推动制造和供应链流程优化。

例如，华为的松山湖供应链物流中心采用多种物流先进技术，构建全透明、自动化、智能化的物流体系，是华为重要的样板点基地之一。该中心按功能模块分成不同区域，以多位一体的先进模式，实现物流端到端业务可视及决策性业务智能处理。2016 年，物流中心又启动智慧物流与数字化仓储项目，开展物流对象过程数字化、资源规划智能化、实物履约自动化等方面的建设。例如，通过利用宽窄一体的 eLTE 无线通信技术，统一连接和管理 AGV 无人车、自动扫码机及托盘、叉车等物流设备，实现自动进出库、自动盘点及资产精准定位跟踪等功能；通过移动 AIS 和物联网等技术应用，实时掌握运载工具位置、库内作业状态等信息，从而打通各环节实现信息的透明共享，还可实现风险的主动预警、物流备选方案的智能提醒等功能；在配送环节，通过应用大数据及人工智能技术，对货物配载及配送路线等情况进行智能计算，并给出最佳货物配载方案及最优运输路径，有效地提升了货物配送效率。

又如，2016年上海通用汽车规划实施了“入场物流智能集成平台”项目。一期项目围绕数据互通互联，通过建立企业级数据标准，全面贯通物流服务商与上汽通用及其零部件供应商的数据，实现多方在同一平台上的互通互联，并创建了规范的数据对接标准和处理机制。2017年建设的二期项目则围绕移动智能终端、智能算法等技术的引入和应用：一方面在物流服务商及供应商监控方面应用移动智能终端技术，将订单、车辆、料箱、零件等信息进行前端绑定，实施全过程零件级实时监控；另一方面应用人工智能和大数据驱动的优化算法，建立智能高效的计算引擎，驱动运输资源利用率大幅上升，实现物流综合成本降低的目的。

此外，依托区块链、语音识别、机器视觉等技术，制造业物流得以在数据和网络系统升级的基础上进一步实现智能化、交互化，从而提升运作效率。例如，区块链技术已开始应用在物流金融、产品溯源、物流资源共享、供应链交易等领域。2018年，中都物流、万向区块链、北汽新能源联合成立项目组，通过基于区块链分布式账本与存证技术应用，建立的电子化运单的发运新模式、结算对账新模式以及供应链融资服务模式，成为国内首家区块链技术在汽车整车物流行业落地的案例。

四、制造业推广物流组织与运作新模式

当前，多式联运、甩挂运输、共享物流、O2O平台等一批物流新模式在制造业领域得到推广，物流组织模式不断优化，从而提升了物流效率，降低了能源浪费和环境污染。

2017年8月，武汉智慧汽车物流产业园与重庆多式联运综合基地联合实施了汽车物流“整零混装”一体化公铁联运示范项目、长江黄金水道公铁水双向一体化多式联运示范项目和西南—北部湾汽车物流铁海一体化多式联运示范项目。这三个项目通过汽车零部件“线到线”联运模式创新、“整零混装”公铁联运组织模式创新、整车多元化组合班列运输模式创新结合多式联运服务流程标准开发，推广绿色高效的物流运转设备，构建互通互联的多式

联运信息平台，实现跨方式、跨区域、跨平台、一次托运、一票到底、一体化运输的汽车物流多式联运服务。

2017 年 3 月，徐工集团旗下的徐州徐工智联物流服务有限公司成立，并正式启动徐工智联智慧物流生态圈及物流运输信息平台项目。该项目利用“线上平台+线下实体”结合的 O2O 创新模式，实现货源与车源的集聚效应，打造可持续、可循环的产业链协同平台生态圈。目前，徐工智联通过平台集成优质运力 2000 余辆、专业司机 3000 余人，年货源需求约 8 万台。同时，不断挖掘物流金融及后市场需求，如提供备件周转、超长保修期、备用车政策、售后服务快速响应等服务。此外，徐工智联正在筹划建设智慧物流综合产业园，以产业园为实体依托，围绕装备制造产业链这一核心，通过促进上下游供应商、主机厂、经销商、承运商等企业的集聚、融合，实现采购与物流核心业务的一体化、平台化、多元化运营，形成“开放、共生、共赢”的生态系统。

此外，共享包装、绿色包装、回收物流等方面也都取得长足进步。例如，一汽物流实施搭载信息系统的绿色可回收物流包装项目，通过模块化管理实现周转箱的动态共享，是汽车物流朝着精细化、绿色化、可持续化方向发展的有益尝试。又如，集保物流设备（中国）有限公司继推出汽车零部件入场物流共享包装模式后，又进一步实施汽车零部件入场共享包装洲际联运模式。

五、供应链新动能引领制造业物流转型升级

目前，越来越多的制造企业与第三方物流企业加快向供应链转型发展，现代供应链已成为制造业物流的新增长点和形成新动能的重要领域。例如，在钢铁物流领域，天津物产能源资源公司实施“以供应链为基础的综合服务”的创新模式，针对中国钢铁企业在资源获取、融资、物流、加工、产品分销等方面存在的问题和需求，提供供应链一体化增值服务。

同时，随着制造业物流向价值链上、下游延伸，物流创新和相关增值服务的内容和范畴不断扩大。例如，浙江中捷环洲公司顺应了汽摩配（汽车、

摩托车、配件）产业发展与物流服务变革的要求，以汽摩配产业集群为依托，提供钢材贸易、钢材加工物流、码头仓储、物流配送、金融服务、实业投资、进出口等一条龙供应链服务。又如，海尔集团在构建新兴制造业生态系统理念下，以工业互联网平台为基础为大中小制造企业提供产品设计、采购、生产、物流、迭代升级等一体化服务，助力提升整个制造产业链水平。

2018 年 4 月，商务部等八部门联合下发《关于开展供应链创新与应用试点的通知》，在全国范围内开展供应链创新与应用试点。其中，55 个城市列入试点城市，266 家企业纳入试点企业名单，包括 TCL 集团、海螺水泥等制造企业和安吉物流、宝供物流等制造业物流领域企业。据中国物流与采购联合会与工业和信息化部 2018 年联合调研显示，虽然我国部分领先制造企业已处在供应链外部协同阶段，但从平均水平来看仍普遍处于从内部集成到管理普及的较低水平发展阶段，供应链创新与应用还刚刚起步，发展潜力和市场空间巨大。

第三节　中国制造业物流典型行业发展状况

汽车物流、石化物流和烟草物流是典型的制造业物流行业，同时也是行业物流的热点。近年来，我国汽车物流服务水平不断提升，服务领域不断拓展；石化物流需求保持旺盛，供应链创新升级得到推进；烟草物流组织体系和配送网络基本建成，自动化、信息化建设取得成效。

一、汽车物流发展状况

（一）整车物流运输结构持续优化

目前，我国整车物流市场开始由以公路运输直送为主的运营模式向以铁水干线运输、公路两端短驳的多式联运组织模式转变，铁路、水路运输比例明显提高，铁路和水运能力进一步释放，物流运输结构持续优化，综合运输体系建设不断完善。根据中物联汽车分会调查统计分析数据，2018 年物流企业采用公路运输比例占运输总量的72%，比2017年有所下降，其中公路短途业务接近80 %。

整车铁路运输发展迅猛。据中铁特货数据显示，2018年铁路完成汽车整车运输量580万辆，同比增长26%；新增铁路商品车运输专用车辆4000辆，同比增长28%，总计拥有专用车辆18500辆；汽车运输周期为10. 1天，较2017年减少了0. 7天。作为中国铁路总公司直属的专业汽车运输企业，中铁特货在全国拥有21个分、子公司，140个商品车装卸作业点、42个物流基地（总面积达219万平方米），可同时存储23. 1万辆汽车，铁路运输优势明显增强。

整车水路运输稳步发展。我国整车水路运输以滚装运输模式为主，少量采用集装箱运输。目前，全国沿海沿江已经成熟开展商品车滚装水运业务的港口有上海港、大连港、天津港等十余个港口，涵盖近20个滚装码头。2018年，深圳长航、上海安盛、民生轮船、中远海运、中甫航运和华嘉船务等船务公司共计拥有91艘滚装船，其中，2018年新投入使用的滚装船12艘，为我国水路运输发展提供了良好的服务基础①。

（二）汽车零部件物流效率和服务水平日渐提升

由于产品的差异性和服务需求的多样性，零部件物流服务相对于整车物流服务更加复杂，服务质量要求更高。围绕国内汽车制造企业配套市场和国际出口市场，我国已形成了西南、华中、珠三角、长三角、京津和东三省六大汽车零部件产业集群，带动零部件物流向着产业更加集聚、信息更加集中、协同更加便利的方向发展。特别是普遍采用以消费端客户需求为中心、提升生产物流与市场需求协调一致性的拉式物流服务，运作模式以多级循环取货为代表，零部件入厂物流效率和服务质量不断提升。根据中物联汽车物流分会的统计调查数据，2018年零部件入厂物流业务调度及时率平均为95. 5%，其中约50%的样本企业及时率高于99%；业务交付及时率平均为95. 3%，其

① 左新宇，张晋姝. 2018年汽车物流发展回顾与2019年展望［J］. 中国物流与采购，2019（4）：20-21.

中约 53%的样本企业及时率高于 99%；运输货损货差率平均为 0.3%，仓储货损货差率平均为 0.1%[①]。

随着互联网、大数据、云计算等信息技术的发展，汽车制造和物流企业在物流信息化建设、新技术引进、创新成果转化方面逐步加大投入，特别是通过零部件物流自动化、可视化、智能化先进装备与技术的开发应用，进一步提升了物流运作效率。例如，2017 年 4 月，北汽新能源汽车股份有限公司启动了新能源汽车零部件 Milk-Run（循环取货）全程可视化管控系统项目，通过 SAP 整合 DMS、SRM、WMS、MES 系统，实现订单全程在线管控—入场运输 Milk-Run—场内物流各环节可视化管理。该项目的实施有效消除了物流供应链各环节的时间、空间损耗，使得北汽新能源零部件的库存时间从 7 天缩短至 1 天，同时也降低了零部件采购、运输、仓储等成本。又如，从 2015 年 11 月开始，风神物流以客户需求为中心，围绕生产线边 AGV 零部件供给、轮胎压装、轮胎成品配送和零部件包装四大板块进行自动化改造。截至 2017 年年底，全国四大板块、五大工厂的 15 个自动化项目都已启动实施。2015—2017 年，风神物流通过 AGV 导入替代人力成本 120 人，预计到 2020 年将总共替代人力 1000 人，轮胎压装线产能由 3.8 台份/人小时提升到 6.4 台份/人小时，人均产值提升 68%[②]。

（三）汽车物流企业业务市场和服务领域不断拓展

我国汽车物流领军企业已不再局限于国内物流业务，开始向国际服务业务扩展。例如，2017 年 6 月，长久物流与比利时泽布鲁日港签约“一带一路”相关项目。根据项目合作协议，长久物流将以“黑龙江—比利时”的中欧专列为基础，在比利时的泽布鲁日港建立“中欧汽车物流中心”，服务于中国和欧洲之间的汽车整车及零部件的运输、仓储和配送等相关业务。又如，安吉物流的全资子公司吉安航运于 2015 年 3 月在上海自贸区注册成立，承运

① 中国物流与采购联合会汽车物流分会．中国汽车物流发展报告 2018［R］．北京：中国财富出版社，2018-11-1.

② 中国物流与采购联合会汽车物流分会．中国汽车物流发展报告 2018［R］．北京：中国财富出版社，2018-11-1。

上汽出口北美、英国、中东、北非等地的车辆。2017 年 11 月，我国自主研发设计的新型汽车运输船“安吉 23”满载 2900 辆雪佛兰 S3 从烟台出发，经过 22 天 7500 海里的跨太平洋航行抵达墨西哥，标志着安吉航运实现了从近洋运输到远洋运输的跨越。

此外，跨界发展也成为汽车物流企业新的发展方向。例如，2017 年安吉物流成立全资子公司安吉快运，进入 150 千克以上的中大票零担快运市场与 B2B 仓配一体化市场，迈向了从汽车物流服务商向综合性物流服务商转变的步伐。同时，传统电商快递企业也开始渗入汽车物流服务。2018 年 10 月，顺丰速运宣布收购全球物流巨头德国邮政敦豪集团旗下两家供应链子公司的全部股权，进军汽车、医疗、消费电子等行业物流供应链市场。

（四）汽车物流行业全面合规运营

近年来，我国汽车物流不断发展，车辆运输车保有量也逐年增加。然而，车辆运输车非法改装、超限运输现象屡禁不止，对道路交通安全构成严重威胁，也扰乱了汽车整车物流业市场秩序。据统计，截至 2016 年年底，全国共有约 4 万辆商品车运输车，其中 90%以上是违规超标车[①]。

2016 年 9 月，交通运输部、公安部、工业和信息化部等部门下发《车辆运输车治理工作方案》，开始全面开展车辆运输车治理工作。2018 年是车辆运输车治理工作的收官之年，在国家各部委、行业协会、主机厂、整车物流企业等多方的共同努力下，为期 2 年的专项治理工作取得了显著的成效，公路运输市场合规运营，运输价格合理回归。截至 2018 年 7 月，全行业全面淘汰了 4 万余辆不合规运输车辆，新增符合国家标准的中置轴车辆运输车 2 万辆，半挂车 5 万辆，全面实现了车辆运输车标准化、合规化，公路运输市场安全运营水平全面提升。同时，各部委将车辆运输车的专项治理转变为常态化管理，行业也形成了全民监督、发现举报的良好氛围，积极反映违法装载的行为，共同维护治理工作取得的成果，净化整车物流公路市场。

---

① 中国卡车网．交通部：41 万辆超限不合规格货车必须在 2018 年 6 月底前改造［EB/OL］．［2018-04-27］．https：//www.chinatruck.org/news/201804/60_75923.html.

二、石化物流发展状况

（一）石化物流需求保持旺盛

石油和化学工业是国民经济的重要支柱产业，石化物流也是重要的制造业物流行业。近年来，石化行业在面临着去产能、加强安全管理和环境保护的同时，通过技术创新等推进从量向质的转变，保持了稳定增长。2018 年上半年，全行业实现主营收入 6.43 万亿元，同比增长 13.2%，利润总额 4861 亿元，同比增长 46.6%。

石化行业整体利润和效益的提升拉动整个上游化工制造业的全面复兴，石化物流也获得较大发展。据中物联危化品物流分会估计，截至 2018 年年底，我国石化物流市场规模 1.4 万亿元，第三方物流占比 25%①。此外，由于我国石化行业产销分布不均，因此，运输需求十分旺盛，95%以上需要异地运输。据统计，2018 年我国危化品全行业货物运输量②达 16.5 亿吨，其中道路运输量为 12 亿吨③，从事危化品道路运输的物流企业达到了 1.15 万家，运输车辆超过 30 万辆，从业人员超过 120 万人。

（二）石化物流安全管控力度不断加大

我国政府高度重视石化物流安全问题。近年来，国务院、交通部等中央政府部门陆续颁布实施《石油化工产品物流服务规范》《危险货物道路运输规则》《关于进一步加快推进危险化学品安全综合治理工作的通知》等多项石化产品、危化品物流运输标准和政策。这些政策对石化物流安全管控提出了新要求，包括规范石油化工产品物流服务标准、加强石化物流各环节监管、规模化改进危货罐车管理、推进船舶载运危险货物安全监督、建立危货豁免制

① 搜狐网．2018 年中国危化品物流行业年度分析——危化品物流分会秘书长刘宇航［EB/OL］．［2018-11-28］．http：//www.sohu.com/a/278393657_756525.

② 石化产品中符合易燃、易爆、有毒、有害特性的化学品称为危化品。据统计，石化工业中属于危化品的化工原料和产品至少有 5000 种以上，因此，危化品运量可在一定程度上反映石化物流需求。

③ 刘宇航．2018 年危化品物流行业分析及 2019 年形势展望［J］．中国物流与采购，2019（4）：22-23.

度等。

为推动政策标准的落地实施，各地方政府对危化品物流新增运力的管控更加严格，并开展了一系列的危化品运输专项整治活动。例如，山东省开展了道路危化品运输车辆本质挂靠经营和运输介质不符整治行动，辽宁省开展了危险货物道路运输专项整治实施方案（2018—2020），湖北省开展了港口危险货物专项整治行动等。新政策制定与实施为危化品物流行业进行安全、高效、规范的服务提供了有力指导，同时也促进了企业运营管理和服务水平的提升。

（三）石化物流市场集中度有待提升

当前，石化物流行业仍然处于较为分散的状态，集约化发展程度较低。根据2017—2018年度中国化工物流行业百强数据，百强企业总体营业额仅为538亿元，占总行业收入比例不到40%，百强中平均每家企业仅有5亿多元的营业额。百强中道路运输企业50家，以第三方物流民营企业居多，2017年年底完成道路运量2.25亿吨，仅占全国道路运输总量的18%；水路运输企业12家，总运量为6959万吨，占全国水路运输总量的22%[①]。总体来看，行业运输量分散的特征较为明显，百强企业营收低，业务量占全行业比重也较小。

根据2018年7月国务院通过的《石化产业规划布局方案》，未来新建大型炼化项目原则上优先布局包括大连长兴岛、河北曹妃甸、江苏连云港、上海漕泾、浙江宁波、广东惠州、福建古雷在内的七大石化基地。同时，2014年10月国务院印发的《物流业发展中长期规划（2014—2020年）》要求推进危险货物运输等专业类物流园区的建设，所有新建和搬迁的危化品生产、储存企业必须进入专业化工园区，入园率要达到100%。上述政策将为石化物流企业集中化、规模化发展提供良好的政策契机。此外，危化品物流安全管控力度的加大也将提高行业准入门槛，从而提高我国石化物流行业的市场集中度。

---

① 搜狐网.2018年中国危化品物流行业年度分析——危化品物流分会秘书长刘宇航［EB/OL］.［2018-11-28］. http：//www.sohu.com/a/278393657_756525.

（四）石化供应链创新升级步伐加快

石化物流作为石化产业供应链中的重要环节，逐步向运力共享、管控统一、服务标准化的第四方物流平台和供应链协同整合方向发展。特别是近年来，石化物流行业积极推进“强强联合+区域联合+板块联合”模式，进行物流供应链创新升级，借助“互联网+”、人工智能等手段，通过完善化工物流监控体系，加快推进大数据分析的应用，以实现化工物流全程供应链的效率提升和安全保障。例如，中化能源科技有限公司提出打造石化智慧物流供应链数字基础设施，以仓海帮、船运帮、66快车等服务平台广泛链接石化行业货主企业、物流公司和政府部门，通过数据服务打通产业供应链相关参与端数据壁垒，为货主和承运方提供仓储信息平台、车辆预约排队、入驻车辆评级评价、运输全流程可视化与预警、制定与启动突发事故应急预案等服务，极大提升了石化物流安全监管及运营效率。

2018年，商务部等八部委联合发布供应链创新与应用试点企业名单，石化物流领域的中化能源科技有限公司、中江阴恒阳化工储运有限公司、上港集团物流有限公司、万华化学集团股份有限公司、宝供物流企业集团有限公司、山东清源集团等企业入选。这些企业将进一步围绕提高供应链管理和协同水平、加强供应链技术和模式创新、建设和完善各类供应链平台、规范开展供应链金融业务、积极倡导供应链全程绿色化等方面实践，为推动整个石化物流行业的协同发展开辟崭新方向。

三、烟草物流发展状况

（一）烟草物流组织体系和配送网络基本建成

我国烟草行业具有国家垄断、严格管制、专营专卖、产销分离的特点，烟草物流也主要受国家宏观管理和引导。经过多年努力，烟草行业的现代物流体系建设取得明显成效。在组织机构方面，烟草行业以从国家局到各省、市局级的中烟工业公司为主体进行物流建设和运作工作，在各中烟工业公司成立现代物流领导小组，整合内部物流资源，采取集中管理、分散经营的方式对供应物流、生产物流、销售物流进行系统规划和流程优化。烟草行业物流建设已经形成了自上而下的领导组织体系，专业的企业物流运作模式在行业内得到全面推广。

此外，卷烟配送体系已经基本建立，截至2018年年底，全行业共有350个物流配送中心、49个配送分中心、1300个中转站和93个卷烟生产点物流部门，遍布全国33个省、350个地市和绝大部分县级行政区域，基本实现了国内全覆盖。

（二）烟草物流自动化、信息化水平较高

烟草物流对物流信息技术、软件技术、工业设施、先进设备资源的需求较大。目前，高架库立体仓储、半自动乃至全自动分拣线、仓储配送一体化信息管理系统等物流设施设备与技术已在工业系统普遍应用，极大地提升了烟草行业的物流水平，提高了烟草生产运作效率。部分卷烟工业企业在省内及部分省市之间进行托盘营运，结合RFID电子标签、GPS、GIS等信息可视化技术和物联网技术，构建精准化作业、可视化监控、智能化处理的烟草物流系统。

例如，在配送运输方面，北京烟草物流中心通过物联网技术的应用，实现对卷烟物流从工商在途、配送监控、到货确认等物流作业一体化管理。一是以客户满意为目标优化订货、送货及结算等业务流程，以及时响应市场需求为目标优化物流分拣配送等作业流程；二是在卷烟配送环节，利用GIS、GPS和在途信息系统实现配送路线实时优化和智能监控；三是通过电子锁，实现干线运输和中转接驳点货物交接痕迹化；四是通过智能手持终端，实现到货确认电子化。

又如，在仓储分拣方面，湖南省烟草公司于2014年组织开展“卷烟物流仓储分拣设备管理体系研究及应用”项目攻关。经过三年多的努力，该项目利用物联网、大数据等应用技术，自主研发了全景、三维、实时的物流设备状态监控系统，在入库、出库、备货、补货、分拣五大区域设置近15000个设备状态数据采集点，实时监控设备运行状态和自动采集设备运行数据，并通过对数据的主动提取、自动筛选、定向分析及实时反馈，实现了对设备状态的全面感知和全程管理，有效提高物流设备运行的能力和效率。项目实施以来，项目承担单位卷烟分拣效率平均提高 14%，取得了较好的经济效益。

（三）"两烟"物流一体化运营取得进展

传统的烟草物流重视的是卷烟物流，而忽视了烟叶和烟叶物资（化肥、农药、麻绳、麻片、地膜等）的物流管理。特别是长期以来，在地市级烟草公司内部，卷烟物流与烟叶、烟资物流分属不同的组织或部门管理，分散运营，各自为政，导致资源浪费、人员冗余、协同困难等诸多问题。为解决这一问题，近年来，国家烟草专卖局将"两烟"（卷烟、烟叶）物流一体化建设项目列为行业重点科技项目进行深入研究，各烟叶产区通过组织机构重组建立专业化、一体化的物流运作管理组织，实施"两烟"统一管理、统一调配，推进卷烟物流管理经验向烟叶、烟资物流管理移植，从而实现"两烟"物流的均衡协调发展，有效地实现"两烟"物流的集约运营、高效运作，降低运行成本。

例如，福建省烟草专卖局（公司）抓住武夷烟叶和三明金叶复烤技改的契机，把分属于烟区地市公司和复烤企业的卷烟、烟叶和复烤物流剥离出来，在烟叶主产区成立物流分公司，把相互独立的卷烟、烟叶、打叶复烤物流整合到一起，在规划、组织、业务、信息、评价五个方面进行一体化运作，实现了"两烟"在仓储、运输、供应方面的资源共享、业务协同和信息互通。截至 2017 年年底，福建烟叶产区物流人员减少 163 人，外包人员减少 42 人，每平方米烟叶存放量从 3.8 担提升到 6.5 担，节省运输装卸费用 1456 万元，复烤企业共计直投打叶 470 万担，节省费用 797 万元①。

① 东方烟草报．一心一体共进共赢——福建烟草物流一体化发展述评［EB/OL］．［2018-06-25］．http：//www.eastobacco.com/sypd/xdwl/201806/t20180625_491922.html.

第七章　中国商贸物流发展状况

近年来，我国商贸物流需求保持平稳增长态势，商贸物流政策环境不断完善。2018 年，我国商贸物流整体发展呈现出稳中有进的基本格局，商贸物流规模保持较快增长，商贸物流园区建设步伐加快，商贸物流标准化试点成效显著，商贸物流的专业化、信息化、标准化和绿色化水平得到大幅提升。同时，受消费升级驱动和政府政策推动，与民生相关的电商、冷链、餐饮、医药等商贸物流重点领域发展态势良好，成为我国商贸物流发展的突出亮点。

第一节　中国商贸物流发展环境

2018 年，面对错综复杂的国内外形势，我国经济结构持续优化，市场活力不断释放，经济运行总体平稳、稳中有进。与之相应，我国商贸物流发展环境也呈现出新变化，社会消费品零售总额保持平稳较快发展势头，生产资料市场规模稳中趋缓，进出口贸易总额稳中有进，商贸领域变革与模式创新步伐加快。同时，商贸物流规划政策和服务标准的相继出台使得商贸物流发展环境日益改善。

一、商贸物流发展的市场环境

（一）社会消费品零售总额持续增长

2013—2018 年，我国社会消费品零售总额增速有所放缓，但总体仍保持平稳较快发展，年均增长率为 9.4%，如图 7-1 所示。2018 年，我国社会消费品零售总额为 38.1 万亿元，同比增长 9.0%①。其中，中高端商品和服务的消费增长较快，化妆品、家电、通信器材等商品较为畅销，居民服务性消费支出占消费总支出比重升至 49.5%。

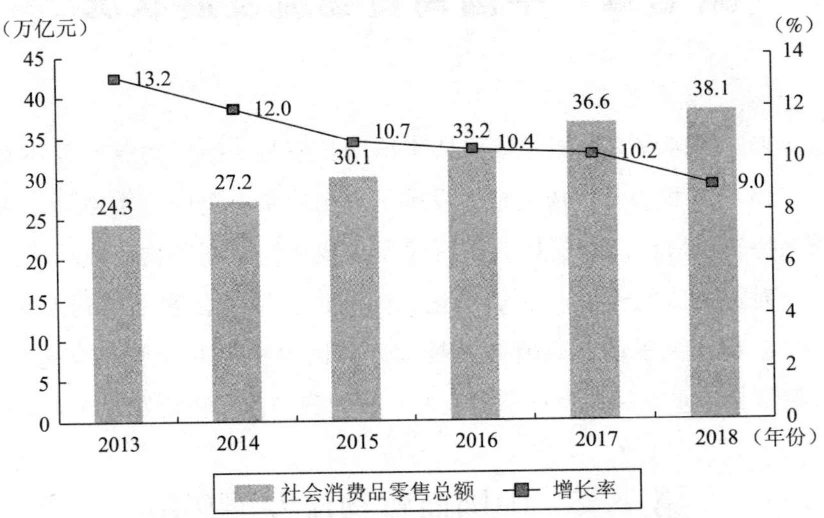

图 7-1　2013—2018 年中国社会消费品零售总额及增长率

资料来源：根据《中国统计年鉴》（2014—2018）和《中华人民共和国国民经济和社会发展统计公报》（2018）相关数据整理。

2018 年，我国城镇消费品零售额为 32.56 万亿元，同比增长 8.8%；乡村消费品零售额为 5.54 万亿元，同比增长 10.1%。现代供应链、电子商务、数字消费等互相融合，网上零售额突破 9 万亿元，同比增长 23.9%。其中，网上实物商品零售额 7.02 万亿元，同比增长 25.4%；占社会消费品零售总额的比重为 18.4%，比 2017 年同期提高 3.4 个百分点，网上实物商品零售额在社会消费品零售总额中的占比增加。

（二）生产资料市场规模稳中趋缓

2013—2018 年，我国生产资料市场规模不断扩大，社会生产资料销售总

① 国家统计局. 2018 年 1—12 月社会消费品零售总额增长 9.0%［EB/OL］.［2019-01-21］. http://www.stats.gov.cn/tjsj/zxfb/201901/t20190121_1645784.html.

额年均增长率为 5.8%，如图 7-2 所示。受工业经济增速趋缓影响，我国生产资料销售总额增速有所放缓，整体呈现出稳中趋缓的态势。2018 年，我国大宗商品等生产资料销售总额达到 72.8 万亿元，同比增长 4.6%，增速较 2017 年同期下降 0.7 个百分点。

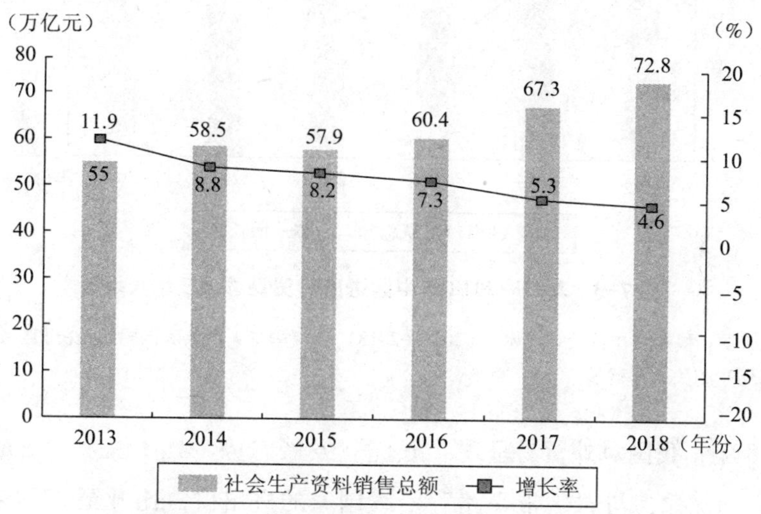

图 7-2 2013—2018 年中国社会生产资料销售总额及增长率

资料来源：根据商务部流通发展司《商贸物流运行报告》（2015—2017）和中国物流信息中心相关数据整理。

（三）进出口贸易总体稳中有进

2013—2018 年，我国进出口贸易总体呈现稳中有进的发展态势，进出口贸易总额年均增长率为 3.4%，如图 7-3 所示。2018 年，我国进出口贸易总额为 30.51 万亿元，同比增长 9.7%。其中，出口贸易总额为 16.42 万亿元，同比增长 7.1%；进口贸易总额为 14.09 万亿元，同比增长 12.9%；贸易顺差为 2.33 万亿元，比 2017 年减少 0.52 万亿元，进出口贸易更趋平衡①。

① 央视网 . 2018 年我国外贸进出口同比增 9.7% 创历史新高 [EB/OL]. [2019-01-14]. http: //www. gov. cn/shuju/2019-01/14/content_ 5358054. htm.

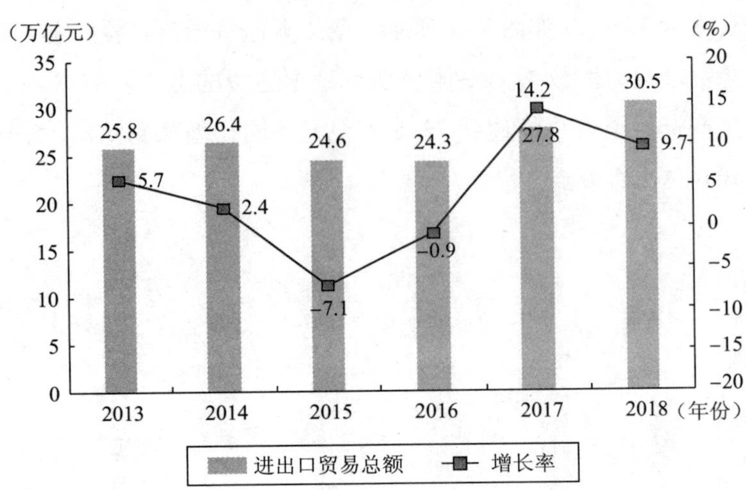

图 7-3　2013—2018 年中国进出口贸易总额及增长率

资料来源：根据《中国统计年鉴》（2014—2018）和《中华人民共和国国民经济和社会发展统计公报》（2018）相关数据整理。

2018 年，我国对外贸易呈现“五优”发展态势。具体说来，一是国际市场布局更加优化，与“一带一路”沿线国家的进出口占比升至 27.4%；二是国内区域布局更加均衡，中西部地区进出口占比升至 15.8%；三是商品结构持续升级，机电产品出口增长 7.9%，占比升至 58.7%；四是贸易方式不断优化，一般贸易出口占比升至 56.3%，跨境电商、市场采购快速增长；五是服务贸易持续增长，连续五年位居世界第二，服务贸易进出口额为 5.2 万亿元，同比增长 11.5%。其中，知识密集型服务同比增长高达 20.7%①。

（四）商贸领域变革与模式创新步伐加快

近年来，在经济全球化、科技进步、需求升级等多重因素驱动下，我国商贸领域在业态业种、服务方式、渠道组织等方面发生深刻变革，商贸模式创新等步伐也正在不断加快。

一是商贸业态业种发生变革，线上线下加速渗透融合。一方面，线上电

① 商务部．商务部召开 2018 年商务工作及运行情况新闻发布会［EB/OL］．［2019-02-12］．http：//interview.mofcom.gov.cn/detail/201902/ff80808168990542016 90dcddf6f0014.html.

商品牌进入线下开实体店。例如，京东商城、苏宁易购等电商平台，逐步布局线下母婴体验店、跨境电商体验馆、淘品牌的集合店等；另一方面，线下企业借助互联网实现与线上的互通。例如，作为解决“最后一公里”的社区O2O门店实惠、食行、妙生活、邻趣等社区服务站和作为生鲜商超龙头的永辉超市，均向新零售转型升级，布局线上线下。

二是商贸服务方式发生变革，离消费者更近的体验化、场景化门店大量涌现。例如，北京600平方米的乐语通讯 Funtalk 门店打破传统手机连锁店模式，在手机售卖区之外大量引进娱乐化、互动体验、前沿科技、家庭生活元素，提供功能性、增值性服务模式。又如，阿里巴巴在2016年开始孵化的新业态盒马鲜生以及京东在2017年推出的7FRESH等，开启了无界零售格局下的“超市+餐饮”模式，3公里配送到家，且店内采用人脸识别技术、智能货架等“黑科技”来优化门店管理和用户体验。

三是数字化引领商贸零售供应链创新。线上零售开始利用大数据资源和新一代互联网技术赋能线下零售商实现数字化转型，并由此为自身寻找“双赢”空间。例如，京东通过开放大数据能力，帮助合作品牌的线下门店进行数字化改造，将大数据用于智能选址、选品、补货、定价等，精准洞察和应对消费需求。再如，盒马鲜生依托阿里大数据工具划定门店范围，针对不同的消费偏好在全球百余个国家和地区实现商品直采，并通过线上和线下业务的数据链接，构建出快速送达的冷链物流配送体系；每日优鲜则在消费数据分析的基础上进行产地直采，并结合订单密度合理配置社区前置仓，依托数字化技术实现智能化补货，解决冷链物流难题。

二、商贸物流发展的政策环境

（一）商贸物流规划与政策陆续出台

近年来，国务院及各部委相继出台一系列政策、规划和指导意见，以加强对商贸物流行业的规划指导，推进商贸物流健康持续发展。

2014年9月，商务部出台《关于促进商贸物流发展的实施意见》，明确提出要支持商贸物流企业开展供应商管理库存、准时配送等高端智能化服务，支持商贸物流企业扩展服务功能，引导一批商贸物流园区向绿色物流功能区转型，鼓励商贸物流企业提高配送的规模化和协同化水平。

2015年8月，国务院出台《关于推进国内贸易流通现代化建设法治化营商环境的意见》，明确提出要统筹推进商贸物流型境外经济贸易合作区建设，放开商贸物流等领域外资准入限制，鼓励外资投向共同配送、连锁配送以及鲜活农产品配送等现代物流服务领域。

2017年1月，商务部、国家发展改革委、国土资源部、交通运输部、国家邮政局五部委联合发布《商贸物流发展“十三五”规划》，明确提出构建多层次商贸物流网络，加强商贸物流基础设施及商贸物流标准化、信息化建设；推动商贸物流集约化、国际化、专业化发展，促进商贸物流绿色转型，建设商贸物流信用体系。

2018年5月，商务部、财政部联合发布《关于开展2018年流通领域现代供应链体系建设的通知》，提出推动辐射范围广、标准化水平高、综合服务能力强的商贸物流园区、专业批发市场升级改造，以物流信息化为抓手，打造商贸流通现代供应链系统生态。

同时，各地方政府也积极出台相关商贸物流规划和政策，推进商贸物流健康发展。2017年4月，黑龙江省商务厅发布《黑龙江省商贸物流业（2016—2020年）发展规划》，明确提出以全国性商贸物流节点城市哈尔滨市、区域性商贸物流节点城市牡丹江市、大庆市为依托，构建城乡紧密衔接，国内外、省内外市场相互连接的高效通畅、协调配套、绿色环保，具有现代化水平的黑龙江省商贸物流服务体系；积极建设以生活资料、生产资料、国际物资、特殊物资（商品）为主的四大现代商贸物流服务体系。

2018年5月，甘肃省政府办公厅印发《加快发展现代商贸物流业的意见》，提出构建立体商贸物流通道及兰州商贸物流枢纽，着力建设商贸物流产业园区、完善商贸物流市场体系、提升商贸物流信息化和国际化水平、健全城乡商贸物流配送体系、培育壮大商贸物流企业。

（二）商贸物流相关服务规范与标准不断完善

近年来，商务部、国家标准委、各地方政府高度重视商贸物流服务规范工作，不断完善商贸物流的基础设施、运载单元、运输与仓储管理、信息化、服务质量等技术标准和服务规范，促进商贸物流向标准化、集约化方向发展。

2014 年 5 月，国家标准委和商务部联合下发《关于加快推进商贸物流标准化工作的意见》，明确提出要完善商贸物流标准体系，加强重点领域标准制修订，构建与国际标准接轨、覆盖商贸物流全过程和各环节的标准体系。

2014 年 11 月，商务部和国家标准委联合发布《商贸物流标准化专项行动计划》，明确提出从托盘标准化入手，在快速消费品、农副产品、药品流通领域，率先开展标准托盘应用推广及循环共用，带动上下游关联领域物流标准化水平的提高，提升物流效率，降低流通成本。

2017 年 8 月，商务部发布了《商贸物流企业信用评价指标》。该评价指标规定了商贸物流企业信用评价指标建立的基本原则及各专项指标内容，提出了商贸物流企业信用评价专项指标，为商贸物流企业、行业组织、第三方机构的信用评价提供依据。

2018 年 6 月，由中国仓储与配送协会组织编写的行业标准《商贸物流园区建设与运营服务规范》正式开始实施。该规范给出了商贸物流园区的规划要求、基本功能配置、运营管理要求及评价标准体系，并对绿色商贸物流园区的建设也提出了相关要求。

同时，各省市地方政府也积极出台相关商贸物流服务规范和标准，推进商贸物流标准化建设。2018 年 5 月，天津市商务局印发《天津市商贸流通标准化建设实施方案的通知》，明确指出要加快流通标准体系框架建设，加强商贸流通重点领域的标准化建设，积极推进物流标准化试点城市建设，充分发挥“标准化+商贸流通”效应，促进商贸流通业持续健康发展。

2018 年 11 月，辽宁省商务厅、辽宁省质量技术监督局联合发布《辽宁省商贸物流标准体系建设指南》。该指南从商贸物流活动过程、企业类型、服务领域三个维度确定商贸物流标准体系因素，将 GB/T 18127 商品条码物流单元编码与条码表示等标准指定为通用基础标准。

此外，电商、医药、冷链等商贸物流细分领域也相继出台一系列规范和标准，推进商贸物流标准发展。例如，2018 年 3 月，国家市场监督管理总局、国家标准化管理委员会批准发布了《条码技术在农产品冷链物流过程中的应用规范》。2018 年 5 月，全国物流标准化技术委员会提出的《医药产品冷链物流温控设施设备验证性能确认技术规范》正式开始实施。

第二节 中国商贸物流发展现状

随着商贸物流发展环境的日益完善、相关政策的不断落实，我国商贸物流规模保持较快增长，商贸物流园区建设不断加快，商贸物流的专业化服务水平也得到快速提升。此外，商贸物流信息化建设进程加速，标准化试点工程成效显著，绿色化转型也不断加速。

一、商贸物流规模保持较快增长

2017 年 1 月—2018 年 6 月，我国商贸物流总额不断增大，如图 7-4 所示。2018 年上半年，我国商贸物流总额达到 31.7 万亿元，同比增长 8.0%，增速比 2017 年同期提高 0.6 个百分点[①]。

从细分领域看，2018 年上半年，我国商贸物流流通部分总额 28.43 万亿元，同比增长 5.7%，占商贸物流总额的 89.7%；网上零售物流总额为 3.14 万亿元，同比增长 31.7%，占商贸物流总额的 9.9%；外卖配送物流总额为 0.13 万亿元，同比增长 35%左右[②]。

---

① 商务部．2018 年上半年商贸物流运行报告［EB/OL］．［2018-08-09］．http：//images.mofcom.gov.cn/ltfzs/201808/20180809160111 32.pdf.

② 商务部．2018 年上半年商贸物流运行报告［EB/OL］．［2018-08-09］．http：//images.mofcom.gov.cn/ltfzs/201808/20180809160111 32.pdf.

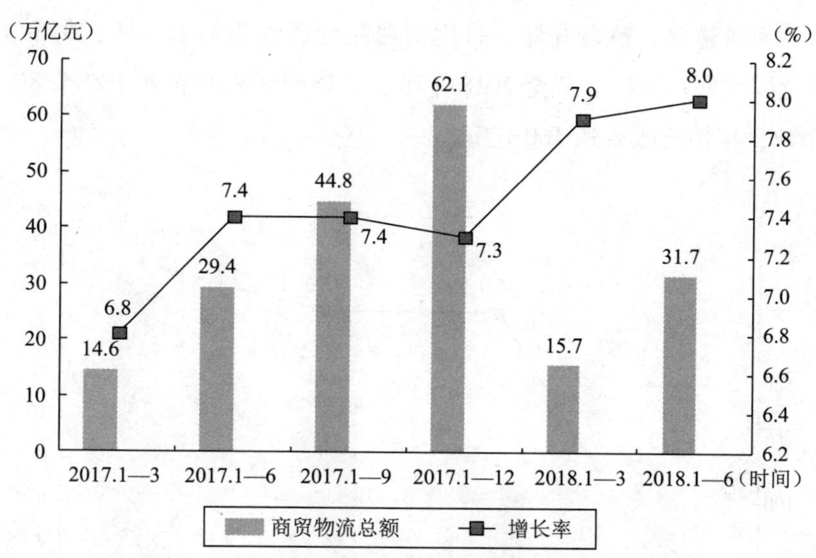

图 7-4　2017—2018 年 6 月中国商贸物流总额及同比增长率

资料来源：根据商务部流通发展司《商贸物流运行报告》（2017 年、2018 年上半年）相关数据整理。

二、商贸物流园区建设不断加快

2007—2017 年，我国商贸物流园区的数量和在全国物流园区中的占比呈持续上升趋势，年均增速分别为 39. 5%和 23. 9%，如图 7-5 所示。根据《第五次全国物流园区（基地）调查报告（2018）》，2017 年我国商贸物流园区已达 280 个，占全国物流园区的比例为 17. 1%，比 2015 年提高了 2. 1 个百分点，如图 7-5 所示。

一批重点商贸物流园区加快建设。例如，作为全国 29 个首批示范物流园区，安徽合肥商贸物流园区继续加快构建以陆路为主、辅以铁路、水运、空运的物流体系，加大现代物流技术与装备改造力度，引入专业化物流企业，提高园区仓储、中转及配送能力。截至 2017 年年底，该园区入驻企业 360 余家，引进超亿元项目 40 余个，总投资 200 多亿元。再如，作为河北省五家产业基地型物流园区之一，承德国际商贸物流园区集汽修汽配、石油储运、矿山机械、家居建材、粮食仓储、日用消费品配送等业态于一体，集聚优质企业，强化园区项目支撑。截至 2018 年年底，该园区入驻企业 100 余家，商户 5000 余户，年销售收入达 160 亿元。

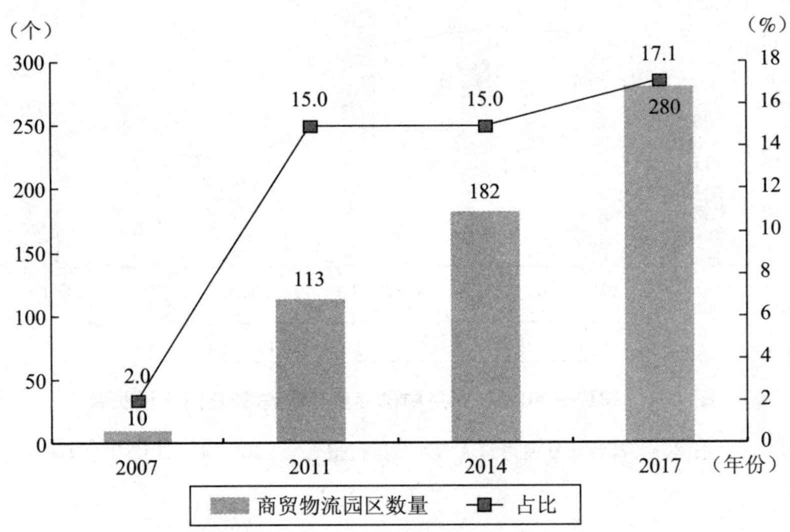

图 7-5　2007—2017 年中国商贸物流园区数量和占比

资料来源：根据中国物流与采购联合会、中国物流学会编制的《全国物流园区（基地）调查报告》（第二次至第五次）相关数据整理。

三、商贸物流企业专业化服务水平不断提升

近年来，我国商贸物流企业不断提升专业化服务水平，相继建成一批集采购、集货、分拣、储存、理货、加工、送货、信息处理于一体的专业化商贸物流配送中心，积极组建专业化商贸配送车队以提升配送作业效率，大力推广现代信息、物流技术在商贸物流中的应用，提升商贸物流装备、信息平台等专业化服务水平。

例如，快行线食品物流公司是专业的第三方冷链物流解决方案提供商及运营商，主要从事冷链城市商贸配送、冷链宅配等业务。该公司利用仓库管理系统（WMS）、运输管理系统（TMS）、全球定位系统（GPS）和 G7 大数

据平台，实现了验货、分装、入库、上架、移库、盘库、分拣、合流、装车、在途、中转、交付、盘存、回单等流程的全程可视化。同时，客户也可以通过互联网或客服电话查询每款商品、每张订单的实时状态，包括数量、批次、位置、温度、状态等运营数据。截至 2018 年 12 月底，该公司在北京市、济南市、哈尔滨市、青岛市、沈阳市、广州市等 13 个城市拥有 17 个仓库，服务全国 230 多个城市。

再如，顺丰医药是拥有 GSP 认证及第三方专业物流许可的医药物流服务商。该公司通过制定多项医药冷链物流的质量管控制度和标准操作流程，包括订单管理、收件、运输、中转和派件等各环节，提升全程冷链物流管理和溯源管理能力。同时，依托强大的信息技术和顺丰控股各板块的资源联动能力，实现了客户系统对接和全程温控数据监控，向资源网络化、运作标准化、质量体系化、过程可视化方向发展，为医药健康行业提供专业的端到端供应链服务。截至 2018 年 5 月底，顺丰医药运输网络已经覆盖全国 132 个地级市。

又如，北京云鸟科技有限公司作为同城供应链配送服务商，其通过云鸟“鸟眼系统”“百灵引擎”和“订单封装”模块功能，实现了全作业流程的规范化、可视化和高效协同。其中，“鸟眼系统”可将配送信息实时传递给物流配送环节上的发货人、收货人、调度、仓管等人员；“百灵引擎”结合海量数据，可以根据客户需求和车型、配送公里数、配送预计时长、附加服务等特征，为货主、司机做精准画像、智能定价、优选匹配；“订单封装”可充分连接发货、收货、调度、仓管等环节，实现从预约下单、订单导入、API 对接、线路规划、车辆安排到在途状况、配送结果的全程可视。

此外，餐北斗公司通过运营自主研发“物流总包+SaaS”系统，实现餐饮企业的入仓品质检验、入库货架、盘点方法、最优路径拣选、仓库移库、效期管理、车辆智能调度、线路优化、货物积配载、全程温控等各个维度数据的精细专业化运营。同时，利用 SaaS 系统积累的数据，不断优化作业过程，实现统仓统配，提高闲置车辆和仓库利用率，提升专业化服务水平，形成“餐饮物流数据+物流成本”的核心竞争力。2018 年 10 月，该公司获得顺丰千万元 A+轮融资，将用于团队建设、信息系统升级、物流网络扩充等，进一步提升专业化服务水平。

四、商贸物流信息化建设加快

近年来，商贸物流企业积极应用条形码、智能标签、无线射频识别、可视化及跟踪追溯系统、全球定位系统、地理信息系统等先进技术，大力推广云计算、大数据、物联网、移动互联网等新一代信息技术，构建商贸物流公共信息服务平台，提升商贸供应链精益化管理水平，不断推进商贸物流信息化建设。

一是推广先进信息技术的应用，提升商贸物流园区、仓储配送中心、末端配送站点的信息化水平。例如，2017 年 10 月，京东上海“亚洲一号”物流基地利用物联网、云计算、大数据、人工智能、机器人、无线射频识别等先进信息技术，建成全球首个全流程无人仓，提升商贸物流仓库的信息化、智能化水平。再如，2018 年 11 月，菜鸟网络应用物联网、人工智能等核心技术，利用近 700 台机器人自动识别人员进出和指引货车行驶、装卸，打造数字化物流园区，提升物流园区运营效率。

二是共享全流程信息，提高商贸供应链精益化管理水平。例如，九州通医药公司通过建设九州云仓智慧物流供应链平台，让平台运营商、第三方物流企业、上游供应商、业主、承运商、客户、监管部门都可参与医药物流供应链过程，实现供应链运营过程透明，对异常实时反馈和实时检测①。再如，苏宁易购在其零售供应链中全面嵌入大数据、AI 等应用，对供应链上下游伙伴全面开放苏宁智慧零售能力，实现供应链上下游需求预测、采购协同、信息共享以及物流协同，从而为用户提供更精准的商品、服务和内容②。

三是深入实施“互联网+”高效物流行动，建设冷链、城市配送等商贸物

---

① 搜狐网．九州通——基于服务与价值创造的医药物流体系构建［EB/OL］．［2017-11-29］．http：//www. sohu. com/a/207559130_ 765600.

② 搜狐网．苏宁易购智慧零售下的供应链［EB/OL］．［2018-08-01］．http：//www. sohu. com/a/244574136_ 804130.

流细分信息服务平台。例如，2016 年 12 月，商务部指导建设全国农产品冷链流通公共信息服务平台。该平台以农产品冷链流通示范省、示范企业为依托，构建基于农产品冷链流通过程中温度、湿度、开关门、轨迹等信息的“环境大数据”体系，确保农产品冷链流通的安全性和可追溯性，提高农产品流通的信息化、标准化、集约化水平。2018 年，天津市打造建设智能商贸物流综合信息服务平台，完善天津市城市共同配送服务平台与天津市冷链物流储运销监控服务平台①。

四是积极对接其他相关信息平台，构建互联互通的商贸物流共享平台。例如，2018 年天津港集团通过商贸物流信息平台实现与海关、商检、天津港、堆场之间的数据互联互通，通过对通关模块、仓储模块、物流模块、结算模块、数据分析模块的集成，实现“一站式进口、检测、储存、分拨、配送”，极大地提高进出口贸易通关整体效能②。

五、商贸物流标准化试点成效显著

商贸物流标准化是降低物流成本、提高流通效率的重要抓手，是推动商贸物流业转型升级的关键举措。自 2014 年起，商务部、财政部、国家标准委共同开展商贸物流标准化专项行动和物流标准化试点，以标准托盘及其循环共用为切入点，积极推动提升商贸物流标准化工作，试点成效显著。

一是商贸物流托盘标准化率大幅提升。截至 2017 年年底，全国重点推进企业自购标准托盘保有量超过 1760 万片，新增标准托盘 230 万片，同比增长 15%。其中，全国 32 个商贸物流标准化试点城市标准托盘保有量达到 5575.9 万片，托盘标准化率从试点前的 32.4%提高到 63.4%，比全国平均 28%的水

① 商务部驻天津特派员办事处．天津商务委多举措促传统商业转型［EB/OL］.［2019-01-28］. http://tjtb.mofcom.gov.cn/article/y/ys/201901/20190102830977.shtml.

② 商务部驻天津特派员办事处．天津市供应链体系建设试点工作成效显著［EB/OL］.［2018-09-18］. http://www.mofcom.gov.cn/article/resume/n/201809/20180902787897.shtml.

平高出 35.4 个百分点[①]。

二是试点企业商贸物流降本增效效果明显。通过推动商贸供应链上下游标准托盘共用，供应链企业间开展整托盘订货模式，试点城市供应链协同作业平均效率达到 12.5%，拓宽了供应链整体利润空间。通过标准托盘应用，试点企业平均货损率下降了 61.4%，平均装卸搬运单位成本下降了 59.0%。通过推广应用标准托盘和开展带板运输，试点企业物流作业效率明显提高，其平均车辆周转效率为 2.6 次/天，提高了 1.17 倍；平均装卸工时效率为 12.5 吨/小时，提高了 24 倍。

三是商贸物流托盘循环共用网络体系逐步形成。目前，以集保、招商路凯为代表的大型托盘运营服务企业在全国范围内投资建设服务网络，已经形成了以东部沿海城市、长江经济带城市为重点，以商贸物流重要节点城市为依托的全国托盘循环共用主干网络。同时，在各试点城市政策引导和推动下，逐渐形成了以京津冀、南京城市圈、武汉城市群、珠三角为代表的区域性循环共用分支网络，作为主干网络的有效支撑初步形成了全国托盘循环共用网络体系。

四是商贸物流标准试点联盟相继建立。例如，2015 年 1 月，由中国物流与采购联合会托盘专业委员会、中国仓储协会、中国包装总公司（中国智能物流包装公司）发起成立“商贸物流标准化行动联盟”，提出“托盘互换、信息互通、信用互认、模式共推、规则共建、利益共享”的目标。2016 年 5 月，作为全国第一批商贸物流标准化试点城市之一，上海牵头沿江 9 省市的 33 家物流协会，签署成立了“长江经济带托盘循环共用联盟”，构建区域托盘循环共用体系[②]。2016 年 12 月，京津冀物流标准化联盟成立大会在京举行，支持商贸物流配送企业跨区域拓展区域性共同配送运营网络，实现京津冀地

① 商务部．中国物流标准化发展监测分析报告（2017 年度）［EB/OL］．［2018-06-12］．http：//ltfzs. mofcom. gov. cn/article/af/201806/20180602754728. shtml.

② 国际商报．上海城市物流坚持绿色发展［EB/OL］．［2016-05-15］．http：//news. hexun. com/2016-05-15/183868738. html。

区从生产商到零售商、下游门店的全程托盘化运输操作。

此外，在各标准化试点城市政策效果逐步带动下，广西、青海、陕西等部分非试点省市也积极开展省内试点，不断推进商贸物流标准化实施。例如，广西安排地方财政资金 1800 万元，支持 20 家商贸物流企业开展物流标准化试点项目，推动柳州医药、广西德邦物流等试点企业托盘标准化率达到 95%以上，企业物流成本下降 10%以上，物流效率提升 20%以上。

六、商贸物流绿色化转型加速

随着《“十三五”节能减排综合工作方案》的推进，商贸物流企业加快绿色仓储与配送的发展，促进太阳能等清洁能源的利用、节能新技术与新设备的应用，推进商贸物流绿色化转型。

一是创新商贸绿色物流运作模式，优化物流资源配置和仓储配送管理。例如，成都、青岛、武汉、长春、潍坊为上游生产商、供应商及下游经销商、代理商提供统一仓储和配送服务，通过系统平台对接实时共享库存、销售等信息，解决传统流通的多级库存、重复运输等问题。再如，以菜鸟网络为代表的企业，通过智能分仓、前置备货等模式创新，单个包裹配送距离可从 700 公里缩短至约 400 公里。同时，通过城市仓发出的包裹，配送距离可减少至 100 公里，配送时效和车辆装载率得到优化，减少超过 8 成的运输距离。

二是推广仓库建筑创新和节能减排技术，加强绿色商贸仓储、绿色商贸物流园区化建设。例如，2018 年 1 月，菜鸟广州增城物流园区的屋顶太阳能光伏电站正式落成调试完成了并网，实现年发电量 1 千万度，相当于每年节省 3500 吨煤炭。苏宁成都物流中心使用轻钢结构建造实现可再生利用，在仓库设计上进行最大化调整和优化，仓内使用 2 级能效等级以上空调或采用节能风扇，有效降低能源消耗，获顶级“中国绿色仓库”称号①。

三是推广新能源汽车、经济型节油车、轻量化起重搬运设备等绿色节能

① 搜狐网．苏宁六大仓库获顶级“中国绿色仓库”称号［EB/OL］．［2018-05-11］．http：//www.sohu.com/a/231258722_379902.

运输设备，加快商贸物流运输绿色化。例如，2018 年 4 月，京东物流继在 2017 年 12 月完成北京地区新能源汽车更替后，宣布将在未来两年内把所有自营车辆换成新能源汽车，力争五年内把所有合作伙伴车辆也逐步更换成新能源汽车。截至 2018 年 5 月，顺丰已新增新能源车近 2300 辆，预计在 2018 年全年投入 8000 余辆新能源车，在网络内承担运输服务①。

四是积极研发可循环利用、可降解的新型包装材料，推广使用绿色循环低碳产品。例如，2018 年 7 月，顺丰推出丰 BOX 共享循环箱，利用拉链代替封箱胶纸，除具有易拆封、可折叠、防盗、内绑定、无内填充等优点外，同时还能满足防水、阻燃、隔热保温等特殊需求。2017 年 12 月，京东物流在全国首批投放 10 万个由生物降解材料制成的可重复使用“青流箱”，其包装采用可降解材料制成的一次性封签，可以循环使用 20 次以上，单次使用成本相比纸箱节省 30%以上②。

第三节　中国商贸物流重点领域发展状况

近年来，我国电商、冷链、餐饮、医药等商贸物流细分行业快速发展。2018 年，我国电商物流保持高速增长，运作效率不断提升；冷链物流需求持续旺盛，市场集约化程度逐渐提高；餐饮物流规模持续扩大，共享模式初步兴起；医药物流规模持续增大，医药供应链平台涌现。

一、电商物流保持高速增长，运作效率不断提升

近年来，国务院、商务部、国家发展改革委等相继出台《全国电子商务物流发展专项规划（2016—2020 年）》《电子商务“十三五”发展规划》《关于推进电子商务与快递物流协同发展的意见》等电商物流相关规划和政

① 搜狐网．顺丰、京东、菜鸟蜂拥引入新能源物流车，可是…… [EB/OL]．[2018-05-22]．https：//www.sohu.com/a/232521660_257724.

② 搜狐网．京东物流投放 10 万循环快递箱“青流箱 绿色物流成电商企业共识 [EB/OL]．[2017-12-08]．http：//www.sohu.com/a/209242312_115479.

策，明确提出完善电商物流网络体系，加强线上线下融合，进一步提升电商物流的服务和创新能力，优化电商物流发展环境，有力促进了我国电商物流健康、快速、持续发展。

2018 年，我国电商物流保持高速增长。全年电子商务交易额为 31. 63 万亿元，同比增长 8. 5%。其中，商品类电商交易额 24. 33 万亿元，同比增长 12. 9%；服务类电商交易额 6. 28 万亿元，同比增长 21. 1%；合约类电商交易额 1. 02 万亿元，同比下降 51. 3%。全国网上零售额突破 9 万亿元，同比增长 23. 9%。其中，实物商品网上零售额 7 万亿元，同比增长 25. 4%，对社会消费品零售总额增长的贡献率达到 45. 2%，较 2017 年提升 7. 3 个百分点①。

同时，2018 年我国农村电商物流、快递物流、跨境电商物流等也增长迅猛。其中，全国农村网络零售额达到 1. 37 万亿元，同比增长 30. 4%；全国农产品网络零售额达到 2305 亿元，同比增长 33. 8%。全国快递服务企业业务量累计完成 507. 1 亿件，同比增长 26. 6%，全国跨境电商交易规模达 9. 1 万亿元。其中，通过海关跨境电子商务管理平台零售进出口总额达到 1347 亿元，同比增长 50%，出口 561. 2 亿元，同比增长 67%，进口 785. 8 亿元，同比增长 39. 8%②。

此外，我国电商物流总体运作效率提高，仓储、运输和配送环节效率显著提升。2018 年，电商物流库存周转指数整体大幅回升，平均为 102. 15 点，比 2017 年增长 7. 2%，12 月库存周转指数达到 105. 7 点，比 1 月指数增加 29. 9 点；电商物流运输环节实载率各月指数呈现稳中有进的趋势，到 12 月升至 110 点以上的高位，比 2017 年同期提高 5. 9%；电商物流时效指数全年平均值达到 108. 55 点，虽在 2 月份回落到 100 点以下，但从 3 月开始连续回升，12 月达到 112. 2 点，如图 7-6 所示。

---

① 新浪网．商务部：2018 年全国网上零售额突破 9 万亿元［EB/OL］．［2019-02-21］．http：//finance. sina. com. cn/roll/2019-02-21/doc-ihqfskcp7297699. shtml.

② 雨果网．海关总署：2018 跨境电商零售总额达 1347 亿元，2019 进口将迈出更大步伐［EB/OL］．［2019-01-14］．https：//www. cifnews. com/article/40660.

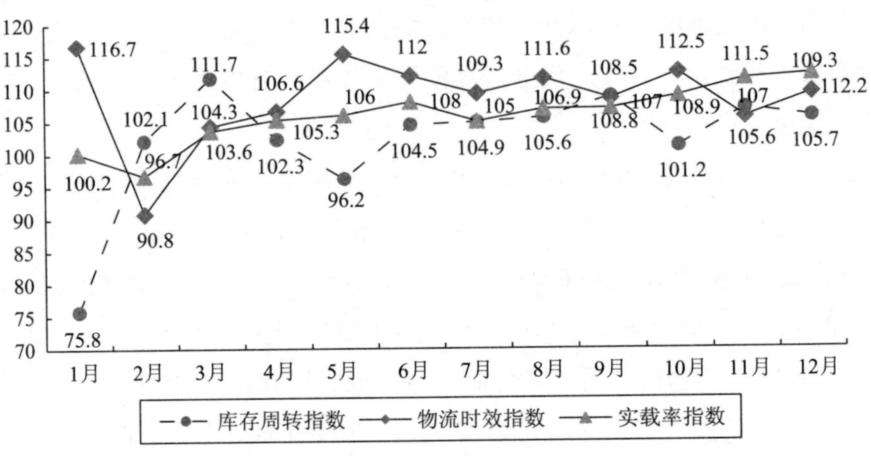

图 7-6　2018 年电商物流时效、库存周转和实载率指数

资料来源：根据中国物流信息中心 2018 年电商物流运行指数整理。

二、冷链物流需求持续旺盛，市场集约化程度逐渐提高

近年来，国务院、商务部及相关部委相继出台《关于进一步促进冷链运输物流企业健康发展的指导意见》《关于复制推广农产品冷链流通标准化示范典型经验模式的通知》等一系列冷链物流政策、规划和指导意见，明确提出了冷链物流产业发展目标、冷链运输行业标准以及冷链物流供应链体系建设等，要求进一步促进我国冷链运输物流企业健康发展，提升冷链运输物流服务水平。

在政策利好和需求向好的双重作用下，我国冷链物流市场实现稳步发展。2013—2018 年，我国冷链物流需求总量不断扩大，年均增速高达 18.5%，如图 7-7 所示。2018 年，我国冷链物流市场规模达到 3035 亿元，比 2017 年增加 349 亿元，同比增长 13%①。2018 年，我国冷链物流需求总量将达到 1.8 亿吨，比上年增加 3300 万吨，同比增长 22.1%。其中，全国生产乳制品 2687.1 万吨，同比增长 4.4%；鲜、冷藏肉产量累计 2729.3 万吨，累计增长 1.3%；

① 中商产业研究院．中国冷链物流行业格局及市场规模预测分析（附图表）［EB/OL］．［2019-01-28］．https：//baijiahao.baidu.com/s？id＝1623906291579370318&wfr＝spider&for＝pc.

牛奶和禽蛋产量 6203 万吨，同比增长 2.2%。

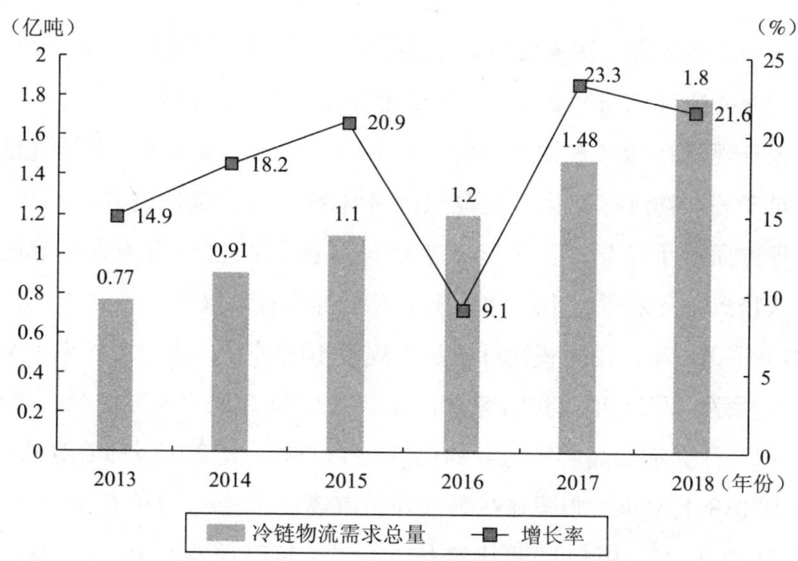

图 7-7　2013—2018 年中国冷链物流需求总量及增长率

资料来源：根据现代电商与物流研究院《国内冷链物流发展现状及趋势研究》相关数据整理。

此外，我国冷链物流企业之间整合、并购、重组步伐加快，市场集中度不断提高，催生了一批像荣庆物流、顺丰冷运、京东物流、苏宁物流、中外运冷链物流等具有全国性服务能力的冷链物流企业。例如，2018 年 6 月，招商美冷、中外运上海冷链、中外运冷链物流投资、中外运普菲斯冷链重组成立中外运冷链物流有限公司，致力打造“中国第一的综合性冷链供应链平台企业”。2018 年 7 月，万科并购太古冷链物流资产，包括上海市、广州市、南京市、成都市、厦门市、廊坊市、宁波市七座冷库，加快全国冷链物流布局。2018 年 8 月，顺丰控股正式宣布与世界冷链物流及控温式配送中心龙头企业夏晖成立合资公司，将充分发挥双方在冷链物流领域的优势，全力为客户提供一体化的供应链及综合物流解决方案，大力推进冷链物流发展。

三、餐饮物流规模持续扩大，共享模式初步兴起

近年来，商务部、国家发展改革委、国家市场监管总局相继出台《餐饮业经营管理办法（试行）》《网络餐饮服务食品安全监督管理办法》《餐饮冷链物流服务规范》和《餐饮服务食品安全操作规范》等有关餐饮物流的规划、政策，对于餐饮物流标准化、规范化服务体系建设以及网络餐饮服务平台建设运营等方面给予指导，要求进一步促进我国餐饮物流服务企业健康发展，提升餐饮物流服务水平，力求食品质量安全得到有效保障。

2013—2018 年，我国餐饮行业收入规模不断扩张，年均增长率为 11.0%，如图 7-8 所示。2018 年，我国餐饮行业收入规模达到 4.3 万亿元，累计增长 9.5%，占全社会消费品零售总额的比重为 11.3%，比 2017 年同期提高 1.6 个百分点。2018 上半年，中国在线餐饮外卖市场规模已超 1250 亿元，外卖行业用户达 7800 万人，用户量同比增长 6%，外卖订单支付额同比增长 10%，2018 年全年整体市场规模预计将达到 2430 亿元①。当前国内最大的即时配送运力平台“点我达”日均订单均已达到千万级，2018 年美团外卖单日订单突破 2100 万单。

同时，餐饮即时配送平台通过大数据等技术提高配送效率，优化用户体验。例如，饿了么智能调度系统“方舟”覆盖全国 2000 市县，平均每单配送时长已经缩短至 28 分 36 秒。美团外卖应用人工智能（Artificial Intelligence，AI）和基于位置服务（Location Based Service，LBS）技术打造的外卖超级大脑——O2O 实时物流配送智能调度系统，系统每天匹配 50 多万外卖员，并利用海量数据和人工智能算法，确保平均配送时长不超过 28 分钟。2018 年，美团无人配送车“小袋”在上海世界人工智能大会上亮相，通过采用高精度算法，可实现在复杂路况下自动躲避障碍物并自动规划路线。

① 艾媒咨询．2018 上半年中国在线外卖市场监测报告［EB/OL］．［2018-08-21］．http：//www.iimedia.cn/62229.html.

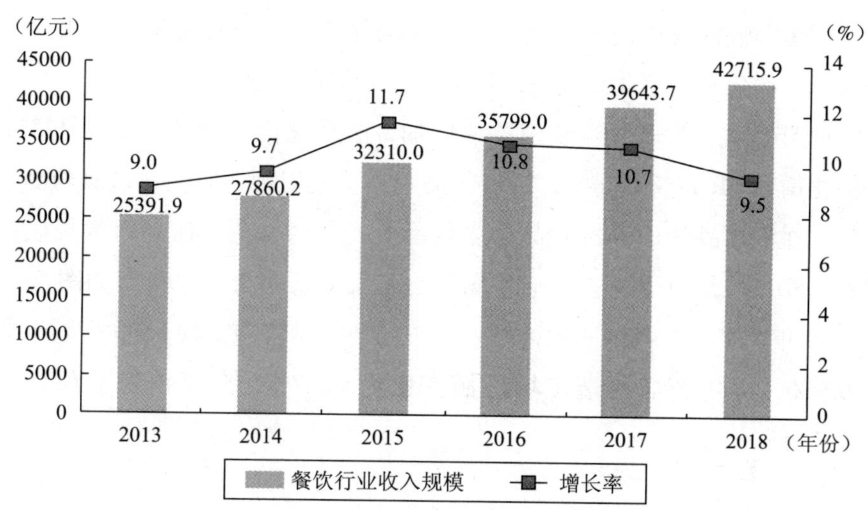

图 7-8　2013—2018 年中国餐饮行业收入规模及增长率

资料来源：根据《中国统计年鉴》（2014—2018）和 2018 年专题统计 1—12 月度报表相关数据整理。

此外，餐饮供应链模式不断创新，以冷链物流园区为依托的“共享中央厨房”初步兴起。例如，以海底捞、绿成、真功夫为代表的中央厨房模式，以原材料供应作为切入点，开展“集中采购、规模生产、统一配送”等多种运营模式，为餐饮商户提供从物料采购、生产加工、冷链配送等一系列服务，进而降低餐饮企业的物流成本和提高其物流效率。再如，2018 年，北京六膳门公司完成数千万元人民币 A 轮融资，在北京市、上海市运营 3 个中央厨房，为 50 多个餐饮品牌提供准成品生产和末端配送服务。

四、医药物流规模持续增大，医药供应链平台涌现

近年来，商务部、国务院和国家药监局相继出台《药品批发企业物流服务能力评估指标》《药品冷链物流运作规范》《全国药品流通行业发展规划（2016—2020 年）》《关于促进“互联网+医疗健康”发展的意见》《医药物流配送条码应用规范》和《关于药品信息化追溯体系建设的指导意见》等一系列有关医药物流的规划、政策，明确提出要进一步促进药品网络销售和医

疗物流配送等规范发展，提升药品质量安全保障水平，培育形成一批网络覆盖全国、集约化和信息化程度较高的大型药品流通企业。

2018 年，我国医药物流规模持续增加，医药物流总额预计达到 33517 亿元，同比增长 11.13%。其中，以疫苗类制品、注射剂、酊剂、口服药品、外用药品、血液制品等医药冷藏品为主要品类。同时，我国医药市场规模也持续增长，2013—2018 年医药流通市场年均名义增长率为 10.9%，如图 7-9 所示。2018 年上半年，我国三大终端六大市场药品销售额实现 8590 亿元，同比增长 6.9%，零售药店终端市场份额占比为 22.7%，全年销售额预计将达 21817 亿元①。

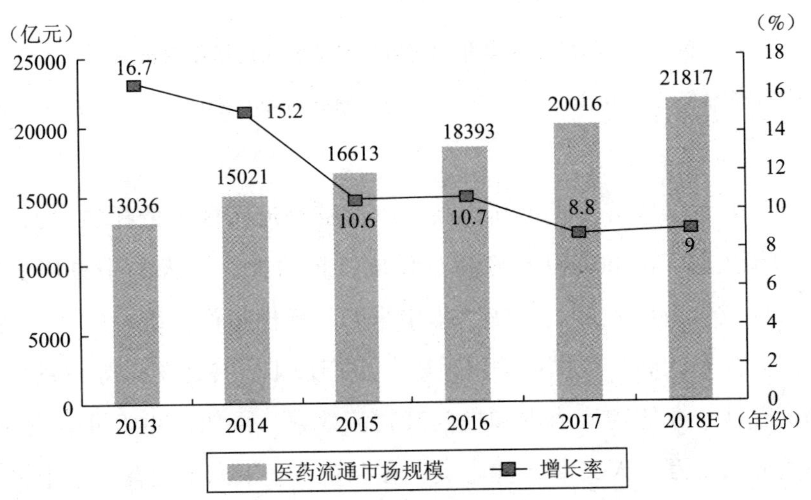

图 7-9　2013—2018 年中国医药流通市场规模及增长率②

资料来源：商务部《2017 年药品流通行业运行统计分析报告》和前瞻产业研究院《2018 年医药商业行业细分产品市场规模与发展前景分析》相关数据整理。

在新技术、新动能的驱动下，多元协同的医药供应链平台不断形成。例如，华润医药利用互联网打造“润药商城”，利用原有购销网、物流网、资金

① 前瞻产业研究院 . 2018 年医药商业行业细分产品市场规模与发展前景分析 药品类仍占主导地位［EB/OL］.［2019-02-14］. https：//www. qianzhan. com/analyst/detail/220/190213-57926b7e. html.

② 图 7-9 中的“2018E”表示 2018 年的预测数据。

网、零售网的传统优势，构建集互联网电商、医药专业物流、供应链金融、药品新零售为一体的医药供应链智慧服务平台，实现工商协同、品规协同、医药协同、营销协同、物流协同。再如，九州通打造链接医药全产业链的健康管理平台，将医药行业上下游的全部交易逐步纳入平台体系，帮助上游厂商监测药品库存、销售情况，助力下游药店做好客户管理、增加客户粘性①。

① 中商情报网.2018 年药品流通行业运行统计分析报告［EB/OL］.［2018-06-22］. http：//baijiahao. baidu. com/s？ id=1603958066238318760&wfr=spider&for=pc.

第八章　中国农产品物流发展状况

农产品物流关系国计民生，是我国城镇化建设、乡村振兴以及农业供给侧结构性改革的重要支撑和保障。随着居民消费水平的提升和电子商务的发展，中国农产品物流需求保持高速增长，行业发展环境不断优化，农产品物流在网络建设、冷链物流发展、信息化建设等方面取得显著进步。同时，粮食、生鲜电商等农产品细分行业物流发展迅速。未来，乡村振兴战略的贯彻实施和脱贫攻坚的稳步推进，将为我国农产品物流发展带来新的机遇。

第一节　中国农产品物流发展环境

2018 年，我国农产品生产及进口规模继续扩大，乡村振兴战略贯彻实施，农业供给侧结构性改革深入推进，脱贫攻坚进入关键期，对我国农产品物流的发展产生重要影响。同时，我国政府相继出台一系列政策、规划和指导意见，以加强对农产品物流行业的规范指导，推进农产品物流健康持续发展。

一、农产品生产规模位居世界前列

中国是农业生产和农产品消费大国，2018 年全国粮食产量 6.58 亿吨①，连续六年超过 6 亿吨，是世界粮食产量第一大国；肉类、禽蛋、牛奶、蔬菜、水果等生鲜农产品产量均位列世界第一②。2013—2018 年中国主要农产品产

① 国家统计局．中华人民共和国 2018 年国民经济和社会发展统计公报［EB/OL］．［2019-02-28］．http：//www.stats.gov.cn/tjsj/zxfb/201902/t20190228 1651265.html.

② 前瞻产业研究院．2018 年中国农产品流通行业发展趋势分析［EB/OL］．［2019-01-04］．https：//bg.qianzhan.com.

量如表 8-1 所示。

表 8-1　2013—2018 年中国主要农产品产量　　单位：万吨

指标＼年份	2013 年	2014 年	2015 年	2016 年	2017 年	2018 年
粮食	63048	63965	66060	66044	66161	65789
油料	3287	3372	3390	3400	3475	3439
茶叶	189	205	228	231	246	261
肉类	8633	8818	8750	8628	8654	8517
禽蛋	2906	2930	3046	3161	3096	3128
牛奶	3001	3160	3180	3064	3039	3075
水产品	5744	6002	6211	6379	6445	6469

资料来源：根据《中国统计年鉴（2014—2018）》和《2018 年国民经济和社会发展统计公报》相关数据整理。

二、农产品进口规模增长迅猛

随着我国农产品消费体量的逐年增长和消费需求的持续升级，国内消费者对进口农产品的需求不断增长，特别是 2017 年以来增长迅猛。2018 年，我国农产品进口额达 1371.0 亿美元，同比增长 8.9%。2013—2018 年，中国农产品进口额及增长率如图 8-1 所示。

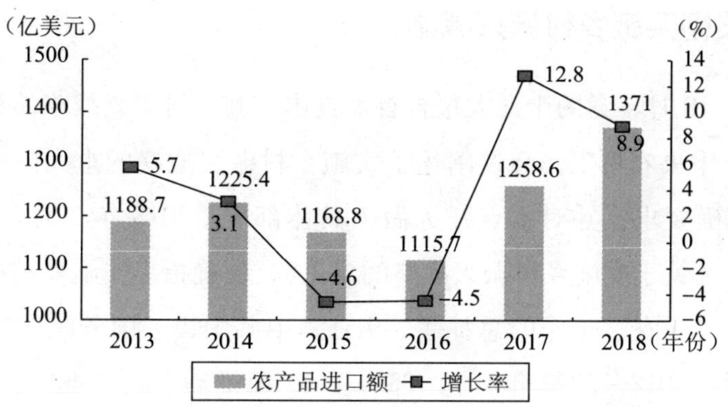

图 8-1　2013—2018 年中国农产品进口额及增长率

资料来源：根据农业部《我国农产品进出口情况》（2013—2018 年）相关数据整理。

从农产品进口品类来看，生鲜品类进口规模增长迅速。2018 年，我国蔬菜进口量为 49.1 万吨，同比增长 98.8%；水果进口量为 592.5 万吨，同比增长 21.1%；水产品进口量为 522.2 万吨，同比增长 6.6%。2016—2018 年中国主要农产品进口数量及进口额如表 8-2 所示。

表 8-2　2016—2018 年中国主要农产品进口数量及进口额

种类	进口数量（万吨）			进口额（亿美元）		
	2016 年	2017 年	2018 年	2016 年	2017 年	2018 年
谷物	2199.7	2560.1	2050.2	57.1	64.9	59.4
棉花	124.0	136.3	162.7	17.8	23.6	32.0
食糖	306.2	229.0	279.6	11.7	10.8	10.3
食用油籽	8952.9	10000.0	9448.9	370.4	430.2	417.5
食用植物油	688.4	742.8	808.7	50.5	56.8	58.6
蔬菜	—	24.7	49.1	5.3	5.5	8.3
水果	—	456.3	552.7	58.1	62.6	84.2
畜产品	—	—	—	234.0	256.2	285.2
水产品	—	489.7	522.2	207.4	113.5	148.6

资料来源：蔬菜和水果进口量数据由中国海关统计数据整理所得；水产品进口量数据由农业农村部统计数据整理所得；其余数据根据农业农村部国际合作司《我国农产品进出口情况（2016—2018 年）》相关数据整理所得。

三、贯彻实施乡村振兴战略

2017 年 10 月，党的十九大报告首次提出实施乡村振兴战略的重大历史任务。12 月，中央农村工作会议阐述了实施乡村振兴战略的重大问题，对贯彻落实提出明确要求，并对重点任务做出具体部署。2018 年 2 月，中共中央、国务院发布《关于实施乡村振兴战略的意见》，明确指出实施乡村振兴战略是新时代做好“三农”工作的总抓手。9 月，中共中央、国务院印发《乡村振兴战略规划（2018—2022 年）》，部署了 82 项推动乡村产业、人才、文化、生态和组织振兴的重大工程、重大计划、重大行动。该规划是我国出台的第一个全面推进乡村振兴战略的五年规划，也是统筹谋划和科学推进乡村振兴战略的行动纲领。

产业兴旺作为乡村振兴战略的首要目标，要求大力发展现代农产品，注重优质、绿色、生态和高效，加快推进农业转型升级，形成充满活力、功能完备、结构合理的农业产业体系，实现产业转型升级。农产品物流体系是农业产业化发展的重要支撑，是实现农业发展、农村繁荣、农民富裕的重要举措，是乡村振兴的关键所在。因此，乡村振兴战略的贯彻实施，将通过构建农业产业体系，间接促进农村交通物流设施、粮食现代物流体系和特色农产品优势区物流体系的建设和完善，进而促进农产品物流的健康发展。

四、深入推进农业供给侧结构性改革

2016 年 12 月，中央农村工作会议对农业产业供给侧结构性改革提出了明确的目标和战略规划，要求以体制改革和机制创新为根本途径，优化农业产业体系、生产体系、经营体系，促进农业农村发展由过度依赖资源消耗、主要满足“量”的需求，向追求绿色生态可持续、更加注重满足“质”的需求转变。推进农业供给侧结构性改革，是加快转变农业发展方式的重要途径，也是加快转变农业发展方式在农业供给侧的聚焦和升华。

截至 2018 年年底，我国农业供给侧结构性改革已取得积极进展，主要体现在以下几个方面：一是优粮优产、优粮优购、优粮优储、优粮优加、优粮优销“五优联动”稳步推进，现代化粮食产业体系建设向纵深发展。二是启动建设四个国家粮食技术创新中心和首个国家粮食技术转移中心①。三是“优质粮食工程”支持范围和扶持资金规模进一步扩大。

“农业+”多业态发展态势初显。“农业+”加工流通，催生了中央厨房、直供直销、会员农业等延伸型农业。“农业+”信息产业，催生了数字农业等智慧型农业②。

---

① 国家粮食和物资储备局．深化改革，转型发展，切实提高粮食和物资储备安全保障能力——2019 年全国粮食和物资储备工作会议在京召开［EB/OL］.［2019-01-18］. http：//chinagrain. gov. cn/html/xinwen/2019-01/18/content_ 242921. shtml.

② 龙新．乡村新产业新业态亮点纷呈［N］. 农民日报，2018-12-10.

五、脱贫攻坚进入关键期

党的十八大以来，党中央把脱贫攻坚工作纳入“五位一体”总体布局和“四个全面”战略布局，作为实现第一个百年奋斗目标的重点任务，做出了一系列重大部署和安排。

2018 年，我国政府出台多项政策，进一步完善脱贫攻坚顶层的政策设计、强化政策措施、加强统筹协调，以推动脱贫攻坚工作更加有效开展。如《中共中央、国务院关于打赢脱贫攻坚战三年行动的指导意见》提出要推进深度贫困地区交通建设攻坚，加快补齐贫困地区基础设施短板，加快推进“快递下乡”工程，完善贫困地区农村物流配送体系，加强特色优势农产品生产基地冷链设施建设。《国务院办公厅关于深入开展消费扶贫助力打赢脱贫攻坚战的指导意见》提出打通生产、流通、消费各环节制约消费扶贫的痛点、难点和堵点，推动贫困地区产品和服务融入全国大市场。《交通运输脱贫攻坚三年行动计划（2018—2020 年）》明确到 2020 年，贫困地区基本建成“外联内通、通村畅乡、客车到村、安全便捷”的交通运输网络，并规定了十二项重点任务。《国务院办公厅关于保持基础设施领域补短板力度的指导意见》脱贫攻坚重点任务中提出，加强贫困地区的基础设施和基本公共服务设施建设等。

此外，中央 1 号文件连续五年提出“农村电商上行”，电子商务正逐渐成为脱贫攻坚的重要手段。截至 2018 年年底，由商务部指导，29 家单位成立的中国电商扶贫联盟，帮扶目标覆盖 351 个贫困县。2018 年，电子商务进农村综合示范新增 238 个国家级贫困县，覆盖率达 88.6%①。

六、行业相关政策与规划不断出台

农产品物流关系国计民生，我国政府高度重视农产品物流行业的健康发展。2018 年，国务院及各部委出台了一系列政策、发展规划和指导意见，以加强对农产品物流行业的规划指导，提升农产品物流服务水平，如表 8-3 所

① 去年全国网上零售额超九万亿元 农村电商迅猛发展［N］. 经济日报，2019-02-22.

示。这些相关政策主要关注农产品物流体系建设，明确要求加快农产品物流基础设施的建设、积极推动农产品物流网络节点体系建设、着力完善农产品全产业链、绿色可追溯体系。

表 8-3 2018 年中国农产品物流相关政策与规划

序号	发文时间	发文部门	政策文件名称	有关农产品物流的内容
1	2018 年 1 月	商务部市场体系建设司	关于农产品冷链流通标准化评估结果的公示	确定了农产品冷链流通标准化首批示范的四个示范城市和九家示范企业
2	2018 年 3 月	商务部办公厅、中华全国供销合作总社办公厅	关于深化战略合作，推进农村流通现代化的通知	提出四项重点工作任务，包括推进农产品流通现代化、加强城乡物流体系建设等
3	2018 年 4 月	商务部等八部门	关于开展供应链创新与应用试点的通知	明确了试点城市六项重点任务，“建立健全农业供应链”重点任务中提出要“打造联结农户、新型农业经营主体、农产品加工流通企业和最终消费者的紧密型农产品供应链，构建完善全产业链各环节相互衔接配套的绿色可追溯农业供应链体系”
4	2018 年 5 月	商务部	关于推进农商互联助力乡村振兴的通知	明确了六项重点任务，包括打造全产业链条标准体系、加强农产品流通基础设施建设等
5	2018 年 6 月	财政部办公厅、商务部办公厅	关于开展 2018 年流通领域现代化供应链体系建设的通知	重点围绕农产品、冷链等行业领域，加快推进现代供应链体系建设
6	2018 年 6 月	商务部办公厅	关于印发重要产品追溯管理平台建设指南（试行）的函	本文件规定了包括农产品在内的重要产品追溯管理平台的术语和定义、各级平台的逻辑关系、设计要求、总体架构、功能要求、性能要求、接口要求、部署环境要求、安全性要求和运行维护要求。

续表

序号	发文时间	发文部门	政策文件名称	有关农产品物流的内容
7	2018 年 12 月	交通运输部办公厅	关于推进乡镇运输服务站建设加快完善农村物流网络节点体系的意见	加快建设县、乡、村三级农村物流网络节点体系、培育龙头骨干物流企业、推广先进运营模式和信息技术，构建资源共享、服务同网、信息互通、便利高效的农村物流发展新格局。
8	2018 年 12 月	国家发展改革委、交通运输部	关于印发国家物流枢纽布局和建设规划的通知	在“打造高效专业的物流服务网络”中提到，促进农村电子商务物流体系建设，推动农产品“上行”和工业品“下行”双向高效流通；鼓励粮食、棉花等大宗商品物流嵌入国家物流枢纽服务系统；发展铁路散粮运输、棉花集装箱运输。

第二节　中国农产品物流发展现状

随着发展环境的不断优化、相关政策措施的贯彻实施，2018 年我国农产品物流规模持续平稳增长，农产品物流网络建设快速推进，冷链物流发展提质升级，农产品物流信息化水平不断提升。

一、农产品物流规模持续平稳增长

2013—2018 年，我国农产品物流总额呈现平稳增长态势，年均增长率为 4.7%，增速有所回落，如图 8-2 所示。2018 年，我国农产品物流总额为 3.9 万亿元，同比增加 3.5%，增速比上年同期回落 0.4 个百分点。

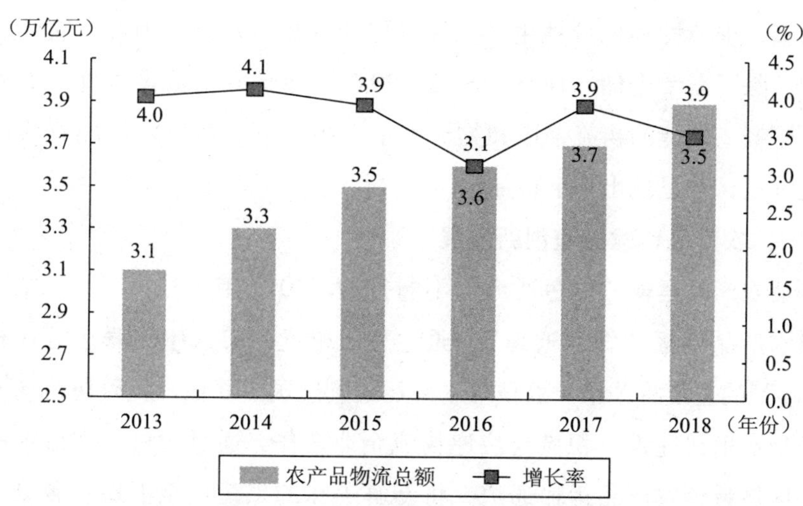

图 8-2　2013—2018 年中国农产品物流总额及增长率

资料来源：根据《全国物流运行情况通报》（2013—2018 年）相关数据整理。

我国农产品物流总额占社会物流总额的比重仍然偏小，且呈现下滑趋势，如表 8-4 所示。截至 2018 年，农产品物流总额占社会物流总额的比重已降至 1.4%。

表 8-4　2013—2018 年中国农产品和工业物流总额及其占比情况

年份	社会物流总额（万亿元）	农产品物流总额（万亿元）	农产品物流总额占比（%）
2013	197.8	3.1	1.6
2014	213.5	3.3	1.5
2015	219.2	3.5	1.6
2016	229.7	3.6	1.6
2017	252.8	3.7	1.5
2018	283.1	3.9	1.4

资料来源：根据《全国物流运行情况通报》（2013—2018 年）相关数据整理。

二、快速推进农产品物流网络建设

农产品是有生命的动物性和植物性产品，不同于其他产品，具有体积大、需求量多、季节性和地域性生产、保鲜保质期短等特点。因此，农产品流通过程中，除了需要仓储、保鲜、冷藏、冷冻、运输等物流设备外，更需要环节少、顺畅、便捷的物流渠道和物流网络。2018 年，我国农产品物流网络建设快速推进，并呈现出如下特征。

（一）农产品运输通道创新发展

鲜活农产品运输“绿色通道”不断打通。2018 年 3 月，三亚凤凰国际机场开通农产品空运“绿色通道”，通过直飞或优先装载中转联运等途径，以“一日达”的速度将芒果、荔枝等水果运送到全国主要城市。潍坊机场不断加强航空货运枢纽建设，积极与快递物流企业合作，通过包机、客机腹舱等形式构筑区域特色农产品运输通道，将新鲜美味的果蔬送至消费者餐桌。西安市借助顺丰等快递企业的航空物流渠道和行业解决方案，开创出“冷链直发+专机空运+快递配送”的“绿色通道”，实现了将樱桃等生鲜农特产品大量销往北京市、上海市、广东省等地。

此外，农产品运输国际通道不断开通。例如，2018 年 11 月，昆明—迪拜开通国际货运航线。截至 2018 年年底，昆明已开通至印度德里、越南河内等八条国际货运航线。这些货运航线运输货物以云南省高原特色农产品和绿色食品为主。

（二）扎实推进大型农产品物流节点建设

国内农产品物流节点建设加速。如 2018 年 6 月，阿里巴巴集团与江西省签署战略合作协议。根据协议，阿里巴巴集团将在江西投资建设菜鸟网络智能物流骨干网节点项目，打造一批市县配送中心和城乡末端配送网络。届时，江西农产品将搭乘智能物流骨干网，运往全球市场。11 月，四川北新大弘集团天府国际农产品中心水果批发交易区整体试运营。该中心是集仓储、物流一体，占地 912 亩，总规划建筑面积超过 130 万平方米，拥有 50 万吨级冻库资源的农产品交易市场，是西南地区最大的商贸交易+冷链物流集群。

重点国际农产品物流园区（中心）建设加快。例如，2018 年 3 月，中商联跨境农产品冷链物流集散平台暨中商联“一带一路”现代服务产业园一期工程，在宁波梅山保税港区开工建设。据介绍，该项目总投资约7亿元，占地239亩，计划建设3座总设计库容6万吨的环保智能跨境冷链保税仓库、3座总仓储面积超12万平方米的跨境电商与一般贸易保税仓库。项目建成后，将成为亚洲地区规模最大、智能化程度最高、公共服务水平最优的国际冷链农产品进出口集散中心。再如，2018年8月，川陕甘国际农产品（物流）批发交易中心项目签约，该项目位于广元经济技术，建设用地总面积约400亩，投资总额近8亿元，将建设蔬菜、水果、水产、副食品、肉类、中药材交易区，冷链物流区，仓储配送区等功能区。

（三）农产品批发市场体系整合态势显现

农产品批发市场是我国农产品流通及销售的主要渠道，它不仅是农产品集中大规模交易的场所，也发挥着农产品产销衔接、价格形成、保障供给等重要作用。目前，批发市场在我国农产品流通和物流体系中仍占据主导地位。2018年，我国农产品批发市场发展呈现出以下特征。

1. 农产品批发市场呈现集团化发展态势

一些实力较强的批发市场通过新建、合作、入股、收购、托管等方式，在全国布局农产品批发市场和物流园，形成集团化发展趋势。例如，北京市新发地农产品批发市场作为交易量、交易额连续14年双居全国第一的市场，已经在全国农产品主产区投资建设了10家分批发市场[①]；深圳农产品集团股份有限公司在深圳市、北京市、上海市、天津市、成都市、西安市等26个大中城市经营管理着超过38家综合批发市场和网上交易市场，形成国内颇具规模的基于供应链管理的新型农产品流通生态圈，其年度交易额约占全国规模以上批发市场交易总额的10%[②]；雨润集团已拥有12家农产品全球采购中心。

2. 农产品批发市场向供应链服务延伸

四川北新大弘集团投资开发建设的天府国际农产品中心搭建了集订单管

---

① 北京新发地市场．北京新发地农产品批发市场简介［EB/OL］．http：//www.xinfadi.com.cn/company/cintros.shtml.

② 深农集团．集团概况［EB/OL］．http：//www.szap.com/aboutUs.

理系统（OMS）、仓储管理系统（WMS）、运输管理系统（TMS）以及 GPS 系统等为一体的农产品供应链管理平台。2019 年 1 月，由北京铁路局和锦绣大地共同打造的首个“公转铁”绿色物流配送基地启动，这是铁路联合试点农产品供应链的第一个落地项目。该基地分为存储区和分拣区，共 6070 平方米，设计存储量 4000 吨，年吞吐量 24 万吨。

三、农产品冷链物流提质升级

随着消费结构持续升级、生鲜电商快速崛起及国家鼓励政策不断出台，我国农产品冷链物流由高速增长转向高质量发展，农产品冷链企业全渠道网络建设加快，农产品冷链运输服务不断创新，相关标准制修订与示范工作不断推进。

（一）加快农产品冷链企业全渠道网络建设

近年来，京东物流通过搭建全流程、全场景的 F2B2C 一站式生鲜供应链服务网络，推进仓配一体冷链网络建设，已经成为冷链仓储网、冷链运输网、冷链宅配网“三位一体”的综合型冷链服务供应商。截至 2019 年 4 月，京东已经在全国 11 个核心城市建设了 19 个全温层冷库，冷链 B2B 核心骨干网络实现十省通达，冷链 B2C 配送网络覆盖超 300 个城市，实现了优质农副产品从生产加工到摆上消费者餐桌的无缝对接，推动了中国生鲜冷链行业提质升级。

鲜生活冷链作为目前国内最大的城市共同配第三方冷链物流公司，一直致力于为餐饮、食品生产、线上线下生鲜零售等企业提供物流供应链优化、城市仓配物流等一站式服务。截至 2018 年年底，鲜生活冷链自有高性能冷链车辆 4000 余台，整合社会冷链车辆 10000 余台，城际对流运输干线覆盖 28 个省市自治区，城市配送区域覆盖全国 20 多个主要城市。冷链云仓覆盖全国 23 个城市，总面积超 20 万平方米，提供存储、包装、分拣、初加工、中转等服务。

九曳供应链作为专注为生鲜农业、生鲜电商、食品加工等企业提供一站式服务的现代供应链公司，围绕全球农、牧、渔、食品等生鲜领域，已经形成了包括面向 B2B 的冷链子品牌九曳鲜运平台和面向 B2C 的九曳鲜配平台两大模式。截至 2019 年 5 月，九曳鲜运平台以国内 30 个生鲜云仓为支点，运营着 1500 多条冷链运输路线和 2000 多台冷链运输车辆，搭建起了覆盖全国的冷链运输网络；九曳鲜配平台次日达覆盖县市区域 502 个、隔日达 571 个，可为全品类的生鲜产品提供宅配到家的服务。

（二）不断创新农产品冷链运输服务

2018 年 7 月，长三角铁路开行首个国内冷链货运班列，该班列打通了长三角地区与四川的冷冻、生鲜物品铁路运输通道。该冷链班列实现了单个自带发电机冷藏箱制冷运输，解决了冻肉批量运输组织难和编组难的问题。12 月，京东冷链卡班首发上线，一期通过百余条线路实现北京市、上海市等 10 个城市互发，以集拼或分拨的模式提供点到点固定班次运输服务。2019 年 3 月，京东冷链上线冷链城配，为商家提供一体化、多场景的同城冷链运输服务。该模式以拼车共配或整车专送模式，满足客户冷链运输需求，其产品一期覆盖北京市、上海市、广州市、成都市、武汉市等 10 个城市。此外，京东冷链整车产品于 2019 年 4 月上线，以平台化模式，通过整合上游货主、中游物流企业与下游货车司机多方资源，为客户提供点到点、点到多点的冷链整车直送服务。

2018 年 11 月，铁路部门将充分发挥高铁成网优势，科学配置动车组预留车厢、高铁确认车、普速列车行李车等多种运力资源，扩大“高铁极速达”服务范围，首次推出铁路冷链快递新服务。截至目前，高铁极速达已通达 58 个城市。

（三）不断推进相关标准制修订与示范工作

2018 年，我国冷链物流标准化体系不断完善，制修订冷链相关标准 55 项。具体包括申报《食品冷链物流温度控制要求》和《食品冷库运行指标及评定规范》两项国家标准，开展《冷藏、冷冻食品物流包装、标志、运输和储存》国家标准、《生鲜宅配作业规范》和《冷库能效设施评估指标》行业标准、《食品冷库监测要求》团体标准制修订工作，参与了国内标准《冷链货物空陆联运通用要求》和《行驶温度记录仪技术要求和检验方法》、国际标准《公共可用规范间接、温控冷藏配送服务——具有中间转移的冷藏包裹的陆路运输—规范》等多项标准的制修订工作。此外，国家强制性标准《食品冷链卫生规范》已于 2018 年完成实地调研工作，并已组织多次研讨会和进行修改。以上这些标准的出台实施，将有力促进我国冷链物流标准化水平提升。

2018 年，我国农产品冷链流通标准化示范工作继续推进。4 月，商务部办公厅和国家标准化管理委员会办公室联合印发《关于复制推广农产品冷链流通标准化示范典型经验模式的通知》，确定了 31 个试点城市和 285 家试点企业，并总结试点城市和企业在农产品冷链流通基础设施建设、标准化、信息化、集约化及构建全程农产品冷链流通链条五个方面的 17 条经验和模式，并在全国范围内复制推广，进一步提升农产品冷链流通现代化水平。

四、加快农产品物流信息化建设

近年来，借助云计算、大数据、物联网等新型基础设施的建设，农产品物流企业积极应用条形码、智能标签、可视化及跟踪追溯系统等先进技术，打造全程可视化的农产品物流供应链服务。

一是农产品物流数据实现可视化。例如，全国农产品冷链流通监控平台的“全国农产品冷链流通环境数据中心”提供了扫码“可视化”全程冷链环境数据监控技术。该技术可以用看得见的数据再现农产品冷链流通的全过程，数据详细至温度、湿度、开关门信、车辆轨迹、载重等。截至 2018 年 8 月，在全国 10 个财政扶持的省份中已经有 5 个省份和全国平台实现了对接，共有 70 多家企业完成了项目对接。

二是全程冷链物流技术研发和应用速度加快。例如，广东某水产公司自主研发低温暂养、活鱼包装、纯氧配送等专利技术，采用逐级降温和智能温控技术，在运输过程中实现全程封闭温控管理。再如，广州某果菜保鲜公司依托全程农产品冷链流通技术，保证货柜运输全程保持在 0℃ ~2℃，直到抵达目的地开柜。

第三节　中国农产品物流重点领域发展状况

近年来，我国粮食、生鲜电商等农产品细分行业发展迅速。2018 年，我国粮食物流设计和通道建设稳步推进，粮食运输结构持续优化，粮食行业信息化建设加快，农产品生鲜电商规模快速增长，产地仓和供应链运营中心建设加强，为提升我国农产品物流整体运作水平发挥了重要作用。

一、粮食物流发展状况

粮食物流是粮食行业发展的基础支撑性产业。近年来，围绕“一带一路”建设、京津冀协同发展、长江经济带发展三大战略，我国粮食物流体系建设不断加强。

（一）稳步推进粮食物流设施及通道建设

一方面，国际粮食供给渠道与国际粮食物流通道建设加快。2018 年 7 月，中俄粮食走廊项目落户辽宁自贸试验区营口片区，该项目将在俄罗斯设立中俄农工产业经济贸易合作区、粮食期货（保税）交割仓库，在营口建设粮食投资生产加工物流销售运营中心，以扩大对俄罗斯等“一带一路”国家农产品进出口规模，打造“一带一路”中欧班列回程货源终点集散中心。为全力推进落实该项目，10 月，中国（辽宁）自由贸易试验区营口片区管委会和项目主办方与山东江泉实业股份有限公司等五家企业签署合作协议，合作内容涉及“中俄粮食走廊”项目的粮食生产、销售、运营管理等。2018 年 9 月，河南进境粮食指定口岸正式运营，该口岸利用陇海铁路、京广铁路两个通道，依托中欧班列、中亚班列、海铁班列等货运班列，打通了河南至东欧、中亚、东南亚、澳洲、美洲、非洲等地区的“国际粮食通道”。2018 年，依托西安国际港务区的陆港功能和中欧班列“长安号”，西安开通粮食专列，实现了将中亚的粮食常态化运输至西安。此外，中粮集团以建设世界一流大粮商为目标，持续布局全球粮食主产区和主销区。截至 2018 年年底，中粮集团的粮油食品产业链条已经辐射全球 140 多个国家①。

另一方面，国内粮食物流设施及通道建设也稳步推进。2018 年 3 月，广州港新沙港区 2 个粮食通用泊位动工建设，项目建成后，广州港将拥有万吨级粮食通用泊位 15 个，粮食通过能力超过 3500 万吨。8 月，广州港南沙粮食及通用码头筒仓二期同时开工建设，该项目总投资额为 7.59 亿元，将新建 14 个大直径筒仓和 47 个立筒仓及配套设施，仓容达 40.9 万吨②。同月，西安国家粮食物流交易中心完工，该中心将结合自身政策性粮油交易平台优势和中粮集团的贸易优势，利用全国 29 个国家级粮食交易平台③，成为集商流与物流、现货与大宗粮油商品交易、线上和线下为一体的综合性、区域性国家级粮食物流集散中心和“一带一路”国际粮食分销贸易中心。

（二）继续优化调整粮食运输结构

随着“公路治超”的不断深入，我国粮食运输继续呈现出优化升级态势，主要体现在以下两个方面。

一是打通粮食公海联运新模式。例如，2018 年 6 月，营口公路港与北大荒集团“粮食物流项目”顺利签约。该项目通过导入传化供应链解决方案，创新粮食产业链物流模式，由营口公路港为北大荒集团提供从东北三省各地粮仓至鲅鱼圈港的公路运力，以及至南方各港口的海运服务，实现了粮食从集港运输到终端客户的一单到底全链条运输。

二是粮食铁水联运通道建设提速。例如，2018 年 1 月，由盘锦港集团有限公司与辽宁沈哈红运物流有限公司共同主办的“东北三省—盘锦港—东南沿海”粮食物流首条班列开通。6 月，辽宁盘锦港集团有限公司与武汉港务集团达成战略合作协议，共同打造“东北三省—盘锦港—武汉港—云贵川”铁水联运粮食大通道。8 月，中铁沈阳局在吉林省开行直达营口港的集装箱粮

① 孙朋浩．中粮集团：开放合作 推动全球农粮产业链健康发展．中国网财经，2018-11-06.

② 亿欧智库．投资近 25 亿元，粤港澳大湾区将有新的物流中心和粮仓［EB/OL］．［2018-09-03］．https：//www.iyiou.com/p/80480.html.

③ 郑昊．西安国家粮食物流交易中心将于明年建成［N］．陕西日报，2017-12-06.

食班列。

（三）不断加强粮食行业信息化建设

2018 年，我国完工 2794 个集储粮信息自动感知和自动采集系统、仓储机器人、绿色储粮技术等先进科技于一体的智能化粮库项目，安防能力、作业效率和监管水平普遍提升①。

2018 年，国家粮食管理平台一期试运行，并已与 12 个省级平台和有关部门实现互通共享。该项目作为粮食信息化建设的顶层设计，借助大数据、物联网、云计算等新兴技术的科技力量，推动信息技术与粮食行业深度融合，能够实现对全国粮食信息实时监控和宏观调控的决策支撑。

二、农产品生鲜电商发展状况

近年来，农产品生鲜电商已经成为我国农产品流通不可或缺的重要途径。农产品电商在扩展农产品销售渠道的同时，还通过大数据有效引导和组织生产，是农业供给侧结构性改革的重要抓手。2018 年，我国农产品生鲜电商保持快速增长，产业链资源整合加速，产地仓建设快速推进，农产品生鲜电商供应链运营中心建设步伐加快，农产品电商呈现出良好的发展态势。

（一）农产品生鲜电商行业规模快速增长

近年来，随着居民消费水平的不断提升和物流基础设施的进一步完善，作为农产品电商的重要业态，农产品生鲜电商保持了快速增长的态势。2018 年，农产品生鲜电商行业市场交易规模达到 2103.2 亿元，比上年增长 49.9%，如图 8-3 所示。

---

① 国家粮食和物资储备局．深化改革，转型发展，切实提高粮食和物资储备安全保障能力——2019 年全国粮食和物资储备工作会议在京召开［EB/OL］．［2019-01-18］．http：//chinagrain.gov.cn/html/xinwen/2019-01/18/content_242921.shtml.

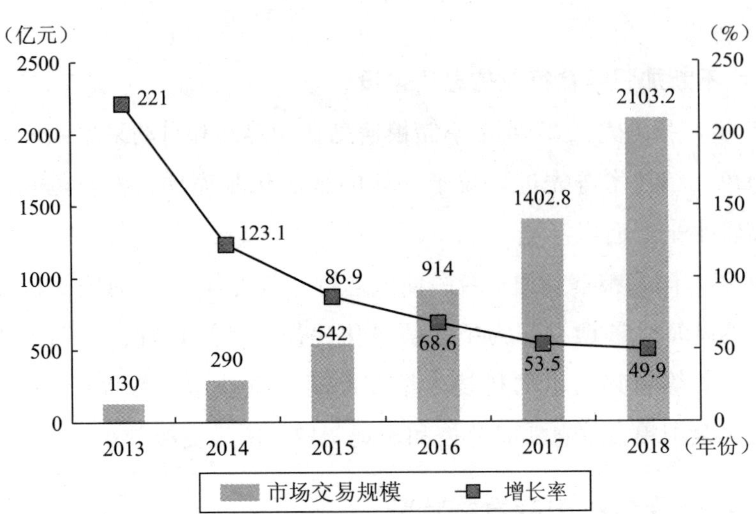

图 8-3 2013—2018 年中国农产品生鲜电商市场交易规模及增长率

资料来源：根据前瞻产业研究院相关数据整理。

农产品生鲜电商月活跃用户数量也快速增长。根据初步核算数据，2018 年 12 月，我国农产品生鲜电商月活跃用户数量已经达到 2162. 2 万人，较 2017 年年底增长 69. 31%。

农产品生鲜电商行业资本活跃，行业融资额迈入新高。根据电子商务研究中心不完全统计数据，2018 年国内共有 22 家农产品生鲜电商企业斩获融资①。融资额排名前十的农产品生鲜电商包括美菜网、食得鲜、百果园、每日一淘、生鲜传奇、宋小菜、鲜食享会、十荟团、鲜世纪等平台。其中，美菜网 2018 年获得两笔融资，共计 10. 5 亿美元。

随着农产品生鲜电商的快速发展，将倒逼物流产业升级。目前，农产品生鲜电商经营的产品类目主要包括海鲜水产、肉蛋、奶制品、粮油、水果蔬菜等，这些产品由于保质期短、不易保存等特点，对运输条件和物流配送速度等要求也较高。因此，伴随着农产品生鲜电商的蓬勃发展，将促使我国农

① 前瞻产业研究院 . 预见 2019：《2019 年中国生鲜电商产业全景图谱》[EB/OL]. [2019-03-13]. https：//www. qianzhan. com/analyst/detail/220/190312-c07c6c48. html.

产品冷链物流体系的不断发展和完善。

（二）加速产业链资源整合

农产品生鲜电商企业极为重视品质把控与消费者购物体验。2018 年，多家企业加码投资打造农产品产业链条，以解决生鲜农产品物流“最先一公里”与“最后一公里”的需求痛点。

社员网围绕大宗农产品 B2B 交易，以“互联网+精准扶贫+农产品上行”为切入点，通过在田间地头布控大宗农产品上行团队，衔接线上全国批发市场和采购商订单，在供需信息精准匹配之后，提供全程调度验货、集货、收货、分级、装卸、配车等一站式服务。

美莱网采用“两端一链一平台”的模式，运用互联网+大数据系统，整合了农业产业链的上下游，并通过自建仓储、物流、配送，全面打通农产品“采仓配销”，实现了农产品从田间到餐桌全流程精细化管控。

农信互联以生猪互联网生态圈建设为切入点，通过移动互联网、物联网、云计算、大数据等技术手段与传统养猪业深度整合，承建农业经营数据、电商场景和金融服务体系，形成了“三网一通”产品链，实现了相关产业的全链条服务。

（三）快速推进产地仓建设

2018 年，随着新零售和无界零售的发展，各大电商纷纷改变原有的物流供应链模式，缩短供应链环节，把仓储直接移到原产地，大力布局农产品产地仓①。

2018 年 4 月，菜鸟和天猫联合推出“神农计划”，未来两年内将在全国开设 100 个原产地生鲜仓库，覆盖全国生鲜主产区，将工业级标准引入生鲜供应链全领域，运用智能算法为生鲜商品的销售、布货提供智能决策。

2018 年，京东也开始布局产地仓，在西北五省推进产地仓项目建设，与西北当地开展“京云仓”合作模式。截至 2018 年年底，京东眉县产地仓、山

① 农产品产地仓，是指大的零售或物流企业在农产品产地就近建设仓库。目前，产地仓布局是零售业最先一公里的竞争，是实现新智慧零售的重要环节。

东烟台樱桃仓、广西水果仓均已落地。未来，京东将陆续在广西、海南加快建设产地仓。

2018 年，苏宁物流在冷链方面发力也非常明显，先后在北京市、上海市、广州市、南京市、武汉市、成都市、沈阳市、西安市、杭州市、重庆市、深圳市、济南市、武汉市、合肥市、福州市、徐州市和天津市等枢纽城市建成 17 座冷链仓。依托这些冷链仓建立起的大型仓储，苏宁物流将在全国新建包括无锡水蜜桃、西安猕猴桃、湛江菠萝、仙居杨梅、盱眙龙虾、阳澄湖大闸蟹等在内的多个产地仓。

（四）加快农产品生鲜电商供应链运营中心建设步伐

2018 年 3 月，盒马鲜生全国首个供应链运营中心在武汉开工建设。该项目占地约 360 亩，总建筑面积约 22 万平方米，建设内容包括运营中心和结算中心、区域加工中心、区域冷链及常温仓储中心、区域城市配送中心等。

9 月，顺丰杭州国际生鲜电商供应链基地开工建设。该项目规划占地面积 67803 平方米，建筑面积 149167 平方米，包括多温段智能交易中心、智能分拣中心以及生鲜电商办公、冷链企业总部中心、展示体验中心、商务配套等。

专题篇

导　言

中国物流与供应链领域的创新是新常态下培育经济新功能的迫切需要，也是我国推进供给侧结构改革、提升企业全球竞争力的现实选择。本报告选取了三章专题，聚焦中国物流与供应链领域的创新发展。

供应链服务对支撑国民经济发展具有基础性、战略性的作用。推进供应链服务创新，对提升产业竞争力、激发经济活力、维护国家供应链安全战略具有重要意义。第九章介绍了供应链服务创新的内涵、经济背景和政策环境，总结了中国供应链服务创新的典型模式与发展路径，分析了中国供应链服务创新现状及问题，提出了中国供应链服务创新的发展趋势及建议。报告认为，当前我国供应链服务创新呈现出整体发展迅速、服务模式创新密集以及地区差异性较大的特点，但也存在服务质量标准欠缺、风险管控有待加强等问题。未来，我国应加快供应链服务创新应用，积极推进两业深度融合中的供应链服务创新，完善相关支持政策，同时加强供应链专业人才培养，加大供应链服务行业协会建设。

以信息技术为代表的新技术革命正在加速推动中国物流行业的供给侧改革，智慧物流成为中国物流创新的核心领域之一。第十章从新技术应用的视角讨论了中国智慧物流的发展，介绍了影响当前中国智慧物流发展的主要技术类型，分析了智慧物流相关领域的技术成熟度划分，从公路、航空、铁路、港口、仓储、快递和城市配送等方面系统总结了中国智慧物流的发展现状，提炼了智慧物流发展对中国物流行业的影响。报告认为，中国各个行业领域的物流作业都开始推进智慧化升级，物流行业的整体智慧化水平呈现快速提升态势，智慧物流对物流行业的成本效率、组织结构、运作模式、管理水平、服务体系等各个方面都会产生持续、深远的影响。

自由贸易试验区（简称“自贸区”）是中国新时期全面深化改革和扩大开放的试验田。经过四年多的发展和建设，自贸区形成了一大批在全国范围内得到推广的改革创新成果。依托自贸区制度、政策优势和良好的营商环境，中国自贸区物流得到了不断发展。第十一章介绍了中国自贸区建设的新背景和新进程，总结了中国自贸区物流建设的新进展，探讨了自贸区物流未来发展趋势。报告认为，在自贸区带动下，中国区域物流资源整合不断加快，自贸区跨境物流服务不断创新，多式联运枢纽建设加快，物流相关高端服务业得到快速发展，智慧物流平台建设方兴未艾。未来，随着自贸区建设的不断推进，在市场需求升级的带动下，中国自贸区的高端物流服务要素将加快聚集，高附加值物流服务能力将进一步提升，自贸区将成为物流新科技应用的重要平台。

第九章　中国供应链服务创新[①]

供应链服务对支撑国民经济发展具有基础性、战略性的作用。推进供应链服务创新，对提升产业竞争力、激发经济活力、维护国家供应链安全战略具有重要意义。在经济全球化和“智慧+”的大背景下，对供应链服务进行创新发展已成为我国政府部门以及各企业主体的重要工作。

第一节　供应链服务创新概述

供应链是以客户需求为导向，以提高质量和效率为目标，以整合资源为手段，实现产品设计、采购、生产、销售、服务等全过程高效协同的组织形态。随着第四次科技革命的蓬勃发展和“中国制造 2025”“互联网+”行动计划等国家战略的启动实施，供应链服务通过柔性化管理、快速化响应和智慧化协同，创新力度不断加大，对推动经济提质增效发挥了重要的作用。

三、供应链服务创新的内涵

（一）供应链服务创新的概念

供应链服务是指服务型企业承接工贸企业非核心业务外包，并对其供应链的商流、物流、信息流和资金流进行整合和优化，从而形成的一种以共享、开放、协同为特征，以平台化为手段的创新性一体化商业服务[②]。一般来说，从事供应链服务的企业将基于生产、商贸企业的供应链上下游结构，对供应

① 本研究是国家社科基金重大项目《智慧供应链创新与应用》（18ZDA060）阶段性成果。

② 深圳市标准化指导性技术文件《供应链服务术语》（编号：SZDB/Z 295-2018）2018-4-1.

链的物流、信息流和资金流进行整合和优化，为供应链的采购、生产、分销等环节提供增值性的服务。

供应链服务创新是指供应链服务企业围绕供应链上下游结构，针对现有供应链服务，通过理念的创新和方式的变革，对已有服务要素进行系统的重新组合或动态变革，形成新的服务理念、服务目标、服务战略，以提高服务质量和顾客的让渡价值，提供超越顾客期望的体验和感受，推进供应链在效率和效益上的提升。随着信息技术的发展，供应链已发展到与互联网、物联网深度融合的智慧供应链新阶段，对供应链服务提出了更高的要求。结合时代发展规律，积极探索供应链服务创新具有重大意义。

（二）供应链服务创新的特性

供应链服务创新是聚焦于供应链结构上的动态创新活动，它需要对物流、商流、资金流、信息流等要素进行全面整合，对链上企业之间的管理实践运作进行改革创新，从而提升全供应链运作效率。总的来说，供应链服务创新主要有以下四个方面特征。

第一，供应链服务创新的目标侧重多主体和多维度。供应链服务创新不是传统的单个企业创新，是供应链上多个企业主体的联合创新。供应链服务创新需要通过整合国内外的各种有效资源，利用现代化的物流信息技术为上下游各类企业提供多维度、一体化的供应链创新解决方案。供应链服务创新的目标是通过对信息流、商流、物流、资金流的重组与优化，将供应链上的供应商、物流商、制造商、分销商、零售商和终端客户等每一个环节通过有机组合形成一个战略联盟，因此，创新呈现出明显的多主体和多维度的特征。

第二，供应链服务创新的过程呈现综合化和复杂化。供应链服务创新将对供应链各环节的商流、物流、信息流、资金流进行计划、协调、控制和优化，建立起“四流合一”的供应链综合服务体系和网络，因此，综合性创新特征日益凸显。此外，供应链服务创新过程将实现系统、数据、物联网的广泛整合，在创新中由于需要协调多主体的利益，所以创新过程呈现出复杂化的特征。

第三，供应链服务创新的工具强调信息化和智慧化。随着互联网技术的广泛应用与电子商务的迅速崛起，作为物流、商流、信息流、资金流等“四流合一”的供应链已经不再是劳动密集型组织的代名词，供应链正在向智慧化方向迅速转型，数字化、自动化和智能化发展成为不可阻挡的科技潮流。供应链已发展到与互联网、物联网深度融合的供应链创新阶段，以可视化、可感知和可调节功能为核心特征的供应链创新发展趋势日益显现。

第四，供应链服务创新的价值体现在增值性和可持续性。创新本质上都是为了更好的、更加可持续的发展。供应链服务创新通过协调供应链上下游主体的目标冲突、运作冲突和结果冲突，为整个供应链创造价值，因此，价值型供应链将是供应链服务创新的重要方向。通过为供应链创造价值，从而助推供应链的可持续发展，实现经济目标、社会目标、环境目标的协调统一。

二、供应链服务创新的背景

在全球化发展的趋势下，供应链运作日益呈现出创新、协调、绿色、开放、共享等特征，在产业变革、政策推动和科技促进的大背景下，企业对供应链服务不断提出新的要求，供应链服务创新已成为热点问题。

（一）企业竞争加剧，要求加快供应链服务创新

随着国内与全球经济竞争环境的变化，企业间竞争加剧，企业与企业之间的竞争已经日益演变成为供应链与供应链之间的竞争。供应链管理日益成为企业提升竞争力的重要管理手段。这就需要对供应链从上游制造企业到下游分销商、零售商进行专业的供应链管理以达到提升客户满意度、降低企业成本、优化业务流程的目的。在供应链间竞争日益加剧的形势下，供应链内部的合作关系将更为紧密，分工更加明确和专业化，这对供应链服务提出了更高的要求，从而促进了供应链服务创新的快速发展。

（二）国家政策推动，要求企业响应供应链服务创新

党的十八大以来，党中央数次强调“创新”对中国全面深化改革和发展的重要作用。变革创新是推动人类社会向前发展的根本动力，是引领发展的

第一动力。当前我国已由高速发展进入到中速发展阶段，面对凸显出来的经济增长动力不足、供需不平衡等问题，需要以创新为催化剂，实现量变到质变的过程。近年来，国家越加重视供应链建设，2017 年 10 月，国务院办公厅发布《关于积极推进供应链创新与应用的指导意见》，这是国家首次就供应链创新发展出台指导性文件，系统部署中国供应链创新与应用试点工作，明确提出“提升供应链服务水平”“创新发展供应链新理念、新技术、新模式”，为供应链服务创新提供了良好的政策支持。

（三）科技迅猛变革，促进供应链服务快速创新

邓小平同志明确提出“科技是第一生产力”。伴随着第四次工业革命的全面兴起，全球正处在互联网、物联网、云计算、大数据、区块链和人工智能技术综合运用的时代，是实体经济和虚拟经济高度融合的时代，是人的需求与技术供给共同进化与融合的时代，也是供应链行业组织方式深度重构的时代。新技术的应用不断推动着全球供应链服务的变革，供应链服务创新已成为新一轮全球国力竞争的重要趋势。

（四）全球经济高水平开放加快中国（跨境）供应链服务创新

当前，全球经济复苏不及预期，贸易投资保护主义抬头，导致国际贸易失序的复杂因素交织，但是以平等为基础、以开放为导向、以合作为动力、以共享为目标的全球经济格局依然是主流。在此期间，中国加快供应链服务创新可以帮助应对不确定视角下的中国国际贸易发展挑战，推动中国产业全球化发展。例如，在“一带一路”的建设中，中国以供应链为纽带开展创新合作，与合作国家之间进行政策沟通、设施联通、贸易畅通、资金融通和民心相通，实现开放共享、协同共赢。

三、供应链服务创新意义

受定制化和个性化服务需求的影响，供应链服务需求显现出多边化、高效化、柔性化等特点，这要求供应链服务要紧跟市场形势，精准把握时代脉搏，加快推进供应链服务创新发展，在推进产业发展、激发经济活力、维护国家供应链安全战略等方面发挥重要作用。

（一）供应链服务创新是提升产业竞争力的重要载体

供应链的协同效率与资源整合能力已经成为产业竞争力的重要组成部分。利用供应链优化的分析方法考察产业链，通过改善产业链上、下游供应链关系，整合和优化供应链中的商流、信息流、物流、资金流，可以提高供应产业、制造产业、零售产业、服务产业的效率，以获得产业的整体竞争优势。以供应链服务创新推动产业组织创新、协调技术创新和管理模式创新，形成产业供应链互联网体系，可以有效拓宽产业边界，促进产业融合。

（二）供应链服务创新是激发经济活力的重要抓手

供应链服务创新是供给侧结构性改革的重要抓手。通过对供应链的资源整合和流程优化，促进产业跨界和协同发展，实现各环节有效对接、降低成本、供需精准匹配和产业转型升级，补足供给短板，从而实现发展平衡、激发经济活力。供应链服务创新通过服务标准化、智能化、协同化、绿色化以及供应链服务一体化，加快推动供应链各主体各环节设施设备衔接、数据交互顺畅、资源协同共享，促进资源要素跨区域流动和合理配置，从而实现经济的提质、增效、降本，助力现代化经济体系建设，推动经济高质量发展。

（三）供应链服务创新是维护国家供应链安全的重要保证

当下，国际形势风云变幻，世界经济进入逆全球化风潮时代，全球供应链协同面临诸多新难题和新挑战。伴随国与国之间供应链、产业链合作的日益增加，如果没有良好的供应链控制权，我国供应链体系将受到巨大的损害。美国在 2012 年就发布了《全球供应链安全国家战略》，表明供应链安全已经上升到了国家战略的高度①。我们只有建立起科学先进的供应链体系，在与他国的供应链服务交流中不断创新，才能构建集政治安全、国土安全、军事安全、经济安全、文化安全、社会安全、科技安全、信息安全、生态安全、资源安全、核安全等于一体的国家安全体系。因此，供应链服务创新是维护国

---

① 丁俊发. 深度！美国把“全球供应链”列为“安全国家战略”说明了什么？[EB/OL]. [2016-7-18]. http://www.sohu.com/a/106412051_187325.

家供应链安全的重要保证。

第二节　中国供应链服务创新的典型模式与发展路径

加快供应链服务创新，建设现代供应链，已经成为我国深化供给侧结构性改革、建设现代化经济体系的重要内容。供应链服务创新注重新理念、新技术、新模式的推广与应用，其创新模式和发展路径直接关系到创新的效率。在不同的发展情境下，我国供应链服务创新涌现了许多新的模式与路径。

一、供应链服务创新的典型模式

供应链服务创新潮流的兴起，推动着一批供应链服务企业加快自身服务业务的转型和发展。不论是纯供应链服务企业、电商平台企业还是制造业发展而来的服务企业，都形成了各自独特的、成熟的供应链服务创新的典型模式。

（一）供应链服务企业主导的经典创新模式（以怡亚通为代表）

供应链服务企业是提供供应链服务的专门组织，它以共享、开放、协同为特征，以现代信息技术为手段，以帮助客户降本增效、创造价值为目标。作为信息管理的重要载体，平台在供应链服务创新中发挥了重要作用。在供应链服务企业主导的供应链服务创新中，一般遵循“平台驱动”的服务创新模式。我国的供应链服务企业大多聚集在深圳，其发展得益于服务全球化以及非核心业务外包的趋势，珠三角密集的产业集群、活跃的对外贸易以及发达的现代物流业也加速了其发展步伐。具有代表性的供应链企业有怡亚通、年富、飞马国际、越海、朗华等，现以怡亚通为代表介绍其供应链服务创新模式。

怡亚通服务创新模式是一种以数据互通、信息匹配为重点，以提升服务质量为核心的“平台驱动”服务创新模式①，如图 9-1 所示。怡亚通紧密聚合品牌企业、经销商/渠道商、物流商、金融机构、增值服务商等各大群体，致力于打造一个跨界融合、共享共赢的供应链商业生态圈，即通过“商家—电商平台

---

① 怡亚通．怡亚通官网［EB/OL］．［2019-5-20］．https//：www. eascs. com.

—消费者”和“线上线下”进行整合，并以“新流通”积极推动中国流通商业变革，引领行业发展，最终以平台生态圈的方式实现服务创新。怡亚通通过将自身发展成为生态型企业，创新企业的供应链服务模式与业务，以形成包含生产型供应链服务、流通消费型供应链服务、连锁加盟服务、物流服务、S2B2C（大供货商—渠道商—消费者）互联网服务、增值服务的供应链商业生态圈，实现全国智能化网点超过 200 个、可控车辆近 10000 台、可控仓库面积 220 万平方米，年业务运营能力达到 1000 亿。怡亚通以平台建设、融通线上线下渠道的方式创新自身服务模式，通过开展融合型、共享型、智慧型和链条式创新，推进内贸流通与相关产业跨界融合，成功建立起“星链”系列和 380 分销平台等一系列供应链服务平台，整合了 2000 多家供应商，精准投送消费者超过 6 亿，使线上线下优势企业通过战略合作打通了产业互联和消费互联。2018 年 10 月 31 日，怡亚通与鲲鹏基金、深圳投控共同签订了 50 亿产业基金框架协议，支持与怡亚通协同的创新型企业，积极推进多主体服务创新，增强对产业链的影响力和主导性，实现供应链企业从低端服务到产业引领者角色的转变。

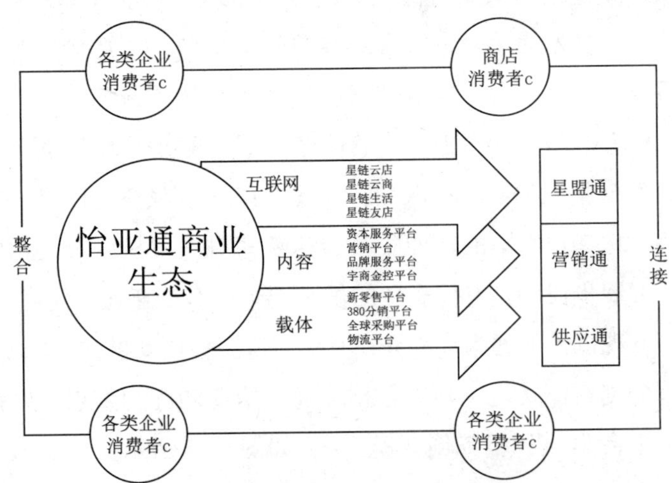

图 9-1　怡亚通基于平台驱动的供应链服务创新

资料来源：亿欧 . 怡亚通二十年：为打造万亿规模生态圈，抵制的那些诱惑和自我革命 . https：//www. iyiou. com/p/54200. html. 2017-9-6.

（二）电商平台主导的供应链服务创新模式（以京东为代表）

电商平台企业遵循的是一种“科技驱动”的供应链服务创新模式。在我国的电商平台中，京东的供应链服务创新为电商平台的供应链服务转型提供了良好的模式典范。以科技赋能为核心，是电商平台主导的供应链服务创新模式的主要特点。京东以自身电商平台为基础，为其平台上的各类供应商通过智能技术赋能提供定制化、柔性化、快速化的供应链解决方案并加以金融服务支持。

一方面，京东运用科技推动电商业务的供应链服务创新。京东致力于利用大数据、人工智能、云计算等技术打造智慧供应链，为客户提供产品信息实时反馈、智能机器人“仓配一体化”、智能系统自动化动态定价、无人超市新零售等供应链服务创新方案。目前，已拥有集群规模 40000+服务器、数据规模 800PB+、日增数据 1P+，每日的离线数据日处理 30PB+，实时计算每天消费数据近万亿条，高效处理 2 亿用户每月产生的 200 多万采购订单①，最终实现为客户提供全过程产品溯源、智能补货无界库存等创新服务。

另一方面，京东运用科技推动供应链金融服务创新。京东的创新理念是用领先的科技赋予金融业务更多的可能性及更高的增值性，给予客户全新的体验感以及最大化客户满意度。通过京东的供应链金融服务创新，京东金融资产规模逐年增长。截至 2017 年年底，京东金融资产总额达 268. 68 亿元，较 2016 年增长 135. 47%②。如图 9-2 所示，京东金融正以京东电子商城体系所积累的大数据为基础，先后在京东金融服务业务中上线“京保贝”“京小贷”“动产融资”三条主要业务线，实现了供应链中上游供应商的信贷风险随时更新与管理③。

---

① 马彦华，路红艳. 智慧供应链推进供给侧结构性改革——以京东商城为例［J］. 企业经济，2018，37（06）：188-192.

② 京东大数据研究院．京东大数据研究院官网［EB/OL］. http：//research. jd. com/.

③ 郑向婧．互联网背景下供应链金融的创新模式研究——以京东为例［J］. 财讯，2018，（21）：52.

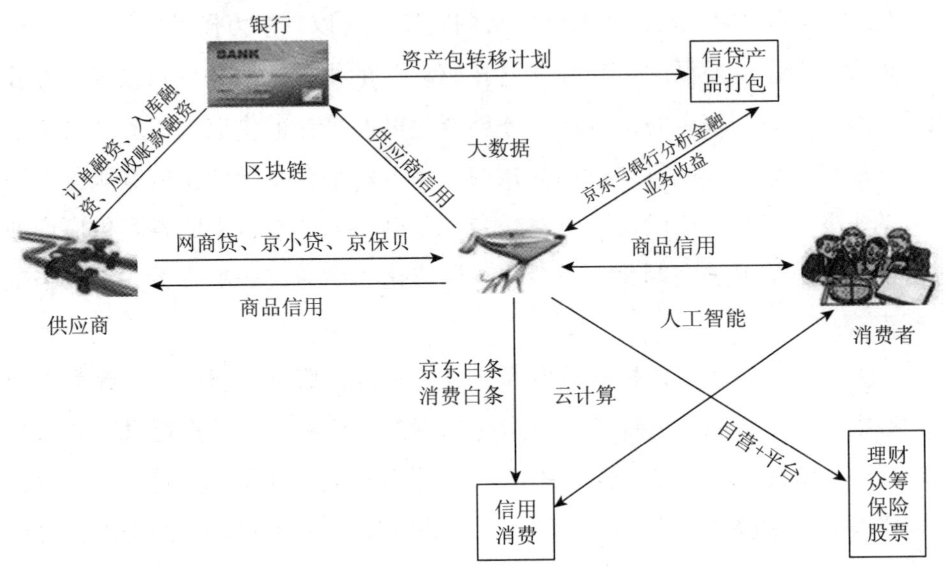

图 9-2 京东科技驱动的供应链金融服务创新

资料来源：搜狐平台．浅谈京东供应链金融［EB/OL］．［2017-6-23］．https：//www. sohu. com/a/151337289_ 825310.

（三）制造企业主导的供应链服务创新模式（以日日顺为代表）

制造企业遵循的是一种“需求驱动”的服务创新模式。大型的制造企业由于在需求规模上具有集中优势，所以其并不一定需要复杂的平台或先进的科技，就可以通过更好地配合生产过程，实现产品的价值增值和供应链服务的创新，如海尔集团旗下的日日顺公司。

日日顺经历三个阶段的发展：最初，承接海尔电商平台以及阿里巴巴、京东等平台的最后一公里送装服务；后来，通过人车合一、送装一体，逐步形成综合型物流服务体系；当前，日日顺以需求为核心，依托全球服务网络资源，加之智慧系统、标准化运营体系、先进的管理理念和物流技术，正快速地走在供应链服务创新之路上①。面对供应链上游、中游、下游不同客户的不同新需求，日日顺搭建起日日顺物流、海贸云商、日日顺乐家等业务，以

① 亿欧．日日顺物流：从企业物流到平台型企业供应链转型发展之路［EB/OL］．［2018-3-7］．https：//www. iyiou. com/p/67436. html.

进行供应链服务创新，最终实现从上游到下游供应链全链条的打通，提升客户满意度[①]，如图 9-3 所示。

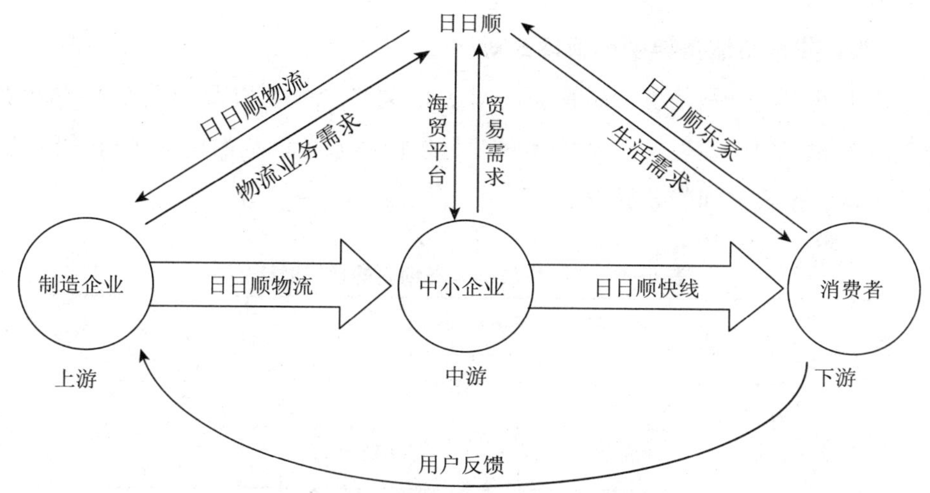

图 9-3　日日顺需求驱动的服务创新模式

针对上游制造企业的业务需求，日日顺物流开展大件物流业务创新，建立物联网场景物流生态，依托四网融合的核心竞争力（即仓储网、配送网、服务网、信息网），实现为众多品牌商提供全链路、全流程最佳服务体验的目的。面对庞大的需求量，日日顺物流 VMI 已在全国建立 9 个 VMI-HUB 中心，服务 32 家家电制造工厂，合作客户超过 240 家，整车干线运输 2~3 日到达率 98%，零担日到达率 96%。

针对中游中小企业的业务需求，日日顺利用“海贸云商”进行全流程服务创新，以帮助中小企业提升外贸能力，解决其在出口中面临的找不到订单、外贸流程复杂、能力不足的痛点，使中小企业具备与跨国公司对话的资质。

针对下游消费者的需求，日日顺打造日日顺乐家，以独创的“社区小管家+社群交互+贴心定制”方式创新其服务模式，目前，已经在全国前 100 个城市建立起 5.1 万个社区触点网络，拥有专属社区服务的小管家 3.6 万个，

① 日日顺．日日顺官网［EB/OL］．［2019-5-20］．http：//www. rrs. com/company. html.

小管家围绕用户的需求与用户进行深入交互，为平台 5100 多万用户提供不同的解决方案，来满足用户在家电、家政便民、快递、健康食品及育儿养老等方面需求。

（四）供应链服务典型创新模式对比

以上列举的分别是供应链服务企业、电商平台企业以及制造企业主导供应链服务的三种典型模式。表 9-1 对三种供应链服务创新的模式进行了比较，分析了每种模式之间的差异点。

表 9-1　三种供应链服务创新的模式对比

典型企业	企业类型	服务核心优势	服务创新的典型特点	服务对象	服务内容	资产侧重
怡亚通	商贸服务企业	信息平台构建成熟	平台驱动	供应商、零售商	供应链解决方案	平台构建
京东	电商平台企业	平台合作商众多、科技领先	科技驱动	供应商、平台消费者	电商交易、金融服务	科技研发、仓储中心建设
日日顺	制造企业	自身业务支持	需求驱动	海尔及其他制造企业	农业、大件物流、居民生活	物流触点、网络建设

除上述分类之外，我们还可以按产业类型、专业类型、全程性将供应链服务模式分类。在产业层面，主要从农业、商贸、制造业三方面选取具有代表性的企业进行介绍，农业选取了北京天安农业发展有限公司，制造业选取了飞亚达（集团）股份有限公司，商贸业选取了绍兴县中国轻纺城国际物流中心有限公司。三家公司的供应链服务模式差异对比如表 9-2 所示。

表 9-2　按产业分类的供应链服务创新模式

典型企业	产业分类	服务核心优势	服务创新的典型特点	服务对象	服务内容	资产侧重
北京天安农业发展有限公司	农业供应链	全程质量追溯体系	产品质量驱动	农户、商超	农产品的生产、加工和销售	产品基地
绍兴县中国轻纺城国际物流中心有限公司	商贸供应链	先进的物流信息平台	园区平台驱动	货车、供应商	仓储、停车、货运信息、电子商务	园区建设
飞亚达（集团）股份有限公司	制造供应链	领先的专业技能	专业技术驱动	精密仪器供应商	为客户提供供应链管理服务	创新与科技研发

供应链在各专业中都有着十分重要的应用，如大宗商品、医药、钢铁、冷链、化工、跨境等，如表 9-3 所示。我们选取了不同行业的典型企业，表 9-3显示出不同行业都在供应链服务创新上加大了投入，而且平台与科技创新成了共同的努力方向。

表 9-3　按专业分类的供应链服务创新模式

典型企业	专业分类	服务核心优势	服务创新的典型特点	服务对象	服务内容	资产侧重
中远海运物流仓储配送有限公司	大宗商品	资金规模优势	平台驱动	大宗散货上下游客户	对非危化工大宗散货物流供应链进行优化	仓库及船队建设
九州通医药集团	医药	全流程管控	平台驱动	医疗机构、批发企业、零售药店	医药研发与制造、分销与零售	平台及系统建设
欧浦智网股份有限公司	钢铁	业务整合能力强	平台驱动	钢铁供应链的上下游企业	钢材的综合物流服务与互联网交易	平台与智能物流建设

续表

典型企业	专业分类	服务核心优势	服务创新的典型特点	服务对象	服务内容	资产侧重
上海越好冷链物流有限公司	冷链	完整的冷链网络	科技与平台驱动	冷鲜产品供应商	冷链配送服务	互联网建设
密尔克卫化工供应链服务股份有限公司	化工供应链	科技创新	科技驱动	化工产品制造商	化工品运输及交易	物流网络及平台建设
阿里巴巴	跨境供应链	平台数据优势	科技驱动	全球供应商与全球客户	国际快递小包	国际专线布局、技术研发

供应链服务具有多环节、整体性的特点，生产、销售、采购等各个环节的协调创新对供应链服务全程的优化起到关键作用。在表 9-4 中，我们对典型企业运作中，各环节的供应链服务创新进行分析。

表 9-4　按全程性分类的供应链服务创新模式

典型企业	全程性分类	服务核心优势	服务创新的典型特点	服务对象	服务内容	资产侧重
安徽江汽物流有限公司	生产供应链	生产流程清晰	专业技术驱动	汽车制造商	厂内转运、配送上线、线边管理等生产物流全过程服务	流程管控
义乌明轩供应链管理有限公司	销售供应链	贸易线路广泛	平台驱动	国内外采购商	国际贸易、销售服务	业务资源拓展
方正璞华信息技术有限公司	采购供应链	数据驱动、SaaS	科技驱动	采购方与供应商	提供采购的一站式解决方案	智能技术应用
中国外运公司	全流程供应链	专业的定制化服务	科技及平台驱动	全链条客户	提供全场景全程供应链解决方案	技术研发、设备建设

二、供应链服务创新路径

供应链服务创新应紧密把握市场规律，以提升客户价值为核心，以供应链与互联网、物联网深度融合为手段，以信息化、标准化、信用体系建设和人才培养为支撑，实现全链条的服务提升。

（一）以创新深度和广度划分的创新路径

依据“微笑曲线”呈现的价值链模型，可描绘供应链服务行业中不同企业对价值流进行管理服务的价值层次构成，形成供应链服务行业的价值链模型。同时，供应链服务企业在行业价值链上形成两条创新路径：专业性精深创新路径和综合性扩展创新路径，同时形成两类服务商，分别是专业性解决方案系统服务商和综合性运营平台服务商。如图 9-4 所示，供应链企业的商业模式创新往往起步于以提供物流运营功能为基础的中间区域，往价值链左右两端延展和上升，往左端实施专业性精深创新路径，往右端实施综合性扩展创新路径①。不论什么创新方向，供应链服务商都应不断整合优势资源、优化运营管理模式、延伸服务链条、加大资源共享力度、构建合理利益分配机制，打造一个高效协调、共生共赢、独具深度价值服务及竞争优势的供应链平台生态圈②。

1. 专业性精深创新路径

专业性精深创新是供应链服务企业针对某个特定环节提供定制化、具有高技术优势的供应链管理运营服务的模式创新。供应链服务企业在传统的物流服务能力基础上，加强技术和信息的处理能力后，形成针对特定供应链运营环节的管理服务功能，接着过渡到为客户提供供应链关键环节运营服务，最后通过应用信息技术和系统设计，演进成为特定行业提供供应链解决方案和信息系统的技术服务商。

---

① 杨雪琴，田桂瑛，谢建军．“互联网+”背景下供应链平台生态圈模式创新探究［J］．商业经济研究，2019（01）：5-8.

② 陈广仁，唐华军．供应链企业的商业模式创新机制研究［J］．科研管理，2018，39（12）：113-122.

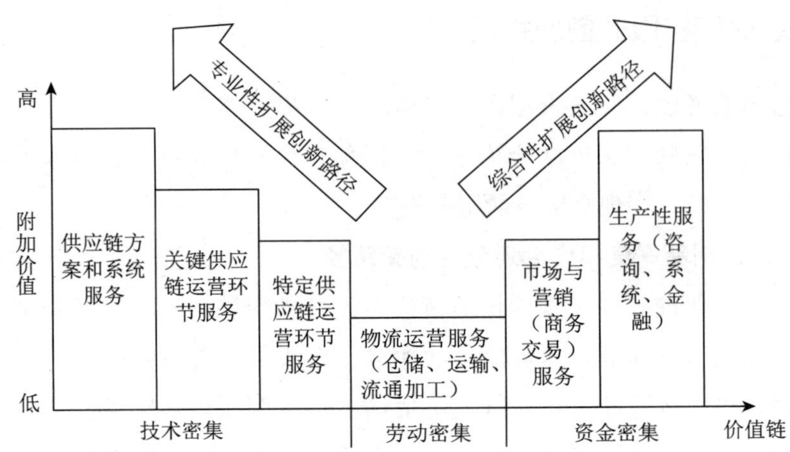

图 9-4　供应链服务深度与广度的创新路径

例如，一达通企业服务有限公司通过专业化服务创新，由一家以提供进出口外贸、服务技术和信息为基础的中小企业，逐渐成长为中国第一家中小企业外贸综合服务平台。2001—2007 年，一达通的业务模块一直处于价值链的中低端环节，以提供进出口外贸环节的物流运营为基础业务，以信息流运营为核心业务，包括外贸进出口环节的软件开发、系统设计以及信息发布等。2008—2011 年，一达通实施由管理信息流运营向管理资金流运营转型的供应链金融战略。从 2012 年到现阶段，一达通公司与阿里巴巴联合推出“一达通数据服务”实现专业化转型，其通过对信息流产生的数据进行处理和管理，带动对资金流以及商流的数据管理和风险控制取得竞争优势。目前，一达通服务超过 5 万家中小型企业，达成合作的银行有 20 多家，其中，中国银行直接接入其嵌入式互联网单证中心，仅中国银行累积处理信用证金额超过 50 亿元，订单近 20000 单①。

2. 综合性扩展创新路径

综合性扩展创新是一种由于企业服务多行业、整合多要素而逐渐形成具

① 阿里巴巴．超级信用证［EB/OL］．［2019-5-20］．https://fin.alibaba.com/lc/index.htm?spm=a274u._lc_index.0.0.14165fcelTpvan.

有规模效应的创新路径。供应链企业由提供物流运营服务开始，在价值模型中的右端沿着市场开拓和营销等进行服务创新，然后扩延到管理资金流和商流的服务。在此创新过程中，基于供应链企业积累大量的客户资源，这些客户群体之间具有广泛的交易需求，可形成规模效应；此后，供应链企业逐渐成为以商流管理为核心，其他功能为辅助业务的综合服务商；最后催生以资金流管理为重心的供应链金融服务，辅以应用信息技术建立在线信息服务系统平台，供应链企业演变成为综合平台服务商。

以怡亚通为例，1997—2009 年，企业从基础物流运营业务开始，初步尝试商业模式创新——由传统物流运营服务功能向供应链运营服务转型，产生了海外代理采购和国内分销业务模式，不断扩展自身业务范围。2009—2015 年，怡亚通再次进行转型创新，从“380”省级平台开始，逐渐加强企业的科技信息能力，建设平台 200 家，业务遍布全国 18 个省份 40 多个城市，启动供应链生态圈战略，构建一个共享、共赢的商业平台。2015 年至今，怡亚通先后发布了星链云商、星链云店、星链生活、星链钱包等产品，开启 O2O 互联网商业生态模式，2018 年怡亚通全年总营收达 714.23 亿元，较上一年增加 4.24%[①]。怡亚通遵循“综合性扩展创新路径”——由物流运营至商流运营，再到资金流运营管理，结合信息流的管理，成立供应链服务平台，乃至构建供应链生态圈。

（二）基于不同产业领域的供应链服务创新路径

该路径不同于综合性路径下的全面性整合，也区别于专业性路径下以技术强化供应链上某一业务环节的模式，而是企业立足于自身优势业务领域，结合不同行业的特点以及行业发展规律，使行业供应链创新发展更加科学化、可持续化，如图 9-5 所示。

① 怡亚通．怡亚通 2018 年度业绩简报［EB/OL］．［2019-5-20］．http：//www.eascs.com/index.php？g=portal&m=article&a=index&id=391.

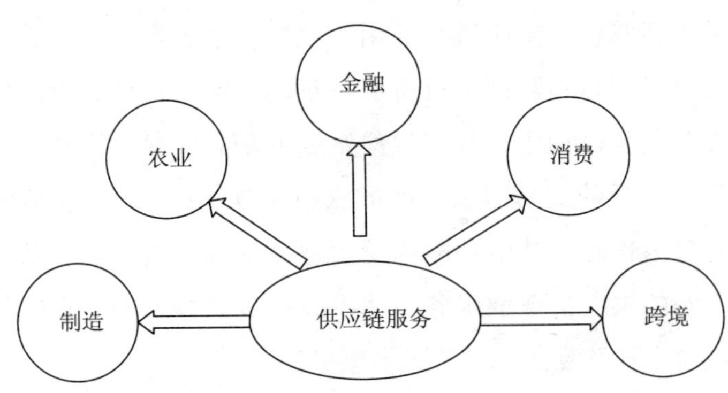

图 9-5 供应链产业融合服务创新

1. 金融领域中的供应链服务创新路径

在“供应链服务+金融”中，供应链服务企业主要通过“扩大业务流量—建立信用网络—金融生态体系”的路径进行服务创新①。

在该路径中，供应链企业先确立起自身核心企业的地位，再将各产业链的参与主体组建起来形成信用网络，最后通过互联网技术将其融合形成完整的生态系统。在实践方面，核心企业先衍生出商业生态链条的资金需求，资金的流动与上下游企业与核心企业的真实贸易相互匹配，借款人均为核心企业的上游优良供应商与下游优质授权经销商。另外，供应链服务企业通过云计算、大数据等技术对申请准入的借款人进行甄选并尽调授信，内容包括商流、资金流、信息流（ERP、进销存、业务等）、物流仓储数据、信用（征信、诉讼、反欺诈）数据、其他外部数据（税务信息）等。最终使不同信用等级的中小企业与不同的资金偏好进行无缝对接，最大限度地提升供应链金融运作效率。

据易宝研究院发布的《2018 年供应链金融行业发展趋势研究报告》显示，到 2020 年，国内供应链金融市场规模将接近 27 万亿元人民币。如图 9-6 所示，在供应链金融服务的创新中，需要银行、行业龙头、供应链公司、外贸综合服务平台、B2B 平台、物流企业、金融信息服务平台、金融科技公司

① 吴盛汉，张洁梅．“互联网+”下供应链金融模式的创新［J］．开放导报，2018（1）：40-43.

等多方主体共同发展，构建资金供需平衡的供应链金融服务生态。

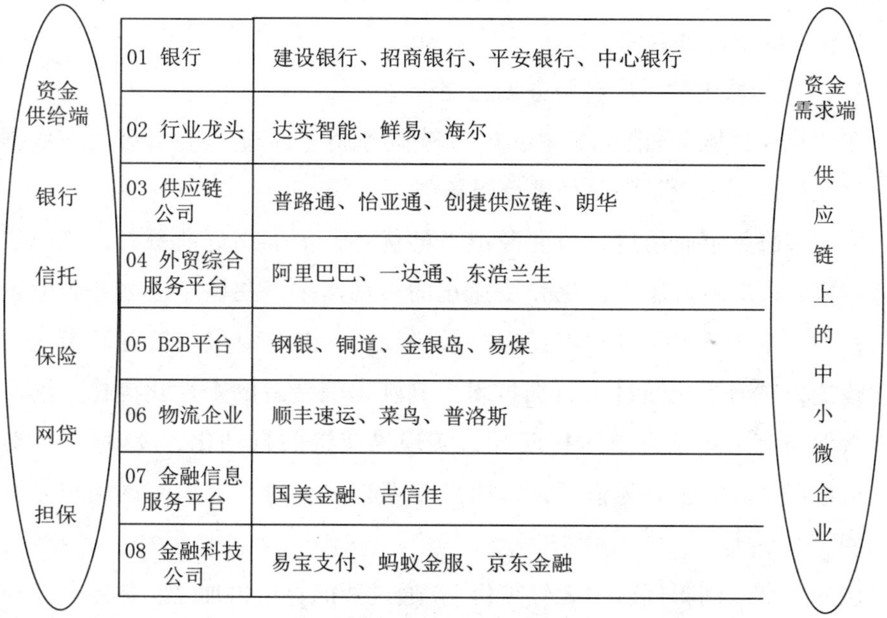

资金供给端：银行、信托、保险、网贷、担保

类别	代表企业
01 银行	建设银行、招商银行、平安银行、中心银行
02 行业龙头	达实智能、鲜易、海尔
03 供应链公司	普路通、怡亚通、创捷供应链、朗华
04 外贸综合服务平台	阿里巴巴、一达通、东浩兰生
05 B2B平台	钢银、铜道、金银岛、易煤
06 物流企业	顺丰速运、菜鸟、普洛斯
07 金融信息服务平台	国美金融、吉信佳
08 金融科技公司	易宝支付、蚂蚁金服、京东金融

资金需求端：供应链上的中小微企业

图 9-6　供应链金融生态图谱

2. 农业领域中的供应链服务创新路径

在“供应链服务+农业”中，供应链服务企业通过“乡村节点—农业社群—田园综合体”的路径进行服务创新。

企业由源头出发，首先通过在乡村设立触点网络，链接农村社群用户，以此了解农业的需求和痛点，针对村民增收需求、农村环境及民生设施薄弱、假货、小农经济、分散生产等痛点提供解决方案，然后以平台方式联合行业中的一流资源方为农业生产者定制适合的产品和服务方案，搭建智慧农业生态圈。最终实现通过利用物联网、互联网技术，为客户提供准确且实时的信息，做到产品的全流程可溯源，提升自身服务水平。

例如，日日顺乐农打造的“田园综合体”，依托物联网技术，以土地资源共享为核心内容，从产出共享、体验共享、文化共享三个层面，积极探索，打造健康、共赢、可持续的乡村社群生态模式。日日顺乐农已经进入了近 5

万个村，覆盖了30万家庭，在全国200多个县进行全面铺开，预计在2020年前覆盖30万个村，为3亿村民提供美好生活解决方案①，实现生态环保、旅游、文化、经济的整合。

3. 消费领域中的供应链服务创新路径

在“供应链服务+消费”中，供应链服务企业通过“吸引流量—数据赋能—融入社群生态圈”的路径进行服务创新。

供应链服务企业通过自身业务链条的优势，更加靠近消费者，打造供应链新零售，以应对愈加个性化和快速化的市场需求。在供应链服务企业创新的过程中，企业首先通过对市场进行敏锐反应，对自身供应链各环节进行数字化改造，在消费端通过大数据技术，刻画出消费者的个性化画像。然后将末端数据与上游系统进行对接匹配，实现供应链的自动化、及时化的响应。最终形成以供应链服务为依托，以用户需求为中心的“毛细”网络以及社群生态圈。

例如，京东创新打造“无界零售”，通过智能算法再加之实体零售基础设施建设，拓宽零售业边界，在任何场景下都能完成消费，最大程度地满足客户的需求。目前，京东的自营零售综合费用率不到10%，2018年，京东几乎每周在中国新开1000家京东便利店，并计划在3~5年内推出1000家实现数据、场景和交易的融合贯通的生鲜超市“7FRESH”。为支持其“无界零售”的布局，京东物流冷链覆盖超过300个城市，冷链仓库日均订单处理能力已达到100万件②。

4. 制造领域的供应链服务创新路径

在“供应链服务+制造”中，供应链服务企业通过“母公司业务优化—横纵双向业务打通—专业产品领域领导者”的路径进行服务创新。

该类型的供应链企业一般是由大型制造类企业的物流业务部门扩展成立

---

① 亿邦网．独家丨日日顺乐农的社群商业逻辑［EB/OL］．［2018-08-10］．http：//www.ebrun.com/20180810/291317.shtml.

② 中商产业研究院．京东布局“无界零售”每天新开1000家便利店 三张图看懂京东这五年［EB/OL］．［2018-04-13］．http：//www.askci.com/news/chanye/20180413/113132121457.shtml.

的。首先，它们拥有集团公司的品牌效应，拥有对该领域丰富的场景经验。其次，它们可以在纵向上为上下游客户提供更好的服务保障，并且以此展开多种创新增值服务，同时在横向上与其他专业供应链服务公司进行合作拓展业务；最终，依托相关产品领域的先进知识储备，在专业物流技术上研发创新，成为行业内的领导者。

例如，2017 年年初，美的集团将自己定位于“全球领先的消费电器、暖通空调、机器人及自动化系统、智能供应链（物流）的科技集团”，显示了供应链服务在企业内的战略地位。美的集团建设的安得智联物流在 2017 年的营收达 60 多亿元，按当前增速预计到 2020 年安得智联的营收规模将超过百亿元。安得智联为制造型企业打造端到端、全渠道的高效物流服务，拥有 32 家地区分公司，在全国拥有 118 个区域配送中心、14 万余辆可调用车辆、2000 多个最后一公里送装网点，全面覆盖 3~5 级市场、2875 个县/区、39862 个乡镇，搭建智能化、数字化、移动化、全流程的物流体系，帮助客户大幅度提高物流效率①。

5. 跨境电商领域中的供应链服务创新路径

在“供应链服务+跨境”中，供应链服务企业通过“跨境贸易代理及货运—海外市场部署与开发—世界电子贸易平台”的路径进行服务创新。

该供应链服务企业需要将目光对准海外市场，拓展全球采购、全球配送等物流业务，使供应链商业流程外包以提高企业的价值增值能力。面向跨境电商的供应链企业不能局限于仅提供全球物流服务，而是要提供全球供应链服务，充分考虑不同国家的不同特点，因地制宜地进行全球供应链服务创新。

例如，阿里巴巴的跨境服务已经覆盖了 220 个国家和地区，根据阿里巴巴 2017 年财报披露，来自速卖通和 lazada 的海外年度活跃买家数合计达到 8300 万，天猫国际帮助海外商家连接中国消费者。2017 年，天猫国际总成交量持续领先，保税、直邮订单总量皆保持第一，共引进来自 63 个国家和地

① 搜狐网．新百亿版块安得智联浮出水面，美的集团做物流［EB/OL］．［2017-09-06］．https：//www.sohu.com/a/190779238_783632.

区、覆盖 3700 个品类的 14500 个海外品牌，其中，八成以上通过天猫国际第一次进入中国市场。阿里巴巴正在系统的进入国际市场，布局电商、云计算、文娱等众多商业领域，并在全球推进 eWTP（电子世界贸易平台），阿里巴巴的业务目标是服务全球 20 亿消费者，1000 万中小企业，并实现全球 72 小时内的商品送达①。

针对不同产业下的供应链服务创新，表 9-5 对其特点进行了比较。

表 9-5　不同行业发展比较

行业	创新路径概述	服务对象	路径发展核心	技术支持
金融	扩大业务流量—建立信用网络—金融生态体系	中小企业 + 个人用户	信用透明化	大数据、区块链
农业	乡村节点—农业社群—田园综合体	乡村	生态绿色化	物联网、互联网
消费	吸引流量—数据赋能—融入社群生态圈	大众消费者	响应快速化	人工智能、物联网
制造	母公司业务优化—横纵双向业务打通—专业产品领域领导者	制造企业与用户	服务终身化	物联网、互联网
跨境	跨境贸易代理及货运—海外市场部署与开发—世界电子贸易平台	全球消费者	全球市场一体化	大数据、互联网

第三节　中国供应链服务创新现状及问题

供应链服务创新与应用是新常态下培育经济新功能的迫切需要，也是我国推进供给侧结构改革、提升企业全球竞争力的现实选择。当前，我国供应链服务创新呈现出整体发展迅速、地区差异性较大的特点。与此同时，相关政策法规尚不够健全，我们需要认清现状、正视不足，以促进行业的可持续发展。

① 雨果网．读懂阿里国际化全球扩张布局，跟随巨头脚步捕获 7 大热门市场商［EB/OL］．［2018-09-05］．https：//www.cifnews.com/article/37627.

一、行业快速发展，服务模式创新密集

在新一轮技术革命及产业革命驱动下，供应链创新正在全面铺开，供应链正在以更快的反应速度和更强的应变能力面对更加开放的市场、更高水平的竞争以及更加多样化的客户需求，供应链服务创新模式不断涌现，目前的供应链服务创新模式大概分为以下三种：以怡亚通为代表的经典创新模式（供应链服务企业主导，由供应链服务企业提供供应链服务的专门组织，以现代信息技术为手段帮助客户降本增效、创造价值）；以京东为代表的电商平台主导的供应链服务创新模式（由电商平台通过智能技术为其平台上的各类供应商提供定制化、柔性化、快速化的供应链解决方案并加以金融服务支持）；以日日顺为代表的制造企业主导的供应链服务创新模式（由供应链服务企业提供供应链服务的专门组织，利用大型制造企业在需求规模上的集中优势，实现产品的价值增值和供应链服务的创新）。

二、区域发展不平衡，一线城市创新丰富

由于一线城市与二三线城市在经济水平、科技实力、地理位置、人才数量及交通便利程度等方面存在着显著差异，我国的供应链服务创新水平存在着显著的区域发展不平衡问题。从数量上看，据《中国供应链创新与应用白皮书》统计，中国目前拥有5000多家供应链服务企业，其中，深圳市、上海市分别有3000多家、500多家，与中西部城市形成鲜明对比①。从服务创新水平上看，东南沿海地区城市供应链服务创新水平也要明显优于中西部城市，2011—2017年入选《中国供应链管理蓝皮书》的优秀企业有122家，主要分布在长三角和珠三角地区，仅北京市、上海市、广州市、深圳市四个城市就有65家优秀公司入选，占比53.3%。

商务部、财政部自2017年起在天津市、上海市、重庆市、深圳市等17个重点城市开展供应链体系建设，建专业化的供应链综合服务平台。2018年，

① 万联网．中国供应链创新与应用白皮书（2018）[EB/OL]．[2018-03-30]．www.10000link.com.

商务部公布了供应链创新与应用试点城市 55 个，旨在提升供应链服务创新的质量和水准。供应链服务创新应突破时空局限，协同不同区域实现资源整合、优势互补，在全国范围内建立网点，提升供应链网络的覆盖率，打造拥有强大跨区域服务能力和支持体系的供应链服务系统。2018 年，我国一线城市涌现出许多供应链服务创新的优秀案例，如京东搭建的“智臻链”区块链服务平台，发力供应链新生态，使传统供应链转变为一个数字化、智能化、互联的供应链创新与生态型资源配置与服务平台；顺丰控股与夏晖在深圳成立合资公司，打造全新智慧供应链，使得顺丰从一个快递公司向更快、更好的综合供应链服务公司发展；又如，杭州宋小菜生鲜电商平台携手普洛斯运营 B2B 反向供应链，通过以销定采的 B2B 反向供应链模式，深入运营部分日常品蔬菜，从而加强供应链话语权。

三、服务细分市场基本形成，服务专业化水平不断提升

现代技术变革和产业分工的深化，推动了供应链服务细分市场的不断发展。供应链上游的研发、设计、原材料采购，中游的生产制造、产能规划以及下游的品牌经营、销售物流、客户服务等环节都成为供应链服务细分市场。目前，我国供应链服务企业的服务专业化水平正在不断提升，许多企业开始提供融合金融、技术、管理为一体的供应链智慧化、集成化解决方案。例如，将区块链技术应用到供应链服务中，实现产品的实时追踪，增强供应链运行的安全性。2018 年年初，清华大学联合京东、IBM、沃尔玛中国等知名企业成立了食品供应链区块链联盟，以猪肉供应链为例，IBM Blockchain 为京东、沃尔玛记录每一个供应商的每一笔交易环节，全程数字化追踪食品供应链，帮助零售商提升安全治理能力。同时，在医药供应链、汽车供应链、海鲜食品验证等领域，区块链技术的使用都可以帮助供应链企业进行质量管控，维护行业经济的安全。

四、相关政策出台，供应链创新与应用试点步伐加快

近年来，在中央、各级地方政府及行业协会的推进下，供应链服务创新

与应用的试点工作取得了积极的进展。2018 年 4 月 17 日，商务部发布了《商务部等 8 部门关于开展供应链创新与应用试点的通知》，提出开展供应链创新与应用试点的总体要求、试点城市重点任务、试点企业重点任务及相关组织实施程序和工作要求，并在 2018 年 9 月公示了相关名单。其中，试点城市 55 个，试点企业 269 家，遍布 26 个省份 79 个城市，70%左右的试点企业都在东部地区。从试点企业所在城市的分布情况来看，北京市、上海市、深圳市、杭州市、南京市分列前五位。从企业业态来看，核心企业最多，数量占到了 39. 41%，涵盖农林牧渔、工业的众多行业，核心企业具有天然的整合供应链、带领供应链上下游整体提升竞争力的优势；其次是贸易流通商，占到了 33. 09%，贸易流通类企业“生来”就是在组织行业的供需资源，并且通过自身的资金、物流、信息等优势构建生产企业与消费者之间的桥梁。再次是物流及供应链管理服务商，占到了 23. 79%；金融服务商只有 7 家，占比 2. 6%。

第四节　中国供应链服务创新的发展趋势及建议

供应链服务创新不应仅仅关注供应链某一环节，而是要关注整个链条上成员的协同与整合。当前，市场中企业的竞争越来越多的演化为供应链与供应链之间的竞争，供应链上各企业为了提高整体供应链的效率和竞争力进行协调努力、紧密合作。在这样的协同竞争背景下，更需要关注供应链服务创新中呈现的发展趋势，加快解决当前存在的问题，促进供应链服务创新的健康发展。

一、供应链服务创新的发展趋势

（一）智慧供应链创新与应用趋势日益显现

随着客户需求和服务能力的提升，我国供应链服务企业在今后一个时期内迫切需要与上下游制造、商贸企业深度融合，利用智慧技术深挖降低物流成本的潜力，逐步提升供应链全链条的竞争优势。智慧供应链将会成为发展的重点：越来越多的企业正在以物流互联网和物流大数据为依托，以增强客户价值为导向，通过协同共享、创新模式和人工智能先进技术，实现产品设计、采购、生产、销售、服务等全过程高效协同的智慧供应链组织形态，其"智慧"的特征突出表现在基于现代智能技术和供应链技术的应用，供应链全程运作可以实现可视化、可感知和可调节等功能。目前，国内中外运、汇通天下、中储智运等国家重点物流企业正在智慧供应链服务创新上进行积极的探索。预期未来将会有更多的企业通过供应链管理的全程可视化有效运用大数据提供物流状态监控、销售预测、库存部署等增值服务，推进专业物流向价值链整合转型，从而打造智慧供应链，提升整个供应链流程的效率效能。

（二）平台型服务供应链异军突起

随着人工智能、大数据、云技术等的发展，信息的记录、存取、数据挖掘和传播将会变得更加容易，平台型服务供应链正在异军突起。例如，中国外运集装箱 O2O 平台整合外部资源；海尔的 COSMOPlat 作为用户驱动的供应链大规模定制平台，将用户需求和整个智能制造体系连接起来；欧冶云商通过构建由交易服务、专业服务和区域服务平台组成的平台集群，为供应链上下游客户提供一站式服务。这些平台型服务供应链充分利用大数据跨界共享理念优化物流系统、改进需求预测的准确性，提供实时服务，催生供应链管理的创新。可以预计未来一段时间内，平台型企业将会继续在促进中小微企业参与集约化经营，推动企业打造核心竞争力等方面发挥重要作用。

（三）内陆地区供应链服务发展势头强劲

当前，供应链资源整合、掌控能力不断增强，在信息化的推动下，我国内地供应链服务发展势头强劲，部分典型企业起到模范作用。西部地区的重庆市、四川省、陕西省、甘肃省等省市中越来越多企业开始开展供应链服务创新。例如，怡亚通近年来开始拓展内地业务，2014 年在重庆市设立西部怡亚通供应链管理有限公司，涉及供应链管理及相关配套业务；地处兰州市的西部供应链管理有限公司，近年来在大宗物品货运配载、供应链管理服务、计算机系统开发维护等方面发展迅猛；又如成都市的中锦供应链服务有限公司致力于打造集金融机构、生产贸易企业和现代物流企业等资源为一体的综合管理平台，提供资金、物流、数据分析和贸易结算等服务，目前已和多家企业及银行建立长期合作。因此，在今后一段时期内，以重庆市、成都市、西安市、兰州市等为代表的内陆地区供应链服务企业，将充分发挥协作引领、技术示范和知识输出等方面的外溢效应，辐射带动其他企业进行供应链服务创新。

（四）加快供应链服务标准化建设成为关键

标准化是引领、规范供应链服务创新发展的重要技术保障，也是实现供应链科学管理和现代化管理的基础。从整体上来看，我国供应链标准化体系建设仍然滞后。一是物流、零售领域自身缺少全国统一的标准，各个环节自成体系，难以形成完整通畅的供应链。二是信息技术标准不兼容，各种参数繁多，不同标准间缺少数据传输和交互转换的中间型平台，制约了物联网、云计算、大数据、区块链等信息技术在供应链中的应用。随着客户需求和企业服务能力的提升，未来如何加快供应链服务的标准化建设十分重要。例如，从技术规范标准化上看，国内射频识别技术相关标准亟须统一，无论是数据格式，还是射频识别产品标准，建立统一的标准可以解决射频识别产品在不同市场互不兼容、互通发展困难的问题；从行业标准化上看，国内区块链在底层协议、应用和标准等方面都不成熟，通过标准化体系建设，有助于解决区块链技术在供应链的应用难题。因此，供应链服务的标准化建设成为了今后一个时期内服务创新发展的重要趋势。

二、促进供应链服务创新的相关建议

（一）加快供应链服务创新应用

首先，应注重供应链服务创新相关知识的推广与应用，以信息技术快速发展和“互联网+”为契机，加大供应链知识普及力度，推动供应链在各行业深度应用，让更多的企业融入供应链，提升供应链整体效率和效益。其次，应注重供应链服务创新试点的建设，在国内选择产业基础较好、供应链服务创新应用较先进的城市作为试点，鼓励试点城市制定供应链服务发展的支持政策，推动当地重点产业进行供应链服务创新。最后，应在全国范围内树立供应链服务创新的典范，加强经验总结与宣传推广，支持企业根据自身情况灵活运用试点经验，促进试点示范经验在全国范围内的复制应用。

（二）积极推进两业深度融合中的供应链服务创新

制造业物流总额占我国社会物流总额的90%以上，降低制造业物流成本，推动制造业供应链服务变革，加大制造业与物流业深度融合中的供应链服务创新，将促进制造业降本增效，支撑实体经济快速发展。要积极深化供应链主体间协同配合，推动制造企业与供应链服务企业在供应链各环节深度合作，加强专业化分工协作，通过服务外包、流程再造、重组整合等方式提高物流协同水平，提高客户响应速度。鼓励具有较强供应链竞争优势的制造企业发展供应链创新服务，在向社会提供专业化、高水平的运输配送、仓储管理等物流服务的基础上，进一步拓展维修、贸易、融资等增值性供应链服务，从单一的产品制造商逐步转向综合性的产品服务商，稳步提升制造业价值链。

（三）完善相关支持政策

相关配套政策对于促进供应链服务创新起到重要的作用。一是完善供应链多方协同治理体系，要建立跨部门和跨地区的供应链管理机制，以城市为核心建立城市供应链多方协同共治机制，联合开展供应链服务创新；二是加大财税支持力度，充分利用现有财政支持政策，设立供应链创新应用引导基金，完善供应链税收支持政策；三是优化金融扶持政策，加强政策性金融支持力度，鼓励供应链服务企业参与多层次资本市场融资，充分发挥供应链金融优势，支持实体经济健康发展。

（四）供应链专业人才培养仍需加强

供应链管理专业作为新兴交叉学科专业已在我国部分高等院校开始招生，其中，武汉学院在2018年新设了供应链管理本科专业，中央财经大学、北京物资学院等八所高校于2019年新设了供应链本科专业，这标志着国家已逐渐重视培养相关专业人才。然而，我国与发达国家的专业人才培养制度仍有较大差距，相关人才培养的力度仍需加强。因此，一要加快制定详细的供应链管理人才开发战略和规划，鼓励重点高校设置供应链相关专业，探索产教融合、校企合作的人才培养模式。二是我们还应注重人才引进和利用计划，推动国家“千人计划”“万人计划”等向供应链服务领域倾斜，大力引进通晓国际通行规则和熟悉现代管理的高级人才，并通过强有力的措施吸引、留住、用好人才。三是借鉴国际经验，建立供应链相关人才职业认证体系，如供应链金融、物流管理、供应链大数据开发等职业认证。

（五）加大供应链服务行业协会建设

在 2017 年批准发布的《国民经济行业分类》（GB/T 4754—2017）中，明确了供应链管理服务单列统计类别：商务服务业—7224—供应链管理服务，这对供应链管理服务业持续、健康、有序发展起到了重要作用，但我国并没有相关的专业化行业协会组织，目前已有的中国物流与采购联合会、深圳市物流与供应链管理协会、浙江供应链协会等供应链服务相关的协会组织与当前迅速发展的行业市场需求仍然存在差距，加大行业协会建设势在必行。一方面，应加强行业组织、协会的自律功能，促进行业健康有序发展，鼓励行业组织推动供应链内部企业间的交流和合作，实施供应链专业资质相互认证。另一方面，应开展供应链相关数据统计，支持供应链行业协会顺应服务业统计体系改革趋势，对供应链管理服务等新业态进行科学界定，健全相关制度和标准，为制定供应链创新应用政策提供决策依据。

第十章　新技术驱动下的中国智慧物流发展

以信息技术为代表的新技术革命正在加速推动中国物流行业的供给侧改革，中国物流的智慧化发展水平逐步提升。新技术驱动下的智慧物流，正在逐步发展成为中国高技术产业的重要创新领域。不论在公路、航空、水运、铁路等干线运输行业，还是在仓储、城市配送和快递业，中国的智慧物流发展水平已经表现出引领世界的巨大潜力。智慧物流不仅在推动物流业向技术密集型转化，也在构建生态型物流产业结构、加速物流商业模式创新和形成立体化的物流体系等方面，起到积极的促进作用。

第一节　智慧物流及相关新技术发展

技术进步是物流智慧化的基础。当前人类社会处于以信息技术为代表的新技术革命进程中，互联网、物联网、大数据、云计算、人工智能等领域技术的快速发展，推动了物流行业在信息共享、作业辅助、设施装备、运营组织、平台交易、调度决策等方面的自动化和无人化。尤其是基于大数据和人工智能算法（如深度学习等）的进步，驱动物流行业在多个领域开始逐步迈入由机器人和智能算法支撑的“智慧化”发展阶段。

一、智慧物流及其内涵外延

“智慧物流”伴随着物联网的概念产生。物联网是“物物相连”的互联网，是互联网扩展到“泛在终端、可靠传送和智能处理”阶段的产物。2005年11月，国际电信联盟（ITU）正式提出“物联网”概念；2009年2月，

IBM 在物联网技术基础上发布了“智慧地球”战略。借助这一思路，中国物流技术协会信息中心等机构首次提出“智慧物流”的概念。目前，有关“智慧物流”内涵尚无被广泛认可的明确定义，本报告认为，智慧物流是以感知识别技术、实时传送技术、智能分析决策技术、自动化设施装备技术等为技术支撑，具有部分或全部自主决策能力或可实现系统功能自组织的物流作业体系。

由于概念尚未明确，当前智慧物流概念的外延较为宽泛。从内容层次上看，智慧物流包含的范围不仅涉及底层作业体系，也包括新技术催化的新型解决方案、行业业态和商业模式。从市场需求来看，主要包括人机协同作业系统设计实施、运营组织与资源调度集成方案、信息共享与即时交易平台、全程无人化解决方案等。从供应商类型来看，主要包括软件供应商、数据服务商、平台服务商、方案集成商等。从影响的细分行业看，智慧物流影响基本覆盖了搬运、运输、配送、仓储、包装和流通加工的各个物流细分行业，以及农业、制造业、国际贸易、网络零售等各类行业物流模块。

二、影响智慧物流发展的新技术类型

影响中国智慧物流行业发展的主要技术类型包括信息技术、装备技术、能源动力技术、新材料技术、纳米技术等。其中，信息技术革命引发的技术爆发及其与物流行业的诸多智能设备相结合，是中国“智慧物流”应用扩展的重要基础。

（一）影响智慧物流发展的信息技术

总体上看，当前信息技术革命还在持续进行中，其技术发展的方向初步明确。目前，从影响智慧物流发展的信息技术类型来看，总体上可以分为如下三类：

第一类，感知识别技术。此类技术主要包括获取环境、服务对象等相关系统的状态信息，并为后续技术方案提供相关输入参数和分析数据的技术。智慧物流领域典型的感知识别技术包括：（1）对物流包装、作业单元标签进行识别的条形码、二维码、射频识别（RFID）技术；（2）对作业人员、具体物流对象身份特征进行识别的视频识别、人脸识别、指纹识别等；（3）对地理空间进行识别的全球定位系统（GPS）、地理信息系统（GIS）等；（4）对环境信息进行识别的各类传感器识别系统，如温度传感器、光传感器、压力传感器等。

第二类，网络传输技术。此类技术主要用于实现数据信息在不同设备和信息终端之间的网络传送。按照覆盖范围、组网模式等分类，与智慧物流领域相关的网络传输技术类型包括：（1）在全国甚至跨国范围内实现个人电脑、移动智能终端之间信息联通的互联网、电信网、广电网等开放无线广域网络；（2）在相对小范围区域（企业、家庭）实现智能终端信息互联的半开放无线局域网络，如WIFI、蓝牙、紫蜂（ZigBee）等技术；（3）有线连接的各类传输网络；（4）封闭性点对点的合作伙伴、客户数据信息专线网络，如销售时点（POS）、电子数据交换（EDI）等系统的内部数据传输专线网络。

第三类，信息存储和处理技术。信息存储技术主要是对终端获取的信息进行有效归集、存储，信息存储包括本地存储和云存储。信息处理技术主要以系统获取的各类数据作为输入，通过各种编程、算法和预定方案选择，对数据进行综合分析和处理，并为系统下一步行动提供明确指示。此类技术包括：（1）通过预设计算机程序自动化处理多种不同数据信息的编程处理技术，如自动分拣线的分拨处理；（2）通过网络传输技术将终端数据发送至云端，同步应用多个分布式终端计算能力进行远程处理的云计算技术；（3）利用深度神经网络、机器学习等新一代算法完成“模拟或实现人类学习行为”的决策处理，包括自动驾驶技术中的机器视觉、自主决策等信息处理技术；（4）新的信息加密处理、共享和防篡改处理技术，如区块链技术等。

（二）影响智慧物流发展的其他相关技术

智慧物流是对系统化物流解决方案和作业体系的统称，一般是多个单项技术的技术集成应用体系，除主要的信息技术之外，也会涉及多种其他技术类型。例如，一个基于物联网技术的智慧物流应用方案除了涉及信息收集、传送和智能处理等信息技术之外，也可能包括设备编码、分布架构、信息装备、新能源、新材料等其他多项技术。从总体来看，完整的智慧物流体系可能会涉及多种技术类型，很多领域的技术突破都有可能被应用到智慧物流的集成方案中。

（三）智慧物流细分行业的技术体系

按照中国的智慧物流发展实践，本报告梳理了当前中国各个物流细分行业领域正在大力推动的智慧物流技术和技术集成体系，概要形成中国智慧物流技术体系如下：

在装卸搬运领域，主要包括遥控和自动感应的自动升降机系统、仓库内的无人叉车作业系统、人机协同的机器人外骨骼搬运系统、无人搬运机器人系统、单元化智慧物流箱系统等。

在仓库组织与管理领域，主要包括基于自动引导车的货到人分拨系统、基于自动分拣线的分拨系统、高层立体货架系统、基于语音或增强现实技术（AR）的仓库作业导航系统、智能仓库信息管理系统（WMS）、云平台和数据系统、无人机巡航盘点监测系统等。

在运输和城市配送领域，主要包括基于订单与运力匹配的即时交易平台、基于 GPS/GIS 的配送导航系统、基于学习型优化算法的规模化配送派单与路径优化系统、无人机和无人配送机器人（无人小车）装备系统、干线无人驾驶车辆系统、智能挂车和车联网系统、末端无人自提柜系统，等等。

此外，一些信息系统构建、新型处理算法、人机协同接口、信用加密等领域的新兴技术，也在不同的细分物流行业得到应用。例如，各类信息平台和物流电子商务系统在交易匹配中的应用；高速宽带网络在构建信息交换通道时的应用，以及区块链加密技术在一些合同、支付等领域中的应用等。

三、智慧物流领域相关的新技术成熟度

（一）技术成熟度及其划分

新技术从诞生到广泛应用需经历技术方案形成、产品化应用、多轮扩张和规模化应用普及等多个阶段。不同技术成熟度水平会直接影响其在物流领域的

应用。按照信息技术研究和顾问公司 Gartner 的分类，新技术成熟度可分为技术触发期（Technology Trigger）、期望膨胀期（Peak of Inflated Expectations）、泡沫破裂期（Trough of Disillusionment）、爬升复苏期（Slope of Enlightenment）以及实质成熟期（Plateau of Productivity）五个阶段。只有进入实质成熟期的技术才能真正意义上获得市场实际认可，进入商业化的成熟阶段。

Gartner 于 2018 年提供的全球技术成熟度评估曲线（见图 10-1）表明，从全球范围来看，智慧制造、增强现实技术处于爬升复苏期，开始迈向成熟应用；物联网平台、深度神经网络（深度学习）、区块链等技术处于期望膨胀期，有可能面临泡沫破裂的暂时性低谷；智能机器人、5G 等技术处于技术触发期，仍会获得大量关注。无人驾驶技术（包括四级和五级）的大规模成熟应用则尚需 10 年以上。在中国的智慧物流领域，各项技术的成熟度水平和应用趋势可能会与全球范围的技术应用评估存在差异，需要物流从业者持续关注行业技术变迁的整体态势。

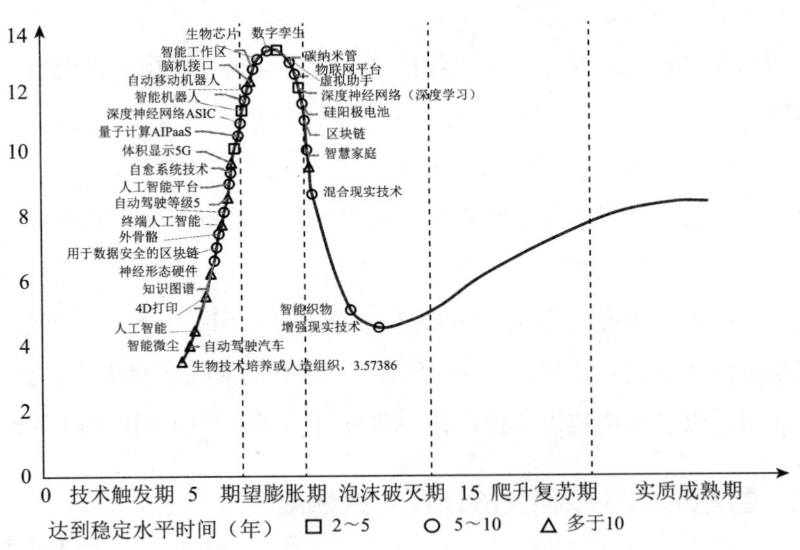

图 10-1 Garner 全球新兴技术成熟度曲线

资料来源：翻译自搜狐网，Gartner2018 新兴技术成熟度曲线：人机界线日益模糊［EB/OL］.［2018-08-02］. https：//www.sohu.com/a/249828515_ 468723.

（二）智慧物流体系应用的行业成熟度和应用分级

本报告认为，从当前我国各类智慧物流体系和应用的发展水平来看，整体上可将各领域智慧物流应用水平划分为五个级别[①]，具体如表 10-1 所示。

第一级是作业辅助系统。作业辅助系统是指在单项物流作业中，通过遥控、现场控制或预设程序，实现以人为主的机器辅助作业或决策支持辅助。例如各类外骨骼机器人、人机合作的流水传送分拣线、传统的单一环节物流信息管理系统等。

第二级是方案辅助系统。方案辅助系统是指在具有同类物流功能的一系列作业过程中提供类似第一级的作业辅助系统，这类系统包括具有信息验证和自动开箱等功能的无人自提柜、运输箱和叉车联动的快速装卸系统，以及具有实时监控和辅助决策功能的运输管理系统（TMS）、仓储管理系统（WMS）等。

第三级是自主作业系统。自主作业系统是指在完成单项作业或系列作业过程中，通过遥控、预设程序和学习型算法，实现以机器为主的全程操作和自主作业，但需要人进行监控和异常点介入操作的自动化作业系统。这类系统包括当前多数的机器视觉（如人脸识别）系统。例如，顺丰等企业的无人机运输和交付系统，京东集分拣、贴标、自动打包等多重功能为一体的"亚洲一号"小件包裹处理无人仓系统，阿里"城市大脑"交通管控系统，洋山港无人码头作业系统等。

第四级是限定条件的完全自动化系统。完全自动化系统是指在限定场景条件下（通常是简单的场景，如高速公路上、物流园区内部、仓库内部等），实现完全以机器自主决策和控制的作业，仅需在机器主动请求人类辅助情况下才需要人工介入的自动作业体系。在物流行业中，该类系统大多处于研发过程中，如百度、京东、G7、苏宁等企业处于研发中的高速公路无人驾驶卡车系统、无人机配送系统等。

---

① 对于不同行业的物流作业，其作业流程、作业复杂性和成本经济性存在差异，因此，其智慧物流体系的应用水平和应用成熟度也需要具体分析，本报告仅提供一个分级或分类的借鉴。

第五级是无条件的完全自动化系统。无条件的完全自动化系统是指不限定场景条件（包括空间、货类等综合条件）的机器自主决策和作业系统。该类系统目前也处于初期研发阶段。

表 10-1　智慧物流体系行业应用成熟度和应用水平分级

级别	名称	表述
5 级	完全自动化系统	不限定场景条件的机器自主决策和作业系统
4 级	高度自动化系统	在限定的简单场景条件下由机器自主决策和控制的作业，如高速公路无人驾驶卡车系统、无人机配送（非遥控）系统
3 级	自主作业系统	通过遥控、预设程序和学习型算法，实现以机器为主的全程操作和自主作业，需要人进行监控和异常点介入
2 级	方案辅助系统	在具有同类物流功能的一系列作业过程中提供类似第一级的作业辅助系统
1 级	作业辅助系统	在单项物流作业中，由通过遥控、现场控制或预设程序，实现以人为主的机器辅助作业或决策支持辅助

注：该部分内容是基于中国应用实践提出的智慧物流应用成熟度和应用水平分级，思路上借鉴了美国汽车工程师协会制定的自动驾驶技术应用分级标准。

第二节　中国智慧物流发展现状

随着总量规模的快速增长，中国国民经济整体呈现出产业结构升级、居民消费升级、技术应用升级的趋势。在流通领域方面，电子商务、新零售、平台经济等新业态不断涌现，信息化、智能化技术也开始加速应用。在此背景下，中国各个行业领域的物流作业都开始进行智慧化升级，物流行业的整体智慧化水平快速提升。

一、公路干线运输行业加速推动智慧物流方案落地实施

公路干线运输业务具有单次运营时间长、操作流程相对标准化、设施设备依赖程度高等特点。目前，中国公路干线运输行业正在多个领域加快推进

智慧物流发展，主要特点包括各类交易平台行业应用逐渐成熟、大数据辅助决策服务实现规模化扩展，以及智能化设施设备（尤其是无人驾驶卡车方面）装备研发和应用探索进程加快。

（一）基于互联网的交易平台基本实现行业全链条应用

互联网平台是智慧物流的组织形式之一。目前，基于互联网技术的“供给—需求”匹配交易平台在公路干线货运产业链的各个主要环节（如运力、线路、中介、园区等）都完成了系统开发应用、商业模式构建和创新企业成长，基本实现了全链条的应用覆盖。例如，在中介服务方面，“满帮”旗下的“运满满”和“货车帮”平台，可以促成有货运需求的货主企业和有运力服务能力的运输企业实现快速交易，有效地降低了整个交易链条的信息搜寻成本，减少了车辆返程空载率，缩短了货主等待时间。在运力服务方面，志鸿物流以“大车队”管理模式整合自有运力和社会加盟车辆，形成覆盖全国多个城市的整车专线服务，服务的客户包括顺丰、德邦、圆通、唯品会、京东等。在园区枢纽服务方面，传化物流在早期“公路港”实体平台模式上，通过开发“陆鲸”“易货嘀”等互联网平台，形成干线运输和门店收货点的加盟平台体系。

（二）大数据驱动的智能辅助管理系统初步获得规模化应用

此类系统通过为车辆安装传感器装置，获取运营车队的作业大数据，并对路线导航、安全预警、过程监控等一些关键运营环节进行辅助管理。例如，2017 年 9 月，运通天下的 G7 平台已经能够实现对运营车辆的位置、速度、路线、停留时间、油耗、司机驾驶行为、货物温度、装卸等信息进行基于物联网技术的实时监控，并能够提供多种预警服务，包括通过数据分析由机器“判断”司机的疲劳驾驶等违规行为，并对司机发出自动化实时预警等。2018 年 10 月，G7 完成新一轮 3.2 亿美元融资，并已实现服务客户超过 6 万家，连接车辆超过 80 万台的战略目标，成为极具规模的干线物流车队智能化综合管理服务平台①。

① G7 智慧物联．关于 G7［EB/OL］．［2019-01-19］．http：//www.g7.com.cn/about.html.

（三）智能化装备技术加快研发和应用

挂车装备方面，2017 年 9 月，G7 与威伯科（WABCO）联合发布“智能挂车车队管理系统（Smart Trailer FMS）”，该系统融合了威伯科先进的商用车控制系统技术与 G7 的物联网、人工智能技术、算法研发优势，通过监控行驶数据，依靠智能算法在地图上形成可识别的侧翻热点区域，并向司机发布侧翻地点预警；同时实施载重信息监控，对超载等行为进行预警和纠正。无人驾驶车辆方面，国内各大物流巨头公司正在加大投资和加快研发步伐。2018 年 5 月，苏宁无人重卡“行龙一号”完成首次测试，实现在驾驶速度达 80km/h 的有条件自动驾驶。2018 年 5 月，京东宣布其研发的第四级别自动驾驶重型卡车已经在美国完成 2400 小时的道路测试。

二、航空、铁路、港口立足需求发展智慧物流体系

航空货运、铁路轨道货运和港航物流是货运物流的重要模式，与公路货运相比，在适用品类、设施设备、组织形式等方面具有自身特色。当前，中国航空货运、铁路货运和水运港口货运体系也在立足自身发展的迫切需求，发展特色化的智慧物流应用方案。

（一）航空货运物流开始推动无人机物流平台体系应用

随着社会经济对时效性物流需求的提升，中国航空货运需求量日益增长。传统航空货运运力不足，基础设施、运营和人工成本过高，更多在医疗、电子、生鲜等高货值、高时效要求的产品物流中应用。随着智慧物流技术发展，一些大型物流企业开始推动无人机物流体系应用。例如，2018 年 6 月，京东最新研发的“京鸿”大型原生货运无人机在陕西完成总装下线，该无人机起飞重量超过 1 吨，可续航 1000 公里以上。2018 年 10 月，顺丰“飞鸿—98”大型物流无人机正式进行试飞。该无人机具有短距起降、载重量大、货仓容量大、可靠性强、性价比高等特点。无人机智慧物流体系的应用，可以大幅提升运力水平、降低飞行员需求，有利于形成运营成本低、运输效率高、调度灵活、地面条件适应性强的航空货运物流体系。

（二）铁路货运开始应用平台化、高速化和地下轨道系统

当前铁路物流（含轨道物流）行业领域正在加快推进平台化运营系统、高铁快运系统和地下轨道物流系统的智慧化应用。平台化方面，2018 年 12 月，河钢集团有限公司与中国铁路北京局集团合作建设“京铁云”平台，旨在推动铁路综合业务线上化，并实现货源、运力和其他物流资源的数据汇集，当月完成货物送达 4 万吨以上。高速化方面，自 2016 年 10 月起，中国各铁路局集团公司开始利用确认列车①、空车厢以及在客运动车组增设储物设备等形式，为高峰期快递物流行业提供包裹运输服务，并推动实现动车与快递物流在信息系统层面的快速对接。高铁快递具有班次多、准点率高等优势，至今已在全国 500 多个城市试运行。地下轨道系统方面，2018 年 6 月，京东集团与美国磁飞机技术公司签订了一份战略合作协议，双方将共同开发直驱轮轨和磁悬浮技术，建设地面和地下智能轨道交通网。地下物流体系在设备研发、制造，运营调度、监控等方面都需要先进的智慧物流技术支撑，属于较为典型的智慧物流系统。

（三）航运物流行业加快“无人化”智慧码头建设

港口作为水运物流行业的核心枢纽，也是多种运输方式的交汇点，在综合运输体系中发挥着举足轻重的作用。中国水运物流行业的智慧物流体系建设主要围绕港口的智慧化解决方案展开。2017 年 12 月，全球最大的单体自动化智能码头——上海洋山深水港四期自动化码头正式开港，港口一期采用智能管理控制系统，综合调度运营 10 台岸桥、40 台轨道吊机和 50 台自动引导车，可形成 400 万标准箱的年吞吐能力。2018 年 6 月，交通运输部发布全国 10 项智慧港口示范工程名单，标志我国智慧港口第一批建设成果初步落地，智慧港口物流体系开始进入多个港口同步试运营和规模化推广应用阶段。

---

① 确认列车是指，在高铁线路的夜间检修后，为检验高铁轨道的安全性，扫除不确定因素，在清晨 4~5 点钟以允许的最高时速在高铁线路上试开的车次。确认安全后，当日各班次列车才能开行。由于仅作为检测列车，不载客运营，因此，确认列车的运行计划并不对外公布。

三、仓储行业在多个领域应用“人机协同”和无人作业体系

相比运输、配送等行业，仓储行业交易频次低，但作业环节相对复杂、设施设备多样，在运营管理、库存管理、现场作业方面需要智慧物流系统和装备的支撑。整体上而言，相比其他物流细分行业，目前，中国仓储行业的智慧物流应用更为领先、发展得更快。除传统仓库管理系统的智能化改造之外，仓储行业智慧物流发展的重点偏向于“人机协同”的整体作业系统优化或“无人化”的完整解决方案。

（一）传统仓库管理系统迈向精准化、分散化和智能化

随着电商发展和市场需求的变化，仓库管理自身正在向多品类、短周期和复杂操作的方向发展。在智慧物流技术应用的背景下，中国的仓库管理系统也逐步迈向精准化、分散化和智能化。精准化是指 WMS 不断与具体行业的业务模式结合，形成更加定制化和准时制（JIT）服务的管理信息系统。技术实现上主要通过附加 RFID 等识别技术与物品编码技术，形成精细管理。分散化主要是指同一企业的仓库在不同城市空间多地布局，并基于大数据形成空间小型化、快进快出的作业模式，最终实现分布式布局的“云仓”网络。智能化是指商业智能技术（BI）在 WMS 中的应用不断扩展，包括数据挖掘下的市场需求分析、备货分析、选址分析、异常分析等。

例如，京东 WMS 系统“玄武”经历了从 1.0 到 5.0 的演变，每次改进的着眼点包括支持更多品类、与业务流程衔接更紧密、集中化数据管理、提升分散仓库统一部署和集中管理能力、增加多种智能设备的管理能力等，体现了仓储行业 WMS 系统精细化、分散化和智能化的发展过程。

（二）仓库运营领域逐步实现“人机协同”作业

中国目前仍然存在大量传统类型仓库，这些仓库采用纯人工作业或以人工为主的作业方式。随着智慧物流解决方案的逐步发展，一些领先的仓储运营公司开始在仓库作业的多个领域实施半自动化、甚至机器主导的“人机协同”作业体系。主要包括人力辅助设备、自动化设备和“货到人”拣选系统。

在人力辅助设备方面，较为先进的智慧物流系统包括外骨骼机器人辅助的搬运系统、语音导航或增强现实技术辅助的拣选系统等。例如，京东物流为员工配备的第二代外骨骼机器人应用自适应学习算法、多模式控制系统等先进技术，可以大幅增加使用者的力量和速度，助力穿戴者轻松搬运 50 公斤重物，使仓库整体搬运效率提高 30%以上。

在自动化设备方面，目前行业中应用的智慧物流系统主要包括自动导引运输车、无人叉车、自动打包、自动贴标、自动化流水线分拣系统等。例如，申通快递在杭州南星桥公司应用的超高速交叉带分拣系统，可以实现精准定位和高速运转。又如，2018 年 11 月，智久无人叉车落地德邦快递浦东分拨中心，实现了多机调度、多车协同和行走路径优化，使仓内运营成本下降约 30%，毛利润增加 7%。

在“货到人”拣选系统方面，主要包括自动货架穿梭车、自动分拣机器人系统等。例如，苏宁在其上海物流基地仓库内，使用自动引导车机器人搭建了“货到人”拣选系统。据现场人员测算，一个 AGV 机器人可以替代约 10 名工人，单件商品平均拣货时间为 10 秒，拣选准确率可达 99. 99%以上。

（三）网络零售企业仓库开始应用全流程无人化运营方案

随着智慧仓储物流装备的发展，一些行业领先企业也开始集成各类仓内“人机协同”作业，形成了面向标准化产品的全流程作业系统，实现全自动“无人仓”解决方案。

2017 年 10 月，京东宣布首个全流程无人仓——“亚洲一号”正式建成并投入使用，主体部分由收货、存储、订单拣选、包装四个作业系统组成，采用了高密度无人存储货架、自动打包机、六轴机械手臂、“货到人”拣选等多种技术装备和集成方案，可实现货物从入库、存储、分拣、打包、包装等全流程、全系统的无人化作业。相比传统仓库，无人仓日处理订单量可超过 20 万单，其存储效率比传统货架高 10 倍以上，机器人拣选速度可达 3600 次/小时，较传统人工高出 5~6 倍。

除了核心业务流程之外，仓储行业开始在一些配套业务中逐步引入新兴智慧技术，主要包括无人机仓库巡检、库区（园区）安防系统等。例如，沃尔玛、亚马逊、京东等企业开始在仓库中尝试采用无人机进行仓库日常巡检①，深国际、普洛斯等很多物流园区也逐步应用物联网技术架构的门禁、安防系统等。

四、快递行业加快部署“最后一公里”智慧物流服务

以网络零售包裹为主要服务对象的快递企业是推动新技术应用和智慧物流解决方案落地实施的骨干企业。当前，中国快递企业正在加快将智慧物流应用体系部署到贴近消费者的“最后一公里”配送和交付业务中，以“用户体验”为核心的品质化、个性化服务越来越成为企业智慧物流的“新战场”。

（一）快递末端配送领域无人机、配送机器人获得初步发展

在国内一些领先的电商物流企业推动下，中国快递物流领域的低空无人机、无人配送小车（配送机器人）等技术正在逐步完善，各企业不断进行初期的应用尝试。无人机配送应用目前主要集中在农村地区，2017 年 11 月，京东宿迁全球首个全流程智慧化无人机机场正式启用，并实现了无人机末端配送全流程的无人化运营试验。2018 年 8 月，圆通使用无人机在重庆武隆区进行派件，成功完成首次无人机乡镇快递配送创新应用。无人配送小车应用主要在城市区域，2018 年 4 月，菜鸟在杭州城市路面测试无人小车配送快递包裹，当日成功完成包裹收发、配送流程。

（二）包裹交付环节的智能快递柜等设备获得广泛应用

在快递“最后一公里”包裹交付环节，具有识别、自动开箱等功能的包裹暂存、收发设备在大型城市获得广泛应用，主要形式为智能快递柜。根据艾瑞咨询的统计数据，截至 2017 年年底，全国已经投放智能快递柜 20.6 万组，同比 2016 年增长一倍，到 2020 年，全国快递包裹入柜配送比例有望达

① 无人机网．无人机仓库巡检——“效率和安全”的保障［EB/OL］．［2018-02-08］．http：//mini.eastday.com/mobile/180208193417018.html.

到 15%[①]。随着无人机、无人配送小车的发展，末端交付设备也在升级换代中，例如，2018 年 3 月，丰巢发布了一款可以配合无人机和无人配送小车的八面体智能快递柜，柜顶端配备无人机降落机场，下侧可供无人配送小车驶入卸货。整个快递柜可容纳超过 600 个包裹，同时配备人脸识别验证取件功能。2018 年 6 月、7 月，京东物流、菜鸟物流也发布同类智能快递末端服务站点。

五、城市配送行业加快提升运力调度平台的智慧化服务能力

城市配送行业可划分为店配（面向商家服务）与宅配（面向家庭服务）两大领域。店配方面，传统城市配送行业正在加快智慧化的转型升级，各类城市配送即时交易平台发展迅速。宅配方面，随着中国餐饮外卖和到家服务行业的快速发展，新兴即时物流服务行业增长迅速。即时物流行业的服务具有时间和空间上的碎片化，对“骑手”的优化调度、线路设计等运营能力要求较高，客观上要求企业加快开发智慧物流运力调度平台。

（一）城市配送物流交易平台获得广泛应用

在面向商家服务的城市配送行业领域，国内目前已经存在多家平台型企业，相应的互联网交易平台在运营和管理方面也日趋成熟，如云鸟、蓝犀牛、速派得等。依托互联网、线上支付、位置服务等新技术，城市配送平台形成了从“车货匹配”即时成交业务到中长期合同物流业务的多样化载体平台。例如，2017 年，云鸟平台形成面向多元用户需求的服务模式，其云鸟交易平台可以同时为超过 80 万名司机提供实时供需匹配服务。

（二）城市餐饮外卖即时物流运营调度平台发展迅速

2010 年以来，中国餐饮外卖、社区便利店、“仓店一体化”新零售门店等业态得到迅速发展，助推城市即时物流行业快速壮大，主要企业包括美团外卖、蜂鸟物流、达达、点我达、闪送、UU 跑腿、滴滴外卖等。即时物流的

---

① 艾瑞咨询 .2018 年中国智能快递柜行业市场及发展趋势分析［EB/OL］.［2018-08-14］. http：//www.askci.com/news/chanye/20180814/1639251128835.shtml.

订单需求在时间、空间上具有碎片化特征，对到达的时效要求较高，需要强大的智慧物流运力调度和运营平台支撑。

目前，中国即时物流行业都在大力提升运营调度平台的服务水平。例如，美团的“超级大脑”能够通过深度学习等算法和技术，实现在0.05秒内计算出97%订单的最优配送路线，实现最优运力分配和送餐路径智能规划。平台调度服务能力的提升已经成为即时物流企业的核心竞争力。

（三）超市、连锁店体系通过外卖即时物流打造智慧配送“生态圈”

在新技术发展推动下，城市社区的潜在价值被不断挖掘，超市、连锁店体系也开始通过外卖即时物流发展智慧化的配送服务。典型业态包括生鲜水果便利店企业，如易果生鲜、每日优鲜等；新零售超市企业，如盒马鲜生、超级物种等；以及“连锁便利店+外卖”业态，如7—11入驻美团外卖等。在顾客需求响应、送货员调度、店内拣选等领域，这些超市、连锁店的外卖服务需要与智慧物流信息系统的深度衔接。

国内超市、连锁店的外卖服务已成为全渠道零售和“新零售”的运营载体，在智慧物流设计上重点突出了线上线下渠道融合的技术应用，并形成了基于固定空间范围的社区智慧配送网络和“生态圈”。例如，盒马鲜生采用“门店即仓”的设计，对3公里范围内的线上订单实施店内分拣和自营团队即时配送服务，形成了中国“新零售”的典型业态。又如，饿了么旗下蜂鸟物流的信息系统，在订单响应、派单、路线规划、一键语音联络等方面实现了外卖店铺、送货“骑手”和客户平台的实时信息交换、查询和沟通，打造了外卖送餐的闭环商业生态。

第三节　智慧物流对物流行业发展的影响

智慧物流的发展已经对物流行业产生了重大的影响。在新兴技术不断革新的背景下，智慧物流解决方案的应用在深度和广度上持续加强，智慧物流对物流行业的成本效率、组织结构、运作模式、管理水平、服务体系等各个方面都会持续产生深远影响。

一、助力物流行业降本提质增效，推动行业向技术密集型转型

中国物流行业的整体行业成本呈现下降趋势。2012—2017 年，中国社会物流总费用占 GDP 比重持续下降，2017 年达到 14.6%，比 2012 年的 18%下降了 3.4 个百分点，连续五年实现占比下降。2018 年，中国社会物流总费用为 13.3 万亿元，占同期 GDP 的比重为 14.8%，同期相比略有回升，上升 0.2 个百分点①。社会物流总费用的下降，除了经济结构转型等因素外，技术水平提升和智慧化物流体系的应用也起到了重要作用。

在“降成本”的同时，物流行业“提质增效”效果持续显现，以菜鸟物流、京东物流、顺丰速递等为代表的物流企业在物流技术装备研发、应用方面迈入世界前列；2019 年 1 月，盒马在纽约曼哈顿举办的全美零售联合会年度展会上入选“未来零售创造者”奖项，其店内悬挂拣选系统、30 分钟入户配送等物流体系备受好评。

从总体来看，虽然中国物流行业整体上仍然处于劳动密集型的发展阶段，很多传统企业依然亟待解决技术改造升级问题，但在智慧物流发展的引领下，行业整体正在向技术密集型转化，新技术、新装备、新解决方案、新商业模式不断获得应用落地。

二、构建平台和生态发展理念，推动物流市场结构变革

基于互联网技术的平台经济是智慧物流领域最为成熟的行业应用之一，诞生了车货匹配、运力众包、分时共享、全程监控等多种技术集成应用方案和商业模式。依托平台经济打造服务体系，已经成为物流和供应链行业领域发展的重要理念。平台经济构筑了一种开放的（随时加入退出）、不以产权交

---

① 国家发展改革委、中国物流与采购联合会．2018 年全国物流运行情况通报［EB/OL］．［2019-03-23］．http：//www.chinawuliu.com.cn/lhhkx/201903/23/339377.shtml？from=groupmessage&isappinstalled=0.

易为基础的市场组织模式。在平台经济发展模式下，物流产业中的企业主体之间也随之呈现出一种围绕核心平台核心业务入驻加盟、同时不断补充周边配套服务业务的动态协同共生关系，大型平台与小型企业之间也日益形成“簇群型”“生态型”产业组织结构，平台集聚发展逐步替代了空间集聚发展。

随着智能无人技术的发展和智慧物流行业应用的深化，很多物流细分行业正在面临跨界竞争和淘汰，原有的市场结构会进一步加速调整。快速发展的行业基础技术架构最终会推动智慧物流市场结构层面的变迁。

三、形成数据驱动下的物流商业智能体系，加速物流商业模式革新

在信息和智能技术驱动下，来自作业流程、客户行为的大数据成为可留存、可积累、可分析应用的重要资产，物流行业已经能够基于数据分析实现企业运营管理的持续改进，数据驱动下的物流商业智能体系正在逐步形成。例如，菜鸟物流依托电商平台前端数据，为物流企业提供业务组织、流程改进、仓储代运营等服务，甚至利用城市物流数据帮助政府构建“城市物流大脑”，形成了日益强大的物流商业智能体系。

同时，在“业务数据化”背景下，大数据分析让行业的日常运营更加可视，旧有商业模式的不足可以被更快的捕捉和挖掘，从而整体上加快了物流行业服务业务和商业模式的变革速度。近年来，物流行业在电商快递、资源众包、分时共享、即时物流等领域的商业模式创新不断涌现，这与新技术应用和大数据分析的关系密不可分。

四、推动智能物流装备研发应用，加速形成立体化物流体系

在智慧物流发展背景下，中国物流行业中的一些领先企业正在逐步探索推动物流智能装备和基础设施的研发和应用，传统地面、内河、远洋、高空为主的物流通道格局也在扩展，地下、低空等更加立体化的物流体系逐步发展。2018 年，以地下轨道、综合管廊为主的城市地下物流，以干线、支线和

末端无人机配送为主的农村低空物流，以无人配送小车和智能快递柜为主的城市末端社区物流都获得不同程度的应用进展，涉及的智能物流装备不断创新，立体化的物流体系不断形成。从企业层面来看，京东物流已经着手研发和推动城市地下物流应用，顺丰、菜鸟、京东等众多物流企业纷纷推动中低空无人机物流应用和基于城市慢行道路交通的无人配送小车应用。未来，中国立体化物流体系发展的格局将进一步显现。

第十一章　中国自由贸易试验区物流发展新动态

自由贸易试验区（以下简称“自贸区”）是我国新时期全面深化改革和扩大开放的试验田①。随着自贸区试点范围逐步扩大，开放程度不断加深，中国自贸区物流的发展环境不断完善，促进了区域物流资源整合，特别是在跨境服务、多式联运枢纽升级和高端物流服务等方面实现了较快发展。未来，借助自贸区的开放优势和优良的营商环境，在国际国内双向市场和需求升级的推动下，自贸区高端物流服务聚集将加快，高附加值物流服务能力将进一步提升，物流服务创新将成为自贸区物流发展的必然趋势。

第一节　中国自贸区建设新进程

在当今世界政治和经济格局正在发生着前所未有的深刻转变的背景下，中国作为世界经济的重要组成部分，也处于经济换挡期。随着中国积极推进新一轮改革开放，作为高水平开放体系的重要组成部分，自贸区试点范围逐步扩大，开放程度不断加深，可复制推广的试点经验逐步增加，为自贸区物流发展创造了新环境。

---

① 中华人民共和国国务院．国务院关于支持自由贸易试验区深化改革创新若干措施的通知［EB/OL］．［2018-11-23］．http：//www.gov.cn/zhengce/content/2018-11/23/content_5342665.htm.

一、自贸区建设面临的新环境

（一）国际经济新形势要求加快自贸区建设

世界经济缓慢复苏势头艰难持续。2018 年，超过半数的世界经济体经济增速加快，但一些发达经济体面临生产能力增长极限，新兴市场和发展中经济体的增长势头趋缓、金融环境逐渐收紧，工业生产和商品贸易增速逐步趋缓，全球经济下行风险加剧①。全球经济增长乏力导致国际贸易和投资出现疲软，大宗商品出口国的回暖低于预期，大宗商品进口国的经济活动减速，全球贸易增长逐年放缓。

国际经贸格局正在发生深刻变革。一方面，随着全球贸易发展放缓，贸易紧张局势亟待缓解。特朗普政府奉行“美国优先”政策、英国脱欧事件等为国际格局带来冲击，时局复杂多变。另一方面，全球治理体系正迎来历史性转折。二十国集团、上海合作组织、亚太经合组织等国际组织越来越重视新兴国家的力量，发展中国家在政治、经济、文化等方面对世界的影响力越发明显②。

中国强调合作共赢、联动发展、开放包容等发展理念，提出要加快实施自贸区战略，形成面向全球的高标准自由贸易区网络，旨在通过支持自贸区深化改革创新、高建设质量，推动构建人类命运共同体，向世界释放更大红利。

（二）全面开放新格局要求加大自贸区开放

随着“一带一路”倡议、粤港澳大湾区建设等战略的相继提出，我国制度改革和结构调整不断深入，开放进程持续有力推进，我国全方位、多层次、宽领域的对外开放格局初步形成。

---

① 联合国．2019 年世界经济形势与展望［EB/OL］．［2019－01－21］．https：//www. un. org/zh/index. html.

② 习近平．为建设更加美好的地球家园贡献智慧和力量——在中法全球治理论坛闭幕式上的讲话［EB/OL］．［2019-03-26］．http：//www. xinhuanet. com/world/2019-03/26/c_ 1124286585. htm.

“一带一路”倡议为中国开放发展开辟了新天地[①]。“一带一路”倡议秉承共商共建共享原则，聚焦互联互通，深化务实合作，实现互利共赢。经过五年多的探索，已有 150 多个国家和国际组织同中国签署共建“一带一路”合作协议，“六廊六路多国多港”的互联互通架构基本形成，一批有影响力的标志性项目逐步落地，以亚投行、丝路基金为代表的金融合作不断深入，为世界经济增长开辟了新空间，也为中国开放发展开辟了新天地。

粤港澳大湾区成为我国新时代推动形成全面开放新格局的新尝试。2019 年 2 月，中共中央国务院印发了《粤港澳大湾区发展规划纲要》。作为我国开放程度最高、经济活力最强的区域之一，粤港澳大湾区在我国发展大局中具有重要战略地位，是新时代推动形成全面开放新格局的新尝试。

自贸区是“一带一路”上的关键节点，也是京津冀协同、长江经济带和粤港澳大湾区等国家区域协调开放发展战略的重要支撑。党的十九大报告中提出“推动形成全面开放新格局”，推进贸易强国建设，培育贸易新业态、新模式。这不仅需要自贸区引领全国高水平开放，更需要不断创新自贸区的物流服务，构建新型贸易服务体系和高效物流服务体系，为全面开放发展提供保障。

二、自贸区建设新进展

国际国内发展新环境是我国自贸区发展的外在推动力量。随着我国自贸区空间范围逐步扩大，自贸区的开放程度也不断加深，自贸区改革试点经验得到复制推广，改革成果在全国范围内落地生根[②]。

（一）逐步扩大试点区域范围

截至 2018 年年底，我国已分四批共设立了 12 个自贸区，形成了“1+3+

① 习近平．齐心开创共建“一带一路”美好未来——在第二届“一带一路”国际合作高峰论坛开幕式上的主旨演讲［EB/OL］．［2019-04-26］．http：//www.xinhuanet.com//mrdx/2019-04/27/c_138014578.htm.

② 王文博．商务部：自贸区新一批改革试点经验将发布［N］．经济参考报，2019-04-12.

7+1”的自贸区试点格局。

上海自贸区作为我国第一个自贸区，承担着先行先试、深化改革、探索国家治理体系和治理能力现代化的核心使命；2015 年，广东、天津、福建三个自贸区同时获批，成为我国分布在沿海地区的第二批自贸区；2017 年 3 月，国务院印发辽宁、浙江、河南、湖北、重庆、四川、陕西七个自贸区总体方案；2018 年，中央决定支持海南全岛建设自贸区，并稳步探索中国特色自由贸易港建设。至此，我国自贸区总数达到 12 个，各自贸区充分利用自身区位优势，坚持差异化发展，功能定位因地制宜，基本形成了东中西协调、陆海统筹的自贸区发展格局。中国 12 个自贸区建设面积与功能定位如表 11－1 所示。

表 11－1　中国 12 个自贸区建设面积与功能定位

自由贸易试验区	批次	面积（平方公里）	功能定位
上海	1	120.72	形成与国际投资贸易通行规则相衔接的制度创新体系，力争建设成为开放度最高的投资贸易便利、货币兑换自由、监管高效便捷、法制环境规范的自由贸易园区
天津	2	119.9	努力成为京津冀协同发展高水平对外开放平台，在京津冀协同发展和我国经济转型发展中发挥示范引领作用
广东	2	116.2	依托港澳、服务内地、面向世界，将自贸区建设成为粤港澳深度合作示范区、21 世纪海上丝绸之路重要枢纽和全国新一轮改革开放先行地
福建	2	118.04	充分发挥对台优势，建设成为深化两岸经济合作的示范区。创新两岸合作机制，推动货物、服务、资金、人员等各类要素自由流动，增强闽台经济关联度
辽宁	3	119.89	深化国资国企改革、促进产业转型升级、发展生产性服务业、构筑科技创新和人才高地、推进东北一体化协同发展、加强东北亚区域开放合作，努力建设成为提升东北老工业基地整体竞争力和对外开放水平的新引擎
浙江	3	119.95	建设成为东部地区重要海上开放门户示范区、国际大宗商品贸易自由化先导区和具有国际影响力的资源配置基地，以油品为核心的大宗商品全球配置能力显著提升

续表

自由贸易试验区	批次	面积（平方公里）	功能定位
河南	3	119.77	加快建设贯通南北、连接东西的现代立体交通体系和现代物流体系，引领内陆经济转型发展
湖北	3	119.96	努力成为中部有序承接产业转移示范区、战略性新兴产业和高技术产业集聚区、全面改革开放试验田和内陆对外开放新高地，在实施中部崛起战略和推进长江经济带发展中发挥示范作用
重庆	3	119.98	依托中欧国际铁路联运通道和长江黄金水道，推进“一带一路”和长江经济带联动发展以及推动长江经济带和成渝城市群协同发展。建设成为“一带一路”和长江经济带互联互通重要枢纽、西部大开发战略重要支点
四川	3	119.99	建设成为西部门户城市开发开放引领区、内陆开放战略支撑带先导区、国际开放通道枢纽区、内陆开放型经济新高地、内陆与沿海沿边沿江协同开放示范区
陕西	3	119.95	更好发挥“一带一路”建设对西部大开发带动作用、加大西部地区门户城市开放力度，推动“一带一路”建设和西部大开发战略的深入实施
海南	4	35400	建设全面深化改革开放试验区、国家生态文明试验区、国际旅游消费中心和国家重大战略服务保障区，打造成为我国面向太平洋和印度洋的重要对外开放门户，为逐步探索、稳步推进中国特色自由贸易港建设打好坚实基础

资料来源：根据各地自贸区总体方案整理。

（二）不断加深开放程度

党的十九大报告明确指出，要赋予自贸区更大改革自主权，探索建设自由贸易港，扩大开放领域，提升政府治理水平，加快建立开放型经济新体制，推动形成全面开放新格局。

自由贸易港是开放度最高的自由贸易园（港）区，实施贸易投资自由化便利化，是更高水平的开放形式。我国自贸区在“一线放开、二线安全高效管住、区内流转自由”的基础上，不断探索，开放程度不断加深。2017 年 3 月，国务院印发《全面深化中国（上海）自由贸易试验区改革开放方案》，要求上海自贸区对标最高国际标准，服务国家“一带一路”建设，成为推动市场主体走出去的桥头堡，上海自贸区改革进入“3.0版”时代。如今，除海南省外，上海市、厦门市、浙江省、陕西省、天津市均提出了逐步探索、稳步推进，分步骤、分阶段探索建设中国特色自由贸易港政策体系。

三、自贸区试点的主要经验

自贸区建设不断加快政府职能转变、探索体制机制创新，形成了一大批可复制、可推广的改革创新成果，并在全国范围内得到推广。截至2019年4月，自贸区已经累计向全国复制推广了171项改革试点经验，有效发挥了全面深化改革开放试验田的作用。自贸区改革试点经验的复制推广，将更好地激发市场活力，进一步优化营商环境，逐步构建与我国开放型经济发展要求相适应的新体制、新模式，推动形成全面开放新格局。

（一）以上海自贸区经验为首的初期推广阶段

2014年12月，国务院首次发布《关于推广中国（上海）自由贸易试验区可复制改革试点经验的通知》，提出在全国范围内推广上海自贸区34项改革试点经验，并要求各地将推广工作列为本地区重点工作。

在34项改革试点经验中，进一步在全国范围内复制推广的改革事项28项。其中，在投资管理领域包括外商投资广告企业项目备案制、涉税事项网上审批备案等九项；贸易便利化领域包括全球维修产业检验检疫监管、中转货物产地来源证管理等五项；金融领域包括个人其他经常项下人民币结算业务、外商投资企业外汇资本金意愿结汇等四项；服务业开放领域包括允许融资租赁公司兼营与主营业务相关的商业保理业务、允许设立外商投资资信调查公司等四项；事中事后监管措施包括社会信用体系、信息共享和综合执法制度等五项。此外，在全国其他海关特殊监管区域复制推广的改革事项六项。

上海自贸区改革试点经验的推广，显示出自贸区转变政府管理理念和构建新体制、新模式的改革思路，以开放促改革，发挥市场在资源配置中的作用，积极适应开放型经济发展要求，培育国际竞争新优势。各地政府因地制宜，制定了推广工作方案，建立健全领导机制，明确具体任务及责任部门，按照规定时限完成推广工作。

（二）以“最佳实践案例”为主的推广发展阶段

2015 年 2 月，国务院成立了自由贸易试验区工作部际联席会议制度，总结了上海、天津、广州和福建四个自贸区创新性强、市场主体受益多、反映好的做法，分两次发布了共 12 个“最佳实践案例”，作为第二批复制推广的内容。

在贸易便利化方面，总结了上海和福建自贸区国际贸易“单一窗口”遵循国际通行规则、降低企业成本费用、提高贸易便利化水平的经验做法，以及天津自贸区京津冀区域检验检疫一体化新模式和广州自贸区跨境电商监管新模式、福建自贸区关检“一站式”查验平台+监管互认实践经验。在投资体制改革方面，介绍了福建自贸区投资管理体制改革“四个一”，即“一表申请、一口受理、并联审查、一章审批”的综合审批模式。在创新政府管理方式方面，重点介绍了广东自贸区“企业专属网页”政务服务新模式和天津自贸区集成化行政执法监督体系。在事中事后监管方面，推广了上海自贸区“证照分离”改革试点、推进信用信息应用以加强社会诚信管理的优秀做法、天津自贸区以信用风险分类为依托的市场监管制度和广东自贸区政府智能化监管服务模式。

“最佳实践案例”是各地自贸区大胆闯、大胆试、自主改的优秀做法，是在积极探索、大胆创新基础上形成的一批可复制、可推广的改革创新成果。“最佳实践案例”详实地总结了主要做法和实践效果，并提出了下一步工作思路，为全面深化改革、扩大开放树立了新标杆。

（三）以试点经验特色化为特征的推广扩大阶段

2016 年 11 月，在上海、广东、天津、福建自贸区进一步深化改革、扩大开放的试点实践基础上，国务院又发布了第三批 19 项试点经验[①]。其中，在

① 国务院．国务院关于做好自由贸易试验区新一批改革试点经验复制推广工作的通知．2016-11-02.

全国范围内复制推广的改革事项包括负面清单以外领域外商投资企业设立及变更审批改革等三项投资管理领域创新经验，依托电子口岸公共平台建设国际贸易单一窗口，推进单一窗口免费申报机制等七项贸易便利化领域创新经验、引入中介机构开展保税核查、核销和企业稽查等两项事中事后监管措施创新经验。此外，在海关特殊监管区域复制推广的改革事项还有入境维修产品监管新模式等七项。

随着自贸区试点范围不断扩大，辽宁、浙江、河南、湖北、重庆、四川、陕西等地自贸区与上海、广东、天津、福建自贸区一起，结合各自功能定位和特色特点，全力推进制度创新实践，形成了自贸区第四批①、第五批②改革试点经验，分别于2018年5月和2019年4月印发。其中，在全国范围内复制推广的改革事项包括扩大内地与港澳合伙型联营律师事务所设立范围等五项服务业开放领域创新经验，国际船舶登记制度创新等11项投资管理领域创新经验，跨部门一次性联合检查等15项贸易便利化领域创新经验和企业送达信息共享机制等13项事中事后监管措施创新经验。此外，第四批、第五批改革试点经验还包含在自贸区复制推广的推进合作制公证机构试点改革事项，以及在特定区域复制推广的海关特殊监管区域“四自一简”监管等3项创新改革事项。

随着自贸区数量的不断增加，新设自贸区也快速积累了大量改革试点经验。例如，在第四批改革试点经验印发时，辽宁等七个新设自贸区虽然仅设立1年，但一共形成了17条改革试点经验，占据第四批30条改革实践经验的一半以上。各自贸区通过差异化探索，形成了更多元化、更高水平的制度创新成效，更好地释放了自贸区的改革红利和开放红利。

---

① 国务院．国务院关于做好自由贸易试验区第四批改革试点经验复制推广工作的通知．2018-05-23.

② 国务院．国务院关于做好自由贸易试验区第五批改革试点经验复制推广工作的通知．2019-04-30.

第二节 中国自贸区物流新进展

依托制度和政策优势，在自贸区带动下区域物流资源整合不断加快。同时，自贸区的跨境物流服务不断创新，多式联运枢纽建设加快，物流相关高端服务业得到快速发展，智慧物流平台建设也方兴未艾。

一、区域物流资源加快整合

依托制度与政策优势，自贸区以完善国际物流服务为切入点，在区域物流通道和网络建设中起到了重要作用，尤其是京津冀区域、长江经济带以及粤港澳大湾区的物流资源整合已取得初步成效。

（一）京津冀地区的物流资源整合情况

按照《京津冀协同发展规划纲要》提出的空间发展格局，天津自贸区作为我国北方第一个自贸区，在服务天津的同时，要进一步推进京津冀一体化的进程。在国务院批准的天津自贸区总体方案中，天津自贸区被定位为京津冀协同发展高水平对外开放平台。

2017 年 12 月 28 日，京津冀 144 小时过境免签政策正式落地实施，政策适用范围覆盖北京陆空港口岸、天津海空港口岸、河北海空港口岸①。通过海关、报检、税收等系统的对接与信息共享，推动了天津自贸区基础性服务平台，以及国际贸易和对外投资平台的构建②，以国际贸易带动了京津冀地区内的贸易往来，并吸引了资金流、物流、信息流等要素在区域间的流动，从而促进了京津冀物流资源的进一步整合。

在营商环境不断优化的基础上，天津自贸区完备的物流基础设施也逐步

---

① 人民网．京津冀正式实施外国人 144 小时过境免签政策［EB/OL］．［2017-12-28］．http：//bj. people. com. cn/n2/2017/1228/c82840-31084150. html.

② 中国（天津）自由贸易试验区官网．服务京津冀 天津自贸试验区作用明显特色鲜明［EB/OL］．［2018-07-16］．http：//www. china-tjftz. gov. cn/html/cntjzymyqn/YWZX24993/2018-07-16/Detail_ 583566. htm.

在更广阔的范围内优化利用，天津港集团与河北港口集团投资成立渤海津冀港口公司，打破了港口间同质竞争，实现了优势互补，开启了区域港口资源综合利用的新进程。除海港外，京津冀地区的高速公路和铁路基础设施进一步完善，京津冀交通一体化建设也初具成效。

（二）长江经济带的物流资源整合情况

长江经济带范围内陆续设立了五个自贸区，包括上游的四川和重庆、中游的湖北以及下游的上海和浙江。自贸区由点到面，形成了网络化发展，推动了长江经济带物流枢纽建设不断提速。

上海自贸区作为全国首个自贸区，已经形成了多项可复制推广的改革创新制度，成为了吸引国内知名企业和产业基金“走出去”的桥头堡，发挥出越来越大的聚集辐射作用，带动了长江经济带交通物流类企业间的资本整合。上海“国际贸易单一窗口”的建设，在长江各口岸起到了积极的示范带动效应，通过区域化的信息互换，监管互认和执法互助，推动了长江经济带物流信息一体化建设①。

长江经济带其他自贸区在上海自贸区的辐射带动下，进一步加快了铁路、公路、水路、航空等物流基础设施的建设，其中，四川、重庆自贸区分别推进了中欧班列（成都）以及中欧班列（重庆）国际物流通道的建设，湖北自贸区实施了长江三峡枢纽“大分流、小转运”多式联运示范项目②。一体化物流大通道建设为区域物流资源进一步整合提供了基础。伴随着各个自贸区域性物流通道不断融合，长江经济带物流资源竞争力日益凸显。

（三）粤港澳大湾区的物流资源整合情况

粤港澳大湾区是“一个国家、两种制度、三个关税区”的跨制度区域，广东省深圳市的前海蛇口自贸片区以及珠海横琴自贸片区分别与香港和澳门接壤，具有独特的地理优势，自贸区的快速发展为粤港澳物流产业的合作和

---

① 王志彦．上海自贸区“单一窗口”将在长江经济带率先推广［N］．解放日报，2018-08-11.

② 宜昌市物流局．宜昌长江三峡枢纽“大分流小转运”项目入选国家多式联运示范工程［EB/OL］．［2018-11-22］．http：//wlj. yichang. gov. cn/content-54039-949624-1. html.

发展奠定了良好的基础。在基础设施建设方面，广深港高速铁路建设和运营、珠港澳大桥建成通车等实现了三区的设施“硬联通”。2018 年以来，前海蛇口自贸片区开展“保税+”政策创新，在进出口物流链的关键节点上发力，集中推出建设“海运国际中转分拨集拼中心”“离港空运服务中心”“保税+社区新零售”等三项改革创新举措，实现了三区的机制“软联通”①。

“硬联通”与“软联通”相结合的举措，进一步促进了广东自贸区现代物流产业体系的构建，并加快整合了粤港澳大湾区的物流资源，从而高效推动了粤港澳大湾区的区域物流一体化进程。

二、跨境物流服务不断创新

（一）通关监管服务模式创新

自贸区通关监管服务模式创新主要体现在通关流程创新、监管机制完善创新和针对新兴货类的通关跨境服务模式创新。

1. 通关流程创新

上海自贸区作为我国第一个改革试验田，在通关流程创新方面提出了多项改革措施，为其他自贸区积累了大量可复制的经验。例如，“先进区、后报关”“批次进出、集中申报”“智能化卡口验放”“区内自行运输”“保税展示交易”等创新制度，已经在天津、重庆、陕西等自贸区得到复制推广。

除上海自贸区外，其他自贸区也针对通关流程提出了改革创新。浙江自贸区对我国现行通关模式流程进行了再造和深层次改革，自 2018 年 5 月起，舟山自贸片区开展“船舶进出境无纸化通关”试点，取消原先所需的 44 种 70 余项、共计 150 余页纸质材料，只保留船员出入境证件、临时入境许可申请等两项证件资料②。

---

① 吴德群，刘晓昕．深圳海关助力打造粤港澳大湾区新物流［N］．深圳特区报，2018-10-21.

② 浙江在线．浙江自贸试验区：一站式服务打造全国首个无纸化通关口岸［EB/OL］．［2018-06-22］．http：//biz. zjol. com. cn/zjjjbd/ycxw/201806/t20180622_ 7603586. shtml.

2. 监管机制创新

重庆自贸区在海关特殊监管区域创新实施“四自一简”（即自主备案、自行确定核销周期、自主核报、自主补税、简化业务核准手续）等高效便捷监管新模式，自贸区内企业降本增效作用明显，海关行政效率大幅提升。截至2018年6月，该模式已惠及重庆两个保税港区内的128家企业，取得了很大成效，因此，也被国务院批准列入可复制推广的改革事项①。

郑州海关把“管少、管精、管准”的理念贯穿于海关执法全过程，建立随机抽查结果公开机制，加快“互联网+海关”建设，深入推进海关服务事项网上办理等②。此外，还积极探索跨境电商监管新模式，允许河南自贸区内试点电商企业在区内实体店铺进行展示展销，消费者下单，海关放行后即可当场提走。

3. 针对新兴货类的通关跨境服务模式创新

上海自贸区提出了境内外保税维修制度，使得落户上海自贸区内的企业，在海关参照保税加工监管模式实施管理的基础上，可开展高技术、高附加值、无污染的境内外维修业务，为服务型制造业发展提供了便利。

浙江自贸区针对船舶燃油供应进行服务创新，将保税燃料油加注纳入单一窗口申报平台，开通挂港加油船舶通航、通关特殊通道，简化加油船舶进出自贸区通关手续，方便符合条件的船舶驶入特定海域（码头）加油③。

（二）国际贸易单一窗口建设

国际贸易单一窗口是跨境通关监管的基础设施。目前，单一窗口已在我国31个省份所有口岸全面推行，实现了与25个部委系统对接，业务覆盖水运、空运、公路、铁路等各种口岸类型和特殊监管区、自贸区、跨境电商综试区等各种功能区域。通过实施单一窗口，提升了口岸通关效率和透明度，

---

① 重庆两江新区官网．重庆自贸试验区试点“四自一简”［EB/OL］.［2018-03-23］. http://www.liangjiang.gov.cn/Content/2018-03/23/content_419445.htm?from=groupmessage.

② 赵振杰，袁楠．郑州海关五大措施支持自贸试验区发展［N］．河南日报，2017-04-08.

③ 中华人民共和国国务院．中国（浙江）自由贸易试验区总体方案［EB/OL］.［2017-03-31］. http://www.gov.cn/zhengce/content/2017-03/31/content_5182288.htm.

有效地压缩了跨境贸易通关时间和成本，其中，上海市、福建省的单一窗口建设走在前列。

以上海自贸区为例，目前，上海国际贸易单一窗口 3.0 版已对接中央到地方的 22 个部门，服务 27 万家企业，上海口岸 95%以上的货物申报、全部的船舶申报，都已经通过单一窗口办理。货物进出口环节的申报由原来的 24 小时，缩短为 0.5 小时，为原来的 1/48；船舶进出港环节整个流程花费的时间也从原来的 2 天缩短到 2 小时。在成本方面，每年直接为企业节省申报信息服务成本达 2.8 亿①。

福建单一窗口已联通 30 多个业务部门，服务企业 5 万多家，日单证处理量 11 万多票。其中货物进出口申报时间从原来的 4 小时减少至 5~10 分钟，船舶进境、出境申报时间从原来的 36 小时分别减少至 2.5 小时和 0.5 小时，一般货物贸易出口全流程时间从 16 天缩短至 8 天。2018 年 1 月，福建省又正式启动福建单一窗口 3.0 版建设，单一窗口业务服务领域的范围将进一步延伸②。

三、多式联运枢纽建设加快

自贸区充分发挥高水平开放节点优势，依托“一带一路”倡议，根据自身的地理位置、基础设施建设情况、国家政策支持等因素，加快区域陆、海、空枢纽建设，在我国现代物流和交通体系中发挥了越来越重要的作用。2018 年自贸区的主要枢纽建设工作如表 11-2 所示。

---

① 解放网．上海国际贸易单一窗口将申报时间缩短至 48 分之一［EB/OL］．［2018-06-03］．http：//shzw.eastday.com/shzw/G/20180603/u1a13955586.html.

② 中国（福建）自由贸易试验区官网．中国（福建）国际贸易单一窗口迎来 3.0 版［EB/OL］．［2018-01-19］．http：//www.china-fjftz.gov.cn/article/index/aid/7993.html.

表 11-2　2018 年自贸区的主要枢纽建设工作

枢纽类型	自贸区	枢纽建设工作内容
陆运枢纽	陕西	西安自贸片区建设的“一带一路”内陆中转枢纽陆海空多式联运示范工程入选交通运输部第二批多式联运示范工程项目。陕西省发展改革委制定的《关于推动交通物流融合发展的实施方案》明确指出，提升大西安综合物流枢纽功能，探索在自贸区范围内开展航空、铁路、公路多式联运试点，构建联通中欧的商贸物流大通道
	重庆	重庆自贸区依托中欧班列（重庆）国际联运大通道，通过建立联动发展机制，推动了行邮班列与跨境电商联动，并积极探索国际陆运贸易新做法，形成国际铁路行邮新规则，进而依托南向国际物流通道，使重庆自贸区成为跨国的公路联运和铁海联运的重要枢纽
	辽宁	2018 年 7 月出台的《中国（辽宁）自由贸易试验区条例》提出，辽宁自贸区进一步优化内陆无水港布局，增强自贸区口岸服务辐射功能，特别是在沈阳自贸片区将加强无水港建设，提升其陆运枢纽功能
航运枢纽	上海	上海市依托上海自贸区于 2018 年 6 月印发的《上海国际航运中心建设三年行动计划（2018—2020）》提出，在未来三年要对标国际一流，将上海打造成为世界先进的海空枢纽
	浙江	浙江自贸区宁波舟山港统筹新建一批 10 万吨级以上集装箱泊位和 30 万吨级以上油品、铁矿石泊位。通过打造宁波东部新城、舟山新城两大国际航运服务集聚区，增强浙江自贸区的国际航运枢纽功能。
	天津	国务院于 2018 年 5 月印发的《进一步深化中国（天津）自由贸易试验区改革开放方案》提出，天津自贸区进一步增强港口口岸服务辐射功能，发挥天津的北方国际航运核心区优势，开展口岸通关流程和物流流程综合优化改革试点，打造京津冀地区国际贸易大通道。
	辽宁	2018 年 11 月，辽宁省政府与招商局集团签订辽宁港口合作项目增资协议，推动了大连港集团与营口港集团的整合进展，两个港口的整合为辽宁自贸区加快建设东北亚国际航运中心，提高区域国际竞争力奠定了坚实的基础
	广东	2018 年 4 月，南沙自贸片区与广州航运交易有限公司等签署了“金融支持南沙国际航运中心建设”四方战略合作协议

续表

枢纽类型	自贸区	枢纽建设工作内容
航空枢纽	河南	郑州机场将以航空枢纽建设为战略支点，加快构建形成货运航线与客运航线、航空运输网络与陆路交通紧密衔接、协调发展的枢纽网络格局。同时推进河南自贸区国际航空物流中心建设，着力培育和提升郑州机场货运航线竞争优势，扩大与全球主要货运机场和主要经济体的航线航班，力争于2020年实现全货机通航城市50个以上，跻身全球50大货运机场行列
航空枢纽	重庆	2018年3月，重庆自贸区与海航现代物流子公司——重庆成渝现代物流有限公司签署投资协议，海航现代物流集团将在自贸区内投资打造贸易服务平台、供应链金融服务平台、现代物流中心、航空货运枢纽等
	四川	加快建设天府国际机场和国际空港新城，提高运营效率和竞争力，将四川自贸区打造成为一流的国家级国际航空枢纽，其中一期工程计划2019年基本建成，2020年投入使用

资料来源：根据各自贸区官网相关内容整理。

四、物流相关高端服务业得到快速发展

自贸区物流产业发展的同时，也带动了物流相关服务业的进一步聚集，自贸区内围绕物流产业的服务业得到快速发展，主要包括物流相关服务高端化服务、特殊货物流服务专业化服务、跨境电商相关服务等，形成了一个区域性的产业生态系统。

（一）物流相关服务高端化

自贸区深化改革、扩大开放的发展定位，在推动传统物流产业完善的同时，也促进了市场机制的完善，使得自贸区内的物流服务业向着高端化的趋势发展。

在2017年国务院印发的《中国（浙江）自由贸易试验区总体方案》中指出，浙江自贸区将积极推动国际航运相关的海事、金融、法律、经纪等服务业发展，支持境内外企业开展航运保险、航运仲裁、海损理算、航运交易等高端航运服务，吸引海事仲裁机构和船级社等入驻，打造国际航运服务平台。

截至2018年年底，天津东疆保税港区已相继开发出保税租赁、出口租

赁、进口租赁、离岸租赁、联合租赁、资产包转让租赁、人民币跨境结算等近40种租赁交易结构产品，天津自贸区内与物流设施相关的融资租赁公司总数已超过1300家，租赁飞机累计达到1028架、租赁船舶累计达到119艘，分别占全国的90%、80%①。

根据国务院印发的《中国（湖北）自由贸易试验区总体方案》，湖北自贸区在未来将进一步促进航运要素集聚，支持依托自贸区发展长江航运电子商务等业务，培育航运保险、海事仲裁、船舶检测认证等高端航运服务业态，探索形成具有国际竞争力的航运发展机制和运作模式②。

（二）特殊货物服务专业化

针对特殊货物，各自贸区也提供了针对性专业化的服务，并将特殊货物的相关专业服务做强做大，通过重点特色专业业务的开展来带动其他相关服务的协同发展，将自贸区转变为“引力磁场”。

浙江自贸区将油品全产业链发展作为核心任务，制定了《中国（浙江）自由贸易试验区国际航行船舶保税油管理办法》，努力将浙江自贸区建设成为以油品为核心的大宗商品资源配置基地。自2018年以来，浙江自贸区针对油品服务，推出了保税燃油加注“一口受理”、保税燃料油跨港区供应、开展原油非国营贸易进口资格企业试点、国际航行船舶保税油加注许可经营等一系列创新成果。

海南自贸区利用其地处热带的地理优势，大力发展蔬菜、水果等货物的冷链物流服务。国务院印发的《中国（海南）自由贸易试验区总体方案》中指出，海南自贸区将进一步加强冷链基础设施网络建设，打造出岛快速冷链通道，提供高质量的冷链快递物流服务，将海南自贸区建设成为以天然橡胶

① 李磊，郭萃，刘操，郭景水．中国（天津）自由贸易试验区成为全球第二大飞机租赁聚集地，产业聚集推动融资租赁“加速跑”[N]．海南日报，2018-05-08.

② 中华人民共和国国务院．中国（湖北）自由贸易试验区总体方案 [EB/OL]．[2017-03-31]．http：//www.gov.cn/zhengce/content/2017-03/31/content_ 5182299.htm.

为主的国际热带农产品交易中心、定价中心、价格指数发布中心[①]。

（三）跨境电商服务快速发展

伴随着国家对自贸区发展的大力推动，我国跨境电子商务呈现集中爆发式增长，这也反过来对自贸区跨境电商相关服务提出了更高的要求，因此，各个自贸区在跨境电商方面进行了政策创新。

自 2017 年 4 月河南自贸区挂牌以来，跨境电商板块就是其努力打造的重点。凭借着多年来打下的基础以及相关机制创新，如今跨境电商已成为河南自贸区郑州片区的一块金字招牌。截至 2017 年年底，各电商企业在河南保税物流中心的备货量在全国总备货量中占比超过 26%，累计跨境业务量居于全国首位[②]。

湖北武汉自贸区创新跨境电商保税进口模式，使得电商企业采购成本及物流成本得到大幅降低，大大地降低了电商企业进口货品的价格。重庆自贸区推进全球商品报税展示交易中心的建设，创新打造“保税展示展销+体验”功能平台，成功引进企业 55 家，经营商品 3 万余种。

随着中国（天津）跨境电子商务综合试验区建设的深入推进，天津自贸区在综合改革、便利化水平、跨境交易水平等方面走在了全国前列。截至 2018 年 12 月，天津自贸区内多个跨境电商集聚区初具规模，跨境电商保税仓面积超过 30 万平方米，京东全球购、天猫国际、网易考拉、唯品会、小红书、苏宁、亚马逊等跨境电商行业巨头均已落户天津。天津已建成一套便捷高效的跨境电商综合服务平台，日处理单量峰值超过 100 万单[③]。

五、智慧物流平台建设方兴未艾

随着“互联网+”、大数据、云计算等先进信息技术的快速发展，越来越

---

① 中华人民共和国国务院．中国（海南）自由贸易试验区总体方案［EB/OL］．［2018-10-16］．http：//www. gov. cn/zhengce/content/2018-10/16/content_ 5331180. htm.

② 尤梦瑜．河南自贸区郑州片区创新发展跨境电商业务，打造“买全球 卖全球”新优势［N］．海南日报，2018-11-13.

③ 中国（天津）自由贸易试验区天津机场片区官网．天津港保税区跨境电商业务占全市 70%以上［EB/OL］．［2018-12-20］．http：//www-main. tjftz. gov. cn/zmq/system/2018/12/20/010103102. shtml.

多的自贸区开始建设智慧物流信息平台。

2016 年 10 月，福建自贸区厦门片区于正式上线运行了厦门港集装箱智慧物流平台，该平台于 2018 年获得“中国港口科技进步一等奖”。未来，平台将与福建国际贸易单一窗口实现有机联动、互补，从而为自贸区物流和供应链智慧化发展提供重要基础设施①。

重庆自贸区目前正在建设智慧物流公共信息平台，重点推动各种运输方式之间物流信息互联互通，该平台于 2018 年年初被评为国家首批骨干物流信息平台试点单位。截至 2018 年 3 月，平台已有超过 300 家物流企业注册开展业务，建立了线上线下的货运信息交易子系统——蜜蜂智运②。

2018 年，浙江自贸区的宁波舟山港利用“互联网+”、大数据等先进技术积极构建智慧物流应用体系。其中在梅山港区，率先投用使用了 4GLTE 无线数传专网系统，提升了码头生产调度作业的数据传输效率；集装箱国际转运信息平台也成功上线，实现了数据“最多跑一次”③。

第三节　中国自贸区物流未来发展趋势

随着自贸区建设的不断推进，自贸区物流在市场需求升级的带动下，高端物流服务要素将加快聚集，高附加值物流服务能力将进一步提升，自贸区将成为物流新科技应用的重要平台。

一、高端物流服务要素将加快聚集

自贸区的核心定位是全面深化改革，持续推进开放，推进投资便利化、

① 中国（福建）自由贸易试验区官网．厦门港集装箱智慧物流平台有效实现信息共享，推动港口全面提质增效［EB/OL］．［2018-07-19］．http：//www. china-fjftz. gov. cn/article/index/aid/9386. html.

② 杨永芹．重庆智慧物流公共信息平台入选全国首批骨干物流信息平台试点企业［N］．重庆日报，2018-01-13.

③ 中国（浙江）自由贸易试验区官网．宁波舟山港“智慧港”建设亮点频现［EB/OL］．［2018-09-06］．http：//china-zsftz. gov. cn/article/8934.

金融国际化和监管制度创新化，建设国际化、市场化、法治化的营商环境。

自贸区负面清单特别管理措施从2013年的190条缩减到2018年的45条，下降了近八成，在金融、交通、汽车、船舶制造等22个领域放宽了外资准入限制①。2019年3月，十三届全国人大二次会议表决通过了《中华人民共和国外商投资法》，用法律形式着力于投资促进和保护，为外企在华投资兴业创造透明、可预期的营商环境。

自贸区金融创新的不断发展，金融协同监督制度的不断完善，使得自贸区金融机构聚集效应初步形成。例如，福建自贸区内已设立金融机构160家，比挂牌前增长33.3%；各类准金融机构6400多家，是挂牌前的3.58倍，共引进19家外资银行和4家台资保险公司②。

自贸区的金融创新促进了高端物流服务要素的聚集。一方面，自贸区持续开放，尤其是在交通、航运和船舶制造等领域外资准入限制的放宽，有利于吸引全球物流和供应链服务商落户自贸区，通过集群效应加快自贸区物流和供应链服务的创新和升级。另一方面，自贸区金融业的开放创新，使得区内企业可以在全球范围内进行融资，为物流和供应链管理企业的信息流、资金流和实物流协同提供了广阔的舞台，必将形成对全球采购、全球配送和在全球进行资源整合的物流服务商的吸引力，有利于自贸区内高端物流服务要素聚集不断地加快。

二、高附加值物流服务能力将进一步提升

良好的营商环境也使得自贸区成为了先进制造业聚集地。例如，湖北自贸区获批以来，光电子信息产业、生物医药、高端装备制造、新能源、节能环保等先进制造业和工程设计、文化创意、金融服务、网络服务、人工智能、

① 发改委，商务部．外商投资准入特别管理措施（负面清单）（2018年版）．2018-07-23.

② 中国（福建）自由贸易试验区官网．我省自贸试验区金融创新服务实体经济发展［EB/OL］.［2017-04-27］．http：//www.china-fjftz.gov.cn/article/index/aid/6088.html.

大数据等现代服务业集聚发展态势明显[①]。先进制造业和生产性服务业在自贸区的聚集以及外商投资的增加，将引起相关产业全球供应链的重构、调整和优化，产业物流需求从单一大宗散货供应链服务向多元化方向发展，从而要求物流和供应链服务要更加快速精准，且富有弹性和个性化。

同时，我国居民的全球购逐渐成为趋势，进口生鲜产品、进口高端高值物品消费明显增加[②]。独特的开放优势和良好的营商环境，使得自贸区成为了国际需求市场变化的风向标，跨境电商企业纷纷落户自贸区，以充分利用自贸区优势把握国际市场商机。消费品质升级同样需要快速化、国际化、高效率的国际供应链服务作为支撑。

高品质物流服务需求的增加将带动自贸区内物流企业不断提升自身服务能力，并进一步吸引高端物流要素聚集，提供高附加值物流服务；而自贸区不断完善的基础设施和跨境商务服务网络，又为区内物流企业发展提供了坚实的软硬件基础，将进一步助推物流企业提升要素整合能力，拓展空间服务范围，加快服务模式创新，从而全面提升高附加值物流服务能力。

三、自贸区将成为物流新科技应用的重要平台

高附加值物流服务离不开科技创新，自贸区作为我国科技创新的重要平台，为物流新技术的应用提供了良好的发展环境。

例如，《中国（湖北）自由贸易试验区总体方案》提出全面推进产业技术创新、科技成果转移转化、科研机构改革、知识产权保护运用、国际创新合作等领域体制机制改革[③]；再如，沈阳自贸区 2018 年颁布 10 条新政促进科技创新，在培育科技型企业、支持高新技术企业和科技小巨人企业发展、促

① 湖北省人民政府官网．湖北自贸区高端产业集聚发展态势明显［EB/OL］．［2018-11-20］．http：//www.hubei.gov.cn/zhuanti/2017zt/hbzmq/sgsyt/bmld/201811/t20181120_1370606.shtml.

② 许秀红．我国生鲜农产品进口贸易：特征、影响因素及前景［J］．对外经贸实务，2018（9）：50-53.

③ 国务院．中国（湖北）自由贸易试验区总体方案．2017-03-15.

进科技成果转化、支持科技孵化基地建设等方面做出了积极探索①。自贸区在科技创新、技术转移、知识产权保护等方面的制度创新，为物流新科技在物流和供应链服务中的应用提供了良好平台。

自贸区的科技创新制度改革也将促进自动化运输、物联网、大数据、云计算和人工智能等技术效能加速释放，带动新技术与物流产业快速融合，进一步推进自贸区物流技术创新。例如，阿里巴巴于 2018 年 4 月起在陕西自贸区建设西北地区首个现代化的智能物流枢纽，该枢纽将引入全自动化流水线、AGV 机器人、机械臂等人工智能设施②。未来将有更多自贸区内的物流企业主动运用物流新技术，加快创新物流服务模式，充分利用自贸区的新技术应用平台优势，形成新的核心竞争优势。

---

① 中国（辽宁）自由贸易试验区沈阳片区官网．中国（辽宁）自贸试验区沈阳片区促进科技创新发展若干政策解读［EB/OL］．［2018-04-25］．http：//ftz. shenyang. gov. cn/html/SYZMQ/155649846864578/155649846864578/null/155849368223049. html.

② 中国（陕西）自由贸易试验区官网．阿里牵手西咸，菜鸟西北物流中心在沣东新城投运［EB/OL］．［2018-04-26］．http：//www. shaanxiftz. gov. cn/wap/content. chtml？id＝BJNzye.

参考文献

[1] 中国物流信息中心 . 2013 年全国物流运行情况通报 [EB/OL]. [2019 = 06-01]. http://www. clic. org. cn/wltjwlyx/226760. jhtml.

[2] Armstrong & Associates, Inc. Global Logistics Costs and Third-Party Logistics Revenues [EB/OL]. [2019-05-10]. https://www. 3plogistics. com/3pl-market-info-resources/ 3pl-market-information/global-3pl-market-size-estimates/.

[3] 中国铁路总公司 . 中国铁路总公司 2018 年统计公报 [EB/OL]. [2019-04-10]. http://wap. china-railway. com. cn/cpyfw/tjxx/201904/t20190410_ 93078. html.

[4] 中国铁路总公司 . 中长期铁路网规划 [EB/OL]. [2019-03-01]. http://www. chi-na-railway. com. cn/zgsgk/fzgh/201607/t2016071959145. html.

[5] 港口圈 . 2018 年度全球港口集装箱吞吐量 TOP120 [EB/OL]. [2019-04-12]. https://mp. weixin. qq. com/s? _ _ biz = MzA4Nzc1MTQyOQ = = &mid = 2650558991&idx = 1&sn = a059b91943bc9a7fbc04f769630b887f&chksm = 883c5c65bf4bd5737182ab0bbf598e054a0ebab8fc3e2606d37b3f2f3ef01775d5b02c5a23a4&scene = 0&xtrack = 1#rd.

[6] 中华人民共和国国家发展和改革委员会 . 国家发展改革委、交通运输部关于印发《国家物流枢纽布局和建设规划》的通知 [EB/OL]. [2019-03-02]. http://www. ndrc. gov. cn/zcfb/zcfbtz/201812/t20181224_ 923400. html.

[7] 崔忠付 . 2018 中国冷链物流回顾与 2019 展望 [EB/OL]. [2018-12-03]. http://www. chinawuliu. com. cn/lhhkx/201812/03/336799. shtml.

[8] 中国物流与采购网 .《第五次全国物流园区(基地)调查报告(2018)》发布 [EB/OL]. [2019-03-01]. http://www. chinawuliu. com. cn/wlyq/201807/30/333349. shtml.

[9] 中国一带一路网 . 数说“一带一路”成绩单 [EB/OL]. [2019-2-18]. https://www. yidaiyilu. gov. cn/jcsj/dsjkydyl/79860. htm. .

[10] 财新网 . 报告:剖析中资海外港口投资案例 如何管控风险 [EB/OL]. [2019-4-27]. http://international. caixin. com/2019-04-20/101406492. html.

[11] 搜狐网．海外仓布局全球，京东物流让世界触手可及［EB/OL］．［2019-4-27］．http：//www. sohu. com/a/234035833_ 99967243.

[12] 中国物流与采购联合会．何黎明：不忘初心，砥砺前行，为建设物流强国而努力奋斗［EB/OL］．［2019-03-06］．http：//www. chinawuliu. com. cn/lhhkx/201811/26/336601. shtml.

[13] 中国物流与采购联合会．关于发布第二十七批 A 级物流企业名单的通告［EB/OL］．［2019-02-21］．http：//www. chinawuliu. com. cn/pgb/201901/29/338285. shtml.

[14] 财富中文网．2018 年财富世界 500 强排行榜［EB/OL］．［2018-07-19］．http：//www. fortunechina. com/fortune500/c/2018-07/19/content_ 311046. htm.

[15] Transport Topics. Top 50 Global Freight. https：//www. ttnews. com/top50/globalfreight/2018. 2019-03-03.

[16] Transport Topics. Top Ocean Freight Forwarders. https：//www. ttnews. com/top50/ocean-freight/2019. 2019-04-27.

[17] Alphaliner. Alphaliner TOP 100. https：//alphaliner. axsmarine. com/PublicTop100/. 2019-03-02.

[18] 中国工程机械工业协会工业车辆分会．2018 年工业车辆市场概况［EB/OL］．［2019-03-06］．http：//www. chinaita. org. cn/news_ detail/newsId=2726. html.

[19] 王之泰．中国“物流”的三十年［J］．中国流通经济．2014（12）：8-12.

[20] 何明珂．物流系统论［M］．北京：高等教育出版社．2004.

[21] 侯云春，欧晓理，张广文．试论中国流通产业化道路［J］．中国物资．1993（02）：7-14.

[22] 国务院．《中国交通运输发展》白皮书［EB/OL］．［2016-12-29］．http：//www. gov. cn/zhengce/2016-12/29/content_ 5154095. htm.

[23] 国务院．《中国与世界贸易组织》白皮书［EB/OL］．［2018-06-28］．http：//www. gov. cn/xinwen/2018-06/28/content_ 5301884. htm.

[24] 丁俊发．加入 WTO 与中国物流市场［J］．中国流通经济．2002（01）：9-12.

[25] 丁俊发．不能忘记［J］．现代物流报．2018-11-21（A04）．

[26] 丁俊发．改革开放 40 年中国物流业发展与展望［J］．中国流通经济．2018，32（04）：3-17.

[27] 王文举，何明珂．改革开放以来中国物流业发展轨迹、阶段特征及未来展望［J］．改革．2017，285（11）：23-34.

[28] 王玲，蒋笑梅，贾凯杰．两岸物流政策比较研究［M］．天津：南开大学出版社．2015.

[29] IMF. A Weakening Global Expansion. https：//www. imf. org/zh/Publications/WEO/Issues/

2019/01/11/weo-update-january-2019. 2019-01-11.

［30］苏庆义．国际贸易形势回顾与展望：形势尚可，风险犹存［EB/OL］．［2019-01-14］. http：//iwep. cssn. cn/xscg/xscg_ sp/201901/W020190121500990380887. pdf.

［31］WTO. Global trade growth loses momentum as trade tensions persist. https：//www. wto. org/english/news_ e/pres19_ e/pr837_ e. htm. 2019-04-02.

［32］麦肯锡．中国奢侈品消费报告 2019［EB/OL］．［2019-04］．https：//www. mckinsey. com. cn/wp-content/uploads/2019/04/McKinsey-China-Luxury-Report-2019-Chinese. pdf.

［33］海关总署．2018 年部分降税商品进口快速增长［EB/OL］．［2019-01-14］．http：//finance. china. com. cn/news/20190114/4869506. shtml.

［34］新华网．拼多多发布 2018 扶贫助农年报，农产品销售额达 653 亿，同比增长 233%［EB/OL］．［2019-03-06］．http：//www. xinhuanet. com/tech/2019-03/06/c_ 1124200141. htm.

［35］新华网．菜鸟 2018 农村物流报告：骨干网助农业增收 月送百万农资农具下乡［EB/OL］．［2018-12-26］．http：//www. xinhuanet. com/tech/2018-12/26/c_ 1123908328. htm.

［36］国家邮政局．2018 年中国快递发展指数报告［EB/OL］．［2019-04-17］．http：//www. spb. gov. cn/xw/dtxx_ 15079/201904/t20190417_ 1814716. html.

［37］国新办．2018 年进出口情况新闻发布会［EB/OL］．［2019-01-14］．http：//www. scio. gov. cn/xwfbh/xwbfbh/wqfbh/39595/39645/index. htm.

［38］美团等．2018 即时配送发展报告［EB/OL］．［2018-11-20］．http：//www. 199it. com/archives/797956. html.

［39］中国铁路总公司．2018 年中欧班列共开行 6300 列［EB/OL］．［2019-01-10］．http：//www. mofcom. gov. cn/article/i/jyjl/e/201901/20190102825444. shtml.

［40］圆通速递 2018 年度报告［EB/OL］．［2019-04-18］．https：//www. 95579. com/main/a/20190418/16213211. html.

［41］中华人民共和国交通运输部．2018 年交通运输行业发展统计公报［EB/OL］．［2019-04-12］．http：//xxgk. mot. gov. cn/jigou/zhghs/201904/t20190412_ 3186720. html.

［42］中华人民共和国交通运输部．贵州立体交通畅达八方“高速平原”渐行渐近［EB/OL］．［2019-01-07］．http：//www. mot. gov. cn/difangxinwen/xxlb_ fabu/fbpd_ guizhou/201901/t20190107_ 3154556. html.

［43］中华人民共和国交通运输部．西藏公路通车总里程突破 9 万公里［EB/OL］．［2019-01-18］．http：//www. mot. gov. cn/difangxinwen/xxlb_ fabu/fbpd_ xizang/201901/t20190118_

3158450. html.

[44] 中华人民共和国交通运输部．重庆高速公路通车里程已达 3096 公里 [EB/OL]. [2019-01-14]. http://www.mot.gov.cn/difangxinwen/xxlb_fabu/fbpd_chongqing/201901/t20190114_3156571. html.

[45] 人民铁道网．山西临县北煤炭铁路专用线开通运营 [EB/OL]. [2018-01-03]. http://www.peoplerail.com/rail/show-474-364105-1. html.

[46] 新华网．畅通"疆煤东运"通道新疆企业开通铁路专用线 [EB/OL]. [2018-10-31]. http://www.xj.xinhuanet.com/2018-10/31/c_1123641789. htm.

[47] 中华人民共和国交通运输部．2018 交通运输十大新闻 [EB/OL]. [2019-01-01]. http://www.mot.gov.cn/jiaotongyaowen/201901/t20190101_3152778. html.

[48] 中国流通网．高铁货运来袭 [EB/OL]. [2019-01-22]. http://www.chinawutong.com/baike/120613. html.

[49] 中国民用航空局．2018 年民航机场生产统计公报 [EB/OL]. [2019-03-05]. http://www.caac.gov.cn/XXGK/XXGK/TJSJ/201903/t20190305_194972. html.

[50] 联合早报．人民币 372.6 亿湖北鄂州建"顺丰机场"获批 顺丰今早一度涨停 [EB/OL]. [2018-02-26]. http://www.zaobao.com/realtime/china/story20180226-838150.

[51] 鄂州政府网．湖北鄂州民用机场工程项目通过节地评审论证 [EB/OL]. [2018-08-01]. http://www.ezhou.gov.cn/info/2018/C080196921. htm.

[52] 中国民航网．我国物流市场 2018 年回顾与 2019 年展望：在创新与融合中蝶变 [EB/OL]. [2019-01-07]. http://www.caacnews.com.cn/1/wl/201901/t20190107_1264386. html.

[53] 中国物流与采购网．"数"说冷库——2018 年全国冷库市场总结分析 [EB/OL]. [2019-01-10]. http://www.chinawuliu.com.cn/zixun/201901/10/337802. shtml.

[54] 搜狐网．全国首个跨境电商智能机器人仓库落户北京亦庄 [EB/OL]. [2018-01-18]. http://www.sohu.com/a/217538423_123753.

[55] 中国物流与采购网．国美"无人仓"首发 开启智慧物流新时代 [EB/OL]. [2018-08-21]. http://www.chinawuliu.com.cn/information/201808/21/334081. shtml.

[56] 中华人民共和国财政部．关于进一步完善新能源汽车推广应用财政补贴政策的通知 [EB/OL]. [2019-03-26]. http://jjs.mof.gov.cn/zhengwuxinxi/zhengcefagui/201903/t20190326_3204190. html.

[57] 中华人民共和国中央人民政府．国务院办公厅关于印发推进运输结构调整三年行动计划（2018—2020 年）的通知 [EB/OL]. [2018-10-09]. http://www.gov.cn/zhengce/content/

2018-10/09/content_ 5328817. htm.

[58] 电车资源．苏宁共享快递盒，推广新能源物流车：做两会和祖国的“绿能量”[EB/OL]．[2019-03-07]．http：//www. evpartner. com/news/88/detail-43103. html.

[59] 人民网．推广新能源物流车 助力蓝天保卫战 [EB/OL]．[2019-03-06]．http：//energy. people. com. cn/n1/2019/0306/c71661-30959646. html.

[60] 中国水运网．国内首艘 48TEU 纯电动内河集装箱船启动 [EB/OL]．[2018-05-14]．http：//www. zgsyb. com/html/content/2018-05/14/content_ 870757. shtml.

[61] 中国水运网．抢占智能船舶产业高地 [EB/OL]．[2018-04-23]．http：//epaper. zgsyb. com/html/2018-04/23/content_ 22918. htm.

[62] 民航资源网．重磅！顺丰获国内首张无人机航空运营许可证 [EB/OL]．[2018-03-28]．http：//news. carnoc. com/list/441/441099. html.

[63] 沈积慧．龙井茶园用上了无人机 [EB/OL]．[2018-03-27]．http：//zjnews. zjol. com. cn/zjnews/hznews/201803/t20180327_ 6889590. shtml.

[64] 韩婉洁．中国邮政 EMS 水陆两栖无人机成功试飞 [EB/OL]．[2018-05-22]．http：//www. cannews. com. cn/2018/0522/176419. shtml.

[65] 腾讯网．圆通快递无人机飞跃“最后一公里” [EB/OL]．[2018-07-17]．https：//xw. qq. com/amphtml/20180717F1HXJZ00.

[66] 张永宁．中通无人机在陕西完成首次载货飞行 [EB/OL]．[2018-10-15]．http：//epaper. sanqin. com/html/2018-10/15/content_ 67614_ 419542. htm.

[67] 孟环．京东京鸿无人货运大飞机完成首飞 [EB/OL]．[2018-11-19]．http：//news. carnoc. com/list/470/470225. html.

[68] 搜狐网．苏宁物流社区无人快递车“卧龙一号”上路 [EB/OL]．[2018-04-16]．http：//www. sohu. com/a/228429163_ 115035.

[69] 新华网．首辆物流无人重卡在上海测试 [EB/OL]．[2018-05-25]．http：//www. xinhuanet. com/auto/2018-05/25/c_ 1122885116. htm.

[70] 搜狐网．苏宁无人车完成测试，明日进入常态化运营 [EB/OL]．[2018-06-17]．http：//www. sohu. com/a/236289195_ 99991224.

[71] 中国物流与采购网．2018 杭州云栖大会开幕 菜鸟新零售物流无人车亮相 [EB/OL]．[2018-09-21]．http：//www. chinawuliu. com. cn/information/201809/20/335112. shtml.

[72] 中国物流产业网．中国首批无人驾驶货运车上线 3 个月运送快递超 6 万件 [EB/OL]．

[2019-02-26]. http：//www. xd56b. com/zhuzhan/wlzx/20190226/61916. html.

[73] 中国水运报 . 中国多式联运正进入全面发展时期 [EB/OL]. [2019-05-27]. http：//www. zgsyb. com/news. html? aid=489703.

[74] 中国水运网 . 物流装备的 2018 发展回顾与 2019 新展望 [EB/OL]. [2019-04-04]. http：//www. zgsyb. com/html/content/2019-04/04/content_ 956632. shtml.

[75] 搜狐网 . 托盘行业篇 | 物流装备市场回顾与展望（上）[EB/OL]. [2019-03-16]. http：//www. sohu. com/a/301651026_ 649545.

[76] 凤凰网 . 苏宁共享快递盒生鲜版上线 密封保鲜可循环使用 [EB/OL]. [2018-04-26]. http：//js. ifeng. com/a/20180426/6533176_ 0. shtml.

[77] 凤凰网 . 启用环保循环箱 唯品会品骏快递全面打造绿色供应链 [EB/OL]. [2018-09-17]. http：//finance. ifeng. com/a/20180917/16512169_ 0. shtml.

[78] 上海市邮政管理局 . 绿色包装工程打造"绿色邮局"——上海邮政推广使用"轻装箱"+"环邮箱" [EB/OL]. [2018-09-27]. http：//sh. spb. gov. cn/xydt/201809/t20180927_ 1664168. html.

[79] 中国产业经济信息网 . 菜鸟公布全品类"绿仓"循环箱覆盖物流全流程 [EB/OL]. [2018-09-11]. http：//www. cinic. org. cn/zgzz/cx/449202. html.

[80] 中国物流与采购网 . 苏宁物流发布"青城计划"备战双 11 [EB/OL]. [2018-11-02]. http：//www. chinawuliu. com. cn/zixun/201811/02/336005. shtml.

[81] 中国水运网 . 物流装备的 2018 发展回顾与 2019 新展望 [EB/OL]. [2019-04-04]. http：//www. zgsyb. com/html/content/2019-04/04/content_ 956632. shtml.

[82] 搜狐网 . 路辉滚珠模组带分拣系统如何实现高效运作 [EB/OL]. [2018-07-13]. http：//www. sohu. com/a/240991139_ 100199245.

[83] 朱连义，安国利，董席亮 . 世界自动化集装箱码头发展现状及启示 . 集装箱化 [EB/OL]. 26 (1)：7-10，2015.

[84] 中国日报网 . 上海洋山港四期码头今开港系全球最大自动化码头 [EB/OL]. [2017-12-10]. http：//baijiahao. baidu. com/s? id=1586406831471442356&wfr=spider&for=pc.

[85] 中国新闻网 . 上海洋山深水港四期通过竣工验收 [EB/OL]. [2018-12-02]. https：//baijiahao. baidu. com/s? id=1620833184061890398&wfr=spider&for=pc.

[86] 国家交通运输物流公共信息平台 . 国家物流信息平台召开半年度工作会议，全力加速平台建设，加快升级出成效 [EB/OL]. [2018-07-13]. http：//www. logink. org/art/2018/7/13/

art_ 715_ 50125. html.

[87] 中华人民共和国中央人民政府．国务院办公厅关于印发推进运输结构调整三年行动计划（2018—2020 年）的通知［EB/OL］．［2018-10-09］．http：//www. gov. cn/zhengce/content/2018-10/09/content_ 5328817. htm.

[88] 南宁新闻网．中国携手东盟加速拥抱数字经济［EB/OL］．［2019-03-30］．http：//nn186. com/caijing/225979. html.

[89] 新华网．联防联控 物流安全服务平台在沪上线［EB/OL］．［2018-03-23］．http：//www. xinhuanet. com//2018-03/23/c_ 1122582727. htm.

[90] 国家统计局．2017 年全国科技经费投入统计公报［EB/OL］．［2018-10-19］．http：//www. stats. gov. cn/tjsj. /tjgb/rdpcgb/qgkjjftrtjgb/201810/t20181012_ 1627451. html.

[91] 国家统计局．中国统计年鉴（2018）［J］．北京：中国统计出版社，2018.

[92] 网易．政策与鼓励共同发力，我国高新技术企业数量突破 18 万家［EB/OL］．［2019-02-01］．http：//dy. 163. com/v2/article/detail/E6UIRHPO053718WS. html.

[93] 中证网．菜鸟发布 2018 年度物流科技盘点，五大智能技术引领行业智能升级［EB/OL］．［2018-12-20］．http：//www. cs. com. cn/cj/hyzx/201812/t20181220_ 5907030. html.

[94] 新京报网．城市智能物流研究院成立，助力雄安成为全球智能物流样板城市［EB/OL］．［2018-10-18］．http：//www. bjnews. com. cn/opinion/2018/10/18/512057. html.

[95] 江苏省发展改革委员会网．2018 年上半年全省物流业发展情况［EB/OL］．［2018-09-06］．http：//fzggw. jiangsu. gov. cn/art/2018/9/6/art_ 64288_ 7807753. html.

[96] 新疆新闻在线网．新疆加快打造“一带一路”交通枢纽中心［EB/OL］．［2018-09-06］．http：//www. xjbs. com. cn/zt/2018-09/06/cms2101229article. shtml.

[97] 西部头条网．陕西“三个经济”发展成效凸显，64 条国际航线连通 29 个国家［EB/OL］．［2019-01-16］．http：//xbtoutiao. com/jingji/2019/0116/68384. html.

[98] 东北网黑龙江频道．携手共谋跨境电商新未来［EB/OL］．［2018-06-17］．https：//heilongjiang. dbw. cn/system/2018/06/17/058013464. shtml.

[99] 商务部．吉林市跨境电子商务运营中心项目在吉林保税物流中心开工建设［EB/OL］．［2018-07-02］．http：//www. mofcom. gov. cn/article/difang/201807/20180702771394. shtml.

[100] 金融界．大连跨境电商业务增势迅猛［EB/OL］．［2018-09-03］．http：//finance. jrj. com. cn/2018/09/03072025037760. shtml.

[101] 中央人民广播电台．北京三年疏解提升上千个市场，上百个物流中心［EB/OL］．

[2018-01-16]. http://news.cnr.cn/native/gd/20180116/t20180116_524101222.shtml.

[102] 中华网. 北京高质量发展的着力点在这 [EB/OL]. [2019-03-26]. https://news.china.com/zw/news/13000776/20190326/35517322.html.

[103] 新华网. 河北省承接京津产业：从“拉企业转移”到“引产业集聚” [EB/OL]. [2019-04-08]. http://www.xinhuanet.com//local/2019-04/08/c_1124340291.html.

[104] 商务部. 天津着力推动京津冀商贸物流协同发展 [EB/OL]. [2018-01-02]. http://www.mofcom.gov.cn/article/resume/n/201801/20180102702539.shtml.

[105] 新华网. 京津冀断头路打通记 [EB/OL]. [2019-03-30]. http://www.xinhuanet.com/mrdx/2019-03/30/c_137935796.htm.

[106] 凤凰网. 京津冀物流标准化联盟成立 区域物流运作提速 [EB/OL]. [2016-12-06]. http://hebei.ifeng.com/a/20161206/5207334_0.shtml.

[107] 东方新闻网. 发挥铁路绿色骨干作用 推动长江经济带发展 [EB/OL]. [2018-05-04]. http://mini.eastday.com/a/180504113234157-2.html.

[108] 亿邦动力网. 粤港澳物流发展重点：保税仓、时效、科技 [EB/OL]. [2018-06-12]. http://www.ebrun.com/20180612/281797.shtml.

[109] 浙江一带一路网. “义新欧”载回更多“洋特产”去年进口货物货值逾 15 亿元 [EB/OL]. [2019-03-02]. http://www.zjydyl.gov.cn/text/ghwl/zobl/201901/302099.html.

[110] 凤凰网. “合新欧”国际货运班列 2018 发运 180 余列，达两倍增长 [EB/OL]. [2018-12-31]. http://ah.ifeng.com/a/20181231/7134602_0.shtml.

[111] 央广网. 工信部：2018 年我国工业增速保持在合理区间，工业增加值有望达 30 万亿元 [EB/OL]. [2019-01-16]. http://news.cnr.cn/dj/20190116/t20190116_524484424.shtml.

[112] 中国物流信息中心. 12 月份 PMI 显示经济运行：短期下行压力依然较大，2019 年趋稳仍有基础 [EB/OL]. [2018-12-30]. http://www.chinawuliu.com.cn/zhuanti/201812/31/337589.shtml.

[113] 中国日报网. 我国去产能成效显著 2019 年还有这些大动作 [EB/OL]. [2019-02-28]. http://www.stats.gov.cn/tjsj/zxfb/201902/t20190228_1651265.html.

[114] 国家统计局. 2018 年国民经济和社会发展统计公报 [EB/OL]. [2019-02-28]. http://www.stats.gov.cn/tjsj/zxfb/201902/t20190228_1651265.html.

[115] 中商产业研究院. 2018 年 1—8 月物流行业经济运行情况分析 [EB/OL]. [2018-09-26]. http://www.askci.com/news/chanye/20180926/1626241132905.shtml.

[116] 左新宇，张晋姝 . 2018 年汽车物流发展回顾与 2019 年展望 [J]. 中国物流与采购，2019 (4)：20-21.

[117] 中国物流与采购联合会汽车物流分会 . 中国汽车物流发展报告 2018 [R] . 北京：中国财富出版社，2018-11-1.

[118] 中国卡车网 . 交通部：41 万辆超限不合规格货车必须在 2018 年 6 月底前改造 [EB/OL]. [2018-04-27]. https：//www. chinatruck. org/news/201804/60_ 75923. html.

[119] 搜狐网 . 2018 年中国危化品物流行业年度分析——危化品物流分会秘书长刘宇航 [EB/OL]. [2018-11-28]. http：//www. sohu. com/a/278393657_ 756525.

[120] 刘宇航 . 2018 年危化品物流行业分析及 2019 年形势展望 [J] . 中国物流与采购，2019 (4)：22-23.

[121] 东方烟草报 . 一心一体共进共赢——福建烟草物流一体化发展述评 [EB/OL]. [2018-06-25]. http：//www. eastobacco. com/sypd/xdwl/201806/t20180625_ 491922. html.

[122] 国家统计局 . 2018 年 1—12 月社会消费品零售总额增长 9. 0% [EB/OL]. [2019-01-21]. http：//www. stats. gov. cn/tjsj/zxfb/201901/t20190121_ 1645784. html.

[123] 央视网 . 2018 年我国外贸进出口同比增 9. 7% 创历史新高 [EB/OL]. [2019-01-14]. http：//www. gov. cn/shuju/2019-01/14/content_ 5358054. htm.

[124] 商务部 . 商务部召开 2018 年商务工作及运行情况新闻发布会 [EB/OL]. [2019-02-12]. http：//interview. mofcom. gov. cn/detail/201902/ff8080816899054201690dcddf6f0014. html.

[125] 商务部 . 2018 年上半年商贸物流运行报告 [EB/OL]. [2018-08-09]. http：//images. mofcom. gov. cn/ltfzs/201808/2018080916011132. pdf.

[126] 商务部 . 2018 年上半年商贸物流运行报告 [EB/OL]. [2018-08-09]. http：//images. mofcom. gov. cn/ltfzs/201808/2018080916011132. pdf.

[127] 搜狐网 . 九州通——基于服务与价值创造的医药物流体系构建 [EB/OL]. [2017-11-29]. http：//www. sohu. com/a/207559130_ 765600.

[128] 搜狐网 . 苏宁易购智慧零售下的供应链 [EB/OL]. [2018-08-01]. http：//www. sohu. com/a/244574136_ 804130.

[129] 商务部驻天津特派员办事处 . 天津商务委多举措促传统商业转型 [EB/OL]. [2019-01-28]. http：//tjtb. mofcom. gov. cn/article/y/ys/201901/20190102830977. shtml.

[130] 商务部驻天津特派员办事处 . 天津市供应链体系建设试点工作成效显著 [EB/OL]. [2018-09-18]. http：//www. mofcom. gov. cn/article/resume/n/201809/20180902787897. shtml.

［131］商务部．中国物流标准化发展监测分析报告（2017 年度）［EB/OL］．［2018-06-12］．http：//ltfzs. mofcom. gov. cn/article/af/201806/20180602754728. shtml.

［132］国际商报．上海城市物流坚持绿色发展［EB/OL］．［2016-05-15］．http：//news. hexun. com/2016-05-15/183868738. html.

［133］搜狐网．苏宁六大仓库获顶级“中国绿色仓库”称号［EB/OL］．［2018-05-11］．http：//www. sohu. com/a/231258722_ 379902.

［134］搜狐网．顺丰、京东、菜鸟蜂拥引入新能源物流车，可是……［EB/OL］．［2018-05-22］．https：//www. sohu. com/a/232521660_ 257724.

［135］搜狐网．京东物流投放 10 万循环快递箱“青流箱 绿色物流成电商企业共识［EB/OL］．［2017-12-08］．http：//www. sohu. com/a/209242312_ 115479.

［136］新浪网．商务部：2018 年全国网上零售额突破 9 万亿元［EB/OL］．［2019-02-21］．http：//finance. sina. com. cn/roll/2019-02-21/doc-ihqfskcp7297699. shtml.

［137］海关总署．2018 跨境电商零售总额达 1347 亿元，2019 进口将迈出更大步伐［EB/OL］．［2019-01-14］．https：//www. cifnews. com/article/40660.

［138］中商产业研究院．中国冷链物流行业格局及市场规模预测分析（附图表）［EB/OL］．［2019-01-28］．https：//baijiahao. baidu. com/s？id=1623906291579370318&wfr=spider&for=pc.

［139］艾媒咨询．2018 上半年中国在线外卖市场监测报告［EB/OL］．［2018-08-21］．http：//www. iimedia. cn/62229. html.

［140］前瞻产业研究院．2018 年医药商业行业细分产品市场规模与发展前景分析 药品类仍占主导地位［EB/OL］．［2019-02-14］．https：//www. qianzhan. com/analyst/detail/220/190213-57926b7e. html.

［141］中商情报网．2018 年药品流通行业运行统计分析报告［EB/OL］．［2018-06-22］．http：//baijiahao. baidu. com/s？id=1603958066238318760&wfr=spider&for=pc.

［142］国家统计局．2018 年国民经济和社会发展统计公报［EB/OL］．［2019-02-28］．http：//www. stats. gov. cn/tjsj/zxfb/201902/t20190228_ 1651265. html.

［143］前瞻产业研究院．2018 年中国农产品流通行业发展趋势分析［EB/OL］．［2019-01-04］．https：//bg. qianzhan. com.

［144］国家粮食和物资储备局．深化改革，转型发展，切实提高粮食和物资储备安全保障能力——2019 年全国粮食和物资储备工作会议在京召开［EB/OL］．［2019-01-18］．http：//chinagrain. gov. cn/html/xinwen/2019-01/18/content_ 242921. shtml.

［145］龙新．乡村新产业新业态亮点纷呈［J］．农民日报．2018-12-10（01）．

［146］去年全国网上零售额超九万亿元 农村电商迅猛发展［J］．经济日报．2019-02-22（04）．

［147］北京新发地市场．北京新发地农产品批发市场简介［EB/OL］．http：//www. xinfadi. com. cn/company/cintros. shtml.

［148］深农集团．集团概况［EB/OL］．http：//www. szap. com/aboutUs.

［149］孙朋浩．中粮集团：开放合作 推动全球农粮产业链健康发展［J］．中国网财经．2018-11-06.

［150］亿欧智库．投资近25亿元，粤港澳大湾区将有新的物流中心和粮仓［EB/OL］．［2018-09-03］．https：//www. iyiou. com/p/80480. html.

［151］郑昊．西安国家粮食物流交易中心将于明年建成［J］．陕西日报．2017-12-06.

［152］前瞻产业研究院．预见2019：《2019年中国生鲜电商产业全景图谱》［EB/OL］．［2019-03-13］．https：//www. qianzhan. com/analyst/detail/220/190312-c07c6c48. html.

［153］深圳市市场和质量监督管理委员会［J］．《供应链服务术语》．2018-4-1.

［154］丁俊发．深度！美国把“全球供应链”列为“安全国家战略”说明了什么？［EB/OL］．［2016-7-18］．http：//www. sohu. com/a/106412051_ 187325.

［155］马彦华，路红艳．智慧供应链推进供给侧结构性改革——以京东商城为例［J］．企业经济，2018，37（06）：188-192.

［156］郑向婧．互联网背景下供应链金融的创新模式研究——以京东为例［J］．财讯，2018（21）：52.

［157］亿欧．日日顺物流：从企业物流到平台型企业供应链转型发展之路［EB/OL］．［2018-3-7］．https：//www. iyiou. com/p/67436. html.

［158］杨雪琴，田桂瑛，谢建军．“互联网+”背景下供应链平台生态圈模式创新探究［J］．商业经济研究，2019（01）：5-8.

［159］陈广仁，唐华军．供应链企业的商业模式创新机制研究［J］．科研管理，2018，39（12）：113-122.

［160］怡亚通．2018年度业绩简报［EB/OL］．［2019-5-20］．http：//www. eascs. com/index. php？g=portal&m=article&a=index&id=391.

［161］吴盛汉，张洁梅．“互联网+”下供应链金融模式的创新［J］．开放导报，2018（1）：40-43.

［162］亿邦网．独家：日日顺乐农的社群商业逻辑［EB/OL］．［2018－08－10］．http：//www.ebrun.com/20180810/291317.shtml.

［163］京东．京东布局“无界零售”每天新开 1000 家便利店 三张图看懂京东这五年［EB/OL］．［2018－04－13］．http：//www.askci.com/news/chanye/20180413/113132121457.shtml.

［164］搜狐网．新百亿版块安得智联浮出水面，美的集团做物流［EB/OL］．［2017－09－06］．https：//www.sohu.com/a/190779238_ 783632.

［165］读懂阿里国际化全球扩张布局，跟随巨头脚步捕获 7 大热门市场商［EB/OL］．［2018－09－05］．https：//www.cifnews.com/article/37627.

［166］中国供应链创新与应用白皮书（2018）［EB/OL］．［2018－03－30］．https：//www.10000link.com.

［167］中华人民共和国国务院．国务院关于支持自由贸易试验区深化改革创新若干措施的通知［EB/OL］．［2018－11－23］．http：//www.gov.cn/zhengce/content/2018－11/23/content_5342665.htm.

［168］联合国．2019 年世界经济形势与展望［EB/OL］．［2019－01－21］．https：//www.un.org/zh/index.html.

［169］习近平．为建设更加美好的地球家园贡献智慧和力量——在中法全球治理论坛闭幕式上的讲话［EB/OL］．［2019－03－26］．http：//www.xinhuanet.com/world/2019－03/26/c_1124286585.htm.

［170］习近平．齐心开创共建“一带一路”美好未来——在第二届“一带一路”国际合作高峰论坛开幕式上的主旨演讲［EB/OL］．［2019－04－26］．http：//www.xinhuanet.com//mrdx/2019－04/27/c_ 138014578.htm.

［171］王文博．商务部：自贸区新一批改革试点经验将发布［N］．经济参考报．2019－04－12.

［172］国务院．国务院关于做好自由贸易试验区新一批改革试点经验复制推广工作的通知［EB/OL］．2016－11－02.

［173］国务院．国务院关于做好自由贸易试验区第四批改革试点经验复制推广工作的通知［EB/OL］．2018－05－23.

［174］国务院．国务院关于做好自由贸易试验区第五批改革试点经验复制推广工作的通知［EB/OL］．2019－04－30.

［175］人民网．京津冀正式实施外国人 144 小时过境免签政策［EB/OL］．［2017－12－28］．

http：//bj. people. com. cn/n2/2017/1228/c82840-31084150. html.

［176］中国（天津）自由贸易试验区官网．服务京津冀 天津自贸区作用明显特色鲜明［EB/OL］．［2018-07-16］．http：//www. china-tjftz. gov. cn/html/cntjzymyqn/YWZX24993/2018-07-16/Detail_ 583566. htm.

［177］王志彦．上海自贸区“单一窗口”将在长江经济带率先推广［N］．解放日报．2018-08-11.

［178］宜昌市物流局．宜昌长江三峡枢纽“大分流小转运”项目入选国家多式联运示范工程［EB/OL］．［2018-11-22］．http：//wlj. yichang. gov. cn/content-54039-949624-1. html.

［179］吴德群，刘晓昕．深圳海关助力打造粤港澳大湾区新物流［N］．深圳特区报．2018-10-21.

［180］浙江在线．浙江自贸区：一站式服务打造全国首个无纸化通关口岸［EB/OL］．［2018-06-22］．http：//biz. zjol. com. cn/zjjjbd/ycxw/201806/t20180622_ 7603586. shtml.

［181］重庆两江新区官网．重庆自贸区试点“四自一简”［EB/OL］．［2018-03-23］．http：//www. liangjiang. gov. cn/Content/2018-03/23/content_ 419445. htm？from=groupmessage.

［182］赵振杰，袁楠．郑州海关五大措施支持自贸区发展［N］．河南日报．2017-04-08.

［183］中华人民共和国国务院．中国（浙江）自由贸易试验区总体方案［EB/OL］．［2017-03-31］．http：//www. gov. cn/zhengce/content/2017-03/31/content_ 5182288. htm.

［184］解放网．上海国际贸易单一窗口将申报时间缩短至48分之一［EB/OL］．［2018-06-03］．http：//shzw. eastday. com/shzw/G/20180603/u1a13955586. html.

［185］中国（福建）自由贸易试验区官网．中国（福建）国际贸易单一窗口迎来3.0版［EB/OL］．［2018-01-19］．http：//www. china-fjftz. gov. cn/article/index/aid/7993. html.

［186］李磊，郭萃，刘操，郭景水．中国（天津）自由贸易试验区成为全球第二大飞机租赁聚集地，产业聚集推动融资租赁“加速跑”［N］．海南日报．2018-05-08.

［187］中华人民共和国国务院．中国（湖北）自由贸易试验区总体方案［EB/OL］．［2017-03-31］．http：//www. gov. cn/zhengce/content/2017-03/31/content_ 5182299. htm.

［188］中华人民共和国国务院．中国（海南）自由贸易试验区总体方案［EB/OL］．［2018-10-16］．http：//www. gov. cn/zhengce/content/2018-10/16/content_ 5331180. htm.

［189］尤梦瑜．河南自贸区郑州片区创新发展跨境电商业务，打造“买全球 卖全球”新优势［N］．海南日报．2018-11-13.

［190］中国（天津）自由贸易试验区天津机场片区官网．天津港保税区跨境电商业务占全

市 70%以上［EB/OL］.［2018-12-20］. http：//www-main. tjftz. gov. cn/zmq/system/2018/12/20/010103102. shtml.

［191］中国（福建）自由贸易试验区官网．厦门港集装箱智慧物流平台有效实现信息共享，推动港口全面提质增效［EB/OL］.［2018-07-19］. http：//www. china-fjftz. gov. cn/article/index/aid/9386. html.

［192］杨永芹．重庆智慧物流公共信息平台入选全国首批骨干物流信息平台试点企业［N］. 重庆日报．2018-01-13.

［193］中国（浙江）自由贸易试验区官网．宁波舟山港“智慧港”建设亮点频现［EB/OL］.［2018-09-06］. http：//china-zsftz. gov. cn/article/8934.

［194］发改委、商务部．外商投资准入特别管理措施（负面清单）（2018 年版）［EB/OL］. 2018-07-23.

［195］中国（福建）自由贸易试验区官网．我省自贸区金融创新服务实体经济发展［EB/OL］.［2017-04-27］. http：//www. china-fjftz. gov. cn/article/index/aid/6088. html.

［196］湖北省人民政府官网．湖北自贸区高端产业集聚发展态势明显［EB/OL］.［2018-11-20］. http：//www. hubei. gov. cn/zhuanti/2017zt/hbzmq/sgsyt/bmld/201811/t20181120_ 1370606. shtml.

［197］许秀红．我国生鲜农产品进口贸易：特征、影响因素及前景［J］. 对外经贸实务. 2018. 356（09）：50-53.

［198］国务院．国务院关于印发中国（湖北）自由贸易试验区总体方案的通知［EB/OL］. 2017-03-15.

［199］中国（辽宁）自由贸易试验区沈阳片区官网．中国（辽宁）自贸区沈阳片区促进科技创新发展若干政策解读［EB/OL］.［2018-04-25］. http：//ftz. shenyang. gov. cn/html/SYZMQ/155649846864578/155649846864578/null/155849368223049. html.

［200］中国（陕西）自由贸易试验区官网．阿里牵手西咸，菜鸟西北物流中心在沣东新城投运［EB/OL］.［2018-04-26］. http：//www. shaanxiftz. gov. cn/wap/content. chtml？id=BJNzye.

附录 A 2018 年中国物流相关政策一览表

发布部门	文号	题目	相关内容	发布时间	实施时间
国务院	国令第 697 号	《快递暂行条例》	《条例》共 8 章 48 条。对快递业的发展保障、经营主体、快递服务、快递安全、监督检查和法律责任作出具体规定，以促进快递业健康发展，保障快递安全，保护快递用户合法权益，加强对快递业的监督管理	2018. 03. 27	2018. 05. 01
国务院	国发〔2018〕12 号	《关于做好自由贸易试验区第四批改革试点经验复制推广工作的通知》	《通知》在服务业开放、投资管理等方面提出 30 项复制推广的改革事项，改革事项主要集中于国际物流领域，如“国际船舶运输领域扩大开放”“铁路运输方式舱单归并新模式”等，以进一步转变政府职能，推动制度创新，优化营商环境，推动形成全面开放新格局	2018. 05. 23	2018. 05. 23
国务院	国发〔2018〕13 号	关于印发《进一步深化中国（广东）自由贸易试验区改革开放方案》的通知	为进一步深化广东自贸试验区改革开放，支持香港、澳门融入国家发展大局，《方案》提出了指导思想和建设目标，明确了建设开放型经济新体制先行区、打造高水平对外开放门户枢纽、打造粤港澳大湾区合作示范区三大建设任务	2018. 05. 24	2018. 05. 24

续表

发布部门	文号	题目	相关内容	发布时间	实施时间
国务院	国发〔2018〕14号	关于印发《进一步深化中国（天津）自由贸易试验区改革开放方案》的通知	为进一步深化天津自贸试验区改革开放，深入推动京津冀协同发展，《方案》提出将天津自贸试验区打造成为服务“一带一路”建设和京津冀协同发展的高水平对外开放平台，并明确了三大建设任务：对标国际先进规则，构筑开放型经济新体制；培育发展新动能，增创国际竞争新优势；深化协作发展，建设京津冀协同发展示范区三项任务建设	2018.05.24	2018.05.24
国务院	国发〔2018〕15号	关于印发《进一步深化中国（福建）自由贸易试验区改革开放方案》的通知	为进一步深化福建自贸试验区改革开放，扩大两岸经济文化交流合作，《方案》提出五个方面建设任务：对标国际先进规则，深入推进各领域改革创新；持续推进简政放权，进一步提升政府治理水平；加强改革系统集成，形成更多可复制可推广的制度创新成果；进一步发挥沿海近台优势，深化两岸经济合作；加强交流合作，加快建设21世纪海上丝绸之路核心区	2018.05.24	2018.05.24
国务院	国发〔2018〕19号	《关于积极有效利用外资推动经济高质量发展若干措施的通知》	《通知》要求大幅度放宽市场准入，提升投资自由化水平；深化“放管服”改革，提升投资便利化水平；优化区域开放布局，引导外资投向中西部等地区等，其中，涉及物流方面的措施主要有取消或放宽交通运输、商贸物流等领域外资准入限制，支持外商全面参与海南自由贸易港建设，降低外商投资企业物流成本等	2018.06.15	2018.06.15

续表

发布部门	文号	题目	相关内容	发布时间	实施时间
国务院	国发〔2018〕22号	《关于印发打赢蓝天保卫战三年行动计划的通知》	《通知》提出要加快调整能源结构，构建清洁低碳高效能源体系、积极调整运输结构	2018.07.03	2018.07.03
国务院	国发〔2018〕34号	关于印发《中国（海南）自由贸易试验区总体方案》的通知	《方案》指出建设中国（海南）自由贸易试验区是党中央、国务院着眼于国际国内发展大局，深入研究、统筹考虑、科学谋划作出的重大决策，是彰显我国扩大对外开放、积极推动经济全球化决心的重大举措。从在海南全岛建设自由贸易试验区、加快构建开放型经济新体制、加快服务业创新发展三个方面提出15条建设任务	2018.10.16	2018.10.16
国务院	国发〔2018〕37号	关于印发《优化口岸营商环境促进跨境贸易便利化工作方案》的通知	《方案》从总体要求、工作任务、组织实施三个方面提出了工作方案及保障措施。其中工作任务方面主要包括优化口岸通关流程和作业方式、提高口岸物流服务效能、提升口岸管理信息化智能化水平和促进口岸营商环境更加公开透明等	2018.10.19	2018.10.19
国务院	国发〔2018〕38号	《关于支持自由贸易试验区深化改革创新若干措施的通知》	为进一步提高我国自贸试验区的建设质量，《通知》从营造优良投资环境、提升贸易便利化水平、推动金融创新服务实体经济、推进人力资源领域先行先试等五个方面提出了具体措施，其中物流相关措施主要包括提高国际铁路货运联运水平、进一步加大对西安航空物流发展的支持力度、支持利用中欧班列开展邮件快件进出口常态化运输等	2018.11.23	2018.11.23

续表

发布部门	文号	题目	相关内容	发布时间	实施时间
国务院	国函〔2018〕79 号	《关于同意深化服务贸易创新发展试点的批复》	《批复》同意在北京、天津等 17 个省市（区域）设立深化服务贸易创新发展试点，提出深入改革通关监管制度和模式，创新内陆和沿海口岸与服务贸易相关货物的物流联通新模式，提高通关效率。推进船舶联合登临检查，提高国际航行船舶出入境查验效率，促进船舶快速通关，为国际运输服务发展创造便利条件等	2018. 06. 01	2018. 07. 01
国务院	国函〔2018〕93 号	《关于同意在北京等 22 个城市设立跨境电子商务综合试验区的批复》	《批复》同意在北京市等 22 个城市设立跨境电子商务综合试验区，指出要坚持新发展理念，全面实施创新驱动发展战略，以供给侧结构性改革为主线，以推动形成全面开放新格局为目标，以跨境电子商务为突破口，大力支持综合试验区大胆探索、创新发展，在物流、仓储、通关等方面进一步简化流程、精简审批	2018. 08. 07	2018. 08. 07
国务院	国函〔2018〕159 号	《关于河北雄安新区总体规划（2018—2035 年）的批复》	《批复》原则同意《河北雄安新区总体规划（2018—2035 年）》，指出要在实施雄安新区总体战略规划中构建现代综合交通体系	2019. 01. 02	2019. 01. 02
国务院办公厅	国办函〔2018〕45 号	《国务院办公厅关于同意建立交通运输新业态协同监管部际联席会议制度的函》	该文件同意建立由交通运输部牵头的交通运输新业态协同监管部际联席会议制度。明确部际联席会议的职能为完善涉及交通运输领域新业态的法律法规体系、建立健全多部门协同监管机制、加强舆论引导和形势研判、提高行业治理和应急处置能力、促进行业持续稳定健康发展	2018. 08. 01	2018. 08. 01

续表

发布部门	文号	题目	相关内容	发布时间	实施时间
国务院办公厅	国办发〔2018〕1号	《国务院办公厅关于推进电子商务与快递物流协同发展的意见》	《意见》从六个方面提出具体意见和措施，分别为强化制度创新，优化协同发展政策法规环境；强化规划引领，完善电子商务快递物流基础设施；强化规范运营，优化电子商务配送通行管理；强化服务创新，提升快递末端服务能力；强化标准化智能化，提高协同运行效率；强化绿色理念，发展绿色生态链	2018.01.23	2018.01.23
国务院办公厅	国办发〔2018〕53号	《国务院办公厅转发商务部等部门关于扩大进口促进对外贸易平衡发展意见的通知》	《通知》提出加快服务贸易创新发展，促进商贸物流、咨询服务、节能环保、环境服务等生产性服务进口等	2018.07.09	2018.07.09
国务院办公厅	国办发〔2018〕91号	《国务院办公厅关于印发推进运输结构调整三年行动计划（2018—2020年）的通知》	《通知》提出实施六大行动：铁路运能提升行动、水运系统升级行动、公路货运治理行动、多式联运提速行动、城市绿色配送行动、信息资源整合行动	2018.10.09	2018.10.09
国务院办公厅	国办发〔2018〕93号	关于印发《完善促进消费体制机制实施方案（2018—2020年）》的通知	《方案》从进一步放宽服务消费领域市场准入、完善促进实物消费结构升级的政策体系、加快推进重点领域产品和服务标准建设等六个方面制定出实施方案，并提出具体措施。其中物流相关措施主要包括继续实施新能源汽车车辆购置税优惠政策，大力推动“互联网+充电基础设施”，提升城市配送车辆通行管理水平，优化商贸物流设施空间布局，大力发展便利店等社区商业等	2018.10.11	2018.10.11

续表

发布部门	文号	题目	相关内容	发布时间	实施时间
国务院办公厅	国办发〔2018〕101号	《关于保持基础设施领域补短板力度的指导意见》	《意见》聚焦基础设施领域突出短板，明确了铁路、公路、水运、机场等九个领域的重点任务	2018.10.31	2018.10.31
国务院办公厅	国办发〔2018〕104号	《关于聚焦企业关切进一步推动优化营商环境政策落实的通知》	《通知》要求坚决破除各种不合理门槛和限制，营造公平竞争市场环境；推动外商投资和贸易便利化，提高对外开放水平；持续提升审批服务质量，提高办事效率；进一步减轻企业税费负担，降低企业生产经营成本等	2018.11.08	2018.11.08
国务院、中央军委	国函〔2018〕26号	《关于同意新建湖北鄂州民用机场的批复》	《批复》同意新建湖北鄂州民用机场。机场性质为客运支线、货运枢纽机场，一期工程飞行区跑道滑行道系统按满足2030年年货邮吞吐量330万吨的目标设计，航站楼、转运中心等设施按满足2025年年货邮吞吐量245万吨的目标设计	2018.02.23	2018.02.23
商务部办公厅、中华全国供销合作总社办公厅	商办建函〔2018〕107号	《关于深化战略合作推进农村流通现代化的通知》	《通知》提出四个方面重点工作任务：加快农村电商发展，培育乡村振兴新动能；推进农产品流通现代化，促进农业产业兴旺；加强城乡物流体系建设，带动城乡融合发展；打造再生资源回收网络，促进乡村绿色发展	2018.03.23	2018.03.23

续表

发布部门	文号	题目	相关内容	发布时间	实施时间
商务部、工业和信息化部、生态环境部、农业农村部、人民银行等八部门	商建函〔2018〕142号	《关于开展供应链创新与应用试点的通知》	《通知》提出了总体要求，并分别从试点城市和试点企业两个方面提出11项重点任务，具体包括推动完善重点产业供应链体系、规范发展供应链金融服务实体经济、加强供应链技术和模式创新、建设和完善各类供应链平台，等等	2018.04.10	2018.04.10
国家发展改革委、工业和信息化部、财政部、人民银行	发改运行〔2018〕634号	《关于做好2018年降成本重点工作的通知》	《通知》明确了2018年降成本的目标任务和总体要求，从持续降低税费负担、合理降低融资成本、着力降低制度性交易成本、加快降低物流成本等十个方面提出具体意见	2018.04.28	2018.04.28
财政部办公厅、商务部办公厅、国务院扶贫办综合司	财办建〔2018〕102号	《关于开展2018年电子商务进农村综合示范工作的通知》	《通知》给出了综合示范工作的指导思想、基本原则与目标、示范范围，明确中央财政资金重点支持促进农村产品上行、完善农村公共服务体系、开展农村电子商务培训三个方向	2018.05.11	2018.05.11
财政部办公厅、商务部办公厅	财办建〔2018〕101号	《关于开展2018年流通领域现代供应链体系建设的通知》	《通知》提出了总体思路和工作目标，明确了五项主要任务：强化物流基础设施建设，夯实供应链发展基础；发展单元化流通，提高供应链标准化水平；加强信息化建设，发展智慧供应链；聚焦重点行业领域，提高供应链协同化水平；推广绿色技术模式，提高供应链绿色化水平	2018.05.16	2018.05.16

续表

发布部门	文号	题目	相关内容	发布时间	实施时间
财政部、税务总局、工业和信息化部	公告 2018 年第 69 号	《关于对挂车减征车辆购置税的公告》	为促进甩挂运输发展，提高物流效率和降低物流成本，《公告》作出自 2018 年 7 月 1 日—2021 年 6 月 30 日，对购置挂车减半征收车辆购置税等四项规定	2018. 05. 25	2018. 07. 01
财政部、税务总局	财税〔2018〕62 号	《关于物流企业承租用于大宗商品仓储设施的土地城镇土地使用税优惠政策的通知》	《通知》提出自 2018 年 5 月 1 日起至 2019 年 12 月 31 日止，对物流企业承租用于大宗商品仓储设施的土地，减按所属土地等级适用税额标准的 50%计征城镇土地使用税	2018. 06. 01	2018. 06. 01
农业农村部、财政部	农财发〔2018〕22 号	《关于实施绿色循环优质高效特色农业促进项目的通知》	《通知》提出支持新型农业经营主体强化绿色优质特色农产品产后薄弱环节和关键环节基础设施条件建设，在产地就近建设交易棚（厅）、水电配套等基础设施以及仓储、冷库等冷链物流设施，发展农产品清理、保鲜、烘干、分级、包装、副产物循环利用等初加工处理，支持有实力的企业发展农产品精深加工	2018. 06. 13	2018. 06. 13
交通运输部办公厅、公安部办公厅、商务部办公厅	交办运〔2018〕75 号	《关于公布城市绿色货运配送示范工程创建城市的通知》	《通知》明确天津市、石家庄市等 22 个城市为绿色货运配送示范工程创建城市，要求各城市围绕完善城市配送物流基础设施、推广新能源物流配送车辆普及应用、优化配送车辆便利通行政策、推广先进运输组织模式等重点任务，加大改革创新力度，积极探索城市绿色货运配送发展新举措、新经验	2018. 06. 15	2018. 06. 15

续表

发布部门	文号	题目	相关内容	发布时间	实施时间
交通运输部、国家发展改革委	交水发〔2018〕77号	《关于进一步放开港口部分收费等有关事项的通知》	《通知》提出，为进一步规范港口收费，促进港口行业高质量发展，决定放开港口部分收费，实行市场调节，同时规范船舶护航和监护使用拖轮收费	2018.06.15	2018.06.15
财政部、税务总局、工业和信息化部、交通运输部	财税〔2018〕74号	《关于节能新能源车船享受车船税优惠政策的通知》	为促进节约能源，鼓励使用新能源，《通知》决定对符合标准的节能汽车实施减半征收车船税，对新能源车船实施免征车船税的优惠政策	2018.08.08	2018.08.08
国家发展改革委、民航局	发改基础〔2018〕1164号	《关于促进通用机场有序发展的意见》	《意见》提出正确认识加快通用机场建设的重要性，并从科学编制通用机场布局规划、稳妥有序推进通用机场建设、规范通用机场升级转换机制三个方面提出具体措施	2018.08.14	2018.08.14
商务部办公厅、公安部办公厅、交通运输部办公厅、国家邮政局办公室、供销合作总社办公厅	商办流通函〔2018〕389号	关于印发《城乡配送绩效评价指标体系》的通知	《通知》针对城市和企业分别设定了绩效评价指标，其中城市绩效评价指标围绕基础设施、运行效率、技术应用、发展环境四个方面设置了13项指标，企业绩效评价指标围绕网点布局、运作效率、技术应用、绿色发展、模式创新五个方面设置了16项指标。该评价指标体系的编制和实施，对加强物流等基础设施网络建设，创新流通、促进消费具有重要作用	2018.11.07	2018.11.07

续表

发布部门	文号	题目	相关内容	发布时间	实施时间
国家发展改革委、国家能源局、工业和信息化部、财政部	发改能源〔2018〕1698 号	关于印发《提升新能源汽车充电保障能力行动计划》的通知	《通知》包括总体要求、工作目标、重点任务、保障措施四个方面，提出利用智能电网、智能网联汽车等技术，鼓励新能源汽车提供储能服务，保障公交、物流等专用充电设施用电需求等	2018. 11. 09	2018. 11. 09
交通运输部、工业和信息化部、公安部、国家市场监管总局	交公路函〔2018〕739 号	关于印发《京津冀地区风机叶片大件运输规范有序高效低费一路畅通审批监管流程指南》的通知	《指南》共有总则、申请受理、审查决定、通行管理、服务监督、附则 6 章，对京津冀地区风机叶片大件运输的审批监管流程提出了规范意见，以解决大件运输上牌难、办证难、上路难等问题，优化大件运输许可服务，降低大件运输物流成本，促进大件运输持续健康发展	2018. 11. 14	2018. 11. 14
国家发展改革委、自然资源部	发改地区〔2018〕1712 号	《关于建设海洋经济发展示范区的通知》	《通知》提出支持山东威海等 14 个海洋经济发展示范区建设，公布了海洋经济发展示范区名单及主要示范任务，如山东日照海洋经济发展示范区着重推动国际物流与航运服务创新发展，开展海洋生态文明建设示范；江苏连云港海洋经济发展示范区着重推动国际海陆物流一体化模式创新，开展蓝色海湾综合整治等	2018. 11. 23	2018. 11. 23
商务部、发展改革委、财政部、海关总署、税务总局、国家市场监管总局	商财发〔2018〕486 号	《关于完善跨境电子商务零售进口监管有关工作的通知》	为做好跨境电子商务零售进口监管过渡期后政策衔接，促进跨境电商零售进口健康发展，《通知》从跨境电商零售进口符合条件、跨境电商零售进口参与主体等六个方面作出具体规定	2018. 11. 28	2018. 11. 28

续表

发布部门	文号	题目	相关内容	发布时间	实施时间
国家发展改革委	发改地区〔2018〕67号	关于印发《山东新旧动能转换综合试验区建设总体方案》的通知	《通知》印发的建设方案包括现实基础与重大意义、总体要求、试验区布局、化解过剩产能拓展动能转换新空间、发展新兴产业培育壮大新动能、提升传统产业改造形成新动能等十一方面内容，提出建设农村电商、云农场、冷链物流等支撑体系，统筹公路、铁路、航空、港口等交通基础设施建设，打造现代化港口群，推动交通与物流融合发展，开展多式联运等具体任务和措施	2018.01.12	2018.01.12
国家发展改革委	发改基础〔2018〕132号	《关于新建弥勒至蒙自铁路调整可行性研究报告的批复》	《批复》同意新建弥勒至蒙自铁路调整建设方案	2018.01.18	2018.01.18
国家发展改革委	发改基础规〔2018〕360号	关于印发《长江经济带绿色发展专项中央预算内投资管理暂行办法》的通知	《办法》从总则、支持方向、资金安排、资金申请、审核下达、监督措施、附则七个方面做出规定，明确长江经济带绿色发展专项中央预算内投资支持范围包括长江经济带港口集疏运通道项目、长江经济带综合交通枢纽建设项目以及长江岸线整治修复项目等	2018.02.28	2018.02.28
国家发展改革委	发改振兴〔2018〕432号	《关于印发辽宁省与江苏省对口合作实施方案》的通知	《方案》从指导思想、基本原则、主要目标、合作重点、保障措施五个方面提出意见，要求促进港口联动发展，积极推进与辽宁大连港、营口港等沿海港口合作，带动两省临港产业的发展，并共同拓展国际货运航线，促进连云港亚欧大陆桥东桥头堡作用的提升和辽宁相关沿海港口参与国家“一带一路”建设等	2018.03.17	2018.03.17

续表

发布部门	文号	题目	相关内容	发布时间	实施时间
国家发展改革委	发改振兴〔2018〕433号	关于印发《吉林省与浙江省对口合作实施方案》的通知	《方案》从对口合作联系机制、重点任务、保障措施四个方面提出方案，要求开展电商资源对接，推进“互联网+”经济合作，开展吉林省物流公共信息平台建设，形成国家交通运输公共物流信息平台基础交换网络吉林区域交换节点等	2018. 03. 17	2018. 03. 17
国家发展改革委	发改振兴〔2018〕434号	关于印发《黑龙江省与广东省对口合作实施方案》的通知	《方案》提出了指导思想、总体目标、对口合作关系、重点任务、保障措施五个方面的方案意见，要求推动共建铁路、公路等重大基础设施，改善黑龙江省航空物流设施，提高物流标准化、信息化等水平，鼓励引导广东省大型物流企业参与黑龙江省物流业发展和区域性物流中心、地区分拨中心建设，有效降低黑龙江省物流成本等	2018. 03. 17	2018. 03. 17
国家发展改革委	发改振兴〔2018〕435号	关于印发《北京市与沈阳市对口合作实施方案》的通知	《方案》从总体要求、合作重点、保障措施三个方面提出具体措施，鼓励北京企业在沈阳重点物流产业聚集区建设物流电子信息平台、区域性物流中心、地区分拨中心，促进两市物流枢纽的衔接等	2018. 03. 17	2018. 03. 17
国家发展改革委	发改振兴〔2018〕436号	关于印发《上海市与大连市对口合作实施方案》的通知	《方案》从总体思想、重点任务、保障措施三个方面提出具体措施，要求国际航运中心和物流中心建设方面，加强两地港航合作，共建物流网络，搭建长三角和辽宁沿海城市间物流通道。引导两地现代航运服务企业拓展航线，共同促进上海国际航运中心和大连东北亚国际航运中心的合作交流与功能建设等	2018. 03. 17	2018. 03. 17

续表

发布部门	文号	题目	相关内容	发布时间	实施时间
国家发展改革委	发改振兴〔2018〕437号	关于印发《天津市与长春市对口合作实施方案》的通知	《方案》提出了总体思路、工作目标、重点任务、重大项目、保障措施五个方面意见，要求借鉴天津航空港和港口建设经验，推进长春空港和陆港建设，加快长春市对外开放临时口岸和多式联运中心建设，打造长春国际陆港，联合开展面向东北亚的开放合作等	2018.03.17	2018.03.17
国家发展改革委	发改振兴〔2018〕438号	关于印发《哈尔滨市与深圳市对口合作实施方案》的通知	《方案》从指导思想、基本原则、总体目标、重点任务、保障机制五个方面提出意见，要求加强跨区域物流业合作，开辟更多物流通道。改善两地航空、港口硬件设施，促进双方航空运输和服务、集装箱班列等领域发展。共同搭建对俄合作贸易平台，拓展两地产品对接俄罗斯、东北亚等国际市场的通道等	2018.03.17	2018.03.17
国家发展改革委	发改基础〔2018〕652号	《关于新建和田至若羌铁路可行性研究报告的批复》	《批复》同意新建和田至若羌铁路	2018.04.27	2018.04.27
国家发展改革委	发改基础〔2018〕687号	《关于粤东地区城际铁路建设规划的批复》	《批复》同意粤东地区城际铁路建设规划方案	2018.05.24	2018.05.24
国家发展改革委	发改基础〔2018〕972号	《关于新建包头至银川铁路银川至惠农段可行性研究报告的批复》	《批复》同意新建包头至银川铁路银川至惠农段	2018.07.02	2018.07.02

续表

发布部门	文号	题目	相关内容	发布时间	实施时间
国家发展改革委	发改基础〔2018〕1017 号	《关于湛江港 30 万吨级航道改扩建工程项目可行性研究报告的批复》	《批复》同意建设湛江港 30 万吨级航道改扩建工程项目	2018. 07. 13	2018. 07. 13
国家发展改革委	发改振兴〔2018〕1445 号	关于印发《沈抚改革创新示范区建设方案》的通知	《方案》提出了总体要求、重点任务、营造改革创新政策环境、完善组织保障体系五个方面意见，要求按规定放开建筑设计、商贸物流、电子商务等服务业领域外资准入限制，推动对外开放迈出更大步伐，支持示范区市政交通基础设施建设，加强与沈阳市区公共交通和轨道交通衔接等	2018. 09. 30	2018. 09. 30
国家发展改革委	发改基础〔2018〕1517 号	《关于新建重庆至黔江铁路可行性研究报告的批复》	《批复》同意建设重庆至黔江高速铁路	2018. 10. 19	2018. 10. 19
国家发展改革委	发改地区〔2018〕1643 号	关于印发《湘南湘西承接产业转移示范区总体方案》的通知	《方案》提出产业承接基础、总体要求、产业承接方向、优化营商环境、深化开放合作等 9 章具体内容，要求完善现代综合交通体系，构建现代物流体系，推动示范区物流信息化、标准化，建设示范区物流公共信息平台，加强互联互通等	2018. 11. 10	2018. 11. 10

续表

发布部门	文号	题目	相关内容	发布时间	实施时间
国家发展改革委	发改基础〔2018〕1298号	《关于乌鲁木齐机场改扩建工程可行性研究报告的批复》	为适应新疆地区航空市场快速增长需要，促进区域经济社会发展，《批复》同意乌鲁木齐机场改扩建工程。总体设计目标为2030年，飞行区设施按满足年货邮吞吐量75万吨的目标一次建成，航站区设施按照满足年货邮吞吐量55万吨的目标建设，预留发展条件	2018.11.13	2018.11.13
国家发展改革委	发改基础〔2018〕1670号	《关于新建山东菏泽民用机场工程可行性研究报告的批复》	为完善山东省民用机场布局和综合交通运输体系，适应当地航空运输发展需要，促进区域经济社会协调发展，《批复》同意新建山东菏泽民用机场，一期建设目标为年货邮吞吐量6500吨	2018.11.19	2018.11.19
国家发展改革委办公厅	发改办运行〔2018〕1550号	《关于做好2019年煤炭中长期合同签订履行有关工作的通知》	《通知》从高度重视煤炭中长期合同签订履行工作、认真做好运力衔接和数据采集汇总工作、进一步完善合同价格机制等七个方面提出意见，其中运力衔接方面，对煤炭供需双方签订盖章认可且年度单笔合同量在20万吨及以上的煤炭中长期合同，依据运输能力，组织指导有关铁路运输企业和港航企业做好运力衔接等	2018.11.27	2018.11.27

续表

发布部门	文号	题目	相关内容	发布时间	实施时间
国家发展改革委	发改基础〔2018〕1911号	《关于江苏省沿江城市群城际铁路建设规划（2019—2025年）的批复》	为深入实施推动长江经济带发展战略，支持长三角一体化，完善江苏沿江城市群综合交通网络布局，促进高质量发展，《批复》同意近期规划建设宁淮、宁宣、盐泰锡常宜、宁扬宁马、苏锡常快线等8个城际铁路项目，以形成区域城际铁路主骨架，以及南京都市圈和苏锡常都市圈城际铁路网，构建南京至江苏省内设区市1.5小时、江苏省沿江地区内1小时、沿江地区中心城市与毗邻城市0.5~1小时交通圈	2018.12.26	2018.12.26
海关总署	总署公告〔2018〕83号	《关于调整进出境及境内承运海关监管货物的水运和空运运输工具申报电子报文格式的公告》	《公告》公布总署调整了进出境及境内承运海关监管货物的水运和空运运输工具申报电子报文格式，主要对运输工具单证报文中的部分数据项进行了调整	2018.07.05	2018.07.05
海关总署	总署公告〔2018〕94号	《关于调整长江驳运船舶转运海关监管的进出口货物行政审批实施机关范围》	《公告》决定长江驳运船舶转运海关监管的进出口货物行政审批事项，实施机关调整为长江沿线各直属海关或其授权的隶属海关	2018.07.19	2018.07.19
海关总署	总署公告〔2018〕164号	《关于启用进出境邮递物品信息化管理系统有关事宜的公告》	《公告》提出在全国海关推广使用进出境邮递物品信息化管理系统，同时规定海关总署与中国邮政集团公司通过建立总对总对接的方式实现进出境邮件全国联网传输数据等7项有关事宜	2018.11.08	2018.11.30

续表

发布部门	文号	题目	相关内容	发布时间	实施时间
海关总署	总署公告〔2018〕166 号	《关于启动实施中哈海关“关铁通”项目试运行有关事项的公告》	《公告》公布了中哈两国海关正式签署了《中哈海关“关铁通”项目试运行议定书》，决定自 2018 年 11 月 15 日—12 月 31 日启动中哈海关“关铁通”项目试运行，并规定了中哈“关铁通”项目试运行路线等 3 项试运行期间事项	2018. 11. 13	2018. 11. 15
海关总署	总署公告〔2018〕194 号	《关于跨境电子商务零售进出口商品有关监管事宜的公告》	《公告》从适用范围、企业管理、通关管理、税收征管、场所管理、检疫、查验和物流管理八个方面提出 32 项具体海关监管事宜	2018. 12. 10	2019. 01. 01
交通运输部	交通运输部令 2018 年第 11 号	《船舶载运危险货物安全监督管理规定》（中华人民共和国交通运输部令 2018 年第 11 号）	《规定》提出总则、船舶和人员管理、包装和集装箱管理、申报和报告管理、作业安全管理、监督管理、法律责任、附则 8 章共 52 条管理规定内容，强调加强船舶载运危险货物监督管理	2018. 08. 09	2018. 09. 15
交通运输部	交通运输部公告 2018 年第 68 号	关于发布《危险货物道路运输规则》等 34 项交通运输行业标准和废止《围油栏》等 8 项交通运输行业标准的公告	《公告》发布了《危险货物道路运输规则》等 34 项交通运输行业推荐性标准，同时废止《围油栏》等八项交通运输行业标准	2018. 09. 06	2018. 09. 06

续表

发布部门	文号	题目	相关内容	发布时间	实施时间
交通运输部	交通运输部令2018年第20号	《交通运输统计管理规定》（中华人民共和国交通运输部令2018年第20号）	《规定》包括总则、统计机构和统计人员职责、统计调查项目、统计调查实施、统计分析与监测、统计资料的管理和公布等八章共44条管理规定内容，有利于加强交通运输统计管理，规范交通运输统计活动，《港口统计规则》和《公路、水路运输全行业统计工作规定》同时废止	2018.09.27	2018.10.01
交通运输部	交通运输部令2018年第23号	《快递业务经营许可管理办法》（中华人民共和国交通运输部令2018年第23号）	《办法》包括总则、申请与受理、审查与决定、许可管理、监督检查等7章共36条具体管理办法，有利于规范快递业务经营许可管理，促进快递业健康发展，交通运输部令2015年第15号修改的《快递业务经营许可管理办法》等同时废止	2018.11.09	2019.01.01
交通运输部	交通运输部令2018年第24号	《邮件快件实名收寄管理办法》（中华人民共和国交通运输部令2018年第24号）	《办法》包括邮政企业、快递企业、经营邮政通信业务的企业（以下统称寄递企业）应当执行实名收寄，在收寄邮件、快件时，要求寄件人出示有效身份证件，对寄件人身份进行查验，并登记身份信息等22条具体规定	2018.11.09	2018.11.09
交通运输部	交规划发〔2018〕81号	《关于全面加强生态环境保护坚决打好污染防治攻坚战的实施意见》	《意见》提出建设绿色交通基础设施，推广清洁高效的交通装备，推进交通运输创新发展，打好调整运输结构攻坚战，打好柴油货车等污染防治攻坚战、积极参与绿色交通国际合作，开展绿色交通全民行动等	2018.07.10	2018.07.10

续表

发布部门	文号	题目	相关内容	发布时间	实施时间
交通运输部	交政研发〔2018〕181号	关于印发《交通运输守信联合激励和失信联合惩戒对象名单管理办法（试行）》的通知	《通知》从总则、认定标准和来源、认定内容和发布、异议处理等10章提出31条具体管理办法，包括交通运输领域红黑名单管理遵循依法依规、审慎认定，客观准确、公正公开，分类管理、分级引导，奖惩并举、鼓励修复的原则等	2018.12.27	2018.12.27
交通运输部办公厅	交办运〔2018〕181号	关于推进乡镇运输服务站建设加快完善农村物流网络节点体系的意见	《意见》明确了总体要求，提出了提高农村物流网络节点覆盖率、创新农村物流运营模式、加强农村信息化建设、推广应用先进的物流装备、培育龙头骨干企业五个方面的主要任务	2019.01.03	2019.01.03
交通运输部办公厅	交办规划〔2018〕1号	关于印发《2018年深化交通运输供给侧结构性改革工作要点》的通知	《工作要点》从降成本、补短板、强服务、优环境、增动能五个方面提出具体措施，要求加快发展多式联运，重点推进铁水联运发展，推动主要港口集装箱铁水联运量增长15%以上	2018.01.03	2018.01.03
交通运输部办公厅	交办运函〔2018〕8号	《关于做好2018年度公路甩挂运输试点专项资金申报工作的通知》	《通知》从申报专项资金的项目范围，项目验收审查要求、材料要求、申报时间要求四个方面对试点专项资金申报工作作出相关规定	2018.01.10	2018.01.10
交通运输部办公厅	交办海〔2018〕31号	《关于推进通关一体化改革提升海事港口服务效率的意见》	《意见》明确了推进“单一窗口”建设、提升船舶和货物通关效率、提升港口物流服务水平三项主要任务，以进一步提升以港口为枢纽的物流服务效能，统筹优化通关效率等，为推动形成全面开放新格局和建设交通强国提供有力支撑	2018.03.01	2018.03.01

续表

发布部门	文号	题目	相关内容	发布时间	实施时间
交通运输部办公厅	交办运函〔2018〕539 号	《关于深入推进无车承运人试点工作的通知》	《通知》从加强试点运行监测评估、优化试点企业发展的外部环境、推动完善相关税收保险政策、强化运输安全管理、加强技术创新和经验推广五个方面提出 14 项具体措施	2018. 04. 17	2018. 04. 17
交通运输部办公厅	交办水〔2018〕104 号	《关于印发深入推进长江经济带多式联运发展三年行动计划的通知》	《通知》从总体要求、主要任务、保障措施三个方面提出具体意见，其中主要任务为着力补齐联运基础设施短板、着力强化联运服务模式创新、着力提升多式联运装备水平、着力增强联动发展新动能、着力优化联运市场营商环境	2018. 08. 31	2018. 08. 31
交通运输部办公厅	交办运函〔2018〕1850 号	关于做好交通运输行业标准《危险货物道路运输规则》（JT/T617 – 2018）贯彻实施工作的通知	《通知》从深刻认识标准发布实施的重要意义、认真做好标准的宣贯培训工作、切实做好 JT/T617 标准实施工作三个方面对有关事项作出规定，以健全完善危险货物道路运输安全管理体系，切实加强和改进危险货物道路运输安全管理	2018. 11. 27	2018. 11. 27
交通运输部办公厅	交办科技函〔2018〕154 号	关于发布《交通运输物流标准体系（2018 年）》的通知	《通知》印发了新修订的《交通运输物流标准体系（2018 年）》，主要内容包括交通运输物流标准体系结构图、交通运输物流标准体系明细表、交通运输物流标准体系统计表，以解决 2012 版存在的不足，进一步明确当前和今后一段时期标准制修订任务，为交通运输物流健康稳定发展提供标准支撑等	2018. 12. 06	2018. 12. 06

续表

发布部门	文号	题目	相关内容	发布时间	实施时间
工业和信息化部	工信部节〔2018〕136号	关于印发《坚决打好工业和通信业污染防治攻坚战三年行动计划》的通知	《通知》发布了《行动计划》，提出了总体要求，从调整优化产业结构和布局、加快推进绿色智能改造提升、培育壮大绿色制造产业、加强组织领导与政策保障四个方面提出14项具体措施，如优化产业布局、调整产业结构、强化“散乱污”企业综合整治、深入实施绿色制造和智能制造工程、打好柴油货车污染治理攻坚战、推广新能源汽车等	2018. 07. 25	2018. 07. 25
工业和信息化部办公厅	工信厅科〔2018〕80号	关于印发《新一代人工智能产业创新重点任务揭榜工作方案》的通知	《通知》发布该《工作方案》，公布了包括智能网联汽车，智能服务机器人，智能无人机，智能化网络基础设施等在内的一系列人工智能产业的创新任务与预期目标	2018. 11. 14	2018. 11. 14
工业和信息化部	工信部科〔2018〕283号	关于印发《车联网（智能网联汽车）产业发展行动计划》的通知	《通知》发布该《行动计划》，从总体要求、突破关键技术，推动产业化发展、完善标准体系，推动测试验证与示范应用、合作共建，推动完善车联网产业基础设施、发展综合应用，推动提升市场渗透率、技管结合，推动完善安全保障体系等七个方面提出27项具体措施，要求加快智能网联汽车关键核心技术攻关、构建智能道路基础设施等	2018. 12. 27	2018. 12. 27

续表

发布部门	文号	题目	相关内容	发布时间	实施时间
国家邮政局	国邮办发〔2018〕7号	关于印发《2018年深化邮政业供给侧结构性改革工作要点》的通知	《通知》围绕强基础、补短板、提质效、增动能、优环境五个方面提出了32项工作要点，如聚焦农村、西部地区和重要枢纽节点，加强行业基础设施建设；着力解决末端、国际、绿色、安全等短板弱项，提高寄递服务能力和网络稳定性；提高邮政网络利用效率等	2018.03.20	2018.03.20
国家邮政局	国邮发〔2018〕60号	关于发布《快递末端网点备案暂行规定》的通告	《通告》对经营快递业务的企业或者其分支机构和开办者等作出备案相关规定，包括开办者应当在快递末端网点设置快件存放和保管区域，配备相应的通讯、货架、监控等设备设施，公示快递服务组织标识，并遵守邮政管理部门的其他规定等，以规范快递末端网点管理，促进快递服务便捷惠民，推动快递市场健康发展	2018.05.28	2018.05.28
财政部	财办〔2018〕34号	《财政部贯彻落实实施乡村振兴战略的意见》	《意见》提出把基础设施建设重点放在农村，加快农村公路、供水、供气、物流、邮政等基础设施建设，推动城乡基础设施互联互通	2018.09.27	2018.09.27
财政部	财办〔2018〕40号	关于印发《财政部贯彻落实打赢脱贫攻坚战三年行动指导意见的实施方案》的通知	《通知》在集中力量改善贫困地区发展环境和条件方面，提出要支持贫困地区加快建成外通内连、通村畅乡的交通运输网络，支持推进国家铁路网、国家高速公路网连接贫困地区等	2018.12.25	2018.12.25

续表

发布部门	文号	题目	相关内容	发布时间	实施时间
中国民用航空局	民航发〔2018〕48号	《关于促进航空物流业发展的指导意见》	《意见》提出了总体思想和建设目标，明确了着力优化航空资源配置、全面提高航空物流信息化水平、持续完善货运安保链条管理、大力推进标准化建设和绿色发展、创新推进融合发展等主要任务	2018.05.11	2018.05.11
中国民用航空局	民航发〔2018〕115号	《关于深入推进民航绿色发展的实施意见》	《意见》提出了总体思想和建设目标，确定了建立健全民航绿色管理政策体系、大力提升生产运行节能减排水平、有效提升机场降耗治污能力等六个方面的主要任务	2018.11.16	2018.11.16
中国民用航空局	民航发〔2018〕120号	关于印发《新时代民航强国建设行动纲要》的通知	《纲要》提出了总体要求、总体目标和战略步骤，确定了包括拓展国际化大众化的航空市场空间、打造国际竞争力较强的大型网络型航空公司、建设布局功能合理的国际航空枢纽及国内机场网络、构建安全高效的空中交通管理体系等在内的八大任务	2018.11.26	2018.11.26

附录B　2018年中国物流相关规划一览表

发布部门	文号	题目	相关内容	发布时间	实施时间
交通运输部、中央军委装备发展部	无	关于印发《北斗卫星导航系统交通运输行业应用专项规划（公开版）》的通知	《规划》是“十三五”至“十四五”时期推进北斗系统在行业应用的指导性文件，包括北斗系统在交通运输全领域应用工作的现状形势、总体思路、主要任务和保障措施四部分内容，明确到2025年，建成服务于综合交通的定位、导航和授时（PNT）体系，为国家综合PNT体系建设提供有力支持，提出加强行业应用基础设施建设、完善行业环境等六项主要任务	2018. 01. 18	2018. 01. 18
国家发展改革委、住房城乡建设部	发改规划〔2018〕220号	关于印发《关中平原城市群发展规划》的通知	《规划》包括规划背景、总体要求、构建与资源环境承载能力相适应的空间格局、建设创新引领的现代产业体系、推动基础设施互联互通等9章共29节内容。提出建设西安国家中心城市，将西安打造为内陆开放高地和国家综合交通枢纽，构建城市群综合交通运输网络等	2018. 02. 07	2018. 02. 07

续表

发布部门	文号	题目	相关内容	发布时间	实施时间
国家发展改革委、住房城乡建设部	发改规划〔2018〕423号	关于印发《兰州—西宁城市群发展规划》的通知	《规划》内容为规划背景、总体思路、构建与资源环境承载能力相适应的空间格局、推动基础设施互联互通、全面提升开放合作水平等9章31节，其中，推动基础设施互联互通一章提出畅通综合交通运输网络，要求畅通对外综合运输通道，完善城市群内综合运输网络，强化综合交通枢纽建设。全面提升开放合作水平一章提出深度融入“一带一路”建设，共建对外开放大通道，提升开放平台层次和水平	2018.03.13	2018.03.13
国家发展改革委、交通运输部	发改经贸〔2018〕1886号	关于印发《国家物流枢纽布局和建设规划》的通知	《规划》从规划背景、总体要求、合理布局国家物流枢纽，优化基础设施供给结构、整合优化物流枢纽资源，提高物流组织效率、推动国家物流枢纽全面创新，培育物流发展新动能等七个方面提出共21项具体规划指导意见	2018.12.21	2018.12.21
国家发展改革委	发改社会〔2018〕64号	关于印发《三江源国家公园总体规划》的通知	《规划》提出规划建设配套公用设施，建设通用机场，建成以国省道为骨干，以县、乡公路和农村道路为基础的巡护路网体系，形成空地一体的交通网络等	2018.01.12	2018.01.12
国家发展改革委	发改地区〔2018〕358号	关于印发《呼包鄂榆城市群发展规划》的通知	《规划》提出构建城市群综合交通运输网，完善货运服务网络，积极发展国际物流，统筹推进专业物流交易中心和综合型物流园区建设，推进能源通道建设，加强管道运输建设等任务	2018.03.06	2018.03.06

续表

发布部门	文号	题目	相关内容	发布时间	实施时间
国家发展改革委	发改地区〔2018〕1588号	关于印发《淮河生态经济带发展规划》的通知	《规划》提出打造畅通高效淮河水道，建设通江达海的航道网络，促进港口合理布局，建成现代内河集装箱运输体系；健全立体交通网络，推进沿淮铁路建设，优化公路运输网络，完善航空运输网络，合理布局管道运输网络，完善交通集疏运系统；着力发展生产性服务业，重点推进现代物流、金融等服务业发展，着力提升专业化、集成化水平，规划建设一批特色现代服务业基地或集聚区。统筹物流基础设施布局，积极发展多式联运，构建沿淮现代物流服务体系等	2018.11.07	2018.11.07
国家发展改革委	发改地区〔2018〕1605号	关于印发《汉江生态经济带发展规划》的通知	《规划》在加强综合交通网络建设，构建“畅通汉江”一章中，提出统筹航运、铁路、公路、航空建设，着力打造内外通畅、网络完善、绿色高效的现代化综合交通运输体系。在推进全方位开放，发展“开放汉江”一章中，提出提升对外开放平台，积极推进中国（湖北）自由贸易试验区襄阳片区建设。积极参与“一带一路”建设，依托汉江高等级航道和航运网络建设，深化与沿海地区港口合作，推动与沿线国家海上合作	2018.11.12	2018.11.12

附录 C　2013—2018 年中国物流相关统计数据

第一部分　中国大陆物流相关统计数据

一、国内生产总值

表 C-1　国内生产总值及三次产业增加值情况

年份	指标	国内生产总值	第一产业增加值	第二产业增加值	第三产业增加值
2013	增加值（亿元）	595244. 4	55329. 1	261956. 1	277959. 3
	占国内生产总值（%）	100	9. 3	44. 0	46. 7
2014	增加值（亿元）	643974. 0	58343. 5	277571. 8	308058. 6
	占国内生产总值（%）	100	9. 1	43. 1	47. 8
2015	增加值（亿元）	689052. 1	60862. 1	282040. 3	346149. 7
	占国内生产总值（%）	100	8. 8	40. 9	50. 2

续表

年份	指标	国内生产总值	第一产业增加值	第二产业增加值	第三产业增加值
2016	增加值（亿元）	743585.5	63672.8	296547.7	383365.0
	占国内生产总值（%）	100	8.6	39.9	51.6
2017	增加值（亿元）	827122	65468	334623	427032
	占国内生产总值（%）	100	7.9	40.5	51.6
2018	增加值（亿元）	900309	64734	366001	469575
	占国内生产总值（%）	100	7.2	40.7	52.2

资料来源：2013—2017 年数据根据《中国统计年鉴》（2018）相关数据整理，2018 年数据根据《中华人民共和国国民经济和社会发展统计公报》（2018）相关数据整理。

二、农业

表 C-2　主要农产品产量

单位：万吨

产品名称	2013 年	2014 年	2015 年	2016 年	2017 年	2018 年
粮食	63048.2	63964.8	666060.3	66043.5	66160.7	65789
棉花	628.2	629.9	590.7	534.3	565.3	610
油料	3287.4	3371.9	3390.5	3400.0	3475.2	3439
糖料	13746.1	13361.1	12500.0	12339.2	12556	11976
肉类	8632.8	8817.9	8749.5	8628.3	8654.4	8517
水产品	5721.7	5975.8	6182.9	6379.5	6445.3	6469

资料来源：2013—2017 年数据根据《中国统计年鉴》（2018）相关数据整理，2018 年数据根据《中华人民共和国国民经济和社会发展统计公报》（2018）相关数据整理。糖料数据根据《中华人民共和国国民经济和社会发展统计公报》（2013—2018）相关数据整理。

三、工业

表 C-3　全国规模以上工业企业工业增加值增长速度

单位:%

指标	2013 年	2014 年	2015 年	2016 年	2017 年	2018 年
规模以上工业	9. 7	8. 3	6. 1	6	6. 6	6. 1
其中：国有及国有控股企业	6. 9	4. 9	1. 4	2	6. 5	6. 2
集体企业	4. 3	1. 7	1. 2	-1. 3	0. 6	—
股份制企业	11. 0	9. 7	7. 3	6. 9	6. 6	6. 6
外商及港澳台投资企业	8. 3	6. 3	3. 7	4. 5	6. 9	4. 8
私营企业	12. 4	10. 2	8. 6	7. 5	5. 9	6. 2
其中：纺织业	8. 7	6. 7	7. 0	5. 5	4. 0	1. 0
农副食品加工业	9. 4	7. 7	5. 5	6. 1	6. 8	5. 9
通用设备制造业	9. 2	9. 1	2. 9	5. 9	10. 5	7. 2
电气机械及器材制造业	10. 9	9. 4	7. 3	8. 5	10. 6	7. 3
高技术产业	11. 8	12. 3	10. 2	10. 8	—	—

资料来源：根据《中华人民共和国国民经济和社会发展统计公报》（2013—2018）相关数据整理。

四、固定资产投资

表 C-4　固定资产投资额

单位：亿元

指标	2013 年	2014 年	2015 年	2016 年	2017 年	2018 年	2018 年同比增长（%）
全社会固定资产投资	446294	512021	562000	606466	641238	645675	5.9
其中：第一产业	11187	13803	17542	20918	22962	22413	12.9
第二产业	184814	207684	224259	232002	236049	237899	6.2
第三产业	250293	290534	320199	353546	382227	375324	5.5
其中：东部地区	179092	206454	232107	249665	265937	281095	5.7
中部地区	105894	124112	143118	156762	163400	179740	10.0
西部地区	109228	129171	140416	154054	166571	174400	4.7
东北地区	47367	46096	40806	30642	30655	30962	1.0

资料来源：在 2013—2017 年数据中，全社会、第一二三产业数据根据《中国统计年鉴》（2014—2018）相关数据整理，东部、中部、西部、东北地区数据根据《中华人民共和国国民经济和社会发展统计公报》（2013—2017）相关数据整理；2018 年数据根据《中华人民共和国国民经济和社会发展统计公报》（2018）相关数据整理。

表 C-5　分行业城镇固定资产投资额

单位：亿元

行业	2013 年	2014 年	2015 年	2016 年	2017 年	2018 年
全国总计	435747.4	501265.9	551590.0	596500.8	631684.0	645675
其中：农、林、牧、渔业	11401.2	14574.0	19062.3	22773.9	24638.3	27668
制造业	147584.4	166897.7	180233.4	187836.0	193615.7	212010
交通运输、仓储和邮政业	36329.4	42889.5	48974.8	53628.5	61185.8	63572

续表

行业	2013 年	2014 年	2015 年	2016 年	2017 年	2018 年
信息传输、软件和信息技术服务业	3084.9	4103.0	5516.4	6318.7	6987.4	7266
批发和零售业	12601.1	15552.5	18681.4	17939.1	16541.8	12985
房地产业	111379.6	123558.2	126706.2	135283.7	139733.5	151332
水利、环境和公共设施管理业	37662.7	46224.4	55679.0	68647.2	82105.3	84814

资料来源：2013—2017 年数据根据《中国统计年鉴》（2018）相关数据整理，2018 年数据根据《中华人民共和国国民经济和社会发展统计公报》（2018）相关数据整理。

表 C-6　交通固定资产投资新增主要生产能力

指标	2013 年	2014 年	2015 年	2016 年	2017 年	2018 年	2018 年同比增长（%）
新建铁路投产里程（公里）	5586	8427	9531	3281	3038	4683	54.1
增建铁路复线投产里程（公里）	4180	7892	7647	3612	3223	4711	46.2
电气化铁路投产里程（公里）	4810	8653	8694	5899	4583	6474	41.3
新建公路（公里）	70274	65260	71401	324898	313607	356045	13.5
其中：高速公路（公里）	8260	7394	11265	6745	6796	6063	-10.8
港口万吨级码头泊位新增吞吐能力（万吨）	33119	43553	38487	32436	24858	26428	6.3

资料来源：根据《中华人民共和国国民经济和社会发展统计公报》（2013—2018）相关数据整理。

五、国内贸易

表 C-7　分地区社会消费品零售总额及增长速度

地区	2013 年		2014 年		2015 年		2016 年		2017 年		2018 年	
	社会消费品零售总额（亿元）	增长（%）	社会消费品零售总额（亿元）	增长（%）	社会消费品零售总额（亿元）	增长（%）	社会消费品零售总额（亿元）	增长（%）	社会消费品零售总额（亿元）	增长（%）	社会消费品零售总额（亿元）	增长（%）
全国	242843	13. 2	271896	12. 0	300931	10. 7	332316	10. 4	366262	10. 2	380987	9. 0
北京	8872	9. 2	9638	8. 6	10338	7. 3	11005	6. 5	11575. 4	5. 2	11747. 7	2. 7
天津	4470	14. 0	4739	6. 0	5257	10. 9	5636	7. 2	5729. 7	1. 7	5533. 0	1. 7
河北	10517	13. 6	11820	12. 4	12991	9. 9	14365	10. 6	15907. 6	10. 7	16537. 1	9. 0
山西	5139	14. 0	5718	11. 3	6034	5. 5	6480	7. 4	6918. 1	6. 8	7338. 5	8. 2
内蒙古	5114	11. 8	5658	10. 6	6108	8. 0	6701	9. 7	7160. 2	6. 9	7311. 1	6. 3
辽宁	10581	13. 7	11857	12. 1	12787	7. 8	13414	4. 9	13807. 2	2. 9	14142. 8	6. 7
吉林	5426	13. 7	6081	12. 1	6652	9. 4	7310	9. 9	7855. 75	7. 5	—	—
黑龙江	6251	13. 8	7015	12. 2	7640	8. 9	8402	10. 0	9099. 2	8. 3	9672. 4	6. 3
上海	8557	9. 1	9303	8. 7	10132	8. 9	10947	8. 0	11830. 3	8. 1	12668. 7	7. 9
江苏	20878	13. 4	23458	12. 4	25877	10. 3	28707	10. 9	31737. 4	10. 6	34244. 7	7. 9
浙江	15971	12. 5	17835	11. 7	19785	10. 9	21971	11. 0	24308. 5	10. 6	25008. 0	9. 0
安徽	7045	14. 7	7957	13. 0	8908	12. 0	10000	12. 3	11192. 6	11. 9	12100. 1	11. 6
福建	8275	14. 0	9347	12. 9	10506	12. 4	11675	11. 1	13013. 0	11. 5	14317. 4	10. 8
江西	4696	13. 9	5293	12. 7	5926	12. 0	6635	12. 0	7448. 1	12. 3	7566. 4	11. 0
山东	22295	13. 4	25112	12. 6	27761	10. 6	30646	10. 4	33649. 0	9. 8	36610. 0	8. 8

续表

地区	2013 年		2014 年		2015 年		2016 年		2017 年		2018 年	
	社会消费品零售总额（亿元）	增长（%）	社会消费品零售总额（亿元）	增长（%）	社会消费品零售总额（亿元）	增长（%）	社会消费品零售总额（亿元）	增长（%）	社会消费品零售总额（亿元）	增长（%）	社会消费品零售总额（亿元）	增长（%）
河南	12427	13.8	14005	12.7	15740	12.4	17618	11.9	19666.8	11.6	20594.7	10.3
湖北	11036	14.0	12449	12.8	14003	12.5	15649	11.8	17394.1	11.1	18333.6	10.9
湖南	9510	14.3	10723	12.8	12024	12.1	13437	11.7	14854.9	10.6	15638.3	10.0
广东	25454	12.2	28471	11.9	31518	10.7	34739	10.2	38200.1	10.0	39501.1	8.8
广西	5133	13.6	5773	12.5	6348	10.0	7027	10.7	7813.03	11.2	8291.6	9.3
海南	1091	14.8	1225	12.2	1325	8.2	1454	9.7	1618.8	11.4	1717.1	6.8
重庆	5056	14.8	5711	13.0	6424	12.5	7271	13.2	8067.7	11.0	8769.6	8.7
四川	11001	14.3	12393	12.7	13878	12.0	15602	11.7	17480.5	12.0	18254.5	11.1
贵州	2601	14.8	2937	12.9	3283	11.8	3709	13.0	4154.0	12.0	4494.6	8.2
云南	4113	14.3	4633	12.7	5103	10.2	5723	12.1	6423.1	12.2	—	—
西藏	322	15.9	365	13.1	409	12.1	459	12.5	523.3	13.9	—	—
陕西	5245	14.5	5919	12.8	6578	11.1	7368	11.0	8236.4	11.8	8938.3	10.2
甘肃	2369	14.7	2668	12.6	2907	9.0	3184	9.5	3426.6	7.6	3680.2	7.4
青海	550	14.4	621	13.0	691	11.3	767	11.0	839.0	9.3	835.56	6.7
宁夏	669	13.2	737	10.3	790	7.1	850	7.7	930.4	9.5	—	—
新疆	2179	13.7	2436	11.8	2606	7.4	2826	8.4	3044.6	7.7	3187.0	5.2

资料来源：2013—2017 年数据根据《中国统计年鉴》（2014—2018）相关数据整理；2018 年数据中，全国社会消费品零售总额根据《2018 年中华人民共和国国民经济和社会发展统计公报》相关数据整理，省、市、自治区的数据来自各省、市、自治区 2018 年国民经济和社会发展统计公报。

表 C-8　限额以上批发零售业零售额增长速度

单位:%

类别	2013 年	2014 年	2015 年	2016 年	2017 年	2018 年
汽车类	10.4	7.7	5.3	10.1	5.6	-2.4
石油及制品类	9.9	6.6	-6.6	1.2	9.2	13.3
通讯器材类	20.4	32.7	29.3	11.9	11.7	7.1
家用电器和音像器材类	14.5	9.1	11.4	8.7	9.3	8.9
建筑及装潢材料类	22.1	13.9	18.7	14.0	10.3	8.1
日用品类	14.1	11.6	12.3	11.4	8.0	13.7
家具类	21.0	13.9	16.1	12.7	12.8	10.1
服装类	11.6	10.9	9.8	7.0	7.8	8.0

资料来源：根据《中华人民共和国国民经济和社会发展统计公报》（2013—2018）相关数据整理。

表 C-9　电子商务销售额与采购额

单位：亿元

指标	2013 年	2014 年	2015 年	2016 年	2017 年
电子商务销售额	56683.6	79657.9	91724.2	107321.8	130480.7
其中：销售给单位金额	50643.8	68276.2	—	—	—
销售给个人金额	6039.8	10622.5	—	—	—
电子商务采购额	34662.9	48681.6	53499.1	63347.2	74365.1

注：《中国统计年鉴》于 2013 年开始公布电子商务相关统计数据。

资料来源：根据《中国统计年鉴》（2014—2018）相关数据整理。

六、对外经济

表 C-10 进出口货物分类情况

指标	2013 年（亿美元）	2014 年（亿元）	2015 年（亿元）	2016 年（亿元）	2017 年（亿元）	2018 年（亿元）	2018 年同比增长（%）
货物进出口总额	41600	264334	245741	243386	277923	305050	9.7
货物出口额	22096	143912	141255	138455	153321	164177	7.1
其中：一般贸易	10875	73944	75456	74601	83325	92405	10.9
加工贸易	8605	54320	49553	47237	51381	52676	2.5
其中：机电产品	12652	80527	81421	79820	89465	96457	7.9
高新技术产品	6603	40570	40737	39876	45150	49374	9.3
货物进口额	19504	120423	104485	104932	124602	140874	12.9
其中：一般贸易	11099	68162	57323	59398	73299	83947	14.3
加工贸易	4970	32211	27772	26223	29180	31097	6.6
其中：机电产品	8400	52509	50111	50985	57785	63727	10.3
高新技术产品	5582	33876	34073	34618	39501	44340	12.2
出口大于进口	2592	23489	36770	33523	28718	23303	-18.2

资料来源：根据《中华人民共和国国民经济和社会发展统计公报》（2013—2018）相关数据整理，此表数据自 2014 年起改为以人民币计价。

表 C-11 我国对主要国家和地区货物进出口额

国家和地区	2013 年（亿美元）		2014 年（亿元）		2015 年（亿元）		2016 年（亿元）		2017 年（亿元）		2018 年（亿元）		2018 年同比增长（%）	
	出口额	进口额	出口额	进口额	出口额	进口额	出口额	进口额	出口额	进口额	出口额	进口额	出口额	进口额
欧盟	3390	2200	22787	15031	22096	12985	22369	13747	25199	16543	26974	18067	7.0	9.2
美国	3684	1525	24328	9764	25425	9238	25415	8887	29103	10430	31603	10195	8.6	7.2
中国香港	3848	162	22307	792	20589	797	19009	1107	18899	495	19966	564	5.7	0.4
日本	1503	1623	9187	10027	8424	8881	8529	9626	9301	11204	9709	11906	4.4	8.5
东盟	2441	1996	16712	12794	17221	12097	16894	12978	18902	15942	21066	17722	11.3	12.6
韩国	912	1831	6162	11677	6291	10847	6185	10496	6965	12013	7174	13495	3.1	9.6
俄罗斯	496	396	3297	2555	2161	2066	2466	2128	2906	2790	3167	3909	9.1	2.8
印度	484	170	3331	1005	3612	831	3850	777	4615	1107	5054	1242	9.5	0.9
中国台湾	406	1566	2843	9337	2785	8904	2665	9203	2979	10512	3212	11714	7.9	8.3

资料来源：根据《中华人民共和国国民经济和社会发展统计公报》（2013—2018）相关数据整理，此表数据自 2014 年起改为以人民币计价。

表 C-12 外商投资企业投资额及投资行业情况

指标	2013年		2014年		2015年		2016年		2017年		2018年	
	绝对数	所占比重（%）	绝对数	所占比重（%）	绝对数	所占比重（%）	绝对数	所占比重（%）	绝对数	所占比重（%）	绝对数	所占比重（%）
新设立外商直接投资企业（家）	22773	—	23778	—	26575	—	27900	—	35652	—	60533	—
实际使用外商直接投资金额	1175.9	—	1195.6	—	1262	—	1260	—	1310.4	—	8856	—
其中：制造业	455.5	39.3	399.4	34.4	395.4	31.3	354.9	28.2	335.1	25.7	2713	30.6
房地产业	288	24.8	346.3	29.8	289.9	22.9	196.6	15.6	168.6	12.9	1489	16.8
租赁和商务服务业	103.6	8.9	124.9	10.8	100.5	7.9	161.3	12.8	167.4	12.8	1196	13.5
交通运输、仓储和邮政业	42.2	3.6	44.6	3.8	41.8	3.3	50.9	4.0	55.9	4.3	314	3.5

注：2013—2017 年实际使用外商直接投资金额的单位为亿美元，2018 年实际使用外商直接投资金额的单位为亿元人民币。

资料来源：2013—2017 年数据根据《中国统计年鉴》（2014—2018）相关数据整理，2018 年数据根据《中华人民共和国国民经济和社会发展统计公报》（2018）相关数据整理。

表 C-13 分行业外商直接投资情况

行业名称	2013 年		2014 年		2015 年		2016 年		2017 年		2018 年	
	企业数（家）	实际使用金额（亿美元）	企业数（家）	实际使用金额（亿美元）	企业数（家）	实际使用金额（亿美元）	企业数（家）	实际使用金额（亿美元）	企业数（家）	实际使用金额（亿美元）	企业数（家）	实际使用金额（亿美元）
全国总计	22773	1175.9	23778	1197.0	26575	1262.6	27900	1260	35652	1310	60533	8856
农、林、牧、渔业	757	18.0	719	15.2	609	15.3	558	18.9	706	72	741	18
制造业	6504	455.5	5178	399.4	4507	395.4	4013	354.9	4986	2259	6152	188
交通运输、仓储和邮政业	401	42.2	376	44.6	449	41.8	425	50.9	517	374	754	58
信息传输、计算机服务和软件业	796	28.8	981	27.6	1311	38.3	1463	84.4	3169	1389	7222	68
批发和零售业	7349	115.1	7978	94.6	9156	120.2	9399	158.7	12283	770	22853	106
房地产业	530	288.0	446	346.3	387	289.9	378	196.9	737	1133	1053	40

资料来源：2013—2017 年数据根据《中国统计年鉴》（2014—2018）相关数据整理；2018 年数据根据《中华人民共和国国民经济和社会发展统计公报》（2018）相关数据整理，数据以美元计价。

七、交通、邮政

表 C-14 交通邮政行业指标完成情况

指标	2013 年	2014 年	2015 年	2016 年	2017 年	2018 年
交通运输、仓储和邮政业增加值（亿元）	26042.7	28500.9	30487.8	33058.8	—	40550
规模以上港口完成货物吞吐量（亿吨）	106.1	111.6	114.3	118.3	126	133
其中：外贸货物吞吐量（亿吨）	33.1	35.2	35.9	37.6	40	42
规模以上港口集装箱吞吐量（万标准箱）	18878	20093	20959	21789	23680	24955

资料来源：规模以上港口完成货物吞吐量、外贸货物吞吐量、全国港口集装箱吞吐量根据《中华人民共和国国民经济和社会发展统计公报》（2013—2018）相关数据整理。2013—2016 年交通运输、仓储和邮政业增加值根据《中国统计年鉴》（2018）相关数据整理。2018 年数据根据《中华人民共和国国民经济和社会发展统计公报》（2018）相关数据整理。

八、交通基础设施建设

表 C-15 分行业城镇固定资产投资额

单位：亿元

行业	2013 年	2014 年	2015 年	2016 年	2017 年
铁路运输业	6691	7707	7730	7748	8006.2
道路运输业	20503	24513	28614	32937	40303.6
水上运输业	2123	2435	2352	2163	1886.4
航空运输业	1314	1430	1840	2220	2394.9
装卸搬运和运输代理业	993	1202	1275	1089	1151.1
仓储业	4236	5158	6620	6984	6855.8
邮政业	95	128	244	224	276.0

资料来源：根据《中国统计年鉴》（2014—2018）相关数据整理。

表 C-16　公路及其他交通固定资产投资完成情况

单位：万元

地区	公路建设						其他建设					
	2013 年	2014 年	2015 年	2016 年	2017 年	2018 年	2013 年	2014 年	2015 年	2016 年	2017 年	2018 年
合计	124455394	140763493	149905562	163756606	211625349	198673331	1541104	1288322	2793874	4450079	3286919	6051911
东部地区	37993208	42496895	43582610	47547897	60627792	63752521	464225	532536	757203	1179984	1776452	4561397
中部地区	32989226	35133395	39292448	38102705	40664017	41309996	270734	146349	256408	742564	—	549058
西部地区	53472960	63133203	67030504	78106004	110333540	93610795	806145	609437	1780263	2527531	656725	941456
北京	691830	551018	149984	836700	2544907	2075186	1851	4067	—	3120	—	—
天津	868637	1368950	1247691	683986	355206	490834	788	1036	4127	2300	9372	114083
河北	5865470	6401483	5468593	5831114	5586196	6743411	64671	98645	408720	506258	502820	477257
山西	3735081	2570102	2570320	2170674	2903807	4615744	26650	12547	—	—	—	—
内蒙古	6560867	6620722	6272969	7553487	6988669	4670691	6448	10151	1117282	1507975	19931	281025
辽宁	1576998	2519540	2869963	1814173	2011266	1198965	14846	12439	28665	13649	9744	9960
吉林	1366881	2293322	3137625	2658970	2443859	2561827	800	3915	—	—	—	—
黑龙江	1281809	1402576	1541110	1696492	2060369	1689583	20650	19507	5731	3473	14668	2165
上海	1154283	1306559	971441	906439	1661905	1232554	269616	290231	190306	414368	1149968	3877417
江苏	3488864	3361255	3891694	3761874	5425568	6155799	11635	8531	20108	16277	21758	10112
浙江	6390856	6838678	7691445	9953077	13715420	13960610	7014	10874	3321	97083	1689	—
安徽	5936339	6376737	6775522	7539562	7787896	7688559	12511	3400	7334	19813	42483	3646
福建	6421612	6397212	6943400	6947483	7826317	7166448	12062	18825	23627	34288	31280	13170
江西	2650654	3283987	6046606	5384076	4535080	5646845	2755	3557	2062	766	34314	—
山东	4083350	4438025	4831484	6232889	7880354	9982448	31125	14751	17851	14197	7563	3006

续表

地区	公路建设						其他建设					
	2013 年	2014 年	2015 年	2016 年	2017 年	2018 年	2013 年	2014 年	2015 年	2016 年	2017 年	2018 年
河南	4392354	4304494	4449416	4181692	4764412	4325349	—	42126	72630	111077	106261	59938
湖北	7407763	9400876	9647295	8432556	8528243	9273170	189931	49491	82350	582714	611339	460251
湖南	6218345	5514847	5124555	6038685	7640351	5508920	17437	10806	86302	24722	44677	23059
广东	7078287	9040787	9084150	9335137	12077853	13106058	4803	41030	37806	69011	28879	55045
广西	5190333	4925354	5246703	6163499	7614100	7008208	25973	33248	30899	55527	36530	26851
海南	373021	273389	432764	1245026	1542800	1640207	45814	32108	22673	9434	13379	1347
重庆	3883608	3541480	3499784	3906751	4680840	5075609	82128	108235	112176	61641	18127	13137
四川	9690604	11785283	10934429	11466587	13811110	14210199	442565	207967	139715	138234	223186	269020
贵州	8206629	10876590	11378064	13433347	16254680	15421362	5671	3649	4914	42174	40329	34781
云南	5150866	6143941	8564279	11882259	15805092	16983137	16345	10163	5675	7037	97127	3209
西藏	1110663	1512874	1912385	3777308	5644816	6133336	300	150	—	4784	25921	7557
陕西	2988934	5172860	5733273	4512527	5884000	6593153	16267	2697	3479	3579	8700	8361
甘肃	4263780	5309399	6383064	653730	8531469	6906593	102676	123156	188684	537975	117829	196633
青海	1817166	2566083	3227065	3611592	4461981	4032427	93792	98161	124266	142322	—	—
宁夏	908120	1280380	1757035	1989609	1931286	1684474	2900	620	2600	5357	69045	76128
新疆	3701390	3412387	2121455	3235307	18725497	4891606	11080	11240	50574	20926	—	24754

注：各年数据均为1—11月的数据。

资料来源：根据中华人民共和国交通部如下网站数据整理：

http：//www. mot. gov. cn/tongjishuju/gudingzichantouziwcqk/201510/t20151013_ 1894739. html；

http：//zizhan. mot. gov. cn/zfxxgk/bnssj/zhghs/201312/t20131213_ 1528504. html；

http：//zizhan. mot. gov. cn/zfxxgk/bnssj/zhghs/201412/t20141215_ 1743786. html；

http：//zizhan. mot. gov. cn/zfxxgk/bnssj/zhghs/201512/t20151214_ 1947347. html；

http：//zizhan. mot. gov. cn/zfxxgk/bnssj/zhghs/201612/t20161213_ 2138204. html；

http：//zizhan. mot. gov. cn/zfxxgk/bnssj/zhghs/201801/t20180126_ 2983366. html；

http：//xxgk. mot. gov. cn/jigou/zhghs/201812/t20181214_ 3144137. html.

表 C-17　水路交通固定资产投资完成情况

单位：万元

地区	内河建设						沿海建设					
	2013 年	2014 年	2015 年	2016 年	2017 年	2018 年	2013 年	2014 年	2015 年	2016 年	2017 年	2018 年
总计	4891969	4565755	4784179	4792439	5544725	5628572	8871823	8433200	7995811	7784009	6610855	4980562
东部地区	1836726	1748932	2042175	1849759	2104076	2311735	8480281	8052114	7651161	7514729	6403855	4889873
中部地区	1792417	1758075	1750107	1633416	2047589	2163252	—	—	—	—	—	—
西部地区	1262826	1058748	991897	1309264	1393060	1153585	391542	381086	344650	252680	207000	90689
天津	—	—	—	—	—	—	1248022	1150536	742863	511933	185819	189968
河北	—	—	—	—	—	—	1707452	1640438	1273572	960128	698239	311480
内蒙古	552	4000	4300	—	—	—	—	—	—	—	—	—
辽宁	805	490	6917	966	—	—	533172	937893	622698	975382	466852	202491
吉林	348	18	—	—	888	585	—	—	—	—	—	—
黑龙江	19235	10180	16194	9650	14093	6200	—	—	—	—	—	—
上海	14968	94647	315254	242095	203762	209973	123954	52029	612665	314271	284767	188118
江苏	1446314	1287928	1293045	953618	805868	752180	520993	632593	700868	653931	474932	572499
浙江	203908	321759	344339	354937	598300	859215	1044435	978803	1075529	1233361	1245250	1021154
安徽	446756	473838	500211	363973	532808	863837	—	—	—	—	—	—
福建	3000	—	15400	30792	45050	29521	1007995	915290	938904	921932	999990	944961
江西	47397	16825	72241	113120	186533	272939	—	—	—	—	—	—
山东	137690	17758	25138	56158	132231	192238	894091	908223	1106913	969071	1053404	717522
河南	109128	89240	79131	161633	239463	165210	—	—	—	—	—	—
湖北	891332	896670	835551	681281	731922	680537	—	—	—	—	—	—

续表

地区	内河建设						沿海建设					
	2013 年	2014 年	2015 年	2016 年	2017 年	2018 年	2013 年	2014 年	2015 年	2016 年	2017 年	2018 年
湖南	278221	271304	246779	303330	341182	173284	—	—	—	—	—	—
广东	30041	26350	42082	211193	318865	268608	1113908	609510	433940	769300	827239	680957
广西	352513	347629	178004	159424	172000	181642	391542	381086	344650	252680	207000	90689
海南	—	—	—	—	—	—	286259	226799	143208	205359	167363	60724
重庆	294298	223688	207465	276613	345942	316593	—	—	—	—	—	—
四川	458014	253465	322298	476991	540132	449471	—	—	—	—	—	—
贵州	117881	176149	200333	289136	211220	103767	—	—	—	—	—	—
云南	22472	42464	57592	80341	102400	92762	—	—	—	—	—	—
陕西	2313	—	5126	114749	8950	4271	—	—	—	—	—	—
甘肃	8488	3509	660	1213	4150	—	—	—	—	—	—	—
青海	4395	2080	1529	3923	4089	4800	—	—	—	—	—	—
宁夏	1900	5764	14590	9874	4177	315	—	—	—	—	—	—

注：各年数据均为 1—11 月的数据。

资料来源：根据中华人民共和国交通部如下网站数据整理：

http：//www. mot. gov. cn/tongjishuju/gudingzichantouziwcqk/201510/t20151013_ 1894739. html；

http：//zizhan. mot. gov. cn/zfxxgk/bnssj/zhghs/201312/t20131213_ 1528504. html；

http：//zizhan. mot. gov. cn/zfxxgk/bnssj/zhghs/201412/t20141215_ 1743786. html；

http：//zizhan. mot. gov. cn/zfxxgk/bnssj/zhghs/201512/t20151214_ 1947347. html；

http：//zizhan. mot. gov. cn/zfxxgk/bnssj/zhghs/201612/t20161213_ 2138204. html；

http：//zizhan. mot. gov. cn/zfxxgk/bnssj/zhghs/201801/t20180126_ 2983366. html；

http：//xxgk. mot. gov. cn/jigou/zhghs/201812/t20181214_ 3144137. html.

九、货物运输量和货物周转量

表 C-18 各种运输方式完成货物运输量及货物周转量

指标	2013 年	2014 年	2015 年	2016 年	2017 年	2018 年	2018 年同比增长（%）
货物运输量总计（亿吨）	409.9	438.7	417.6	438.7	479.4	514.6	7.1
其中：铁路（亿吨）	39.7	38.1	33.6	33.3	36.9	40.3	9.2
公路（亿吨）	307.7	311.3	315.0	334.1	368.0	395.9	7.4
水运（亿吨）	56.0	59.8	61.4	63.8	66.6	69.9	4.7
民航（万吨）	561.3	594.1	629.3	668.0	705.8	738.5	4.6
管道（亿吨）	6.5	7.4	7.6	7.3	7.9	8.5	5.4
货物周转量总计（亿吨公里）	168014	181668	178356	186629	196130.4	205451.6	4.1
其中：铁路（亿吨公里）	29173.9	27530.2	23754.3	23792.3	26962.2	28821.0	6.9
公路（亿吨公里）	55738.1	61016.6	57955.7	61080.1	66712.5	71202.5	6.6
水运（亿吨公里）	79435.7	92774.6	91772.5	97338.8	97455.0	99303.6	0.7
民航（亿吨公里）	170.3	187.8	208.0	222.5	243.5	262.4	7.7
管道（亿吨公里）	3496	4328	4665	4196	4757.2	5862.0	22.5

资料来源：2013—2017 年数据根据《中国统计年鉴》（2014—2018）相关数据整理，2018 年数据根据《中华人民共和国国民经济和社会发展统计公报》（2018）相关数据整理。

（一）铁路运输

表 C-19 铁路全行业主要指标完成情况

指标	2013 年	2014 年	2015 年	2016 年	2017 年	2018 年	2018 年同比增长（%）
货运总发送量（万吨）	396697	381334	335801	333186	368865	402573	9.1
其中：国家铁路（万吨）	322207	306942	271387	265206	291874	—	—
货运总周转量（亿吨公里）	29173.89	27530.19	23754.31	23792.26	26962.20	28820.55	6.9
其中：国家铁路（亿吨公里）	26845.01	25103.42	21598.37	21273.21	24091.70	—	—

资料来源：2013—2017 年数据来自国家铁路局《铁道统计公报》（2013—2017），2018 年货运总发货量、货运总周转量数据来源《中华人民共和国国民经济和社会发展统计公报》（2018）。

（二）公路运输

表 C-20 分地区公路货物运输量和货物周转量

地区	货物运输量（万吨）						货物周转量（亿吨公里）					
	2013 年	2014 年	2015 年	2016 年	2017 年	2018 年	2013 年	2014 年	2015 年	2016 年	2017 年	2018 年
全国总计	3076648	3332838	3150019	3341259	3686858	3599191	55738.08	61016.62	57955.72	61080.10	66771.52	64590.80
北京	24651	25416	19044	19972	19374	18707	156.19	165.19	156.36	161.32	159.24	154.72
天津	28206	31130	30551	32841	34720	31784	313.70	349.02	345.20	372.49	398.02	370.83
河北	172492	185286	175637	189822	207340	208721	6577.89	7019.56	6821.48	7294.59	7899.32	7841.45
山西	82834	88491	91240	102200	114880	116015	1278.57	1363.20	1374.76	1452.06	1758.66	1734.27
内蒙古	97058	126704	119500	130613	147483	145370	1872.71	2103.47	2239.96	2423.64	2764.47	2719.36
辽宁	172923	189174	172140	177371	184273	175127	2792.02	3074.90	2850.68	2936.76	3058.58	2875.75
吉林	38063	41830	38708	40777	44728	43563	1100.00	1190.78	1051.22	1084.77	1151.59	1095.96

续表

地区	货物运输量（万吨）						货物周转量（亿吨公里）					
	2013年	2014年	2015年	2016年	2017年	2018年	2013年	2014年	2015年	2016年	2017年	2018年
黑龙江	45288	47173	44200	42897	44127	40108	972.92	1008.46	929.27	904.76	913.48	737.74
上海	43877	42848	40627	39055	39743	36249	352.42	300.82	289.56	281.98	297.91	273.19
江苏	103709	114449	113351	117166	128915	126743	1790.40	1978.52	2072.96	2140.33	2377.90	2326.02
浙江	107186	117070	122547	133999	151920	151245	1322.13	1419.43	1513.92	1626.78	1821.22	1783.99
安徽	284534	315223	230649	244526	280471	255789	6544.02	7392.37	4721.87	4915.71	5179.68	4896.90
福建	69876	82573	79802	85770	95599	87678	821.44	974.80	1020.25	1094.70	1214.05	1173.60
江西	121279	137782	115436	122872	138074	141089	2829.02	3073.31	3022.72	3147.50	3432.95	3367.80
山东	227746	230018	227934	249752	288052	287726	5494.78	5711.38	5876.99	6071.43	6650.22	6318.75
河南	162040	179680	172431	184255	207066	214634	4488.01	4822.37	4542.67	4838.53	5341.67	5274.23
湖北	100945	116279	115801	122656	147711	148094	2046.28	2340.56	2380.62	2506.86	2741.91	2671.83
湖南	156269	172613	172248	178968	198806	183746	2329.54	2578.90	2553.52	2686.57	2990.55	2786.59
广东	261273	257136	255995	272826	288904	274176	3003.36	3113.84	3108.81	3381.92	3636.89	3458.42
广西	124677	134330	119194	128247	139602	136746	1857.18	2068.51	2122.60	2248.46	2456.69	2388.23
海南	10290	11015	11279	10879	11223	19873	75.42	81.50	78.66	76.11	78.61	76.07
重庆	71842	81206	86931	89390	95019	97879	695.89	797.80	851.23	935.45	1068.96	1059.12
四川	151689	142132	138622	146046	158190	153401	1273.13	1510.51	1480.58	1565.31	1676.81	1621.95
贵州	65100	78017	77341	82237	89298	86735	610.64	776.95	782.47	873.23	1008.58	1038.61
云南	98675	103161	101993	109487	124064	125289	921.98	1002.35	1077.893	1173.06	1360.37	1369.55
西藏	1778	1871	2077	1906	2148	2234	81.46	85.96	96.10	94.50	105.82	105.75

续表

地区	货物运输量（万吨）						货物周转量（亿吨公里）					
	2013 年	2014 年	2015 年	2016 年	2017 年	2018 年	2013 年	2014 年	2015 年	2016 年	2017 年	2018 年
陕西	105566	119343	107731	113363	123721	119343	1685. 02	1917. 45	1826. 80	1925. 83	2118. 21	2083. 17
甘肃	45072	50781	52281	54761	60117	58380	811. 21	992. 60	912. 14	949. 64	1048. 88	1012. 30
青海	9588	11030	13233	14047	14871	13885	202. 76	234. 36	222. 13	236. 04	253. 43	245. 79
宁夏	32502	34318	36995	37421	31659	29534	509. 43	530. 47	571. 85	577. 56	500. 18	370. 97
新疆	59620	64758	64505	65139	74760	78711	928. 54	1037. 32	1060. 46	1102. 21	1306. 66	1357. 89

资料来源：2013—2017 年数据根据《中国统计年鉴》（2014—2018）相关数据整理；2018 年数据来源于中华人民共和国交通运输部网站，具体参见 http：//xxgk. mot. gov. cn/jigou/zhghs/201812/t20181214_ 3144120. html.

（三）水路运输

表 C-21　沿海主要规模以上港口货物吞吐量

单位：万吨

港口	2013 年	2014 年	2015 年	2016 年	2017 年	2018 年
全国总计	728098	769557	784578	810933	865664	1222429
大连	40746	42337	41482	43660	45517	43036
营口	32013	33073	33849	35217	36267	34440
秦皇岛	27260	27403	25309	18682	24510	21455
天津	50063	54002	54051	55056	50056	46124
烟台	22157	23767	25163	26537	28816	41679
威海	4007	3898	4213	4340	4468	4953
青岛	45003	46802	48453	50036	51031	49351

续表

港口	2013 年	2014 年	2015 年	2016 年	2017 年	2018 年
日照	30937	33502	33707	35007	36136	40384
上海	68273	66954	64906	64482	70542	62952
连云港	18898	19638	19756	20082	20605	19760
宁波舟山	80978	87346	88929	92209	100933	100142
台州	5628	6049	6237	6771	7057	6674
温州	7379	7901	8490	8406	8926	7674
福州	12759	14391	13967	14516	14838	16573
厦门	19088	20504	21023	20911	21116	19978
汕头	5038	5161	5181	4985	4890	3717
深圳	23398	22324	21706	21410	24136	22899
广州	45517	48217	50053	52254	57003	54920
湛江	18006	20238	22036	25612	28209	27672

资料来源：2013—2017 年数据根据《中国统计年鉴》（2014—2018）相关数据整理；2018 年数据来源于中华人民共和国交通运输部网站，具体参见：http：//xxgk. mot. gov. cn/jigou/zhghs/201812/t20181214_ 3144131. html.

表 C-22　全国国际标准集装箱吞吐量前 10 名港口及其吞吐量情况

单位：万 TEU

排名	2013 年		2014 年		2015 年		2016 年		2017 年		2018 年	
	港口	吞吐量	港口	吞吐量	港口	吞吐量	港口	吞吐量	港口	吞吐量	港口	吞吐量
1	上海	3095. 17	上海	3528. 50	上海	3653. 70	上海	3722. 73	上海	4018	上海	3842. 99
2	深圳	2130. 38	深圳	2403. 00	深圳	2421. 00	深圳	2409. 69	深圳	2525	宁波—舟山港	2447. 07

续表

排名	2013年		2014年		2015年		2016年		2017年		2018年	
	港口	吞吐量	港口	吞吐量	港口	吞吐量	港口	吞吐量	港口	吞吐量	港口	吞吐量
3	宁波舟山港	1598.96	宁波舟山港	1945.00	宁波舟山港	2062.60	宁波舟山港	2168.28	宁波舟山港	2464	深圳	2362.71
4	青岛	1437.82	青岛	1662.44	广州	1757.00	广州	1858.17	广州	2010	广州	1975.18
5	广州	1390.89	广州	1616.00	青岛	1750.00	青岛	1798.69	青岛	1830	青岛	1765.18
6	天津	1196.84	天津	1405.00	天津	1450.00	天津	1454.82	天津	1504	天津	1478.07
7	大连	906.60	大连	1012.76	大连	930.10	厦门	961.14	厦门	1040	厦门	979.82
8	厦门	728.29	厦门	857.24	厦门	918.00	大连	960.45	大连	970	大连	907.05
9	连云港	502.19	营口	576.82	营口	592.20	营口	613.06	营口	627	营口	590.94
10	营口	497.32	连云港	500.54	苏州	523.80	连云港	468.55	连云港	472	连云港	436.68

注：全国沿海主要港口指标完成情况每年截至11月。

资料来源：根据中国港口网发布的相关数据整理。

表 C-23 国际港口集装箱吞吐量前10名港口及其吞吐量情况

单位：万 TEU

排名	2013年		2014年		2015年		2016年		2017年		2018年	
	港口	吞吐量	港口	吞吐量	港口	吞吐量	港口	吞吐量	港口	吞吐量	港口	吞吐量
1	上海	3377.3	上海	3528.5	上海	3653.7	上海	3722.73	上海	4023	上海	4200~4250
2	新加坡	3257.9	新加坡	3390.0	新加坡	3092.0	新加坡	3090	新加坡	3367	新加坡	3650~3700
3	深圳	2327.8	深圳	2403.0	深圳	2421.0	深圳	2409.69	深圳	2521	宁波舟山	2700~2720

续表

排名	2013 年		2014 年		2015 年		2016 年		2017 年		2018 年	
	港口	吞吐量	港口	吞吐量	港口	吞吐量	港口	吞吐量	港口	吞吐量	港口	吞吐量
4	中国香港	2228.8	中国香港	2228.3	宁波舟山	2062.6	宁波舟山	2168.28	宁波舟山	2461	深圳	2550~2720
5	釜山	1767.5	宁波舟山	1945.0	中国香港	2011.0	中国香港	1981	釜山	2140	釜山	2190~2210
6	宁波舟山	1735.5	釜山	1875.0	釜山	1945.0	釜山	1945	中国香港	2076	广州	2140~2170
7	青岛	1552.2	青岛	1662.4	广州	1757.0	广州	1858.17	广州	2037	中国香港	1860~2070
8	广州	1530.9	广州	1616.0	青岛	1750.0	青岛	1798.69	青岛	1826	青岛	1860~1880
9	迪拜	1364.1	迪拜	1525.0	迪拜	1559.0	迪拜	1477	迪拜	1544	迪拜	1580~1600
10	天津	1301.2	天津	1405.0	天津	1450.0	天津	1454.82	天津	1521	天津	1550~1570

资料来源：2013—2017 年数据来源于中国港口网，2018 年的预测数据来源于中国科学院预测科学研究中心发布的《2018 年全球 Top20 集装箱港口预测报告》。

表 C-24　民航各运输机场货邮吞吐量前 40 名排序

单位：吨

排名	2013 年		2014 年		2015 年		2016 年		2017 年		2018 年	
	全国合计	12585175.0	全国合计	13560841.0	全国合计	14094003.0	全国合计	15104056.7	全国合计	16177345.4	全国合计	16740229.1
1	上海浦东	2928527.1	上海浦东	3181654.1	上海浦东	3275231.1	上海浦东	3440279.7	上海浦东	3824279.9	上海浦东	3768572.6
2	北京首都	1843681.1	北京首都	1848251.5	北京首都	1889439.5	北京首都	1943159.7	北京首都	2029583.6	北京首都	2074005.4
3	广州	1309745.5	广州	1454043.8	广州	1537758.9	广州	1652214.9	广州	1780423.1	广州白云	1890560.0

续表

排名	2013年		2014年		2015年		2016年		2017年		2018年	
	全国合计	12585175.0	全国合计	13560841.0	全国合计	14094003.0	全国合计	15104056.7	全国合计	16177345.4	全国合计	16740229.1
4	深圳	913472.2	深圳	963871.2	深圳	1013690.5	深圳	1125984.6	深圳	1159018.6	深圳	1218502.2
5	成都	501391.2	成都	545011.2	成都	556552.1	成都	611590.7	成都	642872.0	成都	665128.4
6	上海虹桥	435115.9	上海虹桥	432176.4	上海虹桥	433600.1	杭州	487984.2	杭州	589461.6	杭州	640，896.0
7	杭州	368095.3	杭州	398557.6	杭州	424932.7	郑州	456708.8	郑州	502714.8	郑州	514922.4
8	厦门	299490.8	郑州	370420.7	郑州	403339.0	上海虹桥	428907.5	昆明	418033.6	昆明	428292.1
9	昆明	293627.7	昆明	316672.4	昆明	355422.8	昆明	382854.3	上海虹桥	407461.1	上海虹桥	407154.6
10	重庆	280149.8	厦门	306385.0	南京	326026.5	重庆	361091.0	南京	374214.9	重庆	382160.8
11	南京	255788.6	南京	304324.8	重庆	318781.5	南京	341267.1	重庆	366278.3	南京	365054.4
12	郑州	255712.7	重庆	302335.8	厦门	310606.6	厦门	328419.5	厦门	338655.7	厦门	345529.1
13	天津	214419.8	天津	233358.6	天津	217279.2	天津	237085.2	天津	268283.5	西安	312637.1
14	青岛	186195.7	青岛	204419.4	西安	211591.5	西安	233779.0	西安	259872.5	天津	258734.8
15	西安	178857.5	西安	186412.6	青岛	208064.0	青岛	230747.8	青岛	232063.9	青岛	224533.8
16	乌鲁木齐	153275.3	乌鲁木齐	162711.3	乌鲁木齐	156469.8	武汉	175294.8	武汉	185016.7	武汉	221576.3
17	沈阳	136066.1	武汉	143029.6	武汉	154656.2	乌鲁木齐	157508.7	大连	164777.6	海口	168622.2
18	大连	132330.4	沈阳	138318.4	沈阳	142069.6	沈阳	155769.4	沈阳	159117.1	沈阳	168558.0
19	武汉	129450.3	大连	133490.0	大连	137048.1	大连	149008.0	乌鲁木齐	156741.5	大连	161887.3
20	长沙	117588.7	长沙	125037.8	海口	135944.6	海口	148814.2	海口	154496.0	乌鲁木齐	157725.8
21	海口	111813.6	福州	121383.4	长沙	122022.1	长沙	130276.1	长沙	138737.6	长沙	155513.1
22	福州	110239.4	海口	121131.4	福州	116497.5	哈尔滨	124794.7	福州	125602.7	福州	133189.4

续表

排名	2013年		2014年		2015年		2016年		2017年		2018年	
	全国合计	12585175.0	全国合计	13560841.0	全国合计	14094003.0	全国合计	15104056.7	全国合计	16177345.4	全国合计	16740229.1
23	哈尔滨	92309.6	哈尔滨	106559.8	哈尔滨	116103.8	福州	121657.5	哈尔滨	121176.2	哈尔滨	125042.0
24	无锡	87641.6	无锡	96120.4	南宁	95710.3	宁波	107019.7	宁波	120446.9	无锡	123818.9
25	南宁	86949.6	南宁	90353.2	无锡	89060.0	南宁	104618.1	南宁	110444.2	南宁	118035.6
26	贵阳	77425.2	贵阳	82063.4	贵阳	87207.0	济南	100013.2	无锡	107598.1	济南	113627.9
27	济南	72561.0	济南	80503.1	济南	86336.8	无锡	95983.7	贵阳	102369.7	贵阳	112396.2
28	长春	68031.6	宁波	78024.5	三亚	85369.3	贵阳	95898.6	济南	95151.5	宁波	105673.2
29	宁波	64247.3	三亚	75645.8	长春	77793.9	三亚	86846.8	三亚	89115.9	三亚	95132.9
30	三亚	62945.5	长春	73560.9	宁波	77054.2	长春	86554.1	长春	88907.3	长春	83093.0
31	温州	59787.1	温州	68828.4	温州	72638.1	温州	77747.7	温州	75531.9	南昌	82604.4
32	烟台	45319.1	兰州	46967.0	合肥	51291.1	兰州	59455.2	合肥	63575.0	温州	80189.5
33	太原	44354.4	合肥	46426.0	南昌	51080.5	合肥	58096.7	兰州	60905.5	合肥	69787.3
34	石家庄	42976.2	南昌	46066.4	兰州	50093.8	南昌	50607.7	泉州	59277.8	泉州	63845.4
35	兰州	41752.4	石家庄	45554.5	太原	45463.6	泉州	49683.4	南昌	52262.4	兰州	61450.4
36	南昌	40389.0	太原	44863.9	石家庄	44693.9	太原	49103.8	太原	48428.4	太原	53402.1
37	合肥	39984.3	泉州	41232.8	泉州	43033.3	石家庄	43765.2	银川	42181.6	烟台	51465.0
38	泉州	38771.7	烟台	38603.3	北京南苑	36755.6	烟台	43055.3	烟台	41140.7	银川	50733.5
39	北京南苑	37091.9	北京南苑	37249.9	烟台	36610.8	呼和浩特	37446.1	石家庄	41013.2	珠海	46393.0
40	桂林	32985.8	呼和浩特	36752.3	呼和浩特	36077.8	银川	37106.6	呼和浩特	39611.3	石家庄	46145.9

资料来源：根据《民航机场生产统计公报》（2013—2018）相关数据整理。

表 C–25　民航各运输机场飞机起降架次前 40 名排序表

单位：次

排名	2013 年		2014 年		2015 年		2016 年		2017 年		2018 年	
	全国合计	7315440	全国合计	7933110	全国合计	8565526	全国合计	9238291	全国合计	10248859	全国合计	11088251
1	北京	567757	北京	581952	北京	590199	北京	606081	北京	597259	北京	614022
2	广州	394403	广州	412210	上海浦东	449171	上海浦东	479902	上海浦东	496774	上海浦东	504794
3	上海浦东	371190	上海浦东	402105	广州	409679	广州	435231	广州	465295	广州	477364
4	深圳	257446	深圳	286346	深圳	305461	昆明	325934	昆明	350273	昆明	360785
5	昆明	255546	昆明	270529	昆明	300406	成都	319382	深圳	340385	深圳	355907
6	成都	250532	成都	270054	成都	293643	深圳	318582	成都	337055	成都	352124
7	上海虹桥	243916	上海虹桥	253325	西安	267102	西安	291027	西安	318959	西安	330477
8	西安	226041	西安	245971	上海虹桥	256603	重庆	276807	重庆	288598	重庆	300745
9	重庆	214574	重庆	238085	重庆	255414	上海虹桥	261981	杭州	271066	杭州	284893
10	绵阳	201022	绵阳	214558	杭州	232079	杭州	251048	上海虹桥	263586	上海虹桥	266790
11	杭州	190639	杭州	213268	绵阳	199050	绵阳	190062	南京	209394	南京	220849
12	洛阳	180126	厦门	174315	洛阳	196572	南京	187968	郑州	195717	郑州	209646
13	厦门	166837	武汉	157596	厦门	180112	厦门	183546	厦门	186454	厦门	193385
14	武汉	148524	长沙	152359	南京	166858	郑州	178054	洛阳	184810	武汉	187699
15	长沙	137843	郑州	147696	武汉	164524	洛阳	176630	武汉	183883	长沙	186772
16	乌鲁木齐	135874	南京	144278	青岛	155483	武汉	175669	青岛	179592	青岛	182642
17	南京	134913	洛阳	144046	郑州	154468	青岛	168537	长沙	179575	洛阳	180226
18	青岛	129751	青岛	142452	长沙	153367	长沙	167910	天津	169585	天津	179414
19	郑州	127835	乌鲁木齐	142266	乌鲁木齐	153097	乌鲁木齐	162265	绵阳	169088	绵阳	176550
20	大连	107709	大连	115284	天津	125693	天津	143822	乌鲁木齐	167822	乌鲁木齐	176346
21	天津	100729	天津	114557	海口	121825	海口	135523	海口	157535	海口	165186

续表

排名	2013 年		2014 年		2015 年		2016 年		2017 年		2018 年	
	全国合计	7315440	全国合计	7933110	全国合计	8565526	全国合计	9238291	全国合计	10248859	全国合计	11088251
22	海口	94436	贵阳	113424	大连	117794	贵阳	129001	贵阳	149050	贵阳	158567
23	贵阳	93646	海口	105861	贵阳	116914	大连	127680	大连	141428	大连	146652
24	沈阳	92300	三亚	102074	三亚	108532	哈尔滨	122282	哈尔滨	136803	哈尔滨	146416
25	三亚	90748	哈尔滨	97746	哈尔滨	108428	沈阳	115164	沈阳	127387	沈阳	137661
26	哈尔滨	84532	沈阳	97172	朝阳	102346	三亚	114581	三亚	121558	济南	126828
27	福州	83406	福州	86944	沈阳	99563	济南	100152	济南	115529	三亚	123507
28	济南	80746	济南	83551	福州	96127	福州	97606	南宁	108049	南宁	113474
29	常德	80554	南宁	80496	南宁	86873	梧州	95876	兰州	103690	福州	110243
30	太原	76546	常德	79187	济南	86158	南宁	94065	太原	101076	兰州	109902
31	南宁	71408	朝阳	77436	常德	83942	兰州	91091	福州	98908	南昌	108614
32	南昌	64029	太原	73211	梧州	83803	常德	89336	梧州	98260	太原	107930
33	朝阳	63841	呼和浩特	65690	太原	79376	朝阳	83469	呼和浩特	96872	梧州	107361
34	呼和浩特	62799	南昌	65402	呼和浩特	74509	襄阳	83261	南昌	89863	呼和浩特	105328
35	温州	58867	桂林	60804	襄阳	69936	太原	82641	襄阳	89270	朝阳	98393
36	长春	56850	长春	60751	兰州	67835	呼和浩特	81873	长春	86041	常德	97832
37	襄阳	55014	温州	59135	长春	67763	长春	73371	常德	83847	长春	92807
38	合肥	52872	兰州	57481	南昌	67304	石家庄	68687	石家庄	80492	石家庄	89717
39	石家庄	51980	中卫	56358	温州	61750	温州	67916	宜昌	76974	合肥	89005
40	兰州	51799	襄阳	56306	中卫	58350	南昌	66409	合肥	76263	温州	86362

资料来源：根据《民航机场生产统计公报》（2013—2018）相关数据整理。

十、物流业

表 C-26 社会物流主要指标统计

项目	2013 年	2014 年	2015 年	2016 年	2017 年	2018 年	2018 年同比增长（%）
社会物流总费用（万亿元）	10. 2	10. 6	10. 8	11. 1	12. 1	13. 3	9. 8
其中：运输费用（万亿元）	5. 4	5. 6	5. 8	6. 0	6. 6	6. 9	6. 5
管理费用（万亿元）	1. 3	1. 3	1. 4	1. 4	1. 6	1. 8	13. 5
保管费用（万亿元）	3. 6	3. 7	3. 7	3. 7	3. 9	4. 6	13. 8
社会物流总额（万亿元）	197. 8	213. 5	219. 2	229. 7	252. 8	283. 1	6. 4
其中：工业品物流总额（万亿元）	181. 5	196. 9	204. 0	214. 0	234. 5	256. 8	6. 2
进口货物物流总额（万亿元）	12. 1	12. 0	10. 4	10. 5	12. 5	14. 1	3. 7
农产品物流总额（万亿元）	—	3. 3	3. 5	3. 6	3. 7	3. 9	3. 5
再生资源物流总额（万亿元）	—	0. 85	0. 86	0. 9	1. 1	1. 3	15. 1
单位与居民物品物流总额（万亿元）	—	0. 37	0. 51	0. 7	1. 0	7	22. 8
物流业总收入（万亿元）	—	7. 1	7. 6	7. 9	8. 8	10. 1	14. 5

资料来源：根据国家发展改革委、中国物流与采购联合会联合发布的《全国物流运行情况通报》（2013—2018）整理。

第二部分　港澳台物流相关统计数据

一、香港

表 C-27　按主要货物装卸地点划分的集装箱吞吐量

单位：万 TEU

项目	2013 年	2014 年	2015 年	2016 年	2017 年
集装箱吞吐量	2235. 2	2222. 6	2007. 3	1981. 3	2077. 0
集装箱码头	—	—	—	—	—
抵港	—	—	—	—	—
载货集装箱	749. 5	790. 9	700. 5	701. 6	740. 6
空集装箱	121. 0	111. 3	101. 4	89. 1	104. 9
离港	—	—	—	—	—
载货集装箱	776. 7	783. 1	683. 1	662. 0	701. 3
空集装箱	64. 7	73. 4	72. 2	89. 1	76. 7
集装箱码头以外	—	—	—	—	—
抵港	—	—	—	—	—
载货集装箱	225. 9	163. 3	166. 3	179. 8	180. 1
空集装箱	51. 1	61. 6	59. 8	60. 1	51. 1
离港	—	—	—	—	—
载货集装箱	173. 3	166. 7	160. 8	154. 6	153. 2
空集装箱	73. 2	72. 3	63. 2	66. 5	69. 1

资料来源：根据《中国统计年鉴》（2014—2018）相关数据整理。

表 C-28　商品进出口贸易总额

单位：亿港元

贸易种类	2013 年	2014 年	2015 年	2016 年	2017 年
进口	40607	42190	40464	40084	43570
港产品出口	544	553	469	429	—
转口	35053	36175	35584	35454	—
整体出口	35597	36728	36053	35882	38759
贸易总额	76204	78918	76517	75966	82329
商品贸易差额	-5010	-5463	-4411	-4201	-4811

资料来源：根据《中国统计年鉴》（2014—2018）相关数据整理。

表 C-29　商品进口及港产品出口的主要供应地和目的地

单位：亿港元

贸易种类/主要国家/地区	2013 年	2014 年	2015 年	2016 年	2017 年
进口（供应地）	40607	42190	40464	40084	43570
其中：中国内地	19421	19870	19840	19168	20301
中国台湾	2619	3003	2744	2921	3297
日本	2863	2889	2603	2467	2534
新加坡	2464	2608	2459	2617	2881
美国	2197	2196	2109	2066	—
港产品出口（目的地）	544	553	469	429	38759
其中：中国内地	248	232	204	186	21058
美国	54	45	39	36	3302
中国台湾	24	30	21	18	894
新加坡	25	25	23	26	—
越南	18	21	19	20	—

资料来源：根据《中国统计年鉴》（2014—2018）相关数据整理。

表 C-30　涉及外发加工贸易的估计货值及估计比重

项目	2013 年		2014 年		2015 年		2016 年		2017 年	
	估计货值（亿港元）	估计比重（%）	估计货值（亿港元）	估计比重（%）	估计货值（亿港元）	估计比重（%）	估计货值（亿港元）	估计比重（%）	估计货值（亿港元）	估计比重（%）
输往中国内地的港产出口货物	41	17	36	16	28	14	21	11	—	—
输往中国内地的转口货物	5915	31	5768	29	5493	29	5341	28	—	—
输往中国内地的整体出口货物	5956	31	5804	29	5522	29	5362	28	5794	28
从中国内地进口的货物	7121	37	7551	38	7887	40	7552	39	8103	40
原产地为中国内地经香港输往其他地方的转口货物	8664	72	8984	71	9076	72	8705	71	9205	70

资料来源：根据《中国统计年鉴》（2014—2018）相关数据整理。

二、澳门

表 C-31　按出入境方式统计的对外商品贸易

单位：万吨

项目	2013 年		2014 年		2015 年		2016 年		2017 年	
	入境	出境	入境	出境	入境	出境	入境	出境	入境	出境
海路	466.8	21.1	480.0	20.0	429.4	20.5	420.7	21.2	348.6	46.1
空路	0.6	0.9	0.6	1.0	0.7	0.9	0.6	1.3	0.6	1.5
陆路	123.5	5.6	126.8	7.7	154.1	5.7	149.9	4.1	148.4	4.7
其他	8661.7	15.8	9287.2	17.1	9542.3	17.6	9703.0	17.6	9780.7	19.7
总数	9252.6	43.6	9894.5	45.8	10126.5	44.7	10274.2	44.2	10278.4	72.0

注：入境、出境均包括转运货物，其他包括邮递及以管道运输方式进出澳门的货物。

资料来源：根据《中国统计年鉴》（2014—2018）相关数据整理。

表 C-32 集装箱流量

单位：个

项目	2013 年	2014 年	2015 年	2016 年	2017 年
入境	58468	62707	63415	56954	57781
出境	34243	37955	39947	34906	34585
转口	539	1159	1736	1007	681

资料来源：根据《中国统计年鉴》（2014—2018）相关数据整理。

表 C-33 海路集装箱总吞吐量

单位：TEU

项目	2013 年	2014 年	2015 年	2016 年	2017 年
入境	78991	87545	91932	80922	81958
出境	45724	51925	57508	48413	47631
转口	259	69	287	82	209

资料来源：根据《中国统计年鉴》（2014—2018）相关数据整理。

三、台湾

表 C-34 铁路和公路货运量及货物周转量

年份	铁路		公路	
	货运量（亿吨）	货物周转量（亿吨公里）	货运量（亿吨）	货物周转量（亿吨公里）
2013	0. 11	7. 29	5. 51	384. 74
2014	0. 11	6. 83	5. 42	378. 52
2015	0. 11	6. 36	5. 32	378. 05

续表

年份	铁路		公路	
	货运量（亿吨）	货物周转量（亿吨公里）	货运量（亿吨）	货物周转量（亿吨公里）
2016	0.09	5.64	5.30	385.33
2017	0.08	5.12	5.37	403.51

资料来源：根据《中国统计年鉴》（2014—2018）相关数据整理。

表 C-35 货物出口去向和进口来源

单位：亿美元

国家和地区	2013 年		2014 年		2015 年		2016 年		2017 年	
	出口去向	进口来源	出口去向	进口来源	出口去向	进口来源	出口去向	进口来源	出口去向	进口来源
中国香港	411.8	15.9	438.0	17.3	391.3	14.7	384.0	13.3	412.3	15.1
日本	193.9	436.9	201.4	419.8	195.9	388.7	195.5	406.2	207.8	419.4
韩国	122.2	161.6	129.9	152.9	128.8	134.5	127.9	146.5	147.3	168.9
美国	326.3	284.1	351.1	300.4	345.4	292.0	335.2	286.0	369.4	302.4
泰国	64.3	37.9	61.9	44.1	57.7	40.4	54.9	38.2	63.8	43.6
马来西亚	82.4	82.5	86.7	89.6	72.0	67.3	78.1	62.8	103.7	71.8
印度尼西亚	52.0	71.7	38.8	74.0	31.3	59.7	27.5	43.0	31.9	49.0
菲律宾	98.2	23.2	96.4	23.0	75.1	20.9	—	—	—	—
新加坡	196.1	86.1	207.0	84.4	174.1	71.7	161.5	75.2	176.3	87.2
越南	90.2	27.0	101.3	25.9	97.1	25.4	95.5	27.5	105.0	31.2
印度	35.2	—	35.0	—	30.4	—	—	—	—	—
德国	56.7	85.0	62.2	96.3	60.1	87.6	59.3	85.7	64.5	92.0

续表

国家和地区	2013年		2014年		2015年		2016年		2017年	
	出口去向	进口来源	出口去向	进口来源	出口去向	进口来源	出口去向	进口来源	出口去向	进口来源
荷兰	45.0	46.7	50.9	31.9	41.8	28.1	—	—	—	—
英国	43.3	19.2	42.5	19.8	39.1	19.9	36.4	18.4	37.9	19.5
澳大利亚	38.3	81.1	37.0	75.9	34.4	68.6	30.9	60.9	31.0	82.2
沙特阿拉伯	18.1	156.4	20.3	137.2	17.0	73.3	12.2	58.0	10.9	68.7
阿联酋	17.5	45.9	16.9	54.9	14.9	35.0	—	—	—	—
法国	15.0	29.6	15.5	31.0	13.9	29.5	15.4	30.5	17.1	39.9
加拿大	24.1	14.8	24.4	15.2	—	—	—	—	—	—
意大利	17.1	22.3	18.9	23.9	17.0	21.5	18.6	22.0	21.3	25.3

资料来源：根据《中国统计年鉴》（2014—2018）相关数据整理。

表C-36 分货物进出口额

单位：亿美元

指标	2013年	2014年	2015年	2016年	2017年
出口额	3114.3	3200.9	2853.4	2803.2	3172.5
其中：农产品	8.8	9.1	8.6	—	—
农产加工品	31.5	32.9	30.4	—	—
工业产品	3074.0	3159.0	2814.5	—	—
进口额	2780.1	2818.5	2372.2	2305.7	2592.7
其中：资本设备	368.5	385.5	381.2	426.6	424.8
原材料	2096.1	2084.0	1629.0	1531.0	1790.7
消费品	283.9	307.9	316.5	315.2	340.2

资料来源：根据《中国统计年鉴》（2014—2018）相关数据整理。